高等教育土木类专业系列教材

桥梁结构设计与电算

QIAOLIANG JIEGOU SHEJI YU DIANSUAN

主编：赵金钢 杜 斌

重庆大学出版社

内容提要

本书根据"桥梁结构电算"课程教学过程中和学生开展毕业设计过程中发现的问题和实际教学需求编写而成。全书在对我国桥梁发展史和桥梁博士 V5 软件进行简略概述的基础上,对本科生毕业设计中常用的简支梁桥、简支转连续梁桥、连续刚构桥和上承式拱桥等桥型的构造特征进行了介绍,并按照本科生毕业设计要求分别设计了多跨预应力混凝土简支 T 梁桥方案、简支转连续 T 梁桥方案、预应力混凝土连续刚构桥方案和钢筋混凝土上承式拱桥方案,进而系统地讲解了桥梁博士 V5 软件建立预应力混凝土简支 T 梁桥模型、简支 T 梁桥梁格模型、简支转连续桥梁模型、预应力混凝土连续刚构桥模型和钢筋混凝土上承式拱桥模型的方法及验算结果提取方法。

本书可作为高等学校土木工程专业桥梁方向学生的专业教材,也可供桥梁工程设计、建设和管理人员参考使用。

图书在版编目(CIP)数据

桥梁结构设计与电算／赵金钢,杜斌主编. -- 重庆：
重庆大学出版社,2024.10. --（高等教育土木类专业系
列教材）. -- ISBN 978-7-5689-4900-2

Ⅰ. U443-39

中国国家版本馆 CIP 数据核字第 2024HN4946 号

桥梁结构设计与电算

主编:赵金钢　杜　斌

策划编辑:林青山

责任编辑:夏　雪　　版式设计:夏　雪
责任校对:王　倩　　责任印制:赵　晟

*

重庆大学出版社出版发行

出版人:陈晓阳

社址:重庆市沙坪坝区大学城西路 21 号

邮编:401331

电话:(023) 88617190　88617185(中小学)

传真:(023) 88617186　88617166

网址:http://www.cqup.com.cn

邮箱:fxk@cqup.com.cn(营销中心)

全国新华书店经销

重庆正文印务有限公司印刷

*

开本:889mm×1194mm　1/16　印张:24.25　字数:753 千
2024 年 10 月第 1 版　　2024 年 10 月第 1 次印刷
印数:1—1 500
ISBN 978-7-5689-4900-2　定价:59.00 元

前　言

　　桥梁是供行人、车辆、渠道和管线等跨越江河湖海、高山峡谷或其他交通线路的建筑结构,是人类文明的产物。我国作为四大文明古国之一,具有悠久的桥梁建造史,并且建桥技术长期处于世界前列。1949年中华人民共和国的成立,结束了百余年的战乱和屈辱,使我国重新屹立于世界的东方,我国政治、经济和社会迅速发展,桥梁建设也得到了快速发展,特别是改革开放后,随着经济的快速发展,我国桥梁建设事业也进入黄金期,不但建设规模扩大,而且不断向更大跨径、更新颖桥型冲击。党的十九大以来,以习近平同志为核心的党中央确立了建设交通强国的战略决策,并且习近平总书记多次对交通强国建设作出重要批示,促进我国由桥梁大国向桥梁强国不断迈进。当前梁桥、拱桥、斜拉桥和悬索桥等各种类型桥梁中世界排名前十的桥梁,多为我国修建的桥梁。根据国家交通运输部发布的《2023年交通运输行业发展统计公报》,截至2023年年末,全国公路桥梁共有107.93万座、9 528.82万延米,其中特大桥10 239座、1 873.01万延米,大桥17.77万座、4 994.37万延米。能够取得这样的成绩,是一代代桥梁人不断积累、克服困难、开拓创新的结果,也是桥梁设计、建造、材料和养护等技术不断进步的结果。随着桥梁结构越来越复杂、使用环境越来越多样化,传统的手算设计方法已经无法满足复杂桥梁结构设计和建造的需要。因此,桥梁设计软件被广泛应用于桥梁结构设计、建造和检测加固中,使得桥梁工程师可以设计和建造更大跨径、更新颖的桥梁结构,以满足桥梁结构不同的使用需求,不断突破桥梁结构极限。因此,紧跟行业需求,许多高校面向土木工程专业桥梁工程方向的学生开设了"桥梁结构电算"等课程,向学生讲授桥梁电算理论和桥梁设计软件的使用方法,并将桥梁设计软件应用于学生毕业设计中,使学生能更好地掌握桥梁设计软件的使用方法,可以在毕业后能够更快地进入工作角色。高校桥梁专业的教学应紧跟时代趋势,在向学生讲授桥梁工程专业理论知识的同时,也要重视向学生讲授桥梁设计软件的应用方法,将桥梁专业理论知识与软件相结合,让学生能够正确地、更好地使用桥梁设计软件,以向桥梁建设行业注入合格的新鲜血液,促进我国桥梁建设事业的不断发展。

　　因此,编者根据"桥梁结构电算"课程教学过程中和本科毕业设计指导过程中发现的问题并结合本科教学实际需求,编写了本书。全书共6章,其中第1章对我国桥梁发展史进行了简略概述,并介绍了桥梁博士V5软件和桥位纵断面图及桥梁主要设计指标;第2章介绍了简支梁桥的设计参数选取,并根据第1章的桥位纵断面图设计了多跨预应力混凝土简支T梁桥方案,然后讲解了桥梁博士V5软件建立预应力混凝土简支T梁桥模型的方法和验算结果提取方法;第3章对梁格法进行了简要介绍,并讲解了桥梁博士V5软件建立装配式预应力混凝土简支T梁桥梁格模型和验算的方法;第4章对简支转连续梁桥的构造特征进行了介绍,并设计了简支转连续T梁桥方案,然后讲解桥梁博士V5软件建立预应力混凝土简支转连续T梁桥模型和验算的方法;第5章在对预应力混凝土连续刚构桥构造特征进行讲解的基础上,设计了预应力混凝土连续刚构桥方案,并讲解桥梁博士V5软件建立预应力混凝土连续刚构桥模型和验算的方法;第6章在上承式拱桥构造特征讲解的基础上,设计了上承式钢筋混凝土拱桥方案,并讲解了桥梁博士 V5 软件建立上承式钢筋混凝土拱桥模型和验算的方法。

　　本书由贵州大学赵金钢和杜斌主编。在编写过程中,中交公路规划设计院赵凯、湖北省交通规划设计院杨灿、核工业西南勘察设计研究院曾应祝、贵州省交通规划勘察设计院马坤、贵州省智恒交通设计院王建利等为本书提供了很多宝贵的实际桥梁设计案例作为参考,同时编者还参考了很多桥梁教学用书和网络资料,在此一并表示衷心的感谢。

　　限于编者水平,本书对各种桥型的设计和建模、验算方法等的讲解难免存在不足之处,恳请读者批评指正。

编　者

2024 年 6 月

目　录

第**1**章

绪 论

1.1 概 述

人类栖居的星球——地球形成于 46 亿年前,并经尘埃云的形成、岩石和金属的凝聚和聚合、地球的分化等复杂的演变过程逐渐形成今日的地球。按照由内而外的顺序,地球内部构造可分为地核、地幔和地壳三部分,其中地壳是地球经长期演化后形成的,由火山岩、沉积岩和变质岩等各种岩石组成的地球外壳,分为大陆地壳和大洋地壳。由于火山活动、板块运动、侵蚀和沉积等多种地质作用,地壳始终处于不断动态变化中,并使大陆地壳形成了平原、丘陵、山地、高原和盆地等多种多样的地形特征,这便是人类赖以生存的家园。险峻的高山、秀美的江湖、富饶的平原、辽阔的草原、茂盛葱翠的森林等哺育了人类,但也成为阻隔人类交流的地理因素。不同种族、部落、城邦和国家等之间的沟通交流是人类的需求,也是人类进步的推动力,因此,能够跨越河流、海湾、湖泊和高山峡谷等复杂地形,打破地理因素对人类阻隔的建筑结构——桥梁便应运而生。

桥梁是人类文明的产物。在原始社会,人类便会建设桥梁结构以跨越河流或其他沟谷障碍,最早出现的桥梁可能是踏步桥,然后是梁、桥、梁桥和桥梁等。根据考古研究,我国最早的桥梁出现于距今 7 000 ~ 4 000 年前的新石器时代中晚期。我国有文献记载的最早的桥梁建于商朝末期帝辛(纣)时期(3 000 年前),《史记》中记载:"厚赋税以实鹿台之钱,而盈钜桥之粟",东汉许慎注:钜桥乃"钜鹿水之大桥也"。经考证,钜桥可能是一座多孔木梁骆驰虹桥,这是我国有文献记载的最早的桥梁。《诗经》中记载商朝末期姬昌(周文王)迎娶太姒时的情景"亲迎于渭,造舟为梁",这是最早的关于浮桥的记载。春秋战国时期是我国古代一个极为重要的变革时期,桥梁在这一时期也得到了极大的发展,修建了第一座可长期使用的、跨越黄河的浮桥——津蒲浮桥,出现了石梁桥(如吕梁等)、木梁木柱桥(如虒祁宫汾梁、汾桥等)。除上述类型的桥梁,我国西南地区采用当地盛产的竹子制作竹索,修建了竹索桥,如李冰任蜀郡(今四川)太守时在蜀郡修建了多座竹索桥。秦朝始皇帝嬴政统一六国后,大兴土木,于咸阳修建了宽 13 ~ 15 m、共 68 跨、全长 400 ~ 500 m 的渭水桥,该桥为石柱木梁或木柱木梁桥,此外还在阿房宫修建有园林桥。

两汉时期(西汉、东汉)全国大一统,社会稳定,文化、经济和科技均发展迅速,并且对外贸易和文化交流也日益频繁,交通越来越重要,因此出现了专门从事交通建设的队伍,为桥梁的建设发展提供了良好的条件。这一时期修建的有记载的梁桥主要有东渭桥、西渭桥、沙河古桥和灞桥等,这些桥梁均处于重要交通线上且规模较大。随着冶铁技术的发展,发展出了铁索桥,可以避免竹索每隔几年就要进行更换的弊端。《史记》中记载公元前206年陕西褒城修建了一座横跨樊河的多根铁索桥,这是我国有文献记载的最早的铁索桥。浮桥在两汉时期也得到极大发展,除修建了跨越黄河的溪哥浮桥等,还修建了跨越长江的浮桥,如荆门虎牙浮桥、江陵浮桥等。此外,山东邹城市高李庄出土的东汉墓画像石上清晰地刻绘了一座相当写实的半圆形重券石桥,证明当时我国已经开始修建石拱桥。

魏晋南北朝时期,全国进入大分裂时期,战争频繁,但是建桥事业并未停滞,石拱桥在这一时期也有了一定的发展,如西晋时修建的洛阳皋门桥、马市石桥、七里涧旅人桥,东晋时修建的绍兴光相桥等,石拱桥在全国多处出现。除石拱桥外,这一时期还创建了伸臂木梁桥(伸臂桥),使木桥的跨越能力增加了近4倍,为跨越大河、峡谷提供了可能,是木桥建造的一大进步,如修建于甘肃永靖县横跨黄河的飞桥。

隋唐时期是我国由乱到治并走向辉煌的一个时期,特别是唐朝时期经贞观之治开创了开元盛世,达到我国古代封建社会的巅峰,桥梁建设在这一时期也取得了巨大进步,主要体现在:

①在单孔石拱桥修建方面取得重大进步,如隋朝修建的安济桥(即赵州桥)是我国古代单孔石拱桥建造最高水平的代表,该桥至今仍保存良好,并对后世石拱桥的修建有深远影响,历史上有记载或保存至今的类似石拱桥就有13座。

②创建了联拱式桥梁,如隋朝仁寿元年在山东东平修建了清水石桥,长450尺(约合138.2 m),是单孔拱桥的重大发展,开创了后世桥梁建设的新局面。

③出现了薄墩薄拱桥,该类型的桥梁是相邻两孔间桥墩厚度极薄的多孔拱桥,可以使各拱拱圈靠近,有利于各拱之间的推力平衡,节省材料,这类桥多在南方修建。

④对木梁桥面和木柱均进行了改进,如将汉朝普遍采用的折线式木梁桥面改进为弧形桥面。

两宋时期(北宋和南宋)结束了唐末和五代十国时期分裂割据的混乱局面,两宋时期军事羸弱,始终未能完全统一全国,但是经济发达、商业繁荣,达到我国古代最高峰,因此对内、对外的频繁交流促进了桥梁建造的发展,并且桥梁宽度开始按照交通流量来确定。两宋时期将伸臂梁桥由单跨发展为多跨,并将单伸臂改进为双伸臂和斜撑伸臂等,使伸臂梁桥的建造场地由西部山区扩展至东部沿海和平原地区,扩大了伸臂梁桥的使用范围。两宋时期内河航运发达,对跨河桥梁的跨越能力提出了新的要求,使得这一时期桥梁的单跨跨越能力不断增大,并诞生了立交式浮桥,如滑州浮桥采用脚船逐节升降桥面形成通航浮桥、浙江临海中津浮桥采用柱、筏、楗构成活动升降引道的潮汐浮桥。此外,潮州广济桥采用石梁石墩桥和浮桥相结合的形式,开创了开合桥梁的先河。两宋时期还出现了长桥、大桥等,如福建晋江的安平桥,它是一座跨越海湾的大石桥,全长811丈(1丈≈3.33 m),分为362孔。索桥在两宋时期也有了较大发展,出现了多跨索桥,如四川都江堰的安澜桥,桥长约360 m,共8跨,是世界上第一座多跨竹索桥。两宋时期还出现了一种新型的木拱桥——贯木拱,这类桥梁通过贯插众木成拱而无柱,可一跨过河,为世界桥梁史上独有,有代表性的是《清明上河图》中所绘的汴京(今河南开封)虹桥。除了木拱桥,两宋时期石拱桥也在全国各地建造,并有较多保留至今,仅福建省两宋时期修建并保留至今的石拱桥就有6座,并且两宋时期修建的最具代表性的石拱桥是位于北京丰台区横跨永定河的卢沟桥,该桥为11孔不等跨厚墩、厚拱半圆形联拱石拱桥,全桥长266.5 m,1937年7月7日中国军队便是在此打响了全面抗战的第一枪,现为全国重点文物保护单位。

明清时期处于我国封建社会的末期,政治制度日渐僵化,八股取士禁锢了知识分子的创造性,闭关锁国的政策限制了对外交流,阻碍了社会经济的发展,使我国逐渐落后于西方国家,直至1840年鸦片战争爆发,我国逐渐沦为半殖民地半封建社会。因此,明清时期桥梁建设并无太多创新,但是在2 000多年历史积累的基础上,仍取得了一定的成果。索桥在这一时期得到了更大规模的应用,最大跨径也取得了突破。据文献记载,四川、云南、贵州、西藏和陕西这一时期共修建了94座铁索桥,跨径超过100 m的有11座,其中最为著名的是清康熙年间修建的横跨大渡河的铁索桥——四川泸定桥,其净跨径达100 m,由9根底索和4根扶栏索组成。石拱桥在这一时期更加多样化,除了原有的圆弧线形拱,还发展出了多边拱、马蹄拱、尖顶拱、蛋形拱和椭圆形拱等,使拱桥的种类更加丰富。明清时期皇权集中程度达到封建社会巅峰,皇家调动大量资源在北京修建了大规模的皇家园林,也修建了大量的园林桥,其中最具代表性的是修建于清乾隆年间的颐和园十七孔桥和玉带桥等。此外,明清时期经济重心加速南移,大量盐商、官宦和大地主等聚居在扬州、苏州等南方城市,成就了大量私家园林的诞生,也修建了大量的园林桥梁,其中最具代表性的是扬州瘦西湖五亭桥、苏州拙政园桥等。

我国古代的建桥技术一直处于世界前列,但是到了近代(1840—1949 年),西方国家经过工业革命,进入桥梁建设新时代,特别是将钢材用于桥梁建设,极大地增大了桥梁的跨径,丰富了桥梁结构类型,如 1883 年美国修建了主跨为 486 m 的纽约布鲁克林悬索桥、1890 年英国设计建造了主跨跨径为 520 m 的铁路悬臂钢桁架桥——福斯湾大桥、1932 年澳大利亚建成了跨径达 503 m 的钢桁架拱桥——悉尼海港大桥、1937 年美国建成了主跨跨径达 1 280 m 的悬索桥——旧金山金门大桥。但是同一时期,西方列强为控制中国、掠夺资源,强迫中国开放沿海通商口岸,修建了深入内地的铁路等交通设施和开挖矿山,逐步控制了中国的经济命脉和交通枢纽。这一时期修建了一批铁路、公路和市政桥梁,但是因为我国积贫积弱,这些桥梁基本都是由西方国家的工程师主持设计和施工的,特别是技术难度较大的跨越江河的桥梁。但是,这一时期创办了多所学校并培养了一大批土木工程师,为我国近现代桥梁建设的发展作出了重要贡献,如 1895 年创办的北洋西学学堂(现天津大学)、1896 年创办的山海关北洋铁路官学堂(现西南交通大学)、1907 年创办的同济大学等。同时,这一时期也涌现了一批卓越的土木工程专家,独立主持修建了一批有影响力的桥梁,为我国桥梁建设事业独立自主的发展奠定了基础。例如:詹天佑主持修建了我国第一条不依赖外资和外国工程技术人员的铁路——京张铁路,并主持修建了京张铁路上的一系列桥梁,其中最长的桥梁为怀来桥,全桥由 7 孔 30.5 m 的上承式钢桁简支梁桥组成;茅以升主持设计建造了我国第一座公铁两用桥——杭州钱塘江大桥,该桥全长 1 453 m,主桥采用跨径为 67 m 的钢桁架简支梁桥,共 16 跨,钱塘江大桥的建成保障了抗战期间人员、物资等的顺利撤离,是中国桥梁建筑史上的一座里程碑;罗英和梅旸春克服了抗战期间钢材和水泥等物资紧缺的困难,主持修建了湘桂铁路柳州柳江钢轨桥,并在黔桂铁路上采用跨径为 20 m 的木拱架替代钢板梁桥。

1949 年,中华人民共和国成立,我国经历近百年屈辱和战乱之后,一穷二白,工业产业近乎空白,但是中国人民仍以极大的热情投身社会主义建设,于 1957 年修建完成了第一座跨越长江的公铁两用桥——武汉长江大桥。1968 年,我国桥梁技术人员克服中苏关系恶化,无法获得预订的建桥所需钢材等种种困难,在十分艰苦的条件下建成了南京长江大桥。该桥采用 3 联 9 孔 160 m+1 孔 128 m 连续钢桁架梁,这是我国第一座独自设计、独自施工的跨越长江的公铁两用桥,并且为修建南京长江大桥而研制的 16Mnq 钢之后仍被广泛应用于桥梁建设,南京长江大桥的建成极大地鼓舞了中国人民从事社会主义建设的热情,并为我国独立自主地开展桥梁建设奠定了基础。囿于经济因素,传统的上承式拱桥在我国中西部地区也得到了大量修建,先后建成了湖南拓里渡桥、陕西延安延河大桥、广西茶江桥、湖南黄虎港桥、河南唐河大桥和兰州东岗黄河大桥(铁路桥)等,并且由于西南地区多深沟峡谷,四川修建了泸定大渡河桥、芦山飞仙关吊桥、德格岗托金沙江桥等多座悬索桥。此外,我国桥梁建设者在当时的困难条件下创造了符合当时经济和施工技术条件的桥型,如双曲拱桥、桁架拱桥和刚架拱桥等,为我国困难时期的交通建设作出了贡献。我国桥梁技术人员还克服种种困难,积极研究和开展现代斜拉桥建设,先后完成了重庆云阳县汤溪河桥、上海新五桥和陕西安康水电站桥等多座斜拉桥建设。1956 年我国引进了预应力混凝土技术,修建了我国第一座公路预应力混凝土桥——京周公路哑巴河桥。之后经过多年技术沉淀,我国修建了主跨跨径达 174 m 的预应力混凝土连续刚构桥——重庆石板坡长江大桥,打破了当时我国梁桥的最大跨径纪录,标志着我国预应力混凝土技术经过引进、吸收到逐渐成熟。这一时期,我国桥梁建设取得了许多成果,改善了交通条件,为国家经济发展作出了贡献,但是由于当时经济、科技和工业生产能力有限,我国桥梁建设发展较为缓慢,无法完全满足我国这样一个人口众多、幅员辽阔国家的交通需求。

1978 年之后,我国开始改革开放,经济进入迅速发展期,桥梁建设也进入发展的黄金时期。随着改革开放的稳步推进,经济腾飞,人口流动日益频繁,交通需求量增大,我国自 1988 年建成中国第一条高速公路——沪嘉高速公路之后,便开始了大规模的高速公路等基础设施建设,造就了我国桥梁建设的高潮,建成了苏通长江大桥、润扬长江大桥、广东虎门大桥、重庆万州长江大桥、广西邕江大桥、贵州坝陵河大桥、贵州六广河大桥和河南三门峡黄河大桥等一系列各种类型的大跨径公路桥梁。经济的发展促进了我国城市化进程,为缓解城市交通压力,我国修建了大量的城市立交桥和大跨径市政桥梁,如上海卢浦大桥、上海南浦大桥、重庆菜园坝长江大桥、重庆朝天门长江大桥、武汉白沙洲大桥等一系列各种类型的市政桥梁。进入21世纪后,我国又开始了大规模的高速铁路建设,以缓解公众出行困难,因此也修建了众多的铁路桥梁和公铁两用桥梁,其中有代表性的主要有京沪高铁南京大胜关长江大桥、沪昆高铁贵州北盘江特大桥、江苏五峰山公铁两用桥、成贵高铁鸭池河特大桥、石武客专郑州黄河公铁两用大桥等。随着桥梁建造技术的不断积累和进步,我国桥梁建设者已开始修建难度更大的跨海大桥,以进一步完善交通网络,如福建平潭海峡公铁大桥、杭州湾跨海大桥、港珠澳大桥和深中通道伶仃洋大桥等,未来我国还将修建更多的跨海大桥以满足我国经济发展的需要。桥梁的修建促进了经济的发展,而经济的发展又可以为桥梁科研人员提供足够的经费开展桥梁结构前沿领域的研究,更好地支持更大跨径和更复杂桥梁的建设,使得我国的桥梁建设规模不断扩大。当前,我国已建成一大批具有世界影响力的桥梁,世界排名前10的桥梁(包括梁桥、拱桥、斜拉桥和悬索桥等各种类型桥梁)多为我国修建的桥梁,并且我国桥梁建设日新月异,仍在不断刷新各类桥梁的世界纪录。此外,随着"一带一路"倡议的推进,我国桥梁建设企业也在积极地"走出去",在国外承建了多座桥梁,如克罗地亚佩列沙茨大桥、莫桑比克马普托大桥、马尔代夫中马友谊大桥和马来西亚槟城第二跨海大桥等。随着一座座桥梁高标准、高质量地建设完成,在方便当地民众出行、促进经济发展的同时,也让世界认识了中国工程的可靠和可信,中国桥梁已经成为我国的一张亮丽名片。

自改革开放后,我国桥梁建设历经学习追赶、跟踪提高和创新超越三个阶段,引进学习国外先进技术,又坚持独立自主的原则,最终形成了桥梁建设所需的设计、施工和制造等成套技术和装备国产化,使得我国桥梁研究和建设技术均达世界先进水平。当前,我国已经有能力建造满足各种需求的桥梁,可跨越江河湖海、穿深山越峡谷、进城下乡,但是我国幅员辽阔,气候、地质地形条件多样,仍有许多修建地形复杂、难度极大的桥梁需要我们去征服,如跨越琼州海峡、台湾海峡和渤海海峡的大桥等。当前桥梁结构越来越复杂,传统的手算方法已经很难准确计算桥梁结构受力特征,特别是在我国现今桥梁建设规模较大的情况下,手算已完全无法满足桥梁设计、施工等需求。因此,桥梁设计软件已经广泛应用于桥梁设计、施工和加固养护中,以提高桥梁结构计算的准确性和效率。

本书依托桥梁博士软件,分别讲解简支梁桥、简支转连续梁桥、预应力混凝土连续刚构桥和上承式钢筋混凝土拱桥的设计、建模和验算方法。

1.2   初识桥梁博士 V5 软件

在桥梁设计软件方面,我国经过多年的研发与应用,实现了从无到有、从有到优的发展,我国自主研发的桥梁设计软件已经取得了较大的进展。应用较广泛的国产设计软件主要有 GQJS、BSAS 和桥梁博士(Dr. Bridge)等,其中桥梁博士软件已经成功商业化,在桥梁设计和施工等企业中得到了广泛的应用和认可,其计算精度与效率与国外同类软件基本相当,当前桥梁博士软件已经推出了最新的 V5 版。因此,本书将讲解桥梁博士 V5 软件的桥梁建模和计算分析方法。

桥梁博士 V5 软件是一款三维空间桥梁分析系统,与国内规范及实际工程结合度较高,更贴近工程实际,在图形平台、建模技术、力学核心技术、桥梁专业特色力学等方面都取得了较大的突破和进步,是一个集可视化建模、数据中心管理、有限元求解、结果查询、计算报告生成等为一体的综合性桥梁结构设计与施工计算系统。

小提示

用不同的软件计算同一座桥梁结构,在正确使用的前提下得到的结果也会有一定的差别,这种差别有时候还不小。虽然不排除个别软件存在的问题,但一般来说,不是软件本身的错误,而是不同的软件采用了不同的计算方法所致。也就是说,即使是常规的计算分析,其计算方法也并不完全成熟。诸如自重效应、临时荷载效应、车辆和人群活载效应、温度效应等计算方法,已经非常成熟,不同软件的计算结果也基本一致。但对于诸如混凝土收缩和徐变效应、预应力损失、非线性效应等,并无公认的成熟计算方法。

——摘自李乔《桥梁纵论——力与结构及其他》

可见,桥梁结构计算软件不是万能的,它只是人类手中的一种工具。大家不能过于迷信软件,在学习软件使用方法的过程中也不能忘记对专业知识的学习,要结合专业知识来判断软件计算结果的准确性和选择合适的计算软件与方法。

▶ 1.2.1　桥梁博士 V5 软件运行环境

在计算机上安装桥梁博士 V5 软件之前,要确保计算机满足表 1.1 所示的运行环境最低要求,以保证桥梁博士 V5 软件安装后能顺利运行。

表 1.1　运行环境要求

硬件要求	CPU	Intel i5 及以上
	内存	4 GB 内存及以上
	硬盘	100 GB 可用硬盘空间(除了安装软件,还要考虑软件运行时对硬盘的需求)
	显卡	至少支持 OpenGL3.5 以上,最好是独立显卡
软件要求	操作系统	Windows 7 SP1 及以上操作系统
	办公软件	Microsoft Office 2007 及以上版本

小提示

系统如果没有安装正确的显卡驱动程序,可能导致程序启动时出现错误。

▶ 1.2.2　桥梁博士 V5 软件下载

桥梁博士 V5 软件安装程序如下:
①进入同豪土木官方网站,如图 1.1 所示。

图 1.1　进入同豪土木官方网站

②在网站首页的标题栏中单击"下载中心"标签,进入下载中心网页,然后单击选中"桥梁博士"按钮,如图 1.2 所示。

图 1.2　选中桥梁博士产品

③进入资料下载网页,并单击其中的"版本下载"按钮,如图 1.3 所示。

图 1.3　选中版本下载

④进入《桥梁博士》安装包下载网页,如图 1.4 可见,网页中提供桥梁博士 V5.0、V4.0 ～ V4.4 等多个桥梁博士版本及对应补丁的下载链接,并提供了两种下载渠道,使用者可根据自身的实际情况选用对应的下载渠道。本书采用 V5 版的桥梁博士软件开展计算分析,因此可以单击"桥梁博士 V5.0"按钮,进入桥梁博士 V5.0 版本软件下载页面。

图1.4　选中桥梁博士 V5.0

小提示

在选择下载版本之前,一定要确认自己计算机的操作系统是 32 位还是 64 位。可在 Windows 操作系统的桌面上用鼠标右键单击"计算机"图标，在打开的右键快捷菜单中选择"属性"命令,弹出系统控制面板,就可以查看计算机操作系统是 32 位还是 64 位。

⑤桥梁博士 V5.0 安装程序分为企业版和高校版两个版本,选中"桥梁博士 V5.0-高校版安装盘"并单击右上角的"下载"按钮,在下载存储路径对话框中修改安装程序保存路径后,单击对话框中的"下载"按钮开始桥梁博士 V5.0-高校版安装盘下载,如图 1.5 所示。

图1.5　下载桥梁博士高校版

▶ **1.2.3 安装桥梁博士 V5 软件**

桥梁博士 V5 软件可按如下操作步骤安装：

①打开桥梁博士 V5.0-高校版的安装程序包,鼠标右键单击 Launch. exe,在下拉菜单中单击"以管理员身份运行"启动安装程序,弹出桥梁博士 V5.0 安装主界面,如图1.6 和图1.7 所示。

图1.6　以管理员身份运行

图1.7　桥梁博士安装主界面

②在安装主界面中单击"安装桥梁博士"按钮,弹出安装向导界面窗口。在窗口中单击"下一步"按钮,进入"最终用户许可协议"的界面窗口,勾选窗口中的"我接受许可协议中的条款",再单击"下一步"按钮,如图1.8 所示。

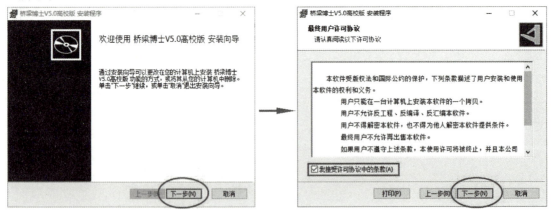

图1.8　桥梁博士 V5.0 安装向导

③在"选择安装类型"界面窗口中单击"完整"按钮,进入"安装"界面窗口,并单击"安装"按钮,如图1.9 所示。

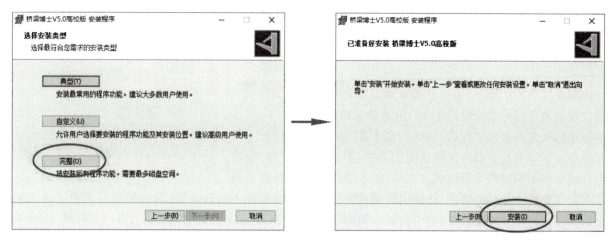

图 1.9　选择安装类型

④系统开始安装桥梁博士 V5.0 高校版并在状态栏显示安装进度,安装完成后,单击"安装向导"界面窗口中的"完成"按钮,结束安装操作,如图 1.10 所示。

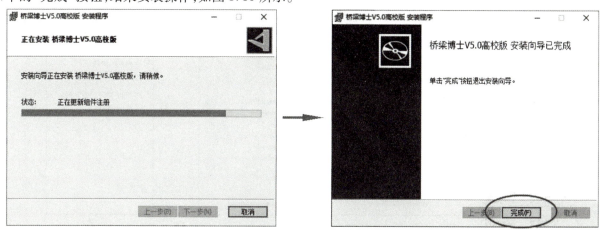

图 1.10　完成桥梁博士 V5.0 高校版安装

⑤单击安装主界面中的"退出"按钮,桥梁博士 V5.0-高校版安装完成,如图 1.11 所示。

图 1.11　退出安装主界面

▶ ### 1.2.4　桥梁博士 V5 软件的启动和工作界面

1) 启动界面

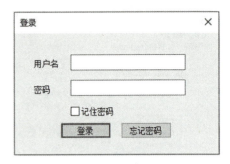

图 1.12　桥梁博士登录对话框

桥梁博士 V5 安装完成后,会在桌面上显示桥梁博士图标，鼠标左键双击图标启动桥梁博士 V5,进入登录对话框(图 1.12),在对话框中输入用户名和密码后,进入如图 1.13 所示的桥梁博士 V5 启动界面。启动界面主要由快速访问工具栏、主菜单、创建区、版本特色介绍区和案例模型区等组成。其中,版本特色介绍区介绍了当前版本的桥梁博士软件的特色,让使用者能够更好地了解桥梁博士的新功能;案例模型区提供了多个桥梁博士软件建立的桥梁模型,使用者单击某一案例项目的名字,便可进入对应模型。图 1.14 所示为"联合模型-变高连续梁+实体墩+承台桩基础"案例模型。

图 1.13　桥梁博士 V5 启动界面

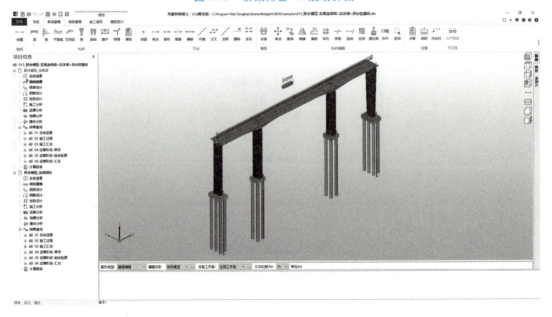

图 1.14　连续刚构桥模型

2)工作界面

点击启动界面"创建区"中的"新建>>公路桥"按钮或者主菜单中的"新建"按钮(图 1.15),均可弹出"新建项目"对话框(图 1.16),在对话框中填写对应信息后,单击"确定"按钮后,进入工作界面,如图 1.17 所示。工作界面划分为快速访问工具栏、主菜单、树形菜单、图形窗口、中间条、人机交互信息窗口和命令行等。

图 1.15　新建项目

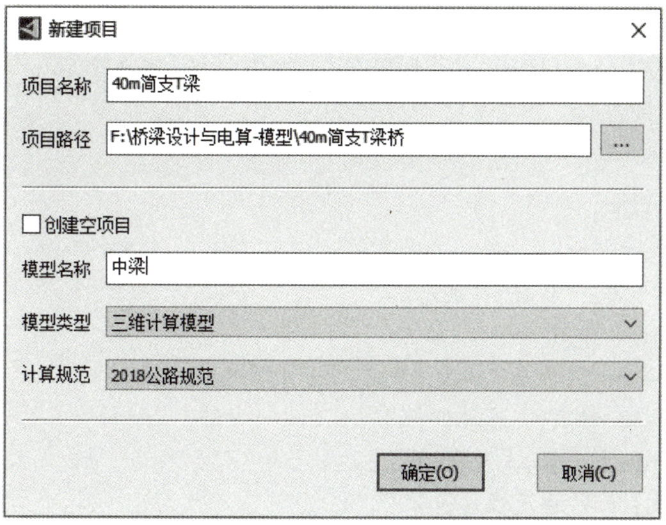

图 1.16　新建项目对话框

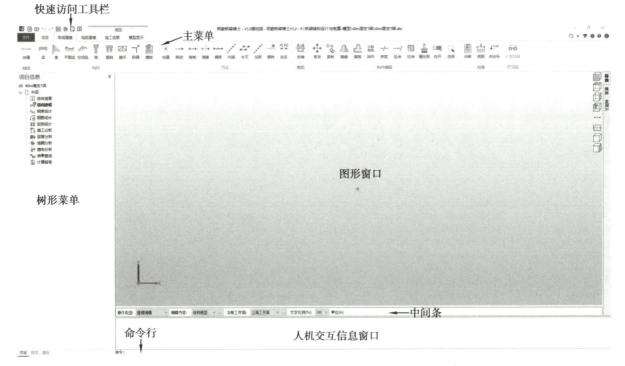

图 1.17 工作界面

快速访问工具栏:存储经常访问的命令,使用者可以对快速访问工具栏进行自定义。

主菜单:桥梁博士 V5 固定的工具栏,与特定模型窗口有关,即当某种类型的模型窗口被打开时,与之相关的工具栏会自动显示。

树形菜单:管理一个项目文件下的多个模型,如图 1.18 所示。树形菜单将某个工程结构分析模型分为 9 个前处理区块(总体信息、结构建模、钢束设计、钢筋设计、加劲设计、施工分析、运营分析、地震分析、撞击分析)和 2 个后处理区块(结果查询、计算报告)。

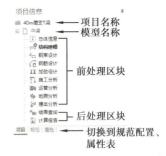

图 1.18 树形菜单

小 提示

树形菜单中各项功能如下:

①总体信息:定义材料、地质钻孔、墩台水平力;

②结构建模:定义构件、节点、截面、有限元;

③钢束设计:设计型号、平弯、竖弯;

④钢筋设计:设计纵筋、箍筋、断面式纵筋、重用;

⑤加劲设计:设计加劲肋、横隔板、连接件;

⑥施工分析:分析构件钢束安装、支座、恒载;

⑦运营分析:分析活载、沉降、梯度温度;

⑧地震分析:进行延性设计、减隔震设计;

⑨撞击分析:定义集中荷载进行撞击分析;

⑩结果查询:按模板快速查询;

⑪计算报告:按模板生成计算书。

图形窗口:以图形化方式进行建模的主工作区。图形窗口在前处理过程中用于图形交互建模,在后处理过程中用于显示结构响应图及标注。

中间条:用于控制图形窗口和信息表的显示内容。例如:在结构建模区块中,可通过中间条切换到施工信息的输入;在施工分析区块中,可通过中间条切换施工阶段。

信息表:以表格方式进行建模的工作区。信息表中的行信息与图形窗口中的对象一一对应。

人机交互信息窗口:输出建模、分析过程中的各种信息和警告、错误信息等。

命令窗口:所有桌面共享一个全局的命令行窗口。可以使用类似 CAD 命令的方式发送操作指令,每个指令与主菜单中的按钮一一对应。

3)规范库面板

桥梁博士 V5 除了提供树形菜单对应的项目管理面板,还提供了规范库面板,如图 1.19 所示。规范库面板包括总则、组合、图表、输出、截面五大部分。规范库面板是纸质规范的电子化表达,一般不需要修改。

图 1.19　规范库面板

1.3　桥位纵断面图

由于桥梁的规划设计涉及因素较多,特别是对于工程比较复杂的大、中型桥梁,一座桥梁的设计通常需要经过"预可"阶段、"工可"阶段、初步设计、技术设计和施工图设计等复杂的工作程序。其中,初步设计阶段确定桥梁总长、跨径、结构体系及构造、材料选择等;施工图设计阶段在初步设计的基础上,进一步细化结构构造、明确作用条件、确定桥梁制作材料及施工方法,完成作用效应计算、配筋设计以及相关验算、汇总整理各环节的结果,最终形成符合现行桥梁设计规范要求的施工图设计文件。

桥梁博士软件的建模流程如图 1.20 所示,可分为前处理和后处理两部分。其中前处理包括总体信息设置和材料定义、模型输入和截面拟合、钢束和钢筋设计、施工信息输入、运营信息输入五部分。模型前处理信息输入完成并运行分析后,便可进入后处理,即查询计算和验算结果、输出计算书等。根据上述本科毕业设计流程,开展本科毕业设计时,需要两次进行桥梁电算:钢筋估算之前的内力位移计算(估算模型)和配筋之后的全桥结构安全性验算(验算模型)。其中,估算模型对应桥梁初步设计方案,模型中输入桥梁初步设

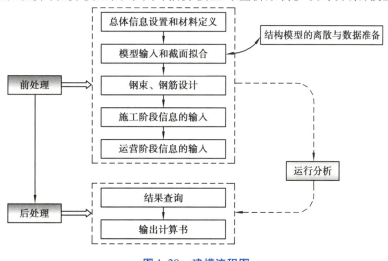

图 1.20　建模流程图

计方案中确定的总体信息和材料信息、模型和截面信息、施工信息、运营信息等,计算提取结构内力,并根据结构内力估算预应力钢筋和普通钢筋布置数量,按照《公路钢筋混凝土及预应力混凝土桥涵设计规范》(JTG 3362—2018)[后文简称《桥规》(2018)]第9章中的构造要求,同时考虑工程、结构体系及截面特征的匹配关系布置预应力钢束和普通钢筋;验算模型对应施工图设计阶段,是在估算模型的基础上,输入初步估算的预应力钢束和普通钢筋,对施工和运营等信息进行相应调整后,按照《公路桥涵设计通用规范》(JTG D60—2015)[后文简称《通规》(2015)]和《桥规》(2018)的要求进行相关计算和验算,并根据验算结果调整预应力钢束、普通钢筋和截面尺寸等,确定各桥型的最终设计方案。

本书按照本科毕业设计形式,以某高速公路桥梁纵断面地形图(图1.21)为例,分别设计预应力混凝土简支梁桥、预应力混凝土简支转连续梁桥、预应力混凝土连续刚构桥、钢筋混凝土上承式拱桥等本科毕业设计常用桥型的初步设计方案。然后采用桥梁博士 V5 建立各种桥型的估算模型和验算模型,进而掌握桥梁博士 V5 的使用方法和桥梁配筋估算方法。

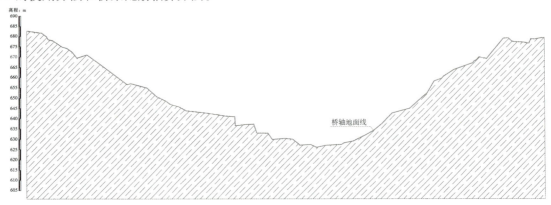

图 1.21　某高速公路桥梁纵断面地形图

桥梁的主要技术指标如下:
①道路等级:高速公路;
②汽车荷载标准:公路-Ⅰ级;
③车道数:双向4车道;
④设计行车速度:100 km/h;
⑤设计基准期:100年;
⑥设计使用年限:主体结构100年;
⑦设计安全等级:一级;
⑧耐久性环境类别:Ⅰ类;
⑨温度荷载:体系整体升温(+20 ℃)、整体降温(-20 ℃),温度梯度按规范取值。

第**2**章
预应力混凝土简支梁桥设计与建模

梁桥是最早出现的桥梁体系之一,是最基本、最简单和应用最多的桥梁结构形式,在大规模的公路、铁路和城市桥梁中,梁桥占有相当大的比例。按照受力特点的不同,梁式桥体系可以分为简支梁桥、悬臂梁桥和连续梁桥等。其中,悬臂梁悬臂端的伸缩缝很大、挠度大,混凝土徐变引起的变形也大,致使桥面变形曲线易于在设铰的地方发生波折,于行车不利,因此当前已较少采用悬臂结构。简支梁桥属于静定结构,具有对地基适应能力强、跨径组合灵活和施工方便等优点,并且简支梁桥结构形式简单,其结构设计最易被设计成成套的标准图纸,被整条路线大规模采用,是公路、铁路和市政中小跨径桥梁中使用最早、应用最为广泛的一种桥梁结构形式。连续梁桥整体性能优越,能够使用多种施工方法,并能充分利用预应力技术的优点使施工设备机械化、生产工厂化,保证了施工质量、降低施工费用,因此悬臂梁桥逐渐被连续梁桥取代。因此,本章将讲解简支梁桥的设计和应用桥梁博士 V5 软件进行建模的方法,连续梁桥的设计和应用桥梁博士 V5 软件进行建模的方法将在第 4 章讲解。

2.1 概　述

根据所采用建筑材料的不同,简支梁桥可分为钢筋混凝土简支梁桥和预应力混凝土简支梁桥。钢筋混凝土简支梁桥已经有百余年的应用历史,设计理论和施工技术均比较成熟,因此在桥梁工程中得到大量应用,占有重要地位。但是,钢筋混凝土简支梁桥本身的自重较大,占全部设计荷载的 30% ~ 60% ,严重削弱了结构的承载能力和跨越能力,而且跨径越大,自重所占比例就越大。可见,钢筋混凝土简支梁桥只适用于中小跨径桥梁,并且装配式钢筋混凝土简支梁桥的合理最大跨径仅为 20 m 左右。预应力混凝土简支梁桥源于 20 世纪 30 年代,在预应力混凝土技术得以发展后逐渐得到利用,由于结构中预应力的引入,桥梁全截面参加工作,结构截面面积减小,从而减轻了结构的自重,结构跨越能力得以增强。当前,预应力混凝土简支梁桥最大跨径已达 76 m。但是,当预应力混凝土简支梁跨径超过 50 m 后,桥梁将过于沉重,安装重力较大,相对地给装配式施工带来困难,并不经济。因此,预应力混凝土简支梁的经济跨径为 40 m 左右。

根据施工工艺的不同,简支梁桥可分为整体现浇式简支梁桥和预制装配式简支梁桥。其中,整体现浇梁桥具有整体性好、刚度大、易于做成复杂形状等优点,但是施工速度慢,工业化程度较低,需要耗费大量支架模板材料,并且满堂支架的搭设高度不宜超过 36 m,因此整体现浇简支梁桥多用于城市立交桥中。装配式简支梁桥具有建桥速度快、工期短、模板支架少等优点,得到了更为广泛的应用。

根据横截面形式的不同,简支梁桥可分为板桥、肋梁桥和箱形梁桥。其中,板桥具有建筑高度小、外形简单、制作方便等优点,既可以现场整体浇筑,也可以预制装配施工,但是板梁桥的跨径不宜过大,其中整体式简支板梁桥的跨径一般为 4 ~ 10 m,装配式简支板梁桥的跨径一般为 6 ~ 20 m。肋梁桥因横截面呈肋形而得名,能充分利用混凝土抗压和钢筋抗拉的特性,并且施工方便,是中、小跨径桥梁中应用最为广泛的桥型之一。当前肋梁桥中常用的截面形式有 T 形和工字形等。箱形截面比同等面积的板桥、肋梁桥具有更大的抗扭刚度和横向抗弯刚度,受力性能良好,是修建简支弯桥和斜桥时的优选方案。箱形梁可以做成薄壁结构,对于自重占大部分荷载的大跨径简支梁更为经济合理。但是,箱形梁的构造要比板桥、肋梁桥复杂,并且吊装质量通常比较大。

对于预制装配式简支梁桥,根据架设安装工艺的不同,装配式施工方法可分为浮式起重机架设法、吊车架设法和架桥机架设法。其中,浮式起重机架设法是一种在水中架设多孔桥梁的有效施工方法,通常用于海上和深水大河上桥墩不太高的桥梁修建;吊车架设法常用于桥墩不太高且桥位处又可设置行车便道的情况,架设速度快、施工工期短;架桥机架设法不受桥高和水深的影响,架设速度快,并且不影响桥下的正常通行和通航,在公路和铁路中小跨径桥梁建设中得到大量应用。当前,我国已经能够自主设计、制造千吨级一体式架桥机,并在福厦高铁建设工程中得到了成功应用。

2.2 桥型布置与构造设计

▶ 2.2.1 桥型布置

确定桥梁的总体布置是桥梁设计的第一步,包括桥梁的纵断面设计、横断面设计和平面布置。

1)纵断面设计

桥梁纵断面设计是指选定了桥梁体系后,确定桥梁总跨径及分孔、梁高及梁底曲线,桥梁下部结构和基础形式,桥梁各控制点如桥面、梁底和基础底面的标高等。其中,桥梁总跨径的确定需要考虑泄洪要求,并且不能因总跨径的缩短使得河床过度冲刷,对浅埋基础造成不利的影响;桥梁分孔需要考虑通航要求、地形和地质条件、水文状况、技术经济条件和美观要求等;中小跨径桥梁的桥面高程一般在线路纵断面设计中确定。

由 1.3 节可知,所设计桥梁位于山区峡谷地带,且不涉及通航、泄洪和桥下通行等问题,因此确定桥梁总跨径、分孔和桥下净空等纵断面设计参数时,不需要考虑桥位处水文状况和桥下通行需求。此外,《桥规》(2018)中 4.1.5 条指出,装配式预应力混凝土空心板桥的跨径不大于 20 m;整体现浇预应力混凝土板桥,简支时跨径不大于 20 m,连续时跨径不大于 25 m;装配式预应力混凝土 T 梁的跨径不大于 50 m。同时,由于本科毕业设计的主要工作在于桥跨结构设计,为简化计算分析起见,本设计直接指定桥面高程,并综合考虑上部结构和墩台的造价、施工能力等因素,最终选用 5×40 m 跨径的装配式预应力混凝土简支 T 梁桥,桥梁全长 216 m。此外,桥面纵坡是桥梁线形设计的重要指标,属于线路设计的内容之一,本设计不考虑桥梁纵坡的影响,取桥梁纵坡为 0%。此外,该桥桥台采用重力式 U 形桥台,基础采用扩大基础,并且 1 号和 4 号墩采用双柱墩,2 号和 3 号墩采用墙式墩,基础均采用桩基础。该多跨简支梁桥方案的桥梁立面布置图如图 2.1 所示。

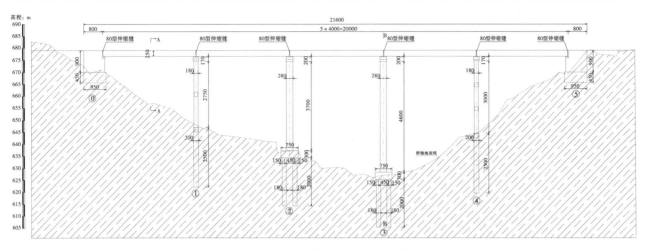

图 2.1　多跨简支梁桥方案立面布置图(单位：cm)

2) 横断面设计

桥面宽度的确定取决于车流量和人流量。为保证桥梁的服务水平,桥面宽度应当与所在路线的路基宽度保持一致。公路横断面布置形式一般分为整体式断面形式和分离式断面形式,《公路工程技术标准》(JTG B01—2014)中对整体式和分离式高速公路建筑界限作出了明确规定,应根据路线地形、地貌和车道数等实际条件,因地制宜地选用整体式和分离式断面形式。以 1.3 节中给出的设计速度 100 km/h 为路线基准要素,并且考虑到本桥位将设计多种不同桥型,决定采用整体式路基断面形式。1.3 节中给出该桥车道布置采用双向 4 车道,根据《公路工程技术标准》(JTG B01—2014)中对车道宽度取值和车道断面布置形式的相关规定,确定了采用双向 4 车道的高速公路 26 m 整体式路基标准横断面,如图 2.2 所示。按照桥面宽度与路基宽度一致的原则,确定桥梁横断面布置为:0.50 m 防撞墙+11.75 m 行车道(3 m 应急车道+2×3.75 m 行车道+1.25 m 左路肩)+0.50 m 防撞墙+0.5/2 m 中间分隔带＝13.0 m(单幅单向行车)。同时,为了便于桥面横向排水,桥梁横断面设置了 2% 的单向横坡。该多跨简支 T 梁桥方案的横断面布置如图 2.3 所示。

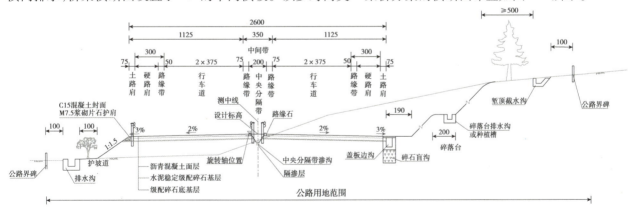

图 2.2　26 m 整体式路基标准横断面(单位：cm)

3) 平面布置

桥梁的平面布置取决于线路的方向以及与河流或相交线路的夹角,并受桥位地质、地形的制约。考虑到本科毕业设计的主要目的是进行桥梁结构的设计,因此不考虑路线线形和河流的限制,将该桥设计为桥梁纵轴线平行于桥位纵向地形线的直桥。桥梁的平面布置如图 2.4 所示。

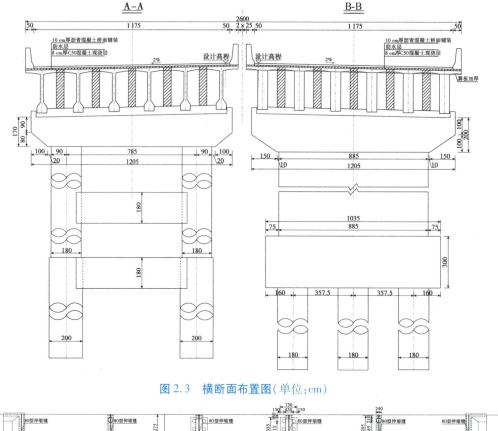

图2.3　横断面布置图(单位:cm)

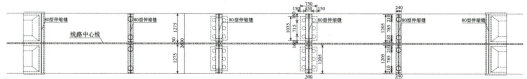

图2.4　平面布置图(单位:cm)

▶ 2.2.2　制作材料选取

预应力混凝土采用混凝土和钢材两大类材料制作,其中钢材又可分为普通钢筋和预应力钢束(钢筋)。

1)混凝土

《桥规》(2018)中第3.1.2条规定:采用钢筋混凝土的公路桥涵受力构件的混凝土强度等级不应低于C25,当采用强度标准值400 MPa及以上钢筋时,混凝土强度等级不应低于C30;采用预应力混凝土的公路桥涵受力构件的混凝土强度等级不应低于C40。并且,采用高强度混凝土可以减少结构混凝土用量、减轻主梁自重、减少预应力损失,有助于建立理想、可靠的预应力状态。因此在本多跨简支T梁桥方案中,预制预应力混凝土T梁采用C50混凝土,桥墩采用C40混凝土,基桩采用C30混凝土。

2)钢材

《桥规》(2018)中第3.2.1条规定:采用钢筋混凝土及预应力混凝土的公路桥涵受力构件的普通钢筋宜选用HPB300、HRB400、HRB500、HRBF400和RRB400钢筋,预应力混凝土构件中的箍筋应选用其中的带肋钢筋;预应力混凝土构件中的预应力钢筋应选用钢绞线、钢丝。基于此,本多跨简支T梁桥方案初步确定:预应力钢绞线采用公称直径为15.2 mm的预应力钢绞线,抗拉强度标准值为1 860 MPa,弹性模量$E=1.95 \times 10^5$ MPa,钢绞线面积$A_y=140$ mm^2。采用普通钢筋时,钢筋直径$d \geq 12$ mm的选用HRB400级钢筋,钢筋直径$d \leq 10$ mm的选用HPB300级钢筋。

▶ 2.2.3 结构尺寸拟定

在拟定结构截面尺寸之前,应当首先根据以下原则拟定主梁分块方式和截面形式:

①每片梁的质量应当满足运输工具和架梁设备的起吊能力,梁的截面尺寸必须满足装载界限的要求;

②包括施工费在内,结构应该是经济的;

③结构的构造简单,接头数量少;

④截面形状和尺寸应尽可能标准化以便于制造及更换。

除上述主梁分块方式和截面形式选择原则外,公路预应力混凝土 T 梁的主梁高度、腹板厚度、翼缘板厚度、梁肋间距和横隔板尺寸的拟定尚应考虑以下原则:

1)主梁高度

预应力混凝土 T 梁的主梁高度的拟定主要取决于使用和经济条件。随主梁高度的增加,主梁的用钢量降低、混凝土用量增加,主梁总的经济性能随高度的增加而提高。因此,在满足容许建筑高度和起吊能力的前提下,应采用较大的梁高。中等跨径的预应力混凝土 T 梁高跨比经验取值一般为 1/18 ~ 1/16。同时,《桥规》(2018)中第 9.3.2 条规定,当腹板内设置竖向预应力钢筋时,上下承托之间的腹板高度不应大于腹板宽度的 20 倍;当腹板内不设置竖向预应力钢筋时,上下承托之间的腹板高度不应大于腹板宽度的 15 倍。

2)腹板厚度

腹板厚度取决于梁内最大主拉应力和主筋布置构造的要求,并且腹板厚度可以在满足抗剪要求的前提下适当减薄,但是若腹板厚度取值较小,混凝土不易振捣密实。《桥规》(2018)第 9.3.2 条规定,预应力混凝土 T 梁腹板厚度不应小于 160 mm,实践中腹板厚度通常取 180 ~ 200 mm。

为适应预应力筋布置的需要和提高配筋率,预应力混凝土 T 梁腹板下缘通常做成马蹄形。马蹄面积不宜小于 T 梁横截面面积的 10% ~ 20%,并且马蹄宽度通常为腹板厚度的 2 ~ 4 倍,马蹄部分的预应力管道保护层厚度不应小于 60 mm,马蹄形斜面一般取 45°。

T 梁端部腹板厚度尚应满足预应力锚具布置要求和安放张拉千斤顶的要求,靠近支点处腹板厚度一般加宽至与马蹄同宽,加宽范围最好达主梁高度的 1 倍左右,并且《桥规》(2018)中第 9.3.2 条规定:腹板变厚度过渡段长度不宜小于 12 倍腹板厚度差。

除满足上述要求外,当 T 形梁承受扭矩时,腹板平均厚度还应满足《桥规》(2018)第 5.5.5 条中的抗扭设计要求。

3)翼缘板厚度

中小跨径预应力混凝土 T 梁翼缘板厚度主要满足桥面板承受车辆局部荷载的要求。根据受力特点,T 梁翼缘板一般做成端部较薄、根部(与腹板衔接处)加厚的变厚度形式。《桥规》(2018)第 9.3.2 条规定,预制预应力混凝土 T 梁翼缘板根部厚度不应小于梁高的 1/10,端部厚度不应小于 100 mm,当 T 梁间采用横向整体现浇连接时,端部厚度不应小于 140 mm。主梁间距小于 2.0 m 的铰接梁桥,端部厚度可采用 120 mm(桥面铺装不参与受力)或 100 mm(桥面铺装与翼缘板共同受力)。此外,为减小翼缘板和腹板连接处的局部应力集中和便于脱模,翼缘板与腹板连接处一般还设置折线形承托或圆角,此时翼缘板厚度可计入承托加厚部分厚度,并且承托长高比一般不大于 1/3。

4)梁肋间距

预应力混凝土 T 梁的梁肋间距取值主要取决于吊装能力和预制安装的方便,主梁间距一般取 1.6 ~ 2.2 m。增大梁肋间距可减少梁数,有利于提高经济性。

5)横隔板尺寸

《桥规》(2018)第 9.3.1 条规定,装配式预应力混凝土 T 梁桥中应设置端横隔板和跨间横隔板,当梁间横向采用刚性连接时,通常跨间横隔板随 T 梁桥跨径的大小宜每隔 5.0 ~ 10.0 m 设置一道,并且横隔板间距不应大于 10.0 m。同时,考虑到预制 T 梁运输和安装时的稳定性,端横隔板通常做成与 T 梁同高,内横隔板的高度一般为梁肋高度的 0.7~0.9 倍。预应力梁的横隔板常与马蹄斜坡下端齐平,其中部可挖空,以减小横隔板重量和利于施工。横隔板厚度一般为 15~18 cm,并且为便于施工脱模,横隔板一般做成上宽下窄和内宽外窄的楔形。

由于装配式预应力混凝土 T 梁桥在我国公路中、小跨径的梁桥中应用广泛,为便于 T 梁桥设计和施工,我国于 2008 年颁发的《装配式预应力混凝土 T 梁桥上部构造》提供了跨径分别为 20 m、25 m、30 m、35 m 和 40 m 的装配式预应力混凝土 T 梁桥的通用图纸。但是,该套通用图是基于《公路桥涵设计通用规范》(JTG D60—2004)和《公路钢筋混凝土及预应力混凝土桥涵设计规范》(JTG D62—2004)制定的。因此,本章将以《装配式预应力混凝土 T 梁桥上部构造》中提供的 40 m 装配式预应力混凝土简支 T 梁桥为参考,基于上述主梁分块方式准则和主梁高度、腹板厚度、翼缘板厚度、梁肋间距和横隔板尺寸等拟定原则,初步拟定了 40 m 预应力混凝土简支 T 梁的横截面布置和一般构造,如图 2.5—图 2.7 所示。

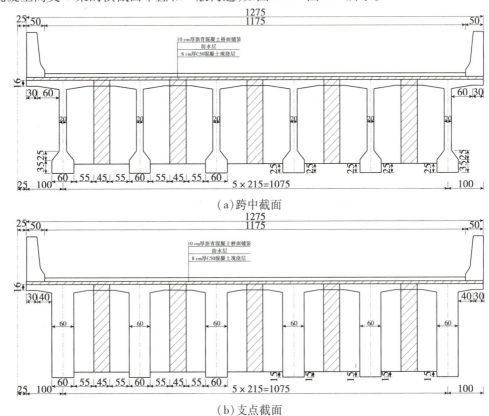

图 2.5 预应力混凝土简支 T 梁横截面布置图(单位:cm)

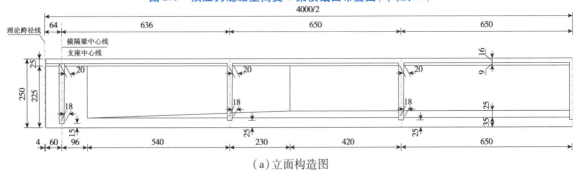

(a)立面构造图

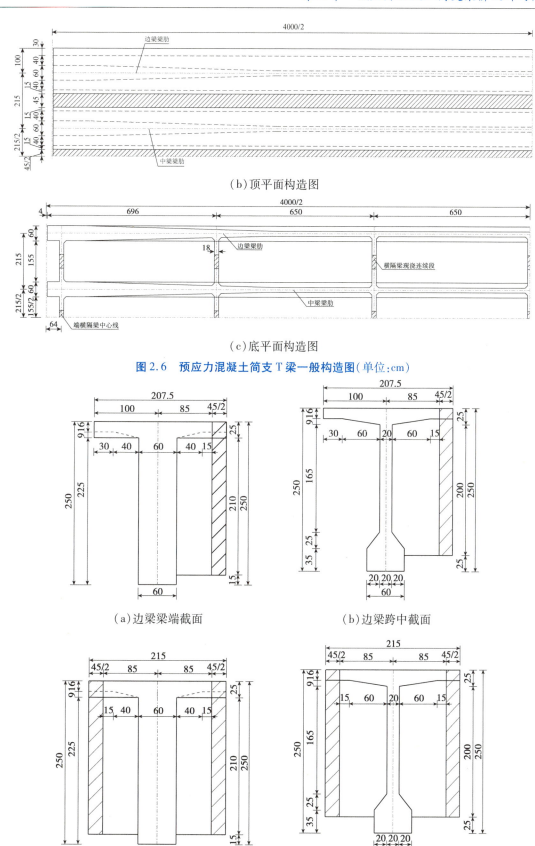

（b）顶平面构造图

（c）底平面构造图

图 2.6　预应力混凝土简支 T 梁一般构造图（单位：cm）

（a）边梁梁端截面

（b）边梁跨中截面

（c）中梁梁端截面

（d）中梁跨中截面

图 2.7　预应力混凝土简支 T 梁横截面一般构造图（单位：cm）

2.3 中梁估算模型建立

由 1.3 节可知,采用桥梁设计软件设计一座新的桥梁时,需要进行两次桥梁电算,即分别建立估算模型和验算模型,因此本节将按照 2.2 节中确定的预应力混凝土简支 T 梁桥中梁截面尺寸,按照如下流程建立中梁估算模型。

▶ 2.3.1 总体信息

1)新建项目与模型

双击电脑桌面上的桥梁博士图标 ◀,进入桥梁博士 V5 登录对话框(图2.8),在对话框中输入用户名和密码后,进入启动界面并单击左上角的"新建"按钮(图2.9),弹出图2.10所示的"新建项目"对话框。此处以中梁为例说明建立新项目的步骤:

①项目名称输入"40 m 简支 T 梁"。
②点击项目路径右端的" □□ "选择新建项目的保存路径。
③模型名称输入"中梁"。
④模型类型选择"三维计算模型"。
⑤计算规范选择"2018 公路规范"。

图 2.8 桥梁博士 V5 登录界面

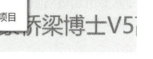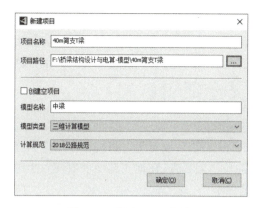

图 2.9　新建项目　　　　　　　　　　图 2.10　新建项目对话框

小提示

①在新建项目对话框中,通过项目名称可建立一个后缀为.dbr 的项目文件。一个项目文件包括一个或多个模型和一个规范库,如图 2.11 所示。

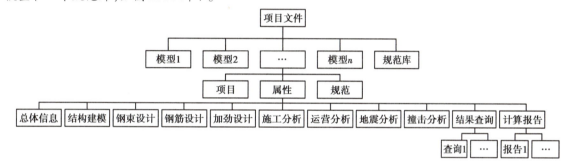

图 2.11　桥梁博士数据管理方式

②新建项目对话框中,选中创建空项目单选框,则仅创建.dbr 项目文件,而不创建模型。

③桥梁博士 V5 中模型类型包括三维计算模型、横向分布模型、地震信号模型和主缆找形模型等多种类型。

④计算规范共有 2015 公路规范、2017 轨道交通规范、2017 铁路规范、2018 公路规范、2018 城市规范、2018 铁路规范和 1985 公路规范等多种规范组合。本书中设计桥梁为公路桥梁,因此应选用公路规范,2015 公路规范是《通规》(2015)与《桥规》(2004)的组合,2018 公路规范是《通规》(2015)与《桥规》(2018)的组合。可见,2018 公路规范是现行公路桥梁设计规范的组合,因此本模型选用 2018 公路规范。

⑤项目建立完成之后,会生成如图 2.12 所示的 4 个文件。其中,文件夹用于存放桥梁博士的计算结果,.bak 文件为模型恢复文件,.cache 文件为缓存文件,.dbr 为桥梁博士的项目文件。

40m简支T梁	2023/8/26 20:54	文件夹	
40m简支T梁.bak	2023/8/26 20:54	BAK 文件	357 KB
40m简支T梁.cache	2023/8/26 23:00	CACHE 文件	1 KB
40m简支T梁.dbr	2023/8/26 23:00	DBR 文件	357 KB

图 2.12　桥梁博士 V5 项目文件

2)输入总体信息

双击工作界面树形菜单栏中的"总体信息" ，进入总体信息输入界面。桥梁博士 V5 软件的总体信息包括基本、地质、钻孔和墩台 4 个选项卡。

(1)基本选项卡

基本选项卡的输入内容包括:

①选择计算模型引用的计算规范、环境参数和工程重要性系数等常规信息;

②定义所需计算的内容;

③定义是否考虑负弯矩折减、阶段徐变天数细分原则、是否考虑几何非线性等计算设置;

④定义非线性控制参数;

⑤定义工程所用的基本材料。

(2)地质选项卡

当需要进行基础验算,或者考虑将桩土作用作为弹性支承时,需要用到地质、钻孔选项卡。可以根据土工试验报告或原位试验报告,在地质选项卡内输入土层和岩层的物理及力学特性。

(3)钻孔选项卡

钻孔选项卡用于描述每个钻孔内岩(土)层的厚度。钻孔信息将在"结构建模"中被基础构件引用,以明确相互间的对应关系。

(4)墩台选项卡

在进行下部结构计算时,往往需要先计算出分配到各墩(台)的水平力荷载,如汽车制动力、上部结构温变引起的水平力等。在不建立上下部联立模型、仅建立下部结构模型的情况下,将用到墩台选项卡来进行水平力分配的求解。

本模型仅进行主梁的建模和计算分析,不考虑下部结构,因此无须设置地质选项卡、钻孔选项卡和墩台选项卡的信息,基本选项卡内的参数输入如下:

①基本选项卡的"常规"项中输入和选择的信息如图 2.13 所示。

常规	
模型说明	中梁
计算规范	2018公路规范
结构重要性系数	1.1
环境相对湿度	0.8
环境类别	I 类
模型类别	空间杆系

图 2.13 "常规"项

小提示

"常规"项中各项内容的含义如下:

a. 模型说明:记录本模型的用户信息。

b. 计算规范:指定计算使用的规范,进行结构分析时,各荷载组合系数取值的依据。

c. 结构重要性系数:公路桥涵进行持久状况和短暂状况承载能力极限状态设计时,根据结构破坏可能产生后果的严重程度划分为 3 个设计安全等级,结构重要性系数用来体现不同情况下桥涵的可靠度差异,不同安全等级的结构重要性系数分别为 1.1、1.0 和 0.9,公路桥涵的设计安全等级划分标准见《通规》(2015)第 4.1.5 条的相应规定。

d. 环境相对湿度:采用数字输入桥梁环境的湿度信息,环境相对湿度将影响桥梁的收缩、徐变计算结果,详细取值参见《桥规》(2018)附录 C 中 C.2.3 条的规定。

e. 环境类别:分为 7 类,环境将影响混凝土保护层厚度、裂缝限值等。公路桥涵混凝土结构及构件应根据其表面直接接触的环境按《桥规》(2018)第 4.5.2 条的规定确定。

f. 模型类别:定义结构有效自由度,包括平面杆系、空间杆系和自定义 3 种类型。其中,平面杆系是指仅考虑结构在整体坐标系的 XOZ 平面内的自由度。

②在"计算内容"项中勾选本模型需要计算或验算的内容,如图 2.14 所示。

计算内容	
计算预应力	☐
计算收缩	☑
计算徐变	☑
计算活载	☑
活载布置	☐
计算柔性墩台水平力分配	☐
计算屈曲	☐
自振分析	☐
人致振动	☐
计算倾覆	☐
计算抗震	
计算抗撞	☐
进行验算	☐
计算应力	☐
调束	☐
调索	☐
最终计算阶段	运营阶段

图 2.14　"计算内容"项

小 提示

"计算内容"项是指进行结构分析需要包含的计算项目,若不勾选则不会进行相应的计算或无法实现某些功能。"计算内容"项中部分内容的含义如下:

a.计算预应力:是否计算预应力效应。

b.计算收缩:是否计算混凝土的收缩效应。

c.计算徐变:是否计算混凝土的徐变效应。

d.计算活载:是否计算活载的效应。

e.活载布置:勾选此项,计算后可在后处理中查询某个节点在某个效应时的最不利加载位置。

f.计算柔性墩台水平力分配:是否计算墩台分配的水平力。

g.计算屈曲:是否进行结构稳定性验算。

h.自振分析:是否计算结构的振动特性。

i.计算倾覆:是否进行倾覆验算。

j.计算抗震:是否进行抗震分析。

k.进行验算:不勾选,系统只给出结构的内力和位移计算结果;勾选后给出结构应力计算结果,并按所选规范对结构承载力、应力、变形和裂缝进行验算。

l.调束:勾选后可使用调束功能,不勾选则无法使用该功能。

m.调索:勾选后可使用调索功能,不勾选则无法使用该功能。

如前所述,进行预应力钢束估算和配置之前,需要先进行结构内力计算,为预应力估算提供数据。因此,中梁估算模型的"计算内容"项中仅需勾选"计算收缩""计算徐变"和"计算活载"。

③在"计算设置"项中进行相关设置,如图2.15所示。

计算设置	
考虑切线拼装	☐
是否考虑负弯矩折减	☐
阶段徐变天数细分原则	1|30,2|90,3|1000,6
是否考虑几何非线性	☐
活载是否考虑非线性	☐
活载计算并行数	4
刚性单元刚度调整系数	1
施工阶段分析考虑材料弹模变化	☐
时程分析时间阈值	10

图2.15 "计算设置"项

小 提示

"计算设置"项中部分内容的含义如下:

a.考虑切线拼装:施工拼接时是否考虑前续单元以及发生的位移。

b.是否考虑负弯矩折减:如果考虑负弯矩折减,需要在"构件节点属性汇总"的界面中输入支座宽度信息。

c.阶段徐变天数细分原则:细分主要是为了提高收缩引起的徐变的计算精度,各细分阶段的收缩从下一个细分阶段开始考虑其徐变。用户可以通过"阶段徐变天数细分原则"对话框进行修改定义,如图2.16所示。桥梁博士V5软件中提供了3种阶段天数细分方法:均分(各细分阶段的天数相等)、等差划分(各细分阶段的天数之比为等差数列1:2:3…)、不细分(不进行阶段细分)。

图2.16 阶段天数自动细分原则

图2.16中参数的含义:1≤施工天数≤30,阶段细分数=1;31≤施工天数≤90,阶段细分数=2;91≤施工天数≤1 000,阶段细分数=3;施工天数≥1 001,阶段细分数=6。

d.是否考虑几何非线性:在静力计算中是否考虑几何非线性。

e.活载是否考虑非线性:不勾选,按照线性叠加原理叠加各项活荷载效应;勾选,按照线性叠加原理选择活载最不利位置,施加活载进行非线性分析,得出最不利活载效应,用于悬索桥、斜拉桥、拱桥等大跨度桥型。

f.刚性单元刚度调整系数:结构离散成单元后,程序默认单元最小刚度的10^5倍作为刚性单元的刚度值。在某些情况下,此刚度赋值偏大,可能导致计算不收敛。为了使得计算收敛,可以在此刚度基础上乘以刚性单元刚度调整系数。

g.施工阶段分析考虑材料弹模变化:施工阶段分析时是否考虑材料弹模变化。

④"非线性控制参数"项中各参数设置如图2.17所示。

非线性控制参数	
力容差(单位:N或者N.m)	1000
位移容差比	0.0001

图2.17　"非线性控制参数"项

小提示

"非线性控制参数"项中各项参数的含义如下:

a.力容差:用于判断非线性计算是否收敛时的不平衡力收敛控制容差,为绝对差值。

b.位移容差比:用于判断非线性计算是否收敛时的不平衡位移的收敛控制容差,为相对差值,取增量位移的模和总位移的模之比。

⑤"材料定义"项中各参数设置如图2.18所示。

材料定义							
编号	名称	材料类型	材料索引	收缩调整系数	徐变调整系数	粉煤灰掺量(%)	说明
1	C50	混凝土	C50	1	1	0	

图2.18　"材料定义"项

小提示

"材料定义"项中各项参数的含义如下:

a.名称:材料在本模型中的索引名称。

b.材料类型:包括圬工、混凝土、钢筋、钢板、预应力(筋)、缆索、纤维复合材料7种类型。

c.材料索引:材料在规范库中的索引名称。

d.收缩/徐变调整系数:不填表示调整系数为1。例如在考虑超高性能混凝土(UHPC)参与受力时,由于这种混凝土无收缩,徐变比正常混凝土要小,此时就需要设置这两个系数。

e.粉煤灰掺量:输入粉煤灰掺量百分比,用于掺粉煤灰混凝土名义徐变修正系数的计算。

f.说明:用户可对命名的材料进行说明、附注。

本模型主要进行结构内力计算,为预应力混凝土简支T梁的预应力估算提供数据,因此估算模型仅需定义T梁的制作材料——C50混凝土。

▶ 2.3.2　模型特征点确定

桥梁结构是复杂的空间结构,桥梁结构受力分析并非越精细越好,而是应做到精细与实用的平衡。因此,桥梁结构模型单元长度及节点位置的确定主要依据结构形式和受力特点、支点位置、施工方法等来完成。如果单元长度划分得越小,则计算精度越高,但计算工作量也会相应增加;增大单元划分长度,可以减小计算工作量,但也会降低计算精度。因而,单元划分长度的大小应该从各方面综合考虑。因此,通常选取梁端、支座位置、截面变化处、临时荷载作用点、控制截面处等位置设置节点,划分单元。

由图2.6可知,扣除本章设计的简支T梁两端伸缩缝的长度后,实际梁长为39.92 m,并且梁端变截面区由支点截面渐变至跨中截面(由左至右),梁起点、支座位置、变截面起止位置、横隔板位置等如图2.19所示。根据图2.19中所示的T梁特征节点,可确定简支T梁的各特征节点坐标,见表2.1。

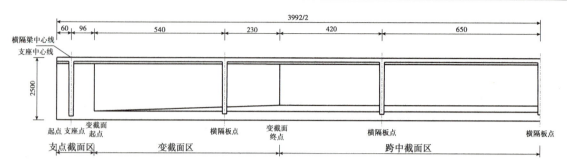

图 2.19　T 梁特征点(左半跨)(单位:cm)

表 2.1　各特征点坐标(单位:m)

节点	1	2	3	4	5	6	7
x	0.00	0.60	1.56	6.96	9.26	13.46	19.96
y	0.00	0.00	0.00	0.00	0.00	0.00	0.00
节点	8	9	10	11	12	13	
x	26.46	30.66	32.96	38.36	39.32	39.92	
y	0.00	0.00	0.00	0.00	0.00	0.00	

▶ 2.3.3　定义截面

1)定义中梁截面

①双击工作界面树形菜单栏中的"结构建模"，进入结构建模界面,在工作界面中间条的"编辑内容"中选择"结构模型",最后单击界面右侧的"截面"标签页(图 2.20),进入截面输入工作界面,如图 2.21所示。

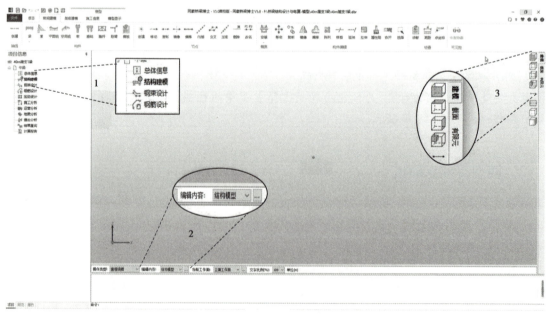

图 2.20　结构建模工作界面

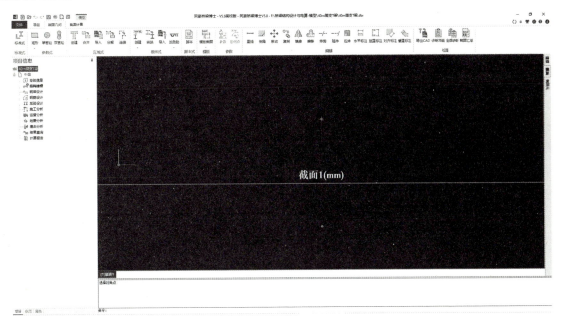

图 2.21　截面定义工作界面

②在截面定义工作界面中间条"[1]截面1"处单击鼠标右键,弹出下拉菜单,选择其中的"修改截面名称",弹出"截面改名"对话框,将对话框中默认的截面名称修改为"中梁",并单击"确认"按钮,完成截面名称修改,如图2.22所示。

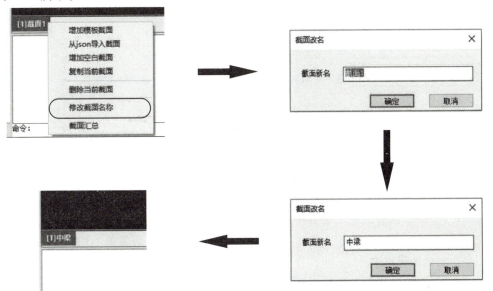

图 2.22　修改截面名称流程

③将图2.7(c)中梁梁端截面和图2.7(d)跨中截面去除横隔梁部分后,中梁梁端截面和跨中截面尺寸如图2.23所示。首先,根据图2.23中梁跨中截面尺寸,采用1∶1的比例绘制跨中截面CAD图,并保存为.dwg文件。然后,切换到"截面几何"工具栏,单击主菜单中的区域式"导入"按钮,弹出"导入区域"对话框(图2.24)。最后,单击"指定文件"项后的"",指定CAD图保存路径,"图层名称"中选取中梁截面图形绘制的图层名称"中梁截面","CAD单位"选取CAD图绘制时取用的单位"mm","角度步长(度)"采用默认值"5",单击"确定"按钮,导入中梁截面,如图2.25所示。

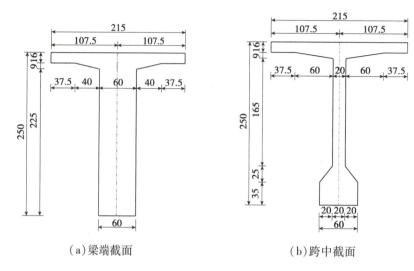

（a）梁端截面　　　　　　　　　　　（b）跨中截面

图 2.23　中梁横截面尺寸（单位：cm）

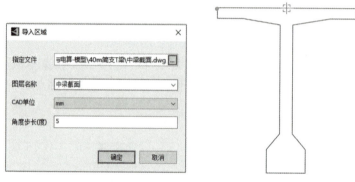

图 2.24　导入区域对话框　　　　　图 2.25　导入中梁截面

小提示

桥梁博士软件中有以下 4 种建立截面对象的方法：

a. 标准式：即直接使用标准库中已有的截面，一般为型钢。目前程序自带有 8 种类型共 300 多种型钢截面。

b. 参数式：使用内定参数建立常规截面，参数支持变量。目前程序支持的参数式截面有矩形、圆形、椭圆形、圆环、单钢管、哑铃形钢管混凝土截面 6 种。

c. 区域式：通过线段形成区域的方式创建截面，可用于创建任意形状截面，这是最为常用的截面类型。一般可按下述步骤创建区域对象：

对于矩形、工字形和回字形等形状较为简单的区域：可使用"区域"命令直接绘制区域对象。

对于箱形截面和 T 形梁截面等形状较为复杂的区域：一种方法是使用图元方法（类似 CAD 作图）将几何形状画好，然后使用"转成区域"命令将几何线转换为区域对象；另一种方法是在 CAD 中绘制截面形心并保存后，使用"导入区域"命令将 CAD 图形导入的方式形成一个区域对象。

如果区域代表一个变截面，则需要在以上两步的基础上，定义变量，并且将角点坐标修改为变量表达式。

d. 板件式：包括母板和加劲肋，一般用于建立钢结构或钢-混凝土组合梁截面。

除上述建立截面对象的方法，桥梁博士软件还根据交通运输部颁布的空心板、小箱梁、T 形梁等中小跨径公路桥梁的标注图纸制作了大量的模板截面，用户可以点击"模板截面"命令调出"新建模板截面"对话框选取对应的桥梁截面（图 2.26）。此外，模板截面库中还提供了等高箱梁、变高箱梁、拱肋、塔柱和桥墩等特殊截面，用户可以选择对应的截面后，调整尺寸为设计截面。

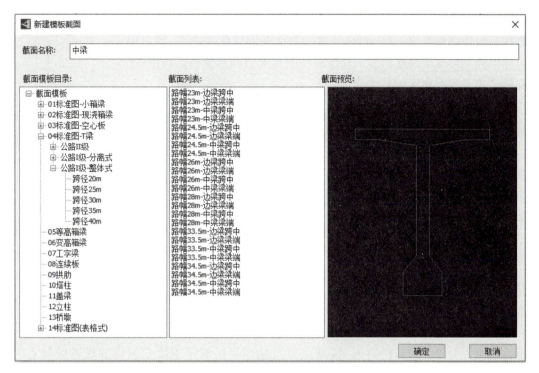

图 2.26　新建模板截面对话框

④鼠标左键单击主菜单中的编辑"移动"![移动图标]按钮,选择截面轮廓线为对象,然后以 T 梁截面轴线位置

![基点图标]为基点,最后指定坐标系原点为第 2 个点,将截面轴线原点移至坐标系原点,如图 2.27 所示,也可按如下命令行提示操作:

命令:section. M

选择对象:{鼠标左键单击截面轮廓线}

指定基点:{鼠标左键单击截面轴线位置基点}

指定第二个点或<指定位移>:{鼠标左键单击坐标系原点}

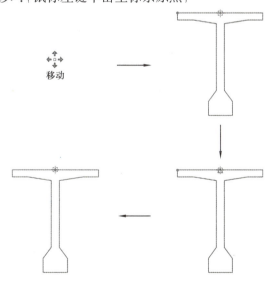

图 2.27　截面平移流程

小 提示

命令行中"{}"中的内容表示本步骤内用鼠标或键盘等的操作内容,后文也采用此方式表述。

⑤对比图 2.23 中梁梁端截面和跨中截面尺寸可知,T 梁梁端变截面区的截面尺寸变化可以用腹板厚度、马蹄斜坡的高度和宽度的变化来表示,并且可以根据几何比例关系用腹板厚度值表示马蹄斜坡的高度值和宽度值。因此,本模型采用变量法定义变截面区的截面变化。

第一步,鼠标左键单击编辑"水平标注" 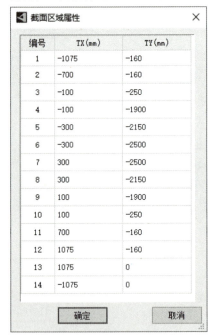 按钮,按如下命令行提示操作标注腹板厚度,将腹板厚度定义为变量参数 F,如图 2.28 所示。

命令:section. createdxdim

指定第一个点位置:{鼠标左键单击截面腹板一侧轮廓线的中点}

指定第二个点位置:{鼠标左键单击截面腹板另一侧轮廓线的中点}

指定标注位置:{鼠标左键在显示界面上任意点单击}

指定变量名称:F

指定变量值<200>:{单击键盘"空格"键}

图 2.28　腹板厚度变量定义

小 提示

变量名称可以用英文字母或者英文字母和数字的组合表示。

第二步,在"截面计算"工具栏勾选"区域点号",使图形区显示中梁截面轮廓线各区域点的点号(图 2.29),鼠标左键双击中梁截面轮廓线,弹出"截面区域属性"表格,如图 2.30 所示。

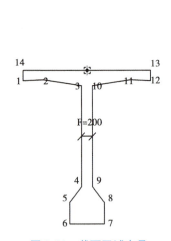

图 2.29　截面区域点号

编号	TX(mm)	TY(mm)
1	-1075	-160
2	-700	-160
3	-100	-250
4	-100	-1900
5	-300	-2150
6	-300	-2500
7	300	-2500
8	300	-2150
9	100	-1900
10	100	-250
11	700	-160
12	1075	-160
13	1075	0
14	-1075	0

图 2.30　截面区域属性

小 提示

标注参数和区域点号的字体大小可以通过键盘的上、下方向键 调整;TX 和 TY 为区域点相对于截面图形区坐标原点的位置。

第三步,对比图 2.23(a)和图 2.23(b)可知,通过调整区域点 3、4、9 和 10 的 X 坐标值可以实现腹板厚度的变化,通过调整区域点 9 和 10 的 Y 坐标值可以实现马蹄斜坡高度和宽度值的变化。因此,根据第一步中定义的腹板厚度变量 F,将图 2.30 中 3 号和 4 号区域点 X 坐标值改为-F/2,9 号和 10 号区域点 X 坐标值改为 F/2,9 号和 10 号区域点的 Y 坐标值改为-1900-5×(F/2-100)/4,修改后的"截面区域属性"表格如图 2.31 所示。

截面区域属性

编号	TX(mm)	TY(mm)
1	-1075	-160
2	-700	-160
3	-F/2	-250
4	-F/2	-1900-(F/2-100)*5/4
5	-300	-2150
6	-300	-2500
7	300	-2500
8	300	-2150
9	F/2	-1900-(F/2-100)*5/4
10	F/2	-250
11	700	-160
12	1075	-160
13	1075	0
14	-1075	0

确定　　取消

图 2.31　修改后区域点坐标

第四步,由图 2.23(a)和图 2.23(b)可知,T 梁腹板厚度沿梁轴线方向不断变化,因此按住键盘上的 Ctrl 键并双击图形区的参数 F,进入参数编辑器窗口,并双击图形中的线条(图 2.32),弹出"截面参数 F 定义"表格,输入控制点 X 和 Y 的参数值,并选择相应的曲线类型,定义腹板厚度值沿梁轴向的变化,参数 F 赋值如图 2.33 所示。

F/[200]

图 2.32　参数编辑器窗口

截面参数 F 定义

编号	控制点 X(m)	控制点 Y(mm)	特征点名称	曲线类型	曲线参数值
1	0	600		直线	
2	1.56	600		直线	
3	9.26	200		直线	
4	30.66	200		直线	
5	38.36	600		直线	
6	39.92	600		直线	

确定　　取消

图 2.33　截面参数 F 定义表格

小提示

截面参数 F 定义对话框中的参数意义如下:

a.控制点 X(m):若"特征点名称"列为空,则该值表示自梁起点至控制点之间的距离;若"特征点名称"列不为空,则该值仅为绘制沿轴向变化曲线的示意图。

b.控制点 Y(m):变量在控制点 Y(m)处的值。

c.特征点名称:假如在构件上已经定义了代表构造变化位置处的特征节点,则此处即可输入这些特征节点的名称。

可以将"截面参数 F 定义"表格中的各参数值在 Excel 表格中整理好,然后复制粘贴到"截面参数 F 定义"表格中。但是初始弹出的"截面参数 F 定义"表格仅有 3 行数据(图 2.34),因此可以在表格区域单击鼠标右键,在弹出的下拉菜单中选择"剪切板导入"(图 2.35)或者采用 Shift+V 快捷键,则可一次将多行截面参数 F 数据导入"截面参数 F 定义"对话框中。

编号	控制点X(m)	控制点Y(mm)	特征点名称	曲线类型	曲线参数值
1					
2					
3					

图 2.34 空截面参数定义表格

查找替换	CTRL+F
复制	CTRL+C
剪切	CTRL+X
粘贴	CTRL+V
清除内容	DELETE
导出	
批注	
后插入行	CTRL+ENTER
前插入行	CTRL+ALT+ENTER
增加行	ALT+I+V
删除行	CTRL+DELETE
列宽	CTRL+W
撤销	CTRL+Z
重做	CTRL+R
全选	CTRL+A
跳转到...	CTRL+G
剪切板导入...	SHIFT+V
向下填充	CTRL+D
向右填充	CTRL+R
修饰符	F9
示意图	F10
提示框	F11

图 2.35 下拉菜单

第五步,在参数编辑器窗口单击鼠标右键,在弹出的快捷菜单中选择"退出参数编辑器",则在下部界面显示中梁截面沿梁轴向的变化,如图 2.36 所示。

⑥桥梁博士软件提供了腹板线、悬臂线、施工缝、分梁线和等温线等多种截面特征线,本模型需要对中梁截面定义腹板线、悬臂线和施工缝。

图 2.36 截面沿梁轴向的变化

第一步,首先切换到"截面计算"工具栏,鼠标左键单击主菜单中的特征线"腹板线" 按钮,然后单击 T 梁翼缘板顶部中心线位置,完成腹板线的定义,如图 2.37 所示;然后在图形区单击"腹板线"标记,工作界面左侧树形菜单区弹出"对象属性"表格,将其中的"腹板顶宽度(剪力键外距)"修改为"F",其余保持不变,如图 2.38 所示。

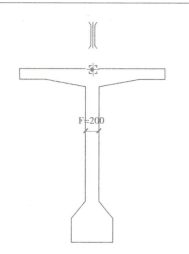

图 2.37　定义腹板线

对象属性	
特征线	
特征线类型	腹板线
腹板名称	腹板线1
横向位置X	0
底缘横向位置X	
腹板顶宽度(剪力键外距)	F
腹板底宽度	
腹板定位	中
腹板左上有效宽度	0
腹板右上有效宽度	0
腹板左下有效宽度	0
腹板右下有效宽度	0

图 2.38　腹板顶板宽度定义

小 提示

为正确计算截面有效宽度,此处需定义腹板宽度。

第二步,鼠标左键单击特征线"悬臂线" 按钮,然后在图形区依次点击 T 梁翼缘板顶部的左、右悬臂最外侧点,完成悬臂线的定义,如图 2.39 所示。

第三步,鼠标左键单击特征线"施工缝" 按钮,然后在图形区"腹板线"标记两侧分别随意点击一个点,在 T 梁翼缘板顶部定义两个施工缝,如图 2.40 所示。最后,鼠标左键分别单击两侧施工缝,弹出各施工缝对应的"对象属性"表格,并修改"子截面名称""横向位置""朝向"和"适用子截面"等参数,修改后的左侧和右侧施工缝属性分别如图 2.41 和图 2.42 所示,修改后的施工缝如图 2.43 所示。

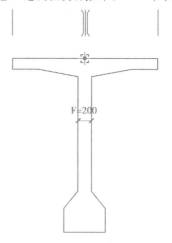

图 2.39　定义悬臂线

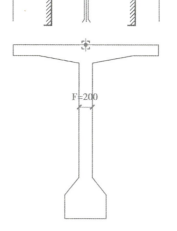

图 2.40　定义施工缝

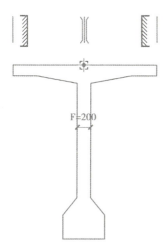

图 2.43　修改后的施工缝

对象属性	
施工缝	
子截面名称	S1
横向位置	-850
朝向	朝左
适用子截面	主截面

图 2.41　左侧施工缝属性修改

对象属性	
施工缝	
子截面名称	S2
横向位置	850
朝向	朝右
适用子截面	主截面

图 2.42　右侧施工缝属性修改

![小提示]

施工缝的作用是根据施工顺序将一个截面分割成不同的子截面,本模型采用预制装配施工方法,因此应在 T 梁横桥向湿接缝与预制部分的交接处定义施工缝,将截面划分为主截面和子截面。施工缝对象属性各参数的意义如下:

a.子截面名称:由施工缝朝向处的截面部分自动形成一个子截面,此处指该子截面名称。

b.横向位置:指施工缝的横向位置,使用截面坐系。根据图 2.7 可知,单侧施工缝宽度为 225 mm,因此左侧和右侧施工缝的横向位置分别为 850 mm。

c.朝向:切割的朝向。图 2.43 中两道施工缝分别朝左(左边施工缝)、朝右(右边施工缝),将该截面分割成 3 个区域。

d.适用子截面:即施工缝是在哪个截面上切割的,空表示主截面。

⑦鼠标左键单击控制点"支座位" 按钮,然后在图形区单击 T 梁腹板底部中点位置,完成支座位的定义,如图 2.44 所示。

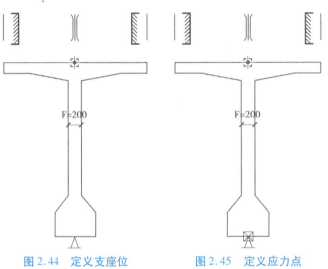

图 2.44　定义支座位　　　　图 2.45　定义应力点

![小提示]

支座位用于定义实际支座的位置,在截面对象中定义支座位可以精确模拟约束位置。若不使用支座位,施工分析和地震分析中的边界条件总是默认约束在截面形心位置处。

⑧鼠标左键单击控制点"应力点" 按钮,然后在图形区单击 T 梁翼缘板顶部中点和腹板底部中点位置,完成 T 形梁上缘应力点和下缘应力点的定义,如图 2.45 所示。鼠标左键分别单击上缘应力点和下缘应力点,弹出各应力点对应的"对象属性"表格,并修改表格中的参数,修改后的上缘应力点和下缘应力点属性分别如图 2.46 和图 2.47 所示。

对象属性	叩
□ 截面应力计算点	
应力点名称	应力点1
	☑ 主截面
适用子截面	☐ S1
	☐ S2
计算主应力	☑
剪应力计算腹板宽度	自动扫描
X	0
Y	0

对象属性	叩
□ 截面应力计算点	
应力点名称	应力点2
	☑ 主截面
适用子截面	☐ S1
	☐ S2
计算主应力	☑
剪应力计算腹板宽度	自动扫描
X	0
Y	-2500

图 2.46　上缘应力点属性修改　　　　图 2.47　下缘应力点属性修改

小 提示

应力点用于规范验算,只有显示定义的应力点才会输出该点的应力值(正应力、剪应力和主应力)。同时在求截面应力包络值时,将在所有应力点中求得最不利值。应力点"对象属性"对框中各参数的意义如下:

a.应力点名称:用户定义的名称。

b.适用子截面:当截面上存在多个子截面时,勾选该应力点适用于哪些子截面的验算。

c.计算主应力:不勾选时表示仅计算正应力和剪应力。

d.剪应力计算腹板宽度:选择"自动扫描"时,系统将自动计算腹板宽度;选择"按腹板线定义的宽度"时,若在截面上定义了"腹板线",则取用腹板线属性上的宽度作为计算值;选择"输入一个值"时,采用输入值作为计算值。

e.X、Y:应力点的平面X、Y坐标,可填入变量名称。

⑨鼠标左键单击计算"截面定义"  按钮,弹出"截面定义"对话框,在"截面定义"栏中将"有效宽度模式"修改为"公路T梁","有效宽度类型"修改为"上缘",S1、S2子截面的"安装序号"修改为"2";在"截面总体"栏中可将"截面拟合时自动排序"修改为"X优先排序";在"梯度温度"栏中,"梯度温度模式"项同时勾选"公路15混凝土桥升温模式"和"公路15混凝土桥降温模式","沥青铺装厚度(mm)"项填入"100"。修改后的"截面定义"对话框如图2.48所示。

图2.48 截面定义对话框

小 提示

"截面定义"对话框中各参数的意义如下:

A."截面定义"栏:

a.子截面名称:当存在施工缝,或者为组合截面时,子截面名称将不止一行。若采用施工缝将一个截面分为多个子截面,则主截面表示截面分割完成后的剩余部分。若为钢-混组合截面,用户需指定相关截面为"主截面",如不指定,程序则自动判断。

b.材料名称:子截面所采用的材料类型,为用户在"总体信息"中所定义的材料。

c.安装序号:截面计入自重和参与受力时被安装次数编号。本模型中,主截面在截面所在施工段第1次安装时,计入自重并参与受力;子截面 S1、S2 在截面所在施工段第 2 次被安装时,计入自重并参与受力。

d. 有效宽度模式:系统自动计算截面有效宽度系数时所采用的模式,桥梁博士软件当前支持"公路箱梁""公路组合梁""公路钢梁""公路 T 梁"和"全部有效"5 种模式。当前软件按照现行规范相关条文计算有效宽度,软件具体配置可以在菜单栏单击"规范库"→"C 图表"→"C02 有效宽度"查看、定义。

e. 有效宽度类型:计算时有效宽度考虑的范围,包括只考虑上缘、只考虑下缘,或者上下缘同时考虑 3 种类型。

f. 默认应力点数:当用户不创建应力点时,该子截面上计算、输出应力点的默认数量。如果用户未指定特殊计算应力点,则程序会按照应力点个数 n 自动生成应力点,应力点沿竖向 $H/(n-1)$ 间距均布,之后将截面形心处的应力点替换距离最近的那个应力点。

g. 大气接触周长:截面与大气接触的周边长度 u,用于计算收缩徐变时构件的理论厚度。若不输入,系统将自动计算。例如对于箱形截面,程序默认取 u=外周长+0.5×内周长。

h. 加固截面:子截面是否为加固截面。

B."截面总体"栏:

a. 三角形划分个数:截面单元划分时三角形单元的个数。

b. 构件轴线竖向位置:构件轴线在截面竖向的定位。

c. 构件轴线水平位置:构件轴线在截面水平方向的定位。

d. 截面形状力学类型:有矩形、圆形、T 形、U 形、工字形、箱形、带圆弧的矩形等,用户也可以选择让软件自动判断。

e. 梁格法纵梁中性轴:有全截面中性轴、纵梁自身中性轴两种。

f. 截面拟合时自动排序:有不排序、X 优先排序、Y 优先排序 3 种情况。勾选不排序时,软件按照用户自定义进行截面拟合;勾选 X 优先排序时,程序按照截面 X 坐标值从小到大排序,当截面两点 X 坐标值相同时,按 Y 坐标值从小到大排序。以此类推,勾选 Y 优先排序的情况。

C."梯度温度"栏:

a. 梯度温度模式:在截面中提供梯度温度自动计算时所需的参数。参数与选用规范相关,不填或为 0 表示参数由程序自动确定。本模型选用《通规》(2015)中第 4.3.12 条规定的梯度温度模式,根据桥面铺装材料和铺装层厚度确定梯度温度取值,详细取值参见《通规》(2015)中表 4.3.12-3 的规定。

b. 沥青铺装厚(mm):桥面铺装层的沥青铺装厚度。

⑩在图形区分别单击两侧"悬臂线"标记,弹出各悬臂线对应的"对象属性"表格,将其中的"T 梁承托长"修改为"700-F/2",将"T 梁承托高"修改为"90",将"T 梁顶板平均厚度"修改为"160",并勾选"该侧为内侧翼缘"。修改后的左悬臂线属性和右悬臂线属性分别如图 2.49 和图 2.50 所示。

对象属性		📌
□ 特征线		
特征线类型		悬臂线
横向位置X		-1075
底缘横向位置X		
T梁承托长		700-F/2
T梁承托高		90
T梁顶板平均厚度		160
该侧为内侧翼缘		☑

对象属性		📌
□ 特征线		
特征线类型		悬臂线
横向位置X		1075
底缘横向位置X		
T梁承托长		700-F/2
T梁承托高		90
T梁顶板平均厚度		160
该侧为内侧翼缘		☑

图 2.49 左悬臂线属性修改　　　　图 2.50 右悬臂线属性修改

2)定义左边梁截面

与建立中梁截面方法类似,左边梁截面按照如下流程建立:

①在截面定义工作界面中间条单击鼠标右键,弹出下拉菜单,选择其中的"增加空白截面",弹出"新建截面"对话框,将对话框中默认的截面名称修改为"边梁",并单击"确认"按钮,完成截面名称修改,如图2.51 所示。

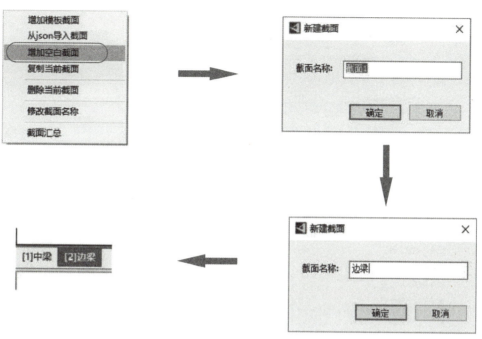

图 2.51　新建左边梁截面名称流程

②将图2.7(a)边梁梁端截面和图2.7(b)跨中截面去除横隔板部分后,边梁梁端截面和跨中截面尺寸如图2.52 所示。首先,根据图2.52(b)中左边梁跨中截面尺寸,采用1∶1的比例绘制跨中截面 CAD 图,并保存为.dwg 文件。然后,切换到"截面几何"工具栏,单击主菜单中的区域式"导入"　　　命令,弹出"导入区域"对话框,如图2.53 所示。最后,单击"指定文件"项后的"　　　",指定 CAD 图保存路径,"图层名称"中选取左边梁截面图形绘制的图层名称"边梁截面","CAD 单位"选取 CAD 图绘制时取用的单位"mm","角度步长(度)"采用默认值"5",单击"确定"按钮,导入左边梁截面,如图2.54 所示。

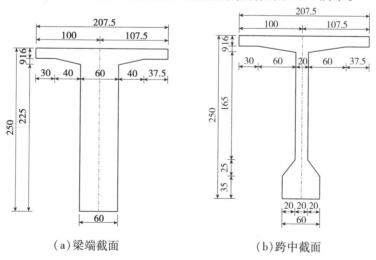

（a）梁端截面　　　　　　（b）跨中截面

图 2.52　左边梁横截面尺寸(单位:cm)

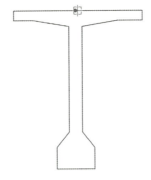

图 2.53　导入区域对话框　　　　图 2.54　导入左边梁截面

③切换到"截面计算"工具栏,鼠标左键单击计算"截面定义" 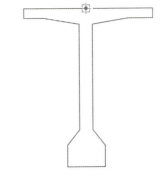 按钮,弹出"截面定义"对话框,在"截面总体"栏中,将"构件轴线竖向位置"修改为"0",将"构件轴线水平位置"修改为"0",将左边梁截面轴线位置移至坐标系原点,如图 2.55 和图 2.56 所示。

截面总体	
三角形划分个数	0
构件轴线竖向位置	0
构件轴线水平位置	0
截面形状力学类型	自动判断
梁格法纵梁剖分	用户指定
梁格法纵梁中性轴	纵梁自身中性轴
抗扭惯矩计算	汉勃利法
截面拟合时自动排序	不排序

图 2.55　左边梁截面总体参数　　　　图 2.56　左边梁截面轴线位置

小提示

在 CAD 中绘制左边梁截面时,应将 CAD 坐标系原点与 T 梁截面腹板宽度中线与上翼缘之间的交点相重合,如图 2.57 所示。这样处理的目的是使 T 梁腹板上的 4 个区域点(3 号、4 号、9 号和 10 号)的 X 坐标相对 Y 轴对称,为后面变截面的定义提供基础。截面区域点坐标如图 2.58 所示。

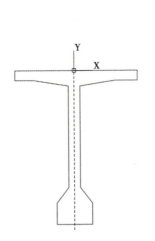

□ 几何图形	
P1	-1000;-160
P2	-700;-160
P3	-100;-250
P4	-100;-1900
P5	-300;-2150
P6	-300;-2500
P7	300;-2500
P8	300;-2150
P9	100;-1900
P10	100;-250
P11	700;-160
P12	1075;-160
P13	1075;0
P14	-1000;0

图 2.57　左边梁截面 CAD 图　　　　图 2.58　左边梁截面区域点坐标

④左边梁截面尺寸如图 2.52 所示。由图 2.52 可见,左边梁截面变化规律与中梁截面类似,左边梁梁端变截面区的截面尺寸变化也可以用腹板厚度的变化来表示。因此,左边梁也采用变量法定义变截面区的截面变化。

首先,切换到"截面几何"工具栏,单击编辑"水平标注" ,标注腹板厚度,并定义为变量参数 F。然后,鼠标左键双击边梁截面轮廓线,弹出"截面区域属性"表格,将"截面区域属性"表格中 3 号和 4 号区域点的 X 坐标值改为"−F/2"、9 号和 10 号区域点的 X 坐标值改为"F/2"、9 号和 10 号区域点的 Y 坐标值分别改为"−1900−5×(F/2−100)/4"和"−250",如图 2.59 所示。之后,按住键盘上的 Ctrl 键并双击图形区的变量参数"F",进入参数编辑器窗口,双击图形中的线条,弹出"截面参数 F 定义"表格,按照边梁截面的参数 F 值输入控制点 X 和 Y 的参数值(图 2.60),在选择相应的曲线类型之后,单击"确定"按钮。最后,在参数编辑器窗口单击鼠标右键,在弹出的快捷菜单中选择"退出参数编辑器",在下部界面显示左边梁截面沿梁轴向的变化,如图 2.61 所示。

编号	TX(mm)	TY(mm)
1	−1000	−160
2	−700	−160
3	−F/2	−250
4	−F/2	−1900−(F/2−100)*5/4
5	−300	−2150
6	−300	−2500
7	300	−2500
8	300	−2150
9	F/2	−1900−(F/2−100)*5/4
10	F/2	−250
11	700	−160
12	1075	−160
13	1075	0
14	−1000	0

图 2.59　左边梁截面区域属性表格

编号	控制点X(m)	控制点Y(mm)	特征点名称	曲线类型	曲线参数值
1	0	600		直线	
2	1.56	600		直线	
3	9.26	200		直线	
4	30.66	200		直线	
5	38.36	600		直线	
6	39.92	600		直线	

图 2.60　截面参数 F 定义表格

图 2.61　左边梁截面沿梁轴向变化

⑤首先,切换到"截面计算"工具栏,鼠标左键单击特征线"腹板线"按钮,然后单击 T 梁上翼缘板顶部的坐标系原点,完成腹板线的定义,并在图形区单击"腹板线"标记,将弹出的"对象属性"表格中的"腹板顶宽度(剪力键外距)"修改为"F"。然后,鼠标左键单击特征线"悬臂线"按钮,在图形区依次点击 T 梁翼缘板顶部的左、右悬臂最外侧点,完成悬臂线的定义。最后,鼠标左键单击特征线"施工缝"按

钮,在图形区"腹板线"标记右侧随意点击一个点,在T梁翼缘板顶部定义一个施工缝,同时鼠标左键单击施工缝,弹出施工缝对应的"对象属性"表格,并修改"子截面名称""横向位置""朝向"和"适用子截面"等参数。修改后的施工缝属性如图2.62所示。添加腹板线、悬臂线和施工缝等特征线后的左边梁截面如图2.63所示。

⑥鼠标左键单击控制点"支座位"  按钮,然后在图形区单击T梁腹板底部中点位置,完成支座位的定义,如图2.64所示。

对象属性	卫
日 施工缝	
子截面名称	S1
横向位置	850
朝向	朝右
适用子截面	主截面

图2.62　施工缝属性修改

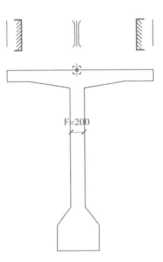

图2.63　修改后的施工缝

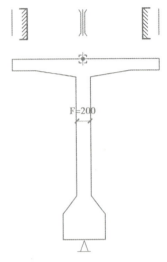

图2.64　定义支座位

⑦鼠标左键单击控制点"应力点" 按钮,在图形区单击截面上的坐标系原点和左边梁腹板底部中点位置完成T形梁上缘应力点和下缘应力点的定义,如图2.65所示。鼠标左键分别单击上缘应力点和下缘应力点,弹出各应力点对应的"对象属性"表格,修改表格中的参数。修改后的上缘应力点和下缘应力点属性分别如图2.66和图2.67所示。

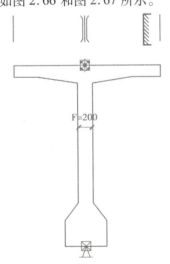

图2.65　定义应力点

对象属性	卫
日 截面应力计算点	
应力点名称	应力点1
适用子截面	☑ 主截面 ☐ S1
计算主应力	☑
剪应力计算腹板宽	自动扫描
X	0
Y	0

图2.66　上缘应力点属性修改

对象属性	卫
日 截面应力计算点	
应力点名称	应力点2
适用子截面	☑ 主截面 ☐ S1
计算主应力	☑
剪应力计算腹板宽	自动扫描
X	0
Y	-2500

图2.67　下缘应力点属性修改

⑧鼠标左键单击计算"截面定义" 按钮,弹出"截面定义"对话框。在"截面定义"栏中,将"有效宽度模式"修改为"公路T梁",将"有效宽度类型"修改为"上缘",将S1子截面的"安装序号"修改为"2";在"截面总体"栏中,可将"截面拟合时自动排序"修改为"X优先排序";在"梯度温度"栏中,"梯度温度模式"项同时勾选"公路15混凝土桥升温模式"和"公路15混凝土桥降温模式","沥青铺装厚度(mm)"项填入

"100"。修改后的"截面定义"对话框如图 2.68 所示。

编号	子截面名称	材料名称	安装序号	有效宽度模式	有效宽度类型	默认应力点数	大气接触周长	加固截面
1	主截面	C50	1	公路T梁	上缘	5	0	不加固
2	S1	C50	2	公路T梁	上缘	5	0	不加固

图 2.68　截面定义对话框

⑨在图形区分别单击两侧"悬臂线"标记，弹出各悬臂线对应的"对象属性"表格，将其中的"T 梁承托长"修改为"700-F/2"，将"T 梁承托高"修改为"90"，将"T 梁顶板平均厚度"修改为"160"，并且不勾选左悬臂线的"该侧为内侧翼缘"，勾选右悬臂线的"该侧为内侧翼缘"。修改后的左悬臂线属性和右悬臂线属性分别如图 2.69 和图 2.70 所示。

特征线	
特征线类型	悬臂线
横向位置X	-1000
底缘横向位置X	
T梁承托长	700-F/2
T梁承托高	90
T梁顶板平均厚度	160
该侧为内侧翼缘	☐

图 2.69　左悬臂线属性修改

特征线	
特征线类型	悬臂线
横向位置X	1075
底缘横向位置X	
T梁承托长	700-F/2
T梁承托高	90
T梁顶板平均厚度	160
该侧为内侧翼缘	☑

图 2.70　右悬臂线属性修改

▶ 2.3.4　横向分布计算

对于多片梁结构和通过横隔板连接组成的空间整体桥梁结构，当在桥梁上作用荷载 P 时（图 2.71），由于横隔板的联系作用，各片梁结构共同参与工作，形成了各片梁之间的内力分布。每片梁分配到的内力大小随桥梁横截面的构造形式、荷载类型及荷载的横向作用位置的不同而不同，因此桥中的各片梁结构是一个复杂的空间受力结构。

为便于实用计算，通过在桥梁纵、横向均引入影响线的概念，将空间问题简化为平面问题求解，是当前通常采用的一种方法。如图 2.71(a)所示，桥上有荷载 P 作用时，首先从横桥向(y 轴方向)确定出某片梁所分担的荷载，然后再沿纵桥向(x 轴方向)确定该片梁某一截面的内力值，即

$$S = P \cdot \eta(x,y) \approx P \cdot \eta_2(y) \cdot \eta_1(x) \tag{2.1}$$

式中　S——某片梁某一截面的内力值；

　　　$\eta(x,y)$——该片梁某一截面的内力影响面；

　　　$\eta_1(x)$——该片梁纵桥向某一截面的内力影响线，可利用结构力学方法求解；

　　　$\eta_2(y)$——单位荷载沿横桥向作用在不同位置时，该片梁所分配的荷载比值变化曲线，也称为该片梁的荷载横向分布影响线。

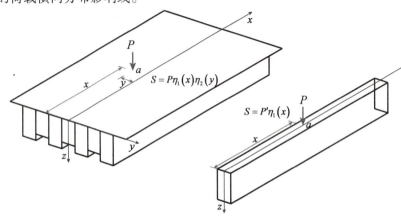

图 2.71　荷载作用下的内力计算

由上述可知，荷载 P 作用于梁上 $a(x,y)$ 位置时，某片梁沿横桥向分配的荷载为 $P'=P\cdot\eta_2(y)$。当按照最不利位置布载时，可求得其所承受的最大荷载 P'_{max}。假定 $P'_{max}=m\cdot P$，则 m 表示某片梁所承担的最大荷载是施加荷载的倍数（通常小于 1），可称为荷载横向分布系数。

当在桥梁上施加汽车荷载和人群荷载时，其横向分布系数可按式（2.2）计算：

$$\begin{cases} m_q = \sum \eta_q/2 \\ m_r = \eta_r \end{cases} \tag{2.2}$$

式中　m_q——汽车荷载横向分布系数；

　　　m_r——人群荷载横向分布系数；

　　　η_q——对应于汽车荷载集度的荷载横向分布影响线竖标；

　　　η_r——对应于人群荷载集度的荷载横向分布影响线竖标。

钢筋混凝土和预应力钢筋混凝土梁桥由于施工特点、构造设计等的不同，会采用不同类型的横向联结结构。因此，应根据梁式桥不同的横向联结构造简化计算模型并拟定出相应的横向分布系数计算方法，当前常用的方法主要有杠杆原理法、刚性横梁法、横向铰接板（梁）法、横向刚接梁法和比拟正交异性板法 5 种方法。桥梁博士软件提供了横向分布计算辅助工具，支持杠杆法、刚性横梁法、刚（铰）接板梁法和比拟正交异性板法等横向分布系数计算方法。

此外，当荷载作用于跨中区域时，由于桥梁横向联结构造（横隔板和桥面板）的传力作用，使所有主梁都参与受力，荷载的横向分布比较均匀。但是，当荷载作用由桥梁支点区域的某片主梁上时，如果不考虑支座弹性变形的影响，荷载就直接由该片主梁传递至支座，其他主梁基本上不参与受力。可见，荷载在桥梁纵向作用的位置不同，对某片主梁产生的横向分布系数也不同。因此，本节将分别采用桥梁博士软件提供的杠杆法和刚（铰）接板梁法计算简支 T 梁桥方案支点附近截面的横向分布系数 m_0 和跨中附近截面的横向分布系数 m_c。

1）杠杆法计算横向分布系数

①首先，鼠标右键单击项目管理树形菜单中的项目名称"40 m 简支 T 梁"，在弹出的下拉菜单中单击"新建模型"，如图 2.72 所示。然后，在弹出的"新建模型"对话框中，将名称修改为"横向分布模型"，类型选择"横向分布模型"，单击"确定"按钮，完成横向分布计算模型的建立，如图 2.73 所示。最后，在弹出的"新建任务"对话框中，将名称修改为"杠杆法-支点截面"，类型选择"杠杆法"，如图 2.74 所示。

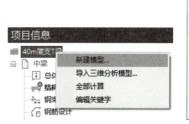

图 2.72　新建模型　　　图 2.73　新建模型对话框　　　图 2.74　新建任务对话框

小 提示

除上述建立横向分布计算模型的方法,还可以用鼠标左键单击项目工具栏中的"新建" ➕ 按钮,弹出"新建项目"对话框,将项目名称修改为"横向分布系数计算",模型名称修改为"横向分布模型",模型类型选择"横向分布模型",单击"确定"按钮,完成横向分布计算模型的建立,如图 2.75 所示。最后,按照上文的方法,对弹出的"新建任务"对话框中的名称和类型项进行修改,并单击"确定"按钮,完成横向分布系数计算任务的创建。新建横向分布系数计算任务后,主窗口将呈现 3 个区域:图形输出区、文字输出区和控制面板,如图 2.76 所示。控制面板区域包括结构描述、荷载信息、查询项和显示结果 4 个控制项,其中结构描述和荷载信息用于输入参数,且可根据任务类型的不同进行调整。

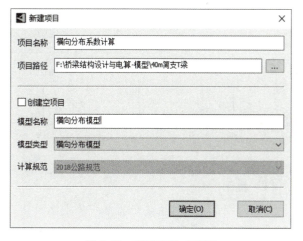

图 2.75　新建项目对话框

图 2.76　横向分布系数计算界面

②鼠标左键单击控制面板区域的"结构描述[S]"控制项,弹出"结构描述"表格,将图 2.5 显示的各片 T

梁间距(2.15 m)输入表格中,如图2.77所示,单击"确定"按钮。完成结构描述后,图形区会显示描述主梁间距的示意图,如图2.78所示。

图2.77 结构描述对话框

图2.78 结构模型

小提示

主梁间距是指各片主梁距离前一片主梁的间距,单位为 m。由于第一片主梁前无主梁,故其主梁间距为0。

③鼠标左键单击控制面板区域的"荷载信息[L]"控制项,弹出"荷载信息"对话框,其中的"计算规范"项选择"2015公路规范","特殊荷载"项采用默认值1,"桥面中线至首梁距离(m)"项输入"5.375",勾选"自动计算汽车车道布载系数",如图2.79所示。然后,单击"桥面布置"项的"⋯"按钮,弹出"桥面布置"表格,并按照图2.80输入桥面布置信息。荷载信息输入完成后,图形区中会显示主梁横向布置示意图,如图2.81所示。

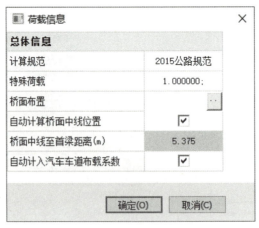

图2.79 荷载信息对话框

桥面布置

编号	类型	宽度(m)	车道数	恒载(kN/m^2)
1	防撞墙	0.5		0
2	车行道	11.75	3	0
3	防撞墙	0.5		0
4				
5				

确定(O)　　取消(C)

图 2.80　定义桥面布置

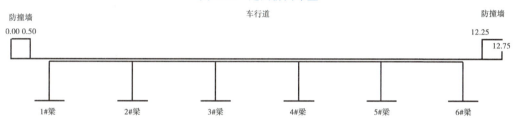

图 2.81　桥面布置模型

小 **提示**

A. 计算规范是指本次横向分布系数计算所采用的规范,桥梁博士软件提供了"2004 公路规范""2011 城市规范"和"2015 公路规范"3 种规范类型。

B. 桥面中线到首梁的距离用于确定各种活载在影响线上移动的位置。如图 2.82 所示,对于杠杆法和刚性横梁法,为桥面中线到首梁梁位线的距离;对于刚接板梁法和比拟正交异性板法,为桥面中线到首梁边侧悬臂板外端的距离。

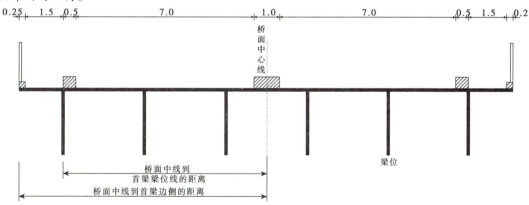

图 2.82　桥面中线到首梁的距离

C. 自动计算汽车车道布载系数:对于多车道,软件会根据所选规范自动进行多车道的横向分布折减。车道数不同时,布载系数也不同,考虑不同的实际行车数量,会得到不同的结果。为了得到最不利的荷载位置,软件考虑了全部车道的加载组合。如果选择计入汽车布载系数,将考虑对多个车道的折减和单车道的放大效应;若不勾选,系数直接取 1.0,不进行折减或放大。

D. 桥面布置表格中各参数意义如下:

a. 类型:包括人行道、车行道、防撞墙和隔离带 4 种类型,使用者可以从 4 种类型中任意选择组合形成桥面。

b.宽度(m):所选择桥面类型的宽度,单位为 m。

c.车道数:当选择的类型为车行道时填写。人行道、防撞墙和隔离带不需输入车道数。

d.恒载(kN/m²):人行道、防撞墙和隔离带的均布恒载集度。当采用杠杆法时,不需输入。

④鼠标左键单击控制面板区域的"查询项",选择"影响线结果"后,单击"显示结果[R]"控制项,在图形区会显示荷载横向分布影响线,1#梁(左边梁)横向分布影响线如图 2.83 所示。鼠标左键双击图形区,可以切换显示不同梁的影响线。3#梁横向分布影响线如图 2.84 所示。

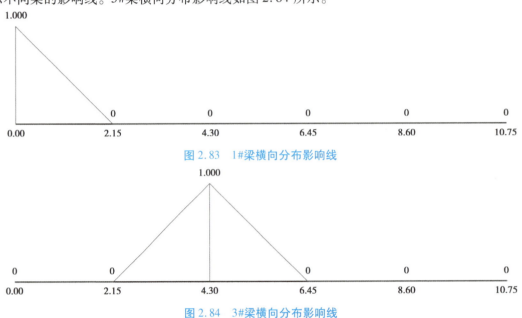

图 2.83　1#梁横向分布影响线

图 2.84　3#梁横向分布影响线

小 提示

桥梁博士软件横向分析计算辅助工具的"查询项"控制项提供了模型信息、影响线结果和横向分布系数结果 3 个选项,如图 2.85 所示。其中:

图 2.85　查询项

a.模型信息:显示结构描述、荷载信息的输入结果,用于检查。

b.影响线结果:显示各片梁的加载影响线,在图形区鼠标左键双击可以在不同梁之间进行切换。

c.横向分布系数结果:显示所有梁的横向分布系数值,在图形区鼠标左键双击可以在荷载类型间切换。

桥梁博士软件横向分析计算辅助工具输出的横向分布影响线与结构力学中对影响线的定义相同,但是横向分布系数的定义与《桥梁工程》教科书中的定义不同,教科书中的横向分布系数为无量纲量,而桥梁博士软件中输出的横向分布系数的含义如下:

a.汽车的横向分布系数:某片梁承担的车道数,其大小等于教科书中的横向分布系数。

b.人群的横向分布系数:某片梁承担的人行道宽度(单位:m),其大小等于教科书中的横向分布系数乘以人行道宽度。

c.恒载的横向分布系数:某片梁承担的沿纵向的恒载集度(单位:kN/m)。

d.特征的横向分布系数:某片梁承担的车道数/特载车辆数,其大小等于教科书中的横向分布系数。

⑤鼠标左键单击控制面板区域的"查询项",选择"横向分布系数结果"后,单击"显示结果[R]"控制项,在图形区会显示汽车荷载横向分布系数,如图 2.86 所示。

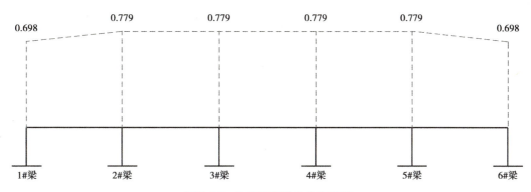

图2.86　汽车荷载横向分布系数

2）刚(铰)接板梁法计算横向分布系数

①首先,鼠标右键单击项目管理树形菜单中的模型名称"横向分布模型",在弹出的下拉菜单中单击"新建任务",如图2.87所示。然后在弹出的"新建任务"对话框中,将名称修改为"刚接板梁法-跨中截面",类型选择"刚(铰)接板梁法",单击"确定"按钮,完成刚(铰)接板梁法横向分布计算任务的建立,如图2.88所示。

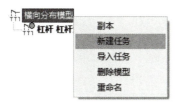

图2.87　新建任务

图2.88　新建任务对话框

②鼠标左键单击控制面板区域的"结构描述[S]"控制项,弹出"结构描述"对话框,将各片T梁参数值、主梁跨度和G/E值输入到"结构描述"对话框中,如图2.89所示,单击"确定"按钮。完成结构描述后,图形区会显示描述结构模型示意图,如图2.90所示。

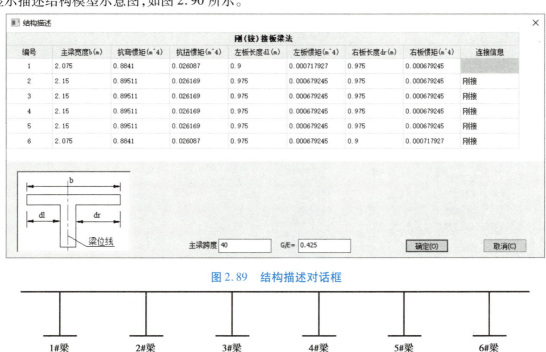

编号	主梁宽度b(m)	抗弯惯矩(m^4)	抗扭惯矩(m^4)	左板长度dl(m)	左板惯矩(m^4)	右板长度dr(m)	右板惯矩(m^4)	连接信息
1	2.075	0.8841	0.026087	0.9	0.000717927	0.975	0.000679245	
2	2.15	0.89511	0.026169	0.975	0.000679245	0.975	0.000679245	刚接
3	2.15	0.89511	0.026169	0.975	0.000679245	0.975	0.000679245	刚接
4	2.15	0.89511	0.026169	0.975	0.000679245	0.975	0.000679245	刚接
5	2.15	0.89511	0.026169	0.975	0.000679245	0.975	0.000679245	刚接
6	2.075	0.8841	0.026087	0.975	0.000679245	0.9	0.000717927	刚接

图2.89　结构描述对话框

图2.90　结构模型

小提示

"结构描述"表格中各参数的意义及取值方法如下：

a. 主梁宽度：主梁左侧到右侧的距离。

b. 抗弯惯矩(m^4)：主梁的抗弯惯性矩。主梁的抗弯惯性矩可以根据截面尺寸和T梁的抗弯惯性矩计算公式手动计算，也可以在桥梁博士软件中查询提取。

中梁跨中截面抗弯惯性矩可按如下步骤在软件中提取：首先，双击工作界面树形菜单栏中"中梁"计算模型下的"结构建模"，进入结构建模界面后，鼠标左键单击界面右侧的"截面"标签页，进入截面输入工作界面，并选择"中梁"截面。然后在输入工作界面下部的参数编辑器窗口单击鼠标右键，在弹出的快捷菜单中选择"截面检查"，如图2.91所示。再次在参数编辑器窗口单击鼠标右键，在弹出的快捷菜单中单击"截面检查点位置"（图2.92），弹出"指定截面检查点位置"对话框，并在"位置(mm)"输入"20000"（图2.93），单击"确定"按钮，完成截面检查点位置定义。在参数编辑器窗口单击鼠标右键，在弹出的快捷菜单中单击"查看截面特性"（图2.94），弹出"截面特征查看"表格（图2.95）。可见，表格中给出了中梁跨中截面的面积 A、惯性矩 I_x、惯性矩 I_y 和扭转惯量 J 等几何特征参数值。

图2.91　截面检查

图2.92　截面检查点位置

图2.93　指定截面检查点位置对话框

图2.94　查看截面特性

图2.95　截面特征查看表格

按照上述步骤,可查得中梁跨中截面抗弯惯性矩为 0.895 11 m⁴,边梁跨中截面抗弯惯性矩为 0.884 10 m⁴。

c. 抗扭惯矩(m⁴):主梁的抗扭惯性矩。与截面抗弯惯性矩类似,截面抗扭惯性矩也可按照上述步骤从桥梁博士软件中提取,查得中梁跨中截面抗扭惯性矩为 0.026 169 m⁴,边梁跨中截面抗扭惯性矩为 0.026 087 m⁴。

d. 左板长度:主梁左侧悬臂板的悬臂长度,取值方法可参见"结构描述"表格左下角截面示意图中的 d_1。

e. 左板惯矩:主梁左侧悬臂板沿跨径方向每延米板截面绕水平轴的抗弯惯性矩。单位宽度翼缘板的抗弯惯性矩 $I=h^3/12$。其中 h 为翼缘板厚度,对于变厚度的翼缘板,近似地取距离梁肋 $d/3$ 处的板厚;d 为翼缘板的悬出长度,此处取左板长度 d_1。

f. 右板长度:主梁右侧悬臂板的悬臂长度,取值方法可参见"结构描述"表格左下角截面示意图中的 d_r。

g. 右板惯矩:主梁右侧悬臂板沿跨径方向每延米板截面绕水平轴的抗弯惯矩,与左板惯矩计算方法相同。

h. 连接信息:本梁左侧与上一梁的右侧为铰接或刚接。1 号主梁的该信息无效。

i. G/E:主梁材料的剪切模量与弯曲模量的比值。本设计方案中主梁采用混凝土材料,此处取0.425。

③鼠标左键单击控制面板区域的"荷载信息[L]"控制项,弹出"荷载信息"对话框,其中的"计算规范"项选择"2015公路规范","特殊荷载"项采用默认值1,"桥面中线至首梁距离(m)"项输入"6.375",勾选"自动计算汽车车道布载系数",如图 2.96 所示。然后单击"桥面布置"项的" ... "按钮,弹出"桥面布置"表格,并按照图 2.97 输入桥面布置信息。荷载信息输入完成后,图形区中会显示主梁横向布置示意图,如图 2.98 所示。

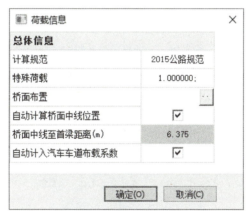

荷载信息	×
总体信息	
计算规范	2015公路规范
特殊荷载	1.000000;
桥面布置	...
自动计算桥面中线位置	☑
桥面中线至首梁距离(m)	6.375
自动计入汽车车道布载系数	☑
确定(O)	取消(C)

图2.96 荷载信息对话框

编号	类型	宽度(m)	车道数	恒载(kN/m^2)
1	防撞墙	0.5	0	23.3
2	车行道	11.75	3	0
3	防撞墙	0.5	0	23.3
4				
5				

图2.97 定义桥面布置

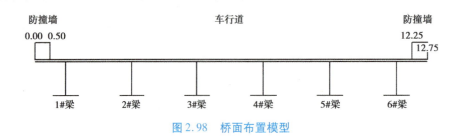

图 2.98　桥面布置模型

小 提示

刚(铰)接板梁法的"桥面中线与至首梁的距离(m)"取值与杠杆法不同,可根据图 2.82 确定。输入刚(铰)接板梁法的"桥面布置"信息时,需要输入防撞墙的恒载。可以采用 CAD 软件提取图 2.5 中的防撞墙的面积 $A(0.448\ 1\ m^2)$,然后用 A 乘以混凝土的容重(26 kN/m³)并除以防撞墙宽度(0.5 m),得出防撞墙恒载为 23.3 kN/m²。

④鼠标左键单击控制面板区域的"查询项",选择"影响线结果"后,单击"显示结果[R]"控制项,图形区会显示荷载横向分布影响线,1#梁(左边梁)横向分布影响线如图 2.99 所示。鼠标左键双击图形区,可以切换显示不同梁的影响线。3#梁横向分布影响线如图 2.100 所示。

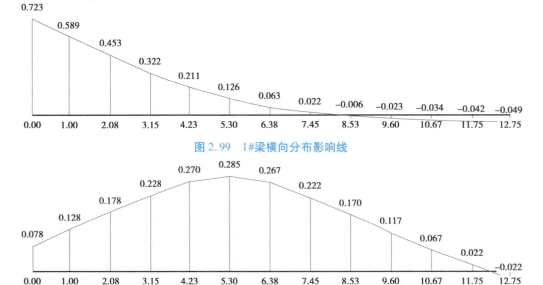

图 2.99　1#梁横向分布影响线

图 2.100　3#梁横向分布影响线

⑤鼠标左键单击控制面板区域的"查询项",选择"横向分布系数结果"后,单击"显示结果[R]"控制项,图形区会显示汽车荷载横向分布系数,如图 2.101 所示。

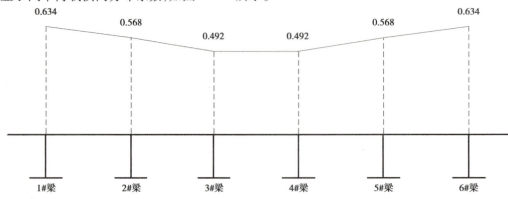

图 2.101　汽车荷载横向分布系数

▶ ### 2.3.5 建立中梁结构模型

①鼠标左键双击工作界面树形菜单栏中"中梁"计算模型下的"结构建模" 🔳 ，进入结构建模界面后，鼠标左键单击界面右侧的"建模"标签页，进入结构建模工作界面。

②切换到"常规建模"工具栏，鼠标左键单击构件"梁" 🔳 按钮，按如下命令行提示输入数据：

命令：modeling. beambyspan

输入梁起点或中点<0,0>：{单击键盘"空格"键}

指定跨径方式[顺序跨径(K)/对称跨径(M)]<M>:K

输入跨径布置：39.92

指定支座到梁端距离<0,0>:0.6

小 **提示**

注意此处长度单位是 m。由图 2.1 可知，该桥采用的是 80 型伸缩缝，因此扣除伸缩缝长度后，桥梁跨径为 39.92 m，并且由图 2.6 可知，梁端部到支座中心线的距离为 0.6 m。

中梁创建完成，如图 2.102 所示。

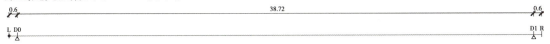

图 2.102　创建中梁

③鼠标左键单击截面"安装" 🔳 按钮，选择中梁左起点（图 2.102 中的 L 点）为安装点，在弹出的"选择截面"对话框中选择"中梁"（图 2.103），安装中梁截面如图 2.104 所示。

图 2.103　选择截面

图 2.104　安装中梁截面

④鼠标左键单击节点"创建" 🔳 按钮，根据图 2.19 中横隔板的位置，按如下命令行提示操作创建横隔板对应节点：

命令：modeling. nj

指定参考节点或[左端(L)/中点(M)/右端(R)]<L>:{鼠标左键单击 D0 节点}

指定生成方向[左向右(L)/双向(S)/右向左(R)]<L>:{单击"空格"键}

指定间距：6.36+4*6.5

指定节点类型[一般节点(C)/特征节点(T)/施工缝(S)]<T>:{单击"空格"键}

小 **提示**

a."指定参考点或[左端(L)/中点(M)/右端(R)]<L>"命令可以指定模型上的节点作为参考点，或者指定模型上的左端点(L)、中点(M)和右端点(R)为参考点，默认采用左端点为参考点。

b."指定参考点或[左端(L)/中点(M)/右端(R)]<L>"命令用于指定当一次生成多个新节点时，新的节点生成方向，包括以参考点为起点从左向右生成(L)、以参考点为中点向左右两个方向生成(M)、以参考点为起点从右向左生成(R)，默认采用从左向右生成。

c."指定间距"命令用于指定新建节点与参考点之间和新建节点之间的距离。本次模型中输入的"6.36+4

＊6.5"表示新建5个节点且节点间的间距为6.36、6.5、6.5、6.5、6.5,并且注意不可写成6.5＊4,否则无法顺利建立节点。

d."指定节点类型[一般节点(C)/特征节点(T)/施工缝(S)]<T>"命令用于指定新建立节点的类型,桥梁博士软件提供了一般节点(C)、特征节点(T)和施工缝节点(S)3种类型的节点,其中:

一般节点:为了有限元分析加密单元所用的节点。

特征节点:特殊位置处的节点,比如构造变化边界位置处、表示跨径位置的节点、集中荷载加载处或线形荷载布置的起止点位置处、在其他构件的连接位置处。

施工缝节点:2个相邻的施工节点间将自动组成一个施工段,在后续施工分析中使用。

本次模型建立的是横隔板对应的节点,且将会在该节点施加集中荷载以模拟横隔板的自重影响,因此新建节点是特征节点。

创建横隔板节点完成,如图2.105所示。

图2.105　创建横隔板节点

⑤鼠标左键单击节点"改名"^{P1 P2}按钮,按如下命令行提示操作批量修改节点名称:

命令:modeling. rnode

选择起始节点:{鼠标左键单击左边第一个新建横隔板特征节点}

选择终止节点:{鼠标左键单击右边最后一个新建横隔板特征节点}

是否包含施工缝节点[是(Y)/否(N)]<N>:{单击键盘"空格"键}

指定名称表达式(XXX[ ]XXX)<J[ ]>:HG[ ]

指定起始序号<1>:{单击键盘"空格"键}

小提示

a."选择起始/终止节点"命令用于指定需要改名的节点所在的区间,包括被选中节点。另外,名称的编制方向与起止节点的选择先后次序相关。

b."是否包含施工缝节点[是(Y)/否(N)]<N>"命令用于确定指定区间内的施工缝节点是否也需要改名,默认施工缝节点不改名。

c."指定名称表达式(XXX[ ]XXX)<J[ ]>"命令用于指定批量生成的节点名称的前缀。

d."指定起始序号<1>"命令用于指定修改节点名称编号的起始序号,默认修改节点名称编号从1开始。

横隔板节点特征名称修改完成,如图2.106所示。

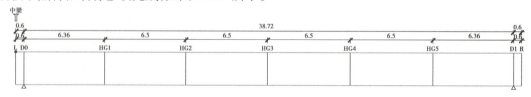

图2.106　横隔板节点名称修改

小提示

a.桥梁博士软件中的特征节点和施工缝节点除了自身序号,还可以定义别名,称为特征名称。一般节点没有特征名称。

b.批量修改节点名称,一般将一批节点的名称修改为"前缀"+"序号"的方式,如横隔板节点修改后的名称为 HG1、HG2、…、HG5。

c.除了此处的批量修改节点名称方法,还可以鼠标左键双击新建节点上方的"＊",激活后,输入要修改的节点名称。

⑥鼠标左键单击节点"加密" ✎ 按钮,按如下命令行提示操作加密中梁节点:

命令:modeling. jj

选择节点:{鼠标左键单击 D0 特征节点}

选择节点:{鼠标左键单击 D1 特征节点}

加密解释方向[从左到右(L)/从中间到两侧(M)/从右到左(R)]<L>:{单击键盘"空格"键}

指定加密间距<2>:1

小提示

a."加密解释方向[从左到右(L)/从中间到两侧(M)/从右到左(R)]<L>"命令用于指定加密的方向,默认为从左到右方向。

b."指定加密间距<2>"命令用于指定加密节点的间距,默认值为 2 m。若需要等分加密,此处需要输入一个负值,表示等分的最大距离,如输入"−2"表示等分加密后每个加密间隔≤2 m。

中梁节点加密完成,如图 2.107 所示。中梁三维实体图如图 2.108 所示。

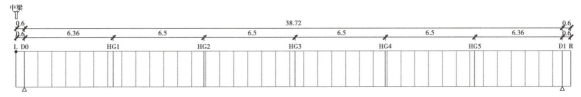

图 2.107　中梁节点加密

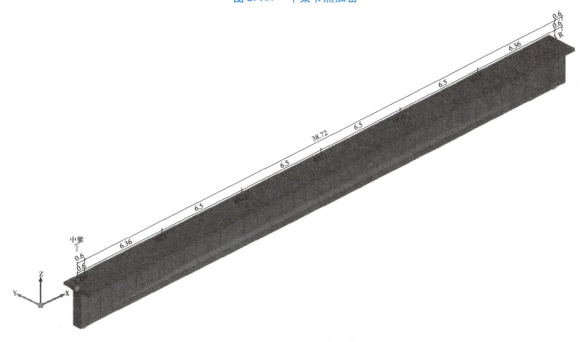

图 2.108　中梁三维实体

⑦鼠标左键单击中梁构件,左侧树形菜单栏弹出"对象属性"表格,将其中的"构件验算类型"选择"预制全预应力梁"、"构件模板"选择"常规空间砼主梁"、"自重系数"输入"1.04",其他参数采用默认值不做修改。修改后的"对象属性"表格如图2.109所示。

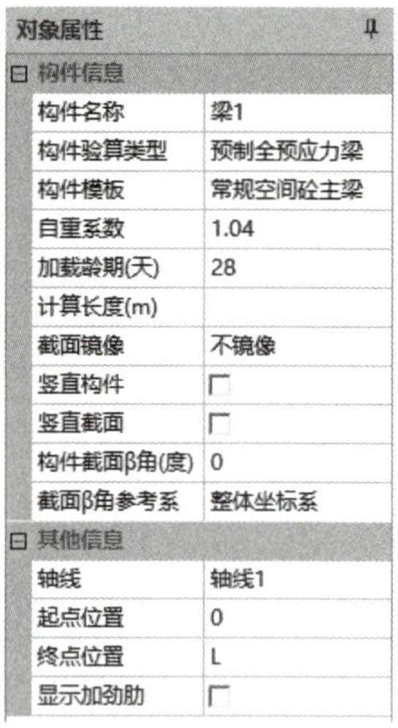

⑧鼠标左键双击中梁构件,弹出"构件节点属性汇总"表格,将其中D0和D1节点的"附加重力(kN)"输入"-16.65",HG1、HG2、HG3、HG4和HG5节点的"附加重力(kN)"输入"-19.42",其他参数采用默认值不做修改,施加横隔板自重。修改后的"构件节点属性汇总"表格如图2.110所示。

小提示

a.如图2.110所示,可以通过用鼠标左键双击"特征名称"将节点按照节点类型汇总在一起,方便修改节点属性特性。

b.D0和D1对应左右支座位置的横隔板,HG1、HG2、HG3、HG4和HG5节点对应中梁的各中间横隔板,可以根据图2.7和图2.19计算出各横隔板的体积,然后乘以混凝土容重,即可得到各片横隔板自重。

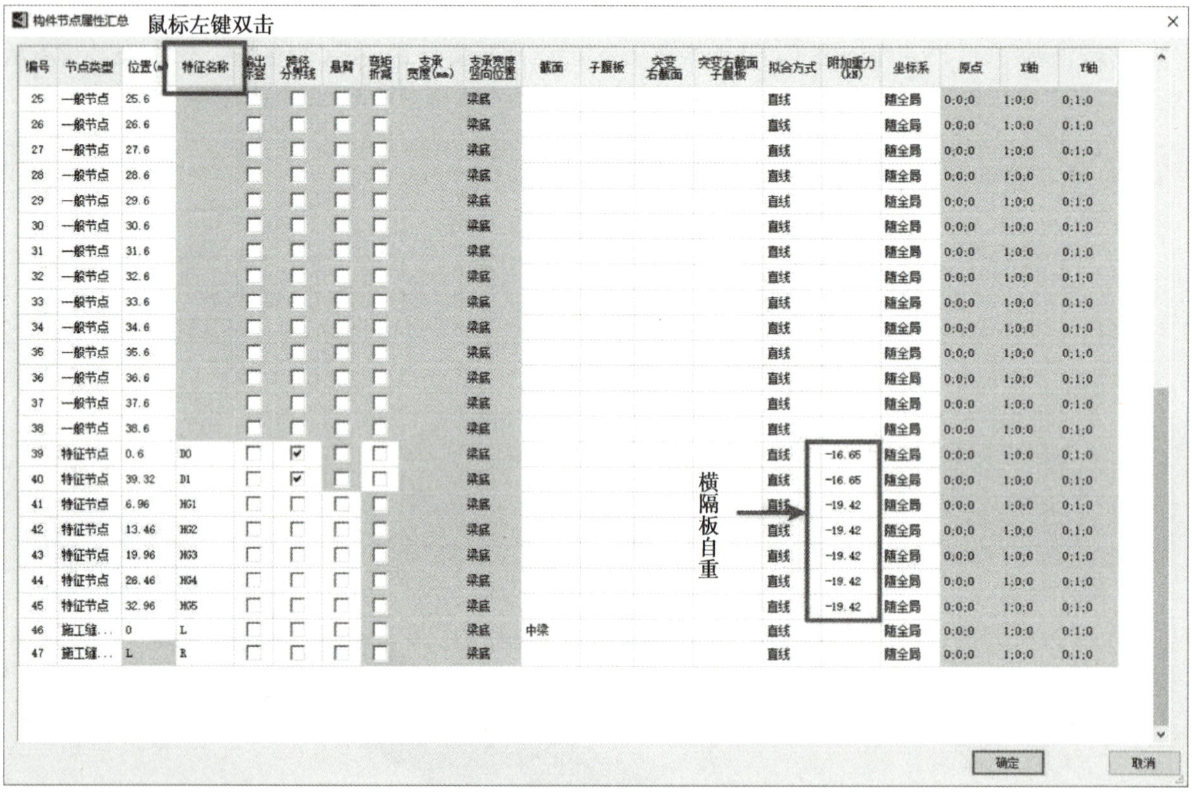

对象属性	
□ 构件信息	
构件名称	梁1
构件验算类型	预制全预应力梁
构件模板	常规空间砼主梁
自重系数	1.04
加载龄期(天)	28
计算长度(m)	
截面镜像	不镜像
竖直构件	□
竖直截面	□
构件截面β角(度)	0
截面β角参考系	整体坐标系
□ 其他信息	
轴线	轴线1
起点位置	0
终点位置	L
显示加劲肋	□

图2.109 修改主梁属性

图2.110 构件节点属性汇总

▶ 2.3.6 输入中梁模型施工分析信息

预应力混凝土桥梁设计的第一阶段是"只计算结构内力位移",因此建立中梁模型后,跳过"钢束设计"和"钢筋设计"两个步骤,直接进入"施工分析"和"运营分析"步骤,并在两个步骤完成后进行计算分析,提取频遇组合内力值进行预应力钢束配置。

本桥采用预制吊装施工方法,全桥施工过程可划分为预制吊装、现浇湿接缝、二期铺装和收缩徐变4个施工阶段,分别标记为第一施工阶段、第二施工阶段、第三施工阶段和第四施工阶段。由于当前预应力钢束配置尚未确定,因此第一施工阶段定义时跳过预应力钢束张拉施工步骤。

1)第一施工阶段定义

①双击工作界面树形菜单栏中的"施工分析" ，进入施工分析信息输入界面,如图2.111所示。

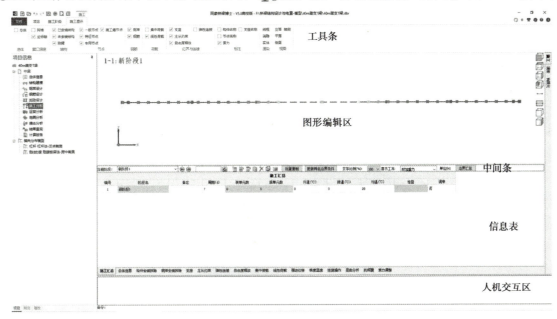

图2.111　施工分析界面

小提示

施工分析界面分为工具条(包括施工阶段、施工显示和调索)、图形编辑区、中间条、信息表和人机交互区5个区域,其中图形编辑区可以在施工、调索和有限元3个窗口之间切换。

a.施工阶段工具条:切换施工阶段、安装构件、添加荷载和边界条件、脚本、诊断、显示模式和视图等。

b.施工显示工具条:设置在图形编辑区显示的内容和方式。

c.调索工具条:导入/导出索力,调索查询相关的控制和显示控件。当图形编辑区切换到调索时,将会显示此工具条。

d.图形编辑区:使用者可以在此界面对施工分析构件、荷载、边界条件进行查看、编辑和删除等操作。

e.中间条:施工阶段快速切换和跳转,施工阶段信息复制、删除,文字比例,所需显示的荷载工况控制。

f.信息表:使用者通过表格输入施工分析所需的全部信息。

g.人机交互区:使用者输入操作命令后,系统提示使用者下一步操作的内容。

②将中间条的"当前阶段"名称修改为"预制吊装",鼠标左键单击信息表下部的"总体信息"选项卡,设定"施工持续天数(天)"为"30",如图2.112所示。

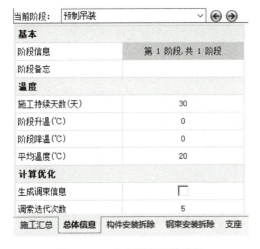

图2.112　定义预制吊装阶段

小提示

"总体信息"中各参数意义如下:

a.阶段信息:施工阶段的序号和总数量信息,程序自动生成,使用者不可编辑。格式为"第i阶段,共n阶段",i为当前阶段号,n为总阶段数。

b.施工持续天数(天):定义本施工阶段的施工时长。

c.阶段升温(℃):本阶段的最高温度和平均温度的差值,输入绝对值,对应的系统荷载名称为"阶段升温"。

d.阶段降温(℃):本阶段的最低温度和平均温度的差值,输入绝对值,对应的系统荷载名称为"阶段降温"。

e.平均温度(℃):本阶段施工期间的平均温度。当阶段 i 和阶段 $i+1$ 间平均温度不相同时,将计入对应的作用,对应的系统荷载名称为"阶段间温差"。

③切换到"施工阶段"工具栏,鼠标左键单击装拆"安装施工段" ⚹ 按钮,再单击图形编辑区的中梁构件,单击鼠标右键结束选择,安装完成,安装构件如图 2.113 所示。

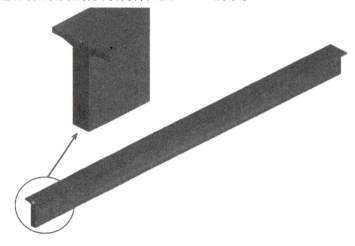

图 2.113 安装中梁构件

小提示

使用者还可以用鼠标左键单击信息表下部的"构件安装拆除"选项卡后,再用鼠标左键双击图形编辑区的中梁构件,安装完成,如图 2.114 所示。由图 2.114 可见,T 梁上翼缘两端湿接缝区域的颜色为灰色,而其他区域为高亮颜色显示,表示该施工阶段只激活了 T 梁中部区域而现浇施工缝区域未被激活。桥梁博士软件对安装构件显示颜色的规定如下:

a.当前阶段安装构件:将显示同一种高亮的颜色。

b.之前已安装的构件:将显示该施工段的本色,即在结构建模中设置的构件颜色。

c.未被安装的构件:灰色/不显示,在施工显示中进行设置。

图 2.114 安装构件

④鼠标左键单击边界与连接"支座" 按钮的下拉键，并在弹出的下拉菜单中单击"铰支座"

按钮,在 D0 节点安装铰接支座。鼠标左键单击"支座"按钮的下拉键,并在弹出的下拉菜单中单击"链杆支座" 按钮,在 D1 节点安装链杆支座。按如下命令行提示逐步完成支座添加操作:

命令:app. support1
指定名称:左支座
选择节点:｛鼠标左键单击 D0 节点｝
指定支座位置［支座位1(1)/质心(2)/对齐点(3)］<1>:｛单击键盘"空格"键｝
命令:app. support2
指定名称:右支座
选择节点:｛鼠标左键单击 D1 节点｝
指定支座位置［支座位1(1)/质心(2)/对齐点(3)］<1>:｛单击键盘"空格"键｝

小 提示

A. 上述支座添加命令行中各命令的意义如下:

a. 指定名称:输入支座的名称,各支座之间的名称不可相同。

b. 选择节点:在图形中用鼠标左键单击选择需要添加支座的节点。

c. 指定支座位置［支座位1(1)/质心(2)/对齐点(3)］<1>:支座位指在截面的支座位处添加支座;质心指在毛截面质心处添加支座;对齐点指构件轴线在截面上的位置。本次操作单击空格键,表示直接使用默认值,将支座添加在支座位1。

B. 除上述建立支座的方式,也可鼠标左键单击"支座" 按钮创建自定义约束条件的一般属性支座,其中的"一般支座"对话框如图 2.115 所示。"一般支座"对话框中各参数的意义如下:

a. 刚性:勾选表示该方向上的自由度被约束,方向由节点坐标系确定。其中 W 为翘曲自由度。

b. 正负向:正向/负向表示该支座为一个单向支座,将涉及接触非线性计算。默认为双向,此处的方向定义均以节点的局部坐标系为基准。

c. 弹性系数:当不勾选刚性时,可输入某自由度方向上的弹性支座。

d. 顶推施工支墩:勾选,则表示在进行支座安装的同时,程序在该节点处施加强迫位移,以自动补偿梁端与墩顶的位移差。位移值总和是上一阶段该自由度上的累积位移。强迫位移按不同的荷载名称分别施加。例如,如果上一阶段结构自重产生位移-4.3 mm,预加力产生位移2.1 mm,则在支座安装时施加4.3 mm 的强迫位移,效应计入结构自重;再施加2.1 mm 的强迫位移,效应计入预加力。

图 2.115　一般支座对话框

C. 鼠标左键单击"支座"按钮的下拉键 ,会弹出"铰接支座""链杆支座""固定支座""滑动支座"

"移动支座"和"复制支座" 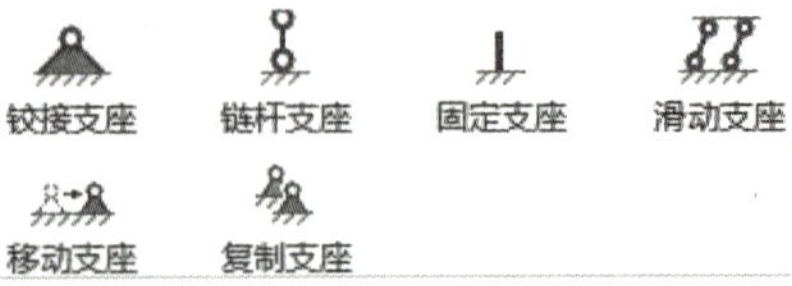 铰接支座 链杆支座 固定支座 滑动支座 等命令,用于创建4种预定义支座和移动、复制

移动支座 复制支座

支座。这4种支座类型对应的"刚性"设置如下:

　　a.铰接支座:Dx、Dy、Dz、Rx、Rz均为刚性约束。
　　b.链杆支座:Dy、Dz、Rx、Rz均为刚性约束。
　　c.固定支座:所有平移自由度和转动自由度均为刚性约束。
　　d.滑动支座:Dy、Dz、Rx、Ry、Rz均为刚性约束。

2)第二施工阶段定义

①鼠标左键单击中间条的"新增施工阶段" ▤按钮,将中间条的"当前阶段"名称修改为"浇筑湿接缝",然后单击信息表下部的"总体信息"选项卡,设定"施工持续天数(天)"为"7",如图2.116所示。

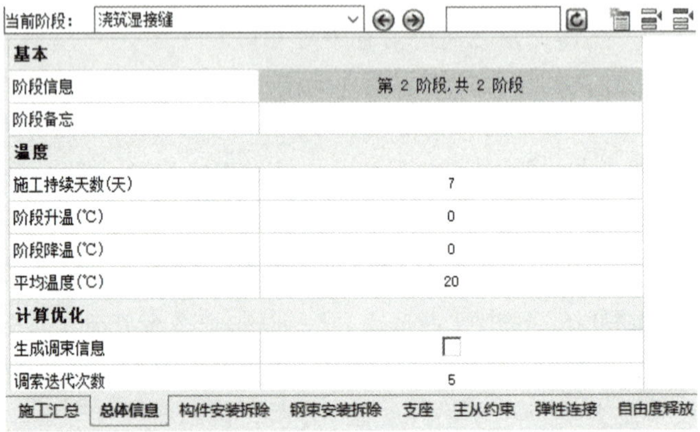

当前阶段: 浇筑湿接缝	
基本	
阶段信息	第 2 阶段,共 2 阶段
阶段备忘	
温度	
施工持续天数(天)	7
阶段升温(℃)	0
阶段降温(℃)	0
平均温度(℃)	20
计算优化	
生成调束信息	☐
调索迭代次数	5

施工汇总　总体信息　构件安装拆除　钢束安装拆除　支座　主从约束　弹性连接　自由度释放

图2.116　定义浇筑湿接缝施工阶段

②鼠标左键单击装拆"安装施工段" ✚按钮,再单击图形编辑区的中梁构件,然后右键单击结束选择,完成湿接缝浇筑,如图2.117所示。

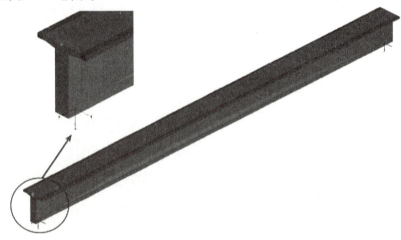

图2.117　浇筑湿接缝

3)第三施工阶段定义

①鼠标左键单击中间条的"新增施工阶段" ▤按钮,将中间条的"当前阶段"名称修改为"二期铺装",再单击信息表下部的"总体信息"选项卡,设定"施工持续天数(天)"为"7",如图2.118所示。

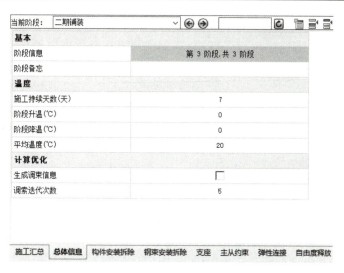

图2.118 定义二期铺装施工阶段

②鼠标左键单击常规作用"线性荷载" 按钮,按命令行提示逐步操作,并在弹出的"线性荷载"表格中分别填写桥面铺装和防撞墙对应的二期恒荷载值。

命令:modeling.lload

指定荷载名称:桥面铺装

选择起点节点:{鼠标左键单击 L 节点}

选择终点节点:{鼠标左键单击 R 节点}

指定与起点的距离(m)<0,0,0>:{单击键盘"空格"键}

指定与终点的距离(m)<0,0,0>:{单击键盘"空格"键}

指定坐标系[整体坐标系(G)/构件局部坐标系(L)]<G>:{单击键盘"空格"键}

命令:modeling.lload

指定荷载名称:防撞墙

选择起点节点:{鼠标左键单击 L 节点}

选择终点节点:{鼠标左键单击 R 节点}

指定与起点的距离(m)<0,0,0>:{单击键盘"空格"键}

指定与终点的距离(m)<0,0,0>:{单击键盘"空格"键}

指定坐标系[整体坐标系(G)/构件局部坐标系(L)]<G>:{单击键盘"空格"键}

小提示

上述线性荷载添加命令行中各命令的意义如下:

a.指定荷载名称:输入要添加的线性荷载的名称。

b.选择起点/终点节点:线性荷载施加的起点节点和终点节点,用鼠标左键在构件对应节点单击即可选择。

c.指定与起点/终点的距离(m)<0,0,0>:线性荷载起/终点到指定节点的距离。

d.指定坐标系[整体坐标系(G)/构件局部坐标系(L)]<G>:局部坐标系表示按照节点的局部坐标系,整体坐标系指全局坐标系,为默认值。

桥面铺装和防撞墙对应的"线性荷载"表格分别如图2.119和图2.120所示。

图 2.119　定义桥面铺装荷载　　　　　　图 2.120　定义防撞墙荷载

小提示

a. 由图 2.5 可知,该桥的桥面铺装层包括 0.08 m 厚 C50 混凝土现浇层和 0.10 m 厚沥青混凝土桥面铺装层,根据《通规》(2015)查得混凝土容重为 26 kN/m³、沥青混凝土容重为 24 kN/m³,同时中梁上翼缘宽度为 2.15 m,则桥面铺装层对应的均布荷载值为:0.08 m×2.15 m×26 kN/m³+0.10 m×2.15 m×24 kN/m³ = 9.632 kN/m。

b. 中梁分担的防撞墙自重荷载可在横向分布系数模型计算结果中查询确定。首先,鼠标左键双击项目管理树形菜单中的任务名称"刚接板梁法-跨中截面"。然后再单击控制面板区域的"查询项",选择"横向分布系数结果"后,点击"显示结果[R]"控制项,文字输出区显示横向分布系数结果(图 2.121)。最后,在横向分布系数结果中查询得到中梁分担的防撞墙自重荷载为 3.233 kN/m。

横向分布系数结果				
梁号	汽车(车道数)	人群(宽度m)	恒载(纵向kN/m)	特载(车道数)
1	0.634	0	7.484	0
2	0.568	0	3.233	0
3	0.492	0	0.933	0
4	0.492	0	0.933	0
5	0.568	0	3.233	0
6	0.634	0	7.484	0

图 2.121　横向分布系数结果

桥面铺装荷载和防撞墙荷载施加完成,如图 2.122 所示。

图 2.122　桥面铺装荷载和防撞墙荷载分布图

小提示

除用上述图形法添加线性荷载,使用者还可以使用表格法输入线性荷载。鼠标左键单击信息表下部的"线性荷载"选项卡后,对其中的参数进行选择和填写,完成线性荷载定义,如图 2.123 所示。图 2.123 中各参数的意义如下:

a. 名称:自定义工况名称,相同名称的荷载效应自动叠加。

b. 类型:定义的荷载的类型,使用者可以在类型下拉菜单选取对应的荷载类型。

c.起点/终点位置:在弹性的"位置选择"对话框中选取线性荷载的起点/终点节点,如图 2.124 所示。其中的 X 距离指沿着构件轴线方向,荷载作用点到指定节点的距离,Y 距离和 Z 距离分别指沿着构件局部坐标系。

d.方向:指定坐标系下的方向。

e.起点/终点荷载:起点/终点处荷载分布值。

f.坐标系:桥梁博士软件提供了整体坐标系、构件局部坐标系和整体坐标系(投影)3 种坐标系。其中构件局部坐标系表示按照节点建立的局部坐标系,整体坐标系和整体坐标系(投影)的区别如图 2.125 所示。

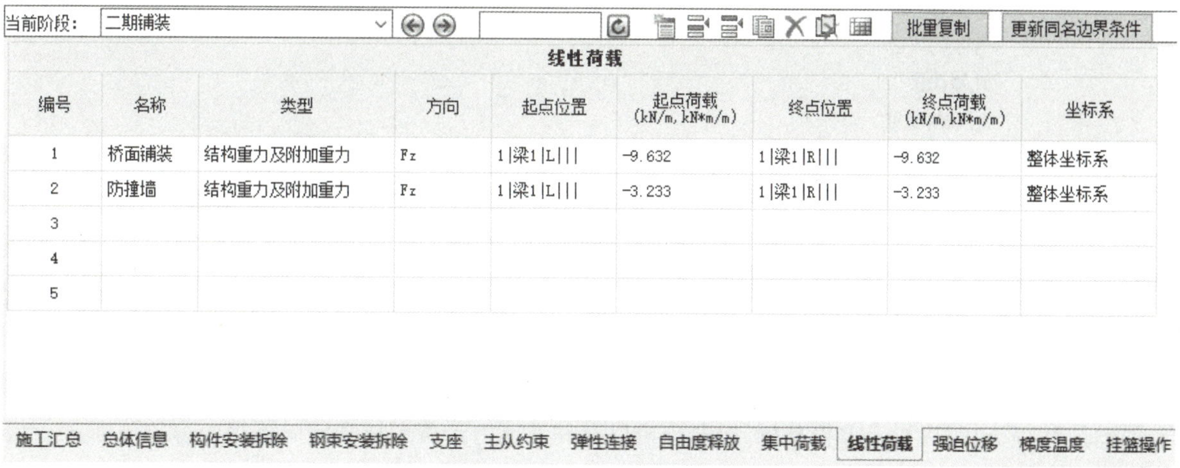

当前阶段:	二期铺装								批量复制	更新同名边界条件

线性荷载

编号	名称	类型	方向	起点位置	起点荷载 (kN/m, kN*m/m)	终点位置	终点荷载 (kN/m, kN*m/m)	坐标系
1	桥面铺装	结构重力及附加重力	Fz	1|梁1|L|||	-9.632	1|梁1|R|||	-9.632	整体坐标系
2	防撞墙	结构重力及附加重力	Fz	1|梁1|L|||	-3.233	1|梁1|R|||	-3.233	整体坐标系
3								
4								
5								

施工汇总　总体信息　构件安装拆除　钢束安装拆除　支座　主从约束　弹性连接　自由度释放　集中荷载　**线性荷载**　强迫位移　梯度温度　挂篮操作

图 2.123   定义线性荷载

图 2.124   位置选择对话框

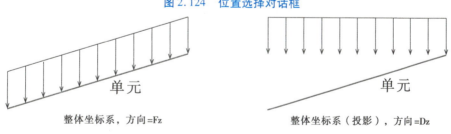

整体坐标系,方向=Fz　　　　　　　　整体坐标系(投影),方向=Dz

图 2.125   整体坐标系和整体坐标系(投影)

4)第四施工阶段定义

鼠标左键单击中间条的"新增施工阶段" 按钮,将中间条的"当前阶段"名称修改为"收缩徐变",然后单击信息表下部的"总体信息"选项卡,设定"施工持续天数(天)"为"3650",如图 2.126 所示。

当前阶段:	收缩徐变	

基本

阶段信息	第 4 阶段,共 4 阶段
阶段备忘	

温度

施工持续天数(天)	3650
阶段升温(℃)	0
阶段降温(℃)	0
平均温度(℃)	20

计算优化

生成调束信息	☐
调索迭代次数	5

施工汇总　**总体信息**　构件安装拆除　钢束安装拆除　支座　主从约束　弹性连接　自由度释放

图 2.126　定义收缩徐变施工阶段

▶ **2.3.7　输入中梁模型运营分析信息**

运营分析可以为桥梁模型添加桥梁运营阶段的活载、整体升降温、梯度温度、自定义的集中荷载和线性荷载、强迫位移等,也可以指定自振分析、屈曲分析以及并发反力计算和抗倾覆验算等内容的分项。

双击工作界面树形菜单栏中的"运营分析"██按钮,进入运营分析信息输入界面,如图 2.127 所示。

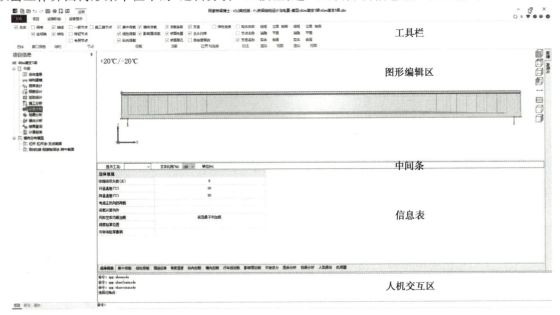

图 2.127　运营分析界面

小提示

与施工分析界面类似,运营分析界面也分为工具栏(包括运营阶段、运营显示)、图形编辑区、中间条、信息表和人机交互区 5 个区域。其中:

a. 运营阶段工具栏:添加常规荷载、活荷载、显示模式和视图方式等。

b. 运营显示工具栏:总体、几何、结构、节点、荷载、活载和标注等的显示控制。

c. 图形编辑区:使用者可以在此界面对运营分析构件、荷载、边界条件进行查看、编辑和删除等操作。

d. 中间条:运营阶段活载类型快速切换,显示内容、文字比例控制。

e. 信息表:使用者通过表格方式输入运营分析所需的全部信息。

f. 人机交互区:使用者输入操作命令后,系统提示使用者下一步操作的内容。

1)整体温度定义

鼠标左键单击信息表下部的"总体信息"选项卡,设定"升温温差(℃)"和"降温温差(℃)"均为"20",如图 2.128 所示。

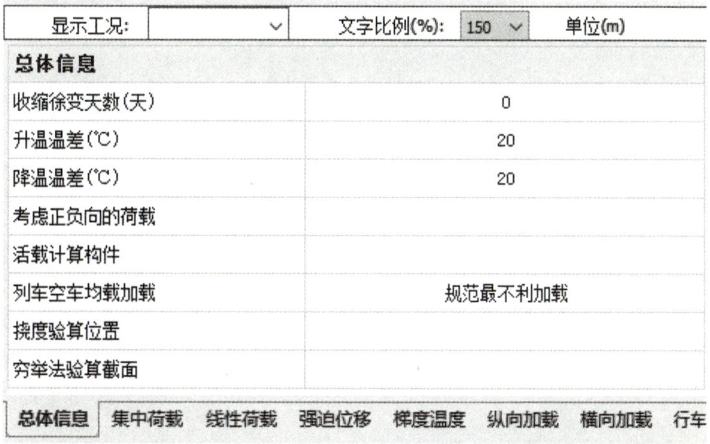

显示工况:	∨	文字比例(%):	150 ∨	单位(m)

总体信息	
收缩徐变天数(天)	0
升温温差(℃)	20
降温温差(℃)	20
考虑正负向的荷载	
活载计算构件	
列车空车均载加载	规范最不利加载
挠度验算位置	
穷举法验算截面	

总体信息	集中荷载	线性荷载	强迫位移	梯度温度	纵向加载	横向加载	行车

图 2.128　定义总体信息

小 提示

"总体信息"选项卡中主要的参数意义如下:

a. 收缩徐变天数(天):设定运营阶段收缩徐变计算的时间。运营阶段的收缩徐变效应是指从施工阶段的最终时刻经过在此输入的时间后得到的收缩徐变效应增量。如果不计算收缩徐变,系统将忽略该输入值。也可将结构的收缩徐变考虑到施工阶段中,例如本模型在施工阶段添加一个较长施工周期,用以完成结构的收缩徐变,则运营阶段的收缩徐变时间填"0"天,不在运营阶段考虑收缩徐变效应。

b. 升温温差(℃):结构在其运营期间所经受的最大升温温差,结构各部分将按整体升温计算结构响应。升温、降温的基数为最后一个施工阶段的平均温度。

c. 降温温差(℃):结构在其运营期间内所经受的最大降温温差,结构各部分将按整体降温计算结构响应。

2)梯度温度定义

鼠标左键单击信息表下部的"梯度温度"选项卡,按照图 2.129 对"名称""构件"和"温度模式"等参数进行设置,完成梯度升温和梯度降温两种梯度温度荷载的定义。

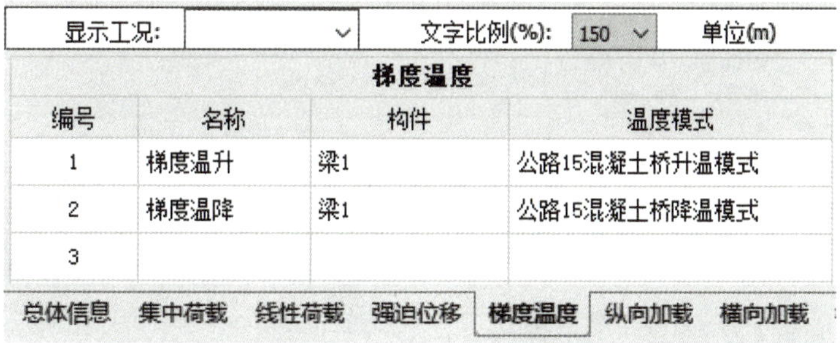

显示工况:	∨	文字比例(%):	150 ∨	单位(m)

梯度温度			
编号	名称	构件	温度模式
1	梯度温升	梁1	公路15混凝土桥升温模式
2	梯度温降	梁1	公路15混凝土桥降温模式
3			

总体信息	集中荷载	线性荷载	强迫位移	梯度温度	纵向加载	横向加载

图 2.129　定义梯度温度

小 **提示**

"梯度温度"选项卡中参数的意义如下：

a. 名称：名称相同的梯度温度将合并成一个工况，即认为是同时发生的。不同名称的梯度温度荷载效应在荷载组合中的体现取决于荷载组合的定义。

b. 构件：选择准备施加梯度温度荷载的构件名称。

c. 温度模式：指非线性梯度温度，其名称可在规范库中定义，具体参数在2.3.3节"截面定义"中定义。

3) 车道荷载定义

鼠标左键单击信息表下部的"纵向加载"选项卡，按照图2.130对"名称""桥面单元""计算跨径(m)""活载类型""活载系数""行车线""横向布置(m)"和"冲击系数"等参数进行设置，完成车道荷载的定义。其中，"活载系数"用于定义中梁的横向分布系数，鼠标左键激活"活载系数"输入栏，并单击输入栏右侧的" ┄ "弹出"系数定义"表格，按图2.131输入节点位置及对应的系数值；"冲击系数"用于定义冲击系数的相关计算参数，鼠标左键激活"冲击系数"输入栏，并单击输入栏右侧的" ┄ "弹出"冲击系数"对话框，按图2.132选择结构参数、计算跨径和结构特性代表节点等参数。

图 2.130　纵向加载定义

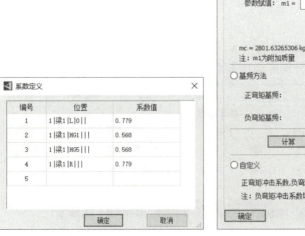

图 2.131　系数定义表格

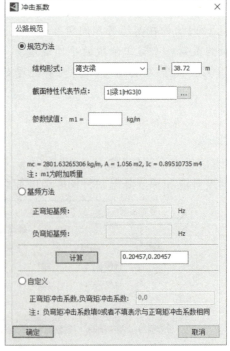

图 2.132　冲击系数对话框

中梁横向分布系数定义完成,如图2.133所示。

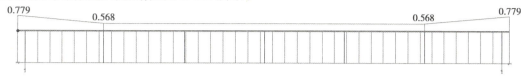

图2.133　横向分布系数

小提示

A."纵向加载"表格中,部分参数的意义和取值如下:

a.计算跨径(m):对于具有支座的桥梁,计算跨径是指相邻支座中心的水平距离;对于跨径不等的连续结构,一般以最大计算跨径为准。根据图2.6可知,本设计方案桥梁支座之间的距离为38.72 m,因此本模型中计算跨径取38.72 m。

b.行车线:选择在模型中定义的轴线对象名称,作为汽车荷载布置的参考线。

c.横向布置:输入一个值表示加载从"行车线"偏移的距离,左负右正;输入3个值表示描述桥面横向布置,3个数字为一组,前两个数字表示某行车道(人行道)区域横向布置的起终点位置到"行车线"的偏移距离,第三个数字为该区域内布置的车道数(如果是人行道,则不使用第三个数字),多组数字之间用";"隔开,例如输入"-8,-1,2;1,11.5,3"表示布置两个区域,布置如图2.134所示(注:横向布置区域内的宽度包含车轮安全距离0.5 m,在计算时将自行扣除)。

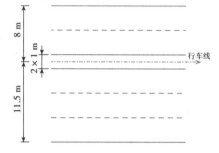

图2.134　纵向活载的横向布置

B.活载系数定义表格中,系数值对不同桥梁结构类型和荷载类型的算法不同,具体如下:

a.汽车活载系数:对于整体箱梁、整体板梁等结构,其活载系数就是其所承受的汽车车道,考虑横向折减、偏载等的修正值。例如验算一座跨度为230 m的桥面4车道的整体箱梁时,其活载系数应为4(车道数)×0.67(4车道的横向折减系数)×0.97(大跨径桥梁的纵向折减系数)×1.15(偏载系数)=2.990,此系数值已包含了汽车车道数的影响。对于预制拼装的空心板、T梁和小箱梁等结构,其活载系数值指通过杠杆法、刚铰接板梁法等方法计算得到的横向分布系数值,一般为小于1的数值。

b.人群活载系数:对于整体箱梁、整体板梁等结构,人群系数为全桥人行道的总宽度合计值(m)。对于预制拼装的空心板、T梁和小箱梁等结构,其活载系数值指通过杠杆法、刚铰接板梁法等方法计算得到的横向分布系数值,采用桥梁博士软件横向分布计算模型计算所得的人群横向分布系数已经考虑了宽度的影响。

C.桥梁博士软件按照《通规》(2015)中第4.3.2条的相关规定计算汽车荷载的冲击系数。"冲击系数"对话框中的部分参数的意义和取值如下:

a.截面特性代表性节点:选取一个节点上的截面作为代表截面,计算过程中的截面特性值取自该截面。本模型中取跨中截面为代表性截面。

b."计算"按钮:点击该按钮后,右侧文本框将列出两个用","分隔的数据,分别为正、负弯矩区的冲击系数。

c.自定义:直接输入正、负弯矩区的冲击系数,用","分隔,第2个数不输入表示负弯矩区冲击系数与正弯矩区相同。

D.由2.3.4节可知,沿主梁纵向,各截面的横向分布系数不同,要精确得到横向分布系数值沿桥跨的连续变化规律相当复杂,也会给内力计算增添麻烦。当前通常根据桥梁的中间横隔梁布置数量确定所采用的简化处理方法,具体如下:

a.当桥梁上无横隔梁或仅布置一根中间横隔梁时:桥梁跨中区域采用不变的m_c,从距离支点$L/4$处起至支点的区段内,m_x从m_c按直线形过渡至m_0,如图2.135(a)所示。

b.当桥梁上布置多根中间横隔梁时:桥梁跨中区域采用不变的 m_c,从第一根中间横隔梁起至支点的区段内,m_x 从 m_c 按直线形过渡至 m_0,如图2.135(b)所示。

由图2.6可知,本桥梁设计方案共布置了5根中间横隔梁,因此采用第二种方法确定中梁模型纵桥向横向分布系数。

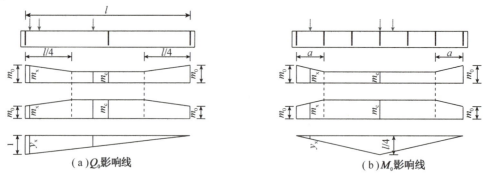

图2.135　横向分布系数沿桥纵向变化图

▶ 2.3.8　执行中梁模型计算

①切换到"项目"工具栏,鼠标左键单击诊断"全部诊断"按钮或"诊断当前"按钮,或在树形菜单中鼠标右键单击模型名称"中梁",选择"诊断"(图2.136),软件将对前处理的内容进行检查。

②系统诊断无误后,鼠标左键单击计算"全部计算"按钮或"计算当前"按钮,或在树形菜单中鼠标右键单击模型名称"中梁",选择"计算"(图2.137)。计算分析界面如图2.138所示。

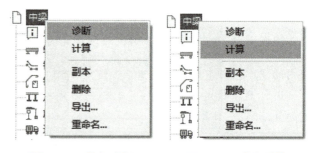

图2.136　执行诊断　　　图2.137　执行计算

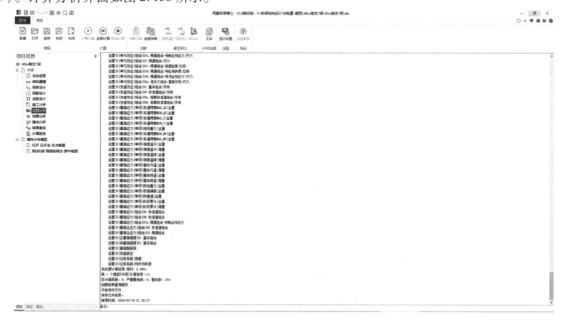

图2.138　计算分析界面

2.4　中梁预应力钢束估算与布置

根据《桥规》(2018)中第 4.1.1 条的规定,设计预应力混凝土桥梁时应开展承载能力极限状态和正常使用极限状态计算分析,满足规范对不同受力状态下规定的承载力、应力、抗裂性和变形等的要求。预应力钢束数量可以根据这些限值条件进行估算:首先按持久状况正常使用极限状态计算预应力钢束数量,然后按持久状况承载能力极限状态校核、调整钢束数量并计算需补充的普通钢筋数量。

预应力混凝土结构在预加力阶段和使用阶段,截面上、下缘混凝土应力均应满足应力限值要求,即截面上、下缘的压应力均不应超过 $0.5f_{ck}$,且上、下缘均不出现拉应力。假设预应力引起的预应力混凝土构件截面上、下缘应力分别为 σ_{pu} 和 σ_{pb},以压应力为正,则:

上缘混凝土压应力不超限:

$$\sigma_{pu} + \frac{M_{max}}{W_u} \leqslant 0.5f_{ck} \tag{2.3}$$

上缘混凝土不出现拉应力:

$$\sigma_{pu} + \frac{M_{min}}{W_u} \geqslant 0 \tag{2.4}$$

下缘混凝土压应力不超限:

$$\sigma_{pb} - \frac{M_{min}}{W_b} \leqslant 0.5f_{ck} \tag{2.5}$$

下缘混凝土不出现拉应力:

$$\sigma_{pb} - \frac{M_{max}}{W_b} \geqslant 0 \tag{2.6}$$

式中　W_u、W_b——上、下截面抗弯模量(可按毛截面考虑);

f_{ck}——混凝土轴心抗压强度标准值;

M_{max}、M_{min}——作用频域荷载组合下预应力混凝土结构截面的最大和最小弯矩值,正弯矩取正值、负弯矩取负值。

预应力钢束在截面上、下缘产生的应力分别为

$$\sigma_{pu} = \frac{N_u}{A} + \frac{N_u e_u}{W_u} + \frac{N_b}{A} - \frac{N_b e_b}{W_u} \tag{2.7}$$

$$\sigma_{pb} = \frac{N_u}{A} - \frac{N_u e_u}{W_b} + \frac{N_b}{A} + \frac{N_b e_b}{W_b} \tag{2.8}$$

式中　e_u、e_b——截面上、下缘配置的预应力钢束重心至主梁混凝土截面重心的距离;

A——混凝土面积,可取毛截面面积;

N_u、N_b——截面上、下缘预应力钢束合力。

N_u 和 N_b 可分别按式(2.9)和式(2.10)计算:

$$N_u = n_u A_{pl} \sigma_{pe} \tag{2.9}$$

$$N_b = n_b A_{pl} \sigma_{pe} \tag{2.10}$$

式中　n_u、n_b——截面上、下缘估算的预应力钢束根数;

A_{pl}——每股预应力钢束的面积(如采用钢绞线,则为一股钢绞线面积);

σ_{pe}——预应力钢束的永存应力,估算预应力截面时可取 $\sigma_{pe} = (0.7 \sim 0.8)\sigma_{con}$,$\sigma_{con}$ 为预应力钢束的张拉控制应力。

对于本章的预制吊装简支 T 梁桥方案,主梁主要承受梁底受拉的正弯矩作用,因此通常只在截面下缘

布置预应力钢束以抵抗正弯矩作用。根据式(2.3)—式(2.10)可得到截面上、下缘混凝土压应力和拉应力限值条件所需的预应力钢束数量分别为

上缘混凝土压应力不超限：

$$n_b \leqslant \frac{0.5 f_{ck} W_u - M_{max}}{K_b - e_b} \frac{1}{A_{pl} \sigma_{pe}}$$ (2.11)

上缘混凝土不出现拉应力：

$$n_b \geqslant \frac{M_{min}}{e_b - K_b} \frac{1}{A_{pl} \sigma_{pe}}$$ (2.12)

下缘混凝土压应力不超限：

$$n_b \leqslant \frac{0.5 f_{ck} W_b + M_{min}}{K_u + e_b} \frac{1}{A_{pl} \sigma_{pe}}$$ (2.13)

下缘混凝土不出现拉应力：

$$n_b \geqslant \frac{M_{max}}{K_u + e_b} \frac{1}{A_{pl} \sigma_{pe}}$$ (2.14)

因此,通过求解式(2.11)—式(2.14)可得到 T 梁预应力钢束的配束范围。同时可知,估算中梁预应力钢束配置时,需要得到持久状态正常使用极限状态荷载频遇组合的跨中截面弯矩值和截面几何特性。本节将依次介绍从桥梁博士软件中提取预应力钢束估算所需的频遇荷载组合下中梁最大弯矩计算值、跨中截面几何特性等数据,并进行中梁预应力钢束布置估算。

▶ 2.4.1 频遇荷载组合下中梁最大正弯矩计算结果查询

①鼠标右键单击项目管理树形菜单中"40 m 简支 T 梁"项目下"中梁"模型的"结果查询",在弹出的下拉菜单中单击"新文件夹"(图 2.139),弹出"新建查询文件夹"对话框,输入新建文件夹名称"01 频遇荷载组合",如图 2.140 所示。

②鼠标右键单击新建的"01 频遇荷载组合"文件夹,在弹出的下拉菜单中单击"新建查询"(图 2.141),弹出"新建查询"对话框,输入名称"频遇荷载组合","工况"项选择"运营阶段","内容"项选择"结构效应组合","组合"项选择"内力组合-03a 频遇组合-预制全预应力","效应"项选择"竖弯矩 My","图形"项选择"仅包络图","构件"项选择"梁 1"(图 2.142),鼠标左键单击"确定"按钮,建立查询项。

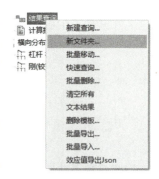

图 2.139　新文件夹

图 2.140　新建查询文件夹对话框

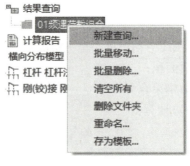

图 2.141　新建查询

图 2.142　新建查询对话框

频遇荷载组合下,中梁弯矩包络图如图 2.143 所示。由图 2.143 可见,频遇荷载组合下中梁跨中截面的最大弯矩值 M_{max} 为 10 456.4 kN·m,最小弯矩值 M_{min} 为 8 309.7 kN·m。

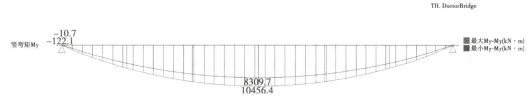

图 2.143　弯矩包络图

小 **提示**

桥梁博士软件结果查询界面分为工具栏、图形输出区、树形菜单栏、中间条、表格输出区和人机交互区 6 个区域,如图 2.144 所示。其中:

a. 树形菜单栏:创建查询对象、文件夹,以及对查询对象的整理。

b. 工具栏:工具栏中的图表用于切换图标布局;导出用于导出效应图;显示用于控制效应图显示内容;文字用于控制效应图标注内容;设置针对所有效应图的总体设置;视图用于控制效应图的视口方向。

c. 图形输出区:以效应图的方式展示计算和验算结果。

d. 表格输出区:查看、操作结果表格的窗口。

e. 中间条:修改查询条件,列出相应的计算和验算结果。

f. 人机交互区:使用者输入操作命令后,系统提示使用者下一步操作的内容。

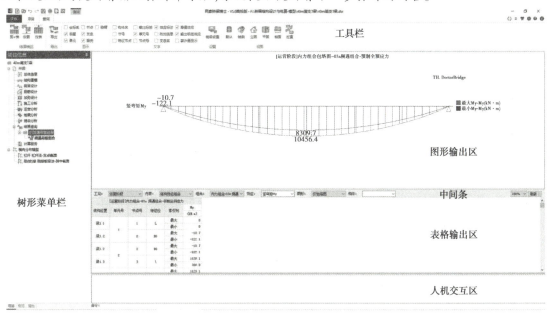

图 2.144　结果查询界面

▶ **2.4.2　中梁跨中截面几何特性查询**

①鼠标右键单击"结果查询" ,在弹出的下拉菜单中单击"新文件夹",弹出"新建查询文件夹"对话框,输入新建文件夹名称"02 截面几何特性",如图 2.145 所示。

②鼠标右键单击新建的"02 截面几何特性"文件夹,在弹出的下拉菜单中单击"新建查询",弹出"新建查询"对话框,输入名称"跨中

图 2.145　新建查询文件夹对话框

图 2.146　新建查询对话框

截面几何特性","工况"项选择"运营阶段","内容"项选择"截面特性","类型"项选择"毛截面全截面特性","效应"项选择"全部","构件"项选择"梁1","截面"项选择"总截面"(图 2.146),鼠标左键单击"确定"按钮,建立查询项。

中梁截面几何特性输出如图 2.147 所示。

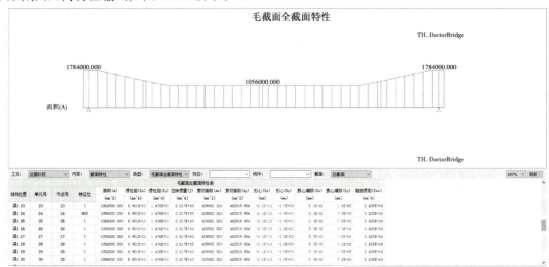

图 2.147　中梁截面几何特性输出

▶ 2.4.3　中梁跨中截面预应力钢束估算

根据《桥规》(2018)中第 3.1.3 条可知,C50 混凝土轴心抗压强度标准值 f_{ck} 为 32.4 MPa,同时假定采用抗拉强度标准值 f_{pk} 为 1 860 MPa 的 Φ^s15.2(1×7)型的低松弛高强度钢绞线,则每股预应力钢束的面积 A_{pl} 为 139.0 mm²。预应力钢束的张拉控制应力 $\sigma_{con}=0.75f_{pk}=1$ 395 MPa,预应力损失按张拉控制应力的 20% 估算,则可得预应力钢束的永存应力 $\sigma_{pe}=0.8\sigma_{con}=1$ 116 MPa。

如前文所述,以中梁跨中截面为研究对象进行预应力钢束估算,根据 2.3.5 节的建模过程可知,特征节点 HG3 对应中梁跨中截面,则由图 2.147 可知,中梁跨中截面面积 A 为 1.056 m²,截面惯性矩 I_x 为 0.895 m⁴,截面中性轴到截面上缘的距离 y_u 为 1 031 mm,则截面中性轴到截面下缘的距离 $y_b=2$ 500−1 031＝1 469 mm。

由公式 $W_u=I_x/y_u$、$W_b=I_x/y_b$、$K_u=W_b/A$ 和 $K_b=W_u/A$ 计算可得上、下截面模量为:$W_u=0.868$ m³、$W_b=0.609$ m³;截面上、下核心距为:$K_u=0.577$ m 和 $K_b=0.822$ m。

假定截面预应力钢束合力作用点到截面下缘的距离 a_b 为 0.207 m,截面下缘配置的预应力钢束重心至主梁混凝土截面重心的距离 $e_b=y_b-a_b=1.469-0.207=1.262$ m。

此外,由 2.4.1 节可知,频遇荷载组合下中梁跨中截面的最大、最小弯矩值 M_{max} 和 M_{min} 分别为 10 456.4 kN·m 和 8 309.7 kN·m。将以上数据分别代入式(2.11)—式(2.14)可得:

上缘混凝土压应力不超限:

$$n_b \leqslant \frac{0.5f_{ck}W_u - M_{max}}{K_b - e_b} \frac{1}{A_{pl}\sigma_{pe}}$$

$$= \frac{0.5 \times 32.4 \times 10^6 \times 0.868 - 10\ 456.4 \times 10^3}{0.822 - 1.262} \times \frac{1}{139 \times 1\ 116}$$

$$= -52.82$$

上缘混凝土不出现拉应力:

$$n_b \geqslant \frac{M_{min}}{e_b - K_b} \frac{1}{A_{pl}\sigma_{pe}}$$

$$= \frac{8\,309.7 \times 10^3}{1.262 - 0.822} \times \frac{1}{139 \times 1\,116}$$

$$= 121.75$$

下缘混凝土压应力不超限:

$$n_b \leqslant \frac{0.5 f_{ck} W_b + M_{min}}{K_u + e_b} \frac{1}{A_{pl} \sigma_{pe}}$$

$$= \frac{0.5 \times 32.4 \times 10^6 \times 0.609 + 8\,309.7 \times 10^3}{0.577 + 1.262} \times \frac{1}{139 \times 1\,116}$$

$$= 63.72$$

下缘混凝土不出现拉应力:

$$n_b \geqslant \frac{M_{max}}{K_u + e_b} \frac{1}{A_{pl} \sigma_{pe}}$$

$$= \frac{10\,456.4 \times 10^3}{0.577 + 1.262} \times \frac{1}{139 \times 1\,116}$$

$$= 36.65$$

可见,36.65 根 $\leqslant n_b \leqslant$ 63.72 根。

选取 9 根Φ^s15.2 钢绞线组成 1 束(即 1 套锚具锚固 9 根Φ^s15.2 钢绞线)并取整后作为最终预应力钢束配置值,同时考虑到某些因素的不确定性(如配筋计算中预应力钢束有效预应力的取值等),可将配束计算值适当增大作为最终采用值。因此,初步确定预应力钢束数为 5 束,即布置 45 根预应力钢绞线。

▶ 2.4.4 预应力钢束的布置

预应力钢束的配置除需满足受力要求,本章的预制拼装简支 T 梁桥采用先张预应力方法,还需满足《桥规》(2018)第 9.4 条中的相关构造要求:

①先张法预应力混凝土构件宜采用钢绞线、螺旋肋钢丝用作预应力钢筋。当采用光面钢丝作为预应力钢筋时,应采取适当措施(例如在设计上提高混凝土强度等级及施工中采用缓慢放张的工艺等),保证钢丝在混凝土中可靠地锚固,防止因钢丝与混凝土间黏结力不足而使钢丝滑动,丧失预应力。

②在先张法预应力混凝土构件中,预应力钢绞线之间的净距不应小于其公称直径的 1.5 倍,对于 1×7 钢绞线不应小于 25 mm,预应力钢丝间净距不应小于 15 mm。

③普通钢筋和直线形预应力钢筋的最小混凝土保护层厚度(钢筋外缘至混凝土表面的距离)不应小于钢筋公称直径,且应符合《桥规》(2018)中表 9.1.1 的规定。

除满足上述预应力钢束布置构造要求,预应力钢束在靠近支点时,需逐步弯起,以保证构件在施工阶段和使用阶段,任意截面上、下缘混凝土的法向应力都不致超过规定的限值。同时构件端部逐步弯起的预应力钢束将产生预剪力,对抵消支点附近较大的外荷载剪力也是非常有力的,而且预应力钢束弯起可使锚固点分散,有利于锚具布置,使梁端部承受的集中力相应地分散,改善锚固区的局部承压。预应力钢束的弯起点应兼顾剪力与弯矩两方面的受力要求确定:

①从受剪的角度,预应力钢束应从 $\gamma_0 V_d \geqslant V_{cs}$ 的截面开始弯起,以提供一部分预剪力 V_p 来抵抗作用产生的剪力。但实际上,受弯构件跨中部分的梁腹混凝土已足够承受荷载作用的剪力,因此一般是根据经验在跨径的 3 分点到 4 分点之间开始弯起。

②从受弯的角度,由于预应力钢束弯起后,其重心将往上移,偏心距变小,减小预应力弯矩,因此应注意预应力钢束弯起后的正截面抗弯承载力的要求。

③预应力钢束的起弯点还应考虑满足斜截面抗弯承载力的要求,即保证预应力钢束弯起点后斜截面上的抗弯承载力不低于斜截面顶端所在的正截面的抗弯承载力。

从减小预应力钢束张拉时摩阻应力损失出发,弯起角度 θ_p 不宜大于 20°,一般在梁端锚固时都不会达到此值,而对于弯出梁顶锚固的钢束,则往往超过20°,θ_p 通常为25°~30°。对于 θ_p 较大的预应力钢束,应注意采取减小摩擦系数的措施,以减少由此而引起的摩擦应力损伤。

预应力钢束弯起的曲线可采用圆弧线、抛物线或悬链线3种形式。圆弧线施工放样简便,弯起角度较大,可得到较大的预剪力,因此通常都在梁中部保持一段水平直线后按圆弧弯起,公路桥梁中多采用圆弧线。当采用钢丝束、钢绞线配筋时,预应力钢束弯起的曲率半径一般不小于4 m。

预应力钢束在满足构造要求的同时,应尽量相互靠拢,以减小马蹄的尺寸,同时应将适当数量的预应力钢束布置在腹板中线处,以便于起弯。

为了第二次应用桥梁博士软件进行中梁安全性验算,需要设置好每束预应力钢束从起点到终点的坐标值或者其中的直线段长度、起弯点、弯曲半径。根据上述预应力钢束布置要求,并参考40 m T 梁预应力混凝土简支梁桥通用图中的预应力钢束布置图,初步确定了中梁预应力钢束布置图,如图2.148所示(由于桥梁对称性,图中仅显示了左半跨桥梁的预应力钢束布置)。

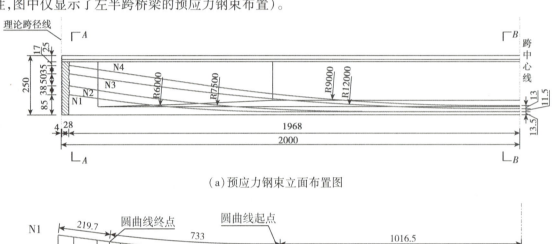

(a)预应力钢束立面布置图

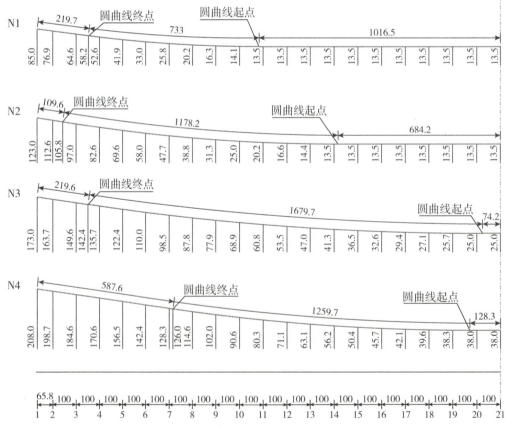

(b)预应力钢束竖弯大样及竖向坐标图

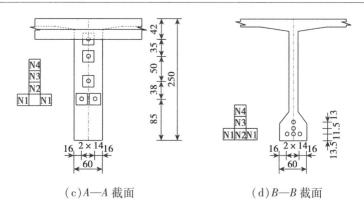

(c)A—A 截面　　　　　　　(d)B—B 截面

图 2.148　中梁预应力钢束布置(单位:cm)

▶ 2.4.5　非预应力钢筋的布置

预应力混凝土梁在预应力钢束布置完成以后,可能尚有少量不能平衡的弯矩、剪力和扭矩等,因此需要按照构造要求布置一定数量的箍筋、架立筋和纵向水平分布钢筋等普通钢筋。但是,预应力混凝土梁肋承受的主拉应力较小,一般可不设斜筋。

1)箍筋

箍筋与弯起预应力钢束同为预应力混凝土梁的腹筋,与混凝土一起共同承担剪力,因此箍筋数量较钢筋混凝土梁少一些。在剪力较小的区域,按计算要求确定的箍筋数量较少时,为了防止混凝土受剪时发生意外的脆性破坏,《桥规》(2018)要求按照下列规定配置构造钢筋:

①预应力混凝土 T 形、工字形截面梁和箱形截面梁腹板内应分别设置直径不小于 10 mm 和 12 mm 的箍筋,且应采用带肋钢筋,间距不应大于 20 mm;自支座中心起长度不小于一倍梁高范围内,应采用闭合式箍筋,且间距不应大于 120 mm。

②在 T 形、工字形截面梁下部的马蹄内,应另设直径不小于 8 mm 的闭合式箍筋,间距不应大于 200 mm。另外,马蹄内还应设直径不小于 12 mm 的定位钢筋。这是由于马蹄在预加应力阶段承受着很大的预压应力,为防止混凝土横向变形过大和沿梁轴方向发生纵向水平裂缝,而予以局部加强。

2)纵向普通钢筋

预应力混凝土简支梁中,有时为了补充局部梁段内的强度不足,或为了满足极限强度的要求,或为了使裂缝分布均匀和提高梁的韧性,可将非预应力钢筋和预应力钢束协同配置,往往能达到经济合理的效果。此外,预应力钢筋混凝土梁的预应力钢束提供全梁腹板截面较大的纵向预压应力,因此预应力混凝土梁的抗裂性较普通钢筋混凝土梁要好很多,故纵向普通钢筋用量要少一些。纵向普通钢筋布置时,需考虑以下构造要求:

①钢筋净距应考虑浇筑混凝土时,振捣器能否顺利插入。通常情况下,对于各主筋间横向净距和层与层之间的竖向净距,当钢筋为 3 层及以下时,不应小于 30 mm,并不小于钢筋直径;当钢筋为 3 层以上时,不应小于 40 mm,并不小于钢筋直径的 1.25 倍。

②T 形截面梁翼缘板内的受力钢筋沿横向布置在板的上缘,以承受悬臂负弯矩,还应在顺桥向布置少量的分布钢筋。板内主筋的直径不应小于 10 mm,每米板宽内不应少于 5 根,并且分布钢筋的直径不应小于 6 mm,间距不大于 25 cm,在单位板宽内分布钢筋的截面面积不少于主筋截面面积的 15%,在横隔梁区域的分布钢筋的截面面积应增至主筋截面面积的 30%。

③对于 T 形和工字形截面梁体,为防止腹板两侧面因混凝土收缩等原因导致开裂,需要设置直径为 6 ~ 8 mm 的纵向分布钢筋,每块腹板内钢筋截面面积宜为 $(0.001 ~ 0.002)bh$(b 为梁肋宽度,h 为梁的全高)。钢筋的间距在受拉区不应大于腹板宽度,且不应大于 200 mm,在受压区不应大于 300 mm。在支点附近剪力较大区段和预应力混凝土梁锚固区段,纵向钢筋截面面积应予以适当增加,其间距宜为 100 ~ 150 mm。

3)局部加强钢筋

对于局部受力较大的部位,应设置加强钢筋,如马蹄区域设置的闭合式箍筋和梁端锚固区的加强钢筋等。

①马蹄区域的闭合式箍筋间距不大于 200 mm、直径不小于 8 mm,而在梁端附近(自支座中心起长度不小于梁高一倍长度内)间距不大于 120 mm,以加强梁端承受局部应力。当马蹄宽度大于 500 mm 时,箍筋应不少于 4 肢。

②在先张预应力混凝土构件中,对于单根预应力钢筋,其端部应设置长度不小于 150 mm 的螺旋筋;对于多个预应力钢筋,在构件端部 10 倍预应力钢筋直径范围内,应设置 3～5 片钢筋网。

4)架立钢筋与定位钢筋

架立钢筋是用于支撑箍筋的,一般采用直径为 12～20 mm 的圆钢筋。定位钢筋是指用于固定预留孔道制孔器位置的钢筋,常做成网格式。

应用桥梁博士软件进行中梁安全性验算并确定最终的预应力钢束配束方案时,除输入预估的预应力钢束,还应计入普通钢筋。因此,根据上述普通钢筋布置构造要求,并参考 40 m T 梁预应力混凝土简支梁桥通用图中的普通钢筋布置图,初步确定了 T 梁梁肋钢筋和上翼缘钢筋布置,分别如图 2.149 和图 2.150 所示。其中,中梁腹板箍筋采用直径为 12 mm 的 HRB400 级钢筋,T 梁下缘 1 号和 1′号纵向钢筋采用直径为 25 mm 的 HRB400 级钢筋,T 梁上翼缘 2 号和 2′号纵向钢筋采用直径为 12 mm 的 HRB400 级钢筋。

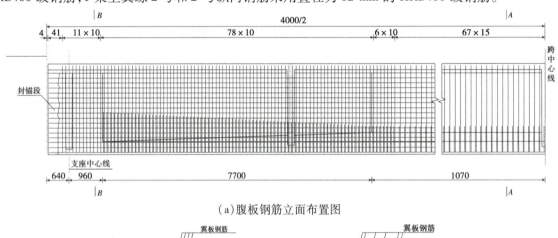

(a)腹板钢筋立面布置图

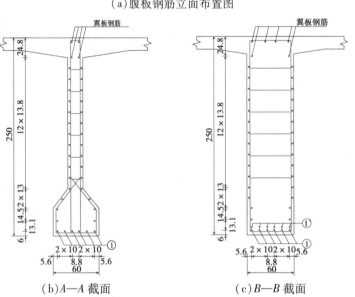

(b)A—A 截面　　　　(c)B—B 截面

图 2.149　T 梁梁肋钢筋布置(单位:cm)

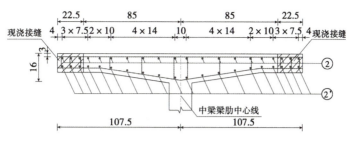

图 2.150　中梁上翼缘钢筋布置(单位:cm)

2.5　中梁验算模型建立及安全性验算

完成预应力钢束估算与布置及普通钢筋布置后,需要将预应力钢束和普通钢筋输入模型中,并按《桥规》(2018)中的相关条文进行承载能力和正常使用极限状态的验算,确定截面尺寸、预应力钢束和普通钢筋布置是否满足要求。如不能满足规范要求,需要对截面尺寸、预应力钢束或普通钢筋的数量和布置进行调整,并重复验算,直到满足规范要求。

因此,可以通过对上文建立的中梁估算模型的相关参数进行修改,并输入预应力钢束和普通钢筋等,建立完整的中梁验算模型。

图 2.151　导出模型

▶ 2.5.1　建立中梁验算模型

①鼠标右键单击项目管理树形菜单中"40 m 简支 T 梁"项目下"中梁"模型,在弹出的下拉菜单中单击"导出…"(图 2.151),弹出"另存为"对话框,在"文件名(N:)"项输入"中梁_导出模型"(图 2.152),建立中梁_导出模型. dbobj 模型对象文件。

图 2.152　另存为对话框

②鼠标右键单击项目管理树形菜单中"40 m 简支 T 梁"项目,在弹出的下拉菜单中单击"导入三维分析模型…"(图 2.153),弹出"打开"对话框,在"文件名(N:)"项输入"中梁_导出模型.dbobj"(图 2.154),依托"中梁"模型建立"中梁_导入"模型,如图 2.155 所示。

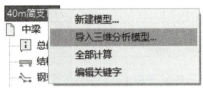

图 2.153　导入三维分析模型

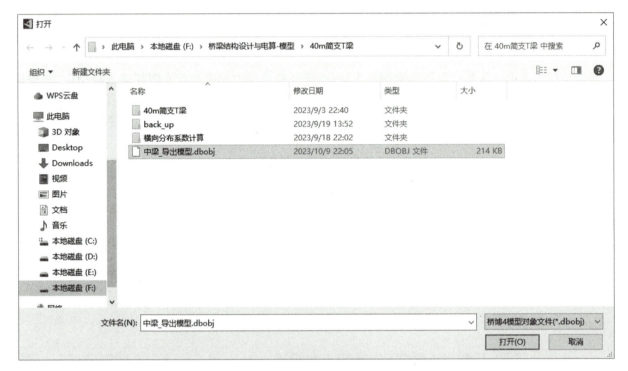

图 2.154　另存为对话框

图 2.155　中梁_导入模型

③鼠标右键单击项目管理树形菜单中"中梁_导入"模型,在弹出的下拉菜单中单击"重命名…"(图 2.156),弹出"输入新的模型名称"对话框,输入"中梁验算"并单击"确定"按钮(图 2.157),将"中梁_导入"模型名称修改为"中梁验算",如图 2.158 所示。

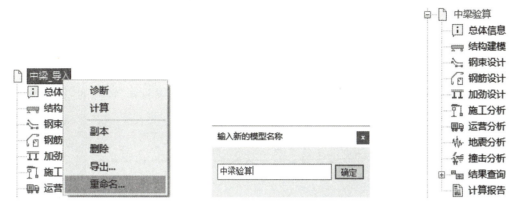

图 2.156　重命名　　　图 2.157　输入新的模型名称对话框　　　图 2.158　中梁验算模型

④双击工作界面树形菜单栏"中梁验算"模型下的"总体信息"[i]，进入总体信息输入界面，其中：

a.基本选项卡的"常规"项中的信息同中梁模型一致，不需修改。

b.在"计算内容"项中勾选"计算预应力"，其余同中梁模型，如图 2.159 所示。

计算内容	
计算预应力	☑
计算收缩	☑
计算徐变	☑
计算活载	☑
活载布置	☐
计算柔性墩台水平力分配	☐
计算屈曲	☐
自振分析	☐
计算倾覆	☐
计算抗震	
进行验算	☑
调束	☐
调索	☐
索力调整张拉方式	体外力

图 2.159　"计算内容"项

c."计算设置"项中相关设置同中梁模型一致，不需修改。

d."非线性控制参数"项中各参数设置同中梁模型一致，不需修改。

e.在"材料定义"项中增加预应力钢筋和 HRB400 普通钢筋，如图 2.160 所示。

材料定义							
编号	名称	材料类型	材料索引	收缩调整系数	徐变调整系数	粉煤灰掺量(%)	说明
1	C50	混凝土	C50	1	1	0	
2	预应力钢筋	预应力	钢绞线d=15.2_fpk=1860				
3	HRB400	钢筋	HRB400				

图 2.160　"材料定义"项

1)定义截面

利用前文中梁模型中建立的截面，此处不需要重新建立截面。

2)建立中梁结构模型

利用前文中梁模型中建立的中梁结构模型,此处不需要重新建立中梁模型。

3)输入预应力钢束

①鼠标左键双击项目管理树形菜单中"40 m 简支 T 梁"项目下"中梁验算"模型的"钢束设计"，进入钢束设计界面,如图 2.161 所示。

图 2.161 钢束设计界面

小提示

钢束设计界面分为工具条、图形编辑区、中间条和人机交互区 4 个区域。其中:

a. 工具条:采用图标的方式,让用户完成在桥梁模型中添加、编辑和删除钢束等的操作。

b. 图形编辑区:使用类似 CAD 的方式编辑钢束竖弯、平弯线形和设置连接器等。

c. 中间条:切换当前编辑的构件,设置标注比例以及台座长度等。

d. 人机交互区:使用者输入操作命令后,系统提示使用者下一步操作的内容。

②切换到"钢束"工具栏,鼠标左键单击常规"型号"按钮,弹出"钢束材料型号定义"表格,在表格中输入 2.4.4 节确定的预应力钢束属性,如图 2.162 所示。

图 2.162 钢束材料型号定义表格

小提示

"钢束材料型号定义"表格中各参数的意义如下：

a. 型号名称：钢束的型号。例如"15-9(1860)"表示每束钢束由 9 根直径为 15.2 mm 的钢绞线组成，抗拉强度标准值为 1 860 Mpa。型号名称可以由用户自定义。

b. 材料名称：为"总体信息"中"材料定义"项中定义的预应力材料名称。

c. 编束根数：组成每束钢束的钢绞线或钢丝的根数。

d. 成孔面积：钢束预留孔道的面积。成孔面积是指一束钢束的成孔面积，即一个孔道的面积。用于计算在该钢束尚未灌浆之前，考虑其孔道对截面几何特征削弱的影响。

e. 张拉控制应力：钢束张拉的有效控制应力，为抗拉强度标准值的 0.75 倍。如需计入锚口摩阻，用户需自己扣除。

f. 超张拉系数：钢束超张拉应力与张拉控制应力的比值。如果此值为 0，该钢束不超张拉。

g. 管道摩阻系数：预应力绞线与管道壁的摩擦系数。

h. 局部偏差系数：管道每米局部偏差对摩擦的影响系数。管道摩阻和局部偏差系数的取值与管道类型、钢束本身有关，可在《桥规》(2018)中表 6.2.2 查取。

i. 一端锚具回缩：张拉端锚具变形、钢筋回缩和接缝压缩值，按《桥规》(2018)中表 6.2.3 取值。

j. 是否先张：该预应力构件中钢束是否为先张，勾选该项表示该钢束用于先张拉构件中。

k. 台座温差：为先张法预应力钢筋与台座之间的温差。

l. 先张台座长度：为两台座锚(贴台座边)之间的距离。

m. 松弛率：输入钢束的松弛率(%)。松弛率可根据厂家提供的材料资料填写，或按照设计规范取值。公路桥梁可按照《桥规》(2018)第 6.2.6 条取值，当填为"0"时，软件将根据《桥规》(2018)中式(6.2.6-1)按低松弛计算。

n. 体外束：勾选体外束，表示该钢束为体外预应力束。若相同型号的钢束既使用于体外束，又使用于体内束，则用户可以定义两种钢束型号。

o. 体外束极限应力：承载力极限状态下体外束能达到的最大拉应力。

p. 注释信息：使用者可根据需要对钢束进行注释，对计算无影响。

③鼠标左键单击常规"建钢束" ⌇ 按钮，然后在图形显示区的中梁模型中按图 2.163 依次随意单击 4 个点(预应力钢束的导线点)，最后按空格键结束输入，形成预应力钢束大致轮廓线。

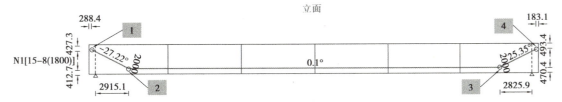

图 2.163　预应力钢束导线点

预应力钢束建立后，钢束的线形将自动进行标注，如图 2.164 所示。

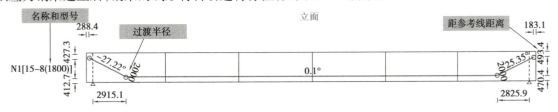

图 2.164　竖弯线形标注

④鼠标左键双击步骤③中建立的预应力钢束轮廓线，弹出"钢束属性"对话框，如图 2.165 所示，图中显

示的是预应力钢束轮廓线的参数值。按照图 2.166 所示的 N1 钢束的正确参数对图 2.165 中的相关参数进行修改,并单击"确定"按钮,完成 N1 钢束建立。

图 2.165　预应力钢束轮廓线参数

图 2.166　N1 预应力钢束参数

小提示

A. 本模型的预应力钢束竖弯线形采用的是由直线和圆弧相接构成的曲线形布置方式,因此预应力钢束可以分为圆弧段和与圆弧相切的直线段,如图 2.167 所示。桥梁博士软件中,对于一根预应力钢束,只需确定图 2.167 中 1、2、3、4 四个导线点的参考线、参考距离值和 2、3 两个导线点对应的过渡半径 R,就可以唯一确定钢束的形状。

图 2.167　预应力钢束竖弯线形示意图

B."钢束材料型号定义"表格中各参数的意义如下:

a. 名称:钢束的名称,用户可以自定义。

b. 材料型号:钢束的材料型号,用户可以通过下拉菜单进行选择。若下拉菜单中找不到需要的型号,可以在"型号"中进行自定义钢束材料。

c. 张拉类型:钢束的张拉方式,包括一端张拉、两端张拉两种。张拉方式会影响钢束预应力损失的计算,如果是两端张拉,则程序会自动计入两个锚头的回缩值。

C. 钢束竖弯线形数据均保存在图 2.168 所示的竖弯线形表格中,表格中每一行数据表示钢束线形的一个导线点的位置信息。其中:

a. X 参考线:导线点的横向参考位置,使用构件的特征点名称。

b. Y 参考线:导线点的竖向参考位置,默认有顶缘线、底缘线。也可以使用在截面中自定义的"钢束位"。

c. X/Y 坐标:导线点与所参考的特征点的距离。

d. 过渡半径:钢束的弯起半径。

e. 是否参考模式:Y 坐标是否使用参考模式,若勾选,则表示以此点到下一行导线点间的钢束线形按照 Y 参考线拟合,常用于变高梁底板钢束的模拟等。

图 2.168　钢束竖弯线形

N1 钢束 4 个导线点的坐标取值如图 2.169 所示。各坐标点 X、Y 坐标的取值均是相对于指定参考线的距离值(导线点在 X 参考线右方、Y 参考线上方,X、Y 坐标值为正值;导线点在 X 参考线左方、Y 参考线下方,X、Y 坐标值为负值)。

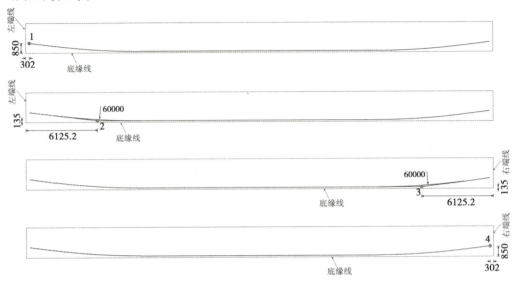

图 2.169　N1 预应力钢束参数取值

D. 钢束横桥向布置如图 2.170 所示。"横桥向布置"表格中各参数的意义如下:

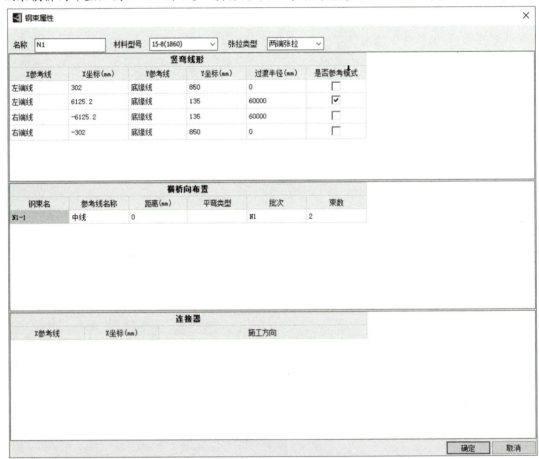

图 2.170　钢束横桥向布置

a. 参考线名称:钢束横向布置时的参考线名称,程序默认有左侧线、右侧线和中线,也可以使用在截面中自定义的"钢束位"。3 条默认参考线分别表示截面的左侧、右侧以及宽度中心线,如图 2.171 所示。

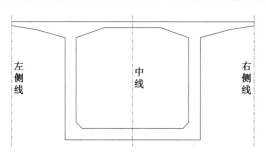

b.距离:钢束横向距离参考线的距离,可以采用 $d_1 + n \times d_2 + d_3$ 的格式。第一个距离 d_1 为距离参考线的距离, d_2、d_3 为与前一个钢束点布置位置的相对距离。

c.平弯类型:钢束平弯的类型,如使用者建立了钢束的平弯类型,可在此处将平弯信息与钢束的竖弯信息进行组合。

d.批次:用于定义钢束的张拉批次。钢束张拉批次的命名可以为字母、数字或者两者组合等。钢束必须定义张拉批次,否则在施工阶段将无法张拉。使用者可以使用预应力钢束名称定义张拉批次名称,以方便施工阶段张拉预应力钢束。

e.束数:在一个横向位置上布置的束数。使用者若已将钢束实际横向位置在"距离"中输入,则此处的束数填 1 即可;若使用者没有在"距离"中输入钢束实际的横向位置,则在此处应填入具有相同线形信息的钢束束数。由图 2.148 可知,N1 钢束横向布置有两束,建立模型时可以按照钢束横向布置,在截面中定义对应的"钢束位"后,在此处分别定义一束;也可以在此处定义两束,将两束 N1 预应力钢束均建立在截面中线。

E.连接器用于逐孔施工、悬浇、悬拼施工中,分段张拉钢束的情况下钢束连接器的模拟,如图 2.172 所示。其中:

a.X 参考线:钢束连接器横向位置布置时的参考线,为构件特征节点名。

b.X 坐标(mm):连接器横向距离参考线的距离。

c.施工方向:施工首段左侧的连接器为向左施工,右侧的连接器为向右施工。

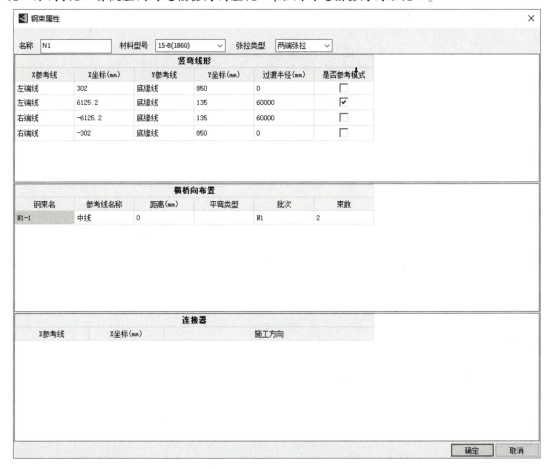

图 2.172　钢束连接器设置

本设计方案的预应力混凝土简支 T 梁中布置的预应力钢束不需要采用连接器连接,因此未设置连接器参数。

⑤按照步骤③和步骤④的方法,依次建立 N2、N3 和 N4 钢束,各钢束属性分别如图 2.173—图 2.175 所示。

图 2.173　N2 预应力钢束参数

图 2.174　N3 预应力钢束参数

图 2.175 N4 预应力钢束参数

N1、N2、N3 和 N4 预应力钢束布置如图 2.176 所示。

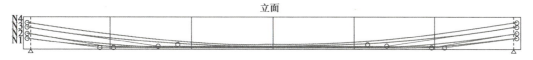

图 2.176 预应力钢束布置

小 提示

除上述通过"钢束属性"对话框建立预应力钢束的方法外,也可通过 CAD 导入钢束线形的方法建立预应力钢束,即鼠标左键单击常规"导入",[dwg图标],然后按如下命令行提示输入数据:

弹出"CAD 导入"对话框(图 2.177),选择提前绘制好的预应力钢束 CAD 文件,填写各钢束名称,并选择对应的各钢束的绘制图层,最后单击"确认"按钮,完成预应力钢束导入。预应力钢束导入完成后,如有钢束参数需要修改,可用鼠标左键双击预应力钢束轮廓线,弹出"钢束属性"对话框,对其中参数进行修改即可。

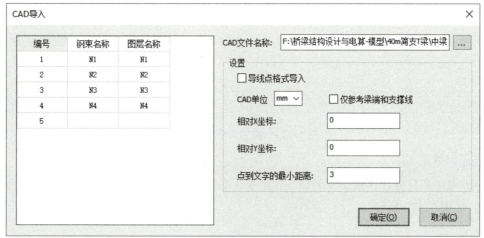

图 2.177 导入钢束对话框

"CAD 导入"对话框中各参数的意义如下：

a. 钢束名称：钢束设计窗口中钢束定义的名称。使用者可以自行定义容易辨识的钢束名称，可以与各钢束的绘制图层名称一致。

b. 图层名称：要导入的 CAD 图形中，钢束所在图层的名称。CAD 绘制预应力钢束时，每根钢束应当对应一个图层，图层名可取为对应钢束的名称，以方便使用者辨识。

c. CAD 文件名称：. dwg 文件名及其保存路径。

d. 导线点格式导入：勾选以后表示交互图中绘制的钢束采用导线点绘制，此时程序可以自动读取导线点附近的钢束过渡半径，并自动计算钢束的实际线型。若使用者准备的图形为钢束的实际线型图，则无须勾选此项。

e. CAD 单位：采用 CAD 软件预应力钢束图形时采用的单位，可以为 mm、cm、m。

f. 仅参考梁端和支持线：若勾选此项，则导入后钢束导线点的 X 位置仅参考梁端线和作为跨径分界线的节点计算相对距离。若不勾选此项，程序在定义钢束导线点的 X 位置标注时，将自动选择就近的特征点作为钢束导线点的参考点并进行相对距离计算。

g. 相对 X/Y 坐标：钢束图形在 CAD 软件的世界坐标系下的节点坐标与导入钢束的节点坐标的差值。

h. 点到文字的最小距离：当使用导线点方式导入钢束线形时，使用者需在 CAD 中将过渡半径值标注在导线点附近的位置。该值表示文字标注(文字插入点)到钢束导线点的最小距离。

⑥鼠标左键单击常规"汇总" 按钮，弹出"钢束实例汇总"表格，模型中所有钢束的信息均列于表格中，如图 2.178 所示。使用者可以在汇总表中查看各钢束的信息，如有错误，可以直接在汇总表中进行修改(汇总表中除"钢束名"和"竖弯名称"外，均可修改)。

钢束名	竖弯名称	参考线名称	距离(mm)	平弯类型	批次	束数	材料型号	张拉类型
N1-1	N1	中线	0		N1	2	15-9(1860)	两端张拉
N2-1	N2	中线	0		N2	1	15-9(1860)	两端张拉
N3-1	N3	中线	0		N3	1	15-9(1860)	两端张拉
N4-1	N4	中线	0		N4	1	15-9(1860)	两端张拉

图 2.178　钢束实例汇总表格

4)输入普通钢筋

①鼠标左键双击项目管理树形菜单中"40 m 简支 T 梁"项目下"中梁验算"模型的"钢筋设计"，进入钢筋设计界面，如图 2.179 所示。

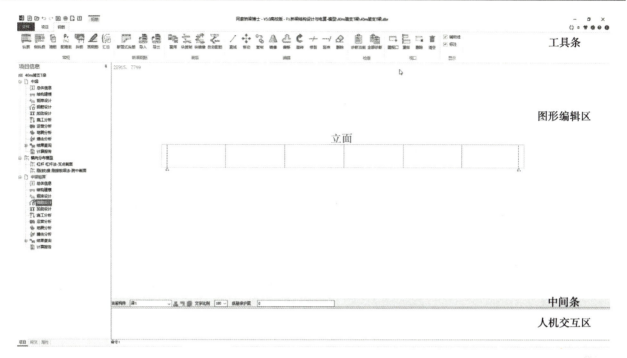

图 2.179　钢筋设计界面

②切换到"钢筋"工具栏，鼠标左键单击常规"纵筋" ，按如下命令行提示操作，生成 T 梁截面上缘和下缘纵筋轮廓线。

命令：steel. ZJ

指定偏移距离（正值表示距梁底、负值表示距梁顶）<60,-60>：{单击键盘"空格"键}

指定左右端距<0,0>：{单击键盘"空格"键}

小 提示

上述命令行中各参数意义如下：

a. 指定偏移距离（正值表示距梁底、负值表示距梁顶）<60,-60>：定位纵向钢筋布置的竖向位置。第 1 个值表示距离截面底缘的距离，第 2 个值表示距离截面顶缘的距离。向上偏移输入正值，向下偏移输入负值。

b. 指定左右端距<0,0>：定位纵向布置起终点，两个值分别表示距离梁左、右端的距离，均输入正值。

T 梁截面上缘和下缘纵筋轮廓线如图 2.180 所示。

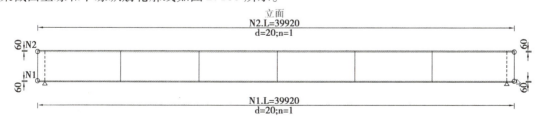

图 2.180　T 梁截面上、下翼缘纵向钢筋轮廓线

③鼠标左键双击下缘纵筋轮廓线，弹出"钢筋编辑"对话框（图 2.181），按图 2.182 所示的"钢筋编辑"对话框信息对纵筋轮廓线"钢筋编辑"对话框进行修改，并单击"确定"按钮，完成图 2.149 中所示的 T 梁左端 2.02 m 范围内的下缘纵筋初步布置。

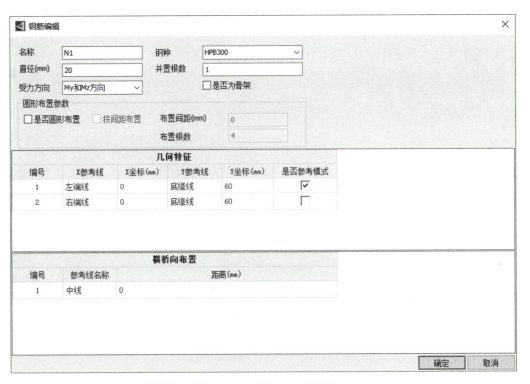

图 2.181 下缘钢筋轮廓线钢筋编辑对话框

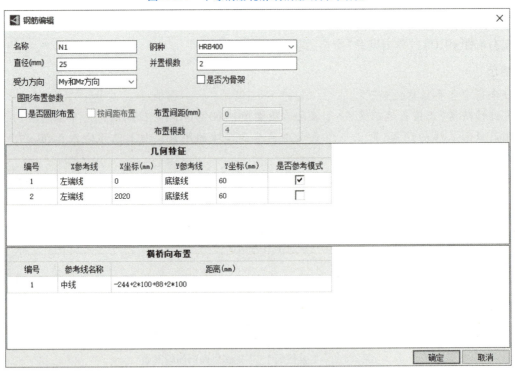

图 2.182 T 梁左端下缘钢筋布置参数

小 提示

"钢筋编辑"对话框中各参数的意义如下：

a. 名称：纵向普通钢筋的名称，可自定义。

b. 钢种：纵向普通钢筋的材料类型。目前桥梁博士软件有 HPB300、HRB400、HRB500 等多种材料类型，程序在选择钢筋材料时，显示为用户自定义的材料名称，使用者可以在"总体信息"中的"材料定义"项中定义钢筋材料名称。

c. 直径：纵向普通钢筋的直径大小。

d. 并置根数：纵向普通钢筋存在钢筋并置的情况时，钢筋并置的根数。若不存在并置，该数填 1 即可。由图 2.149 可知，T 梁下翼缘纵筋左、右端 2.02 m 范围内纵筋为 2 根并置布置，中间区域为单根布置。因此此处"并置根数"项填 2。

e. 是否骨架：纵向普通钢筋是否为骨架钢筋。

f. 圆形布置参数：此类纵向普通钢筋是否为圆形布置钢筋。此栏目下的参数主要适合于常用的圆形截面主筋布置，如圆柱、圆桩等。

i. 是否圆形布置：勾选以后，表示该类纵向普通钢筋为圆形布置。

ii. 是否按间距布置：勾选以后，表示该类纵向普通钢筋为圆形布置，且钢筋布置间距为定值，程序将按给定的钢筋间距并结合构件构造，自动计算钢筋的根数。

iii. 布置根数：当圆形布置的主筋不按固定的间距布置时，可以直接输入钢筋的布置根数。

g. 几何特征：用于描述钢筋的几何信息。表格中每一行数据表示钢筋线形的一个端点的位置信息。

i. X、Y 参考线：钢束端点的 X、Y 坐标所参考的特征点名称。

ii. X、Y 坐标：钢束端点到所参考的特征点的距离。

h. 横向布置：用来填写钢筋的横向布置信息。

i. 参考线名称：钢筋横向布置时的参考线名称。桥梁博士软件默认有左侧线、右侧线、中线 3 条参考线，与图 2.171 中所示的参考线一致。

ii. 距离：距离位置参考线的距离，支持形如 $d_1+n\times d_2+d_3$ 的格式。第一个距离 d_1 为距离参考线的距离，d_2、d_3 为与前一个钢筋点布置位置的相对距离。

④鼠标左键单击常规"纵筋" ，按如下命令行提示操作，生成 T 梁截面下缘中部区域和右端纵筋轮廓线。

命令：steel. ZJ

指定偏移距离（正值表示距梁底、负值表示距梁顶）<60,-60>:60

指定左右端距<0,0>:2020,2020

命令：steel. ZJ

指定偏移距离（正值表示距梁底、负值表示距梁顶）<60>:｛单击键盘"空格"键｝

指定左右端距<2020,2020>:37900,0

⑤鼠标左键分别双击下缘中部区域和右端纵筋轮廓线，并按图 2.183 和图 2.184 对弹出的"钢筋编辑"对话框进行修改，完成 T 梁中部区域和右端的下缘纵筋初步布置。

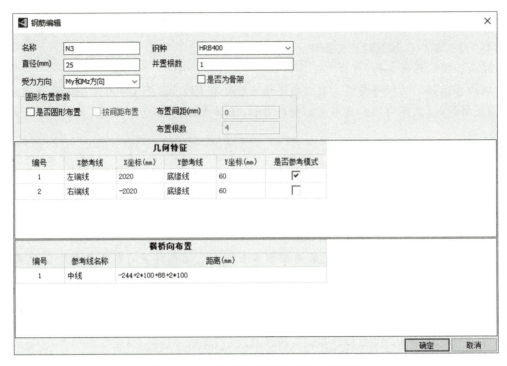

图 2.183　T 梁中部区域下缘钢筋布置参数

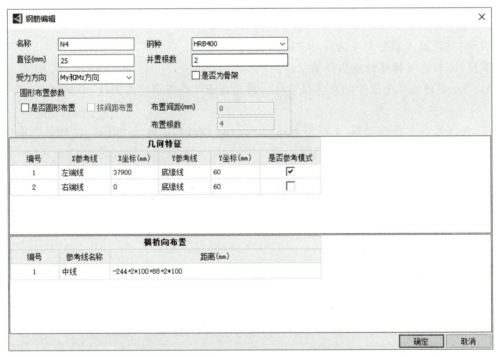

图 2.184　T 梁右端下缘钢筋布置参数

⑥鼠标左键双击上缘纵筋轮廓线,弹出"钢筋编辑"对话框,按图 2.185 所示的"钢筋编辑"对话框信息对纵筋轮廓线"钢筋编辑"对话框进行修改,并单击"确定"按钮,完成图 2.150 中所示的 T 梁上缘纵筋初步布置。

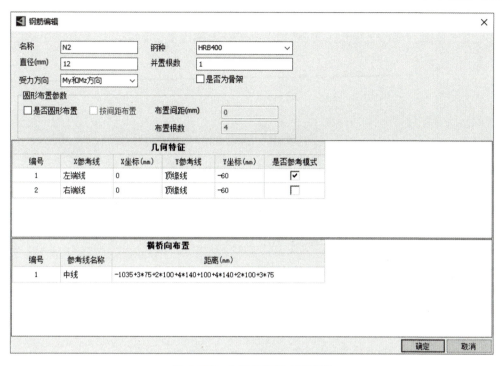

图 2.185　上翼缘钢筋布置参数

小提示

用户可以使用鼠标左键双击工作界面树形菜单栏中的"施工分析" ，进入"中梁验算"模型的施工分析信息输入界面,并选择"施工显示"标签下的"钢筋" ，则可以在图形编辑区检查 T 梁上、下缘纵筋布置情况,如图 2.186 所示。

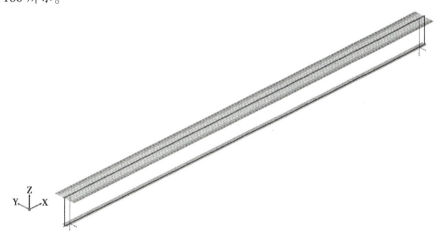

图 2.186　纵筋布置

⑦鼠标左键单击视口"建视口" ，弹出"新建视口"对话框,并在"名称"行输入"箍筋"(图 2.187),单击"确定"按钮后,单击"重排" ，完成箍筋视口创建,如图 2.188 所示。

图 2.187　新建视口对话框

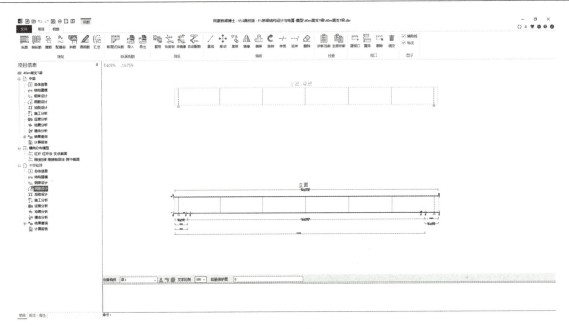

图2.188　箍筋视口

⑧鼠标左键单击常规"箍筋" ![icon] ,按如下命令行提示操作,生成箍筋。

命令:steel.GJ

请指定布置起点:{单击左端线}

指定首距和布置间距<100,100>:410,100

指定布置范围或[最后一根边距控制值(D)]或[布置根数(C)]<1500>:9910

小 提示

上述命令行中各参数意义如下:

a.指定布置起点:在图中点击该组箍筋布置起点,本模型指定梁左端线为箍筋布置起点。

b.指定首距和布置间距<100,100>:第1个值为该组钢筋距离布置起点的距离,本模型中为410;第2个值为该组箍筋的布置间距,本模型中为100。

c.指定布置范围或[最后一根边距控制值(D)]或[布置根数(C)]<1500>:

i.不输入直接在图中点击:点击位置表示箍筋布置范围的终点。

ii.输入一个值:该值表示该组箍筋的最大布置范围。

iii.最后一根边距控制值(D):在构件全程范围内布置箍筋。[输入最后一根边距最小控制值<50>]表示最后一根箍筋距离梁另一端的最小距离。

iv.布置根数(C):输入该组箍筋的总根数。

箍筋布置如图2.189所示。

图2.189　箍筋布置

⑨鼠标左键双击建立的箍筋,弹出"箍筋属性"对话框,按图2.190所示的信息修改箍筋属性,并单击"确定"按钮,完成新建箍筋属性的修改。

图 2.190　箍筋属性对话框

小 提示

"箍筋属性"对话框参数意义如下：

a.箍筋类型：有普通箍筋、焊接环箍筋、螺旋箍筋 3 种类型选择。

b.钢种：箍筋的材料类型。目前桥梁博士软件有 HPB300、HRB400、HRB500 等多种材料类型，程序在选择钢筋材料时，显示为用户自定义的材料名称。使用者可以在"总体信息"中"材料定义"项中定义钢筋材料名称。

c.垂直方向：构件在立面(XOY 面)上的箍筋布置情况。

d.水平方向：构件在平面(YOZ 面)上的箍筋布置情况，进行抗震计算时将考虑水平方向的箍筋。

e.直径：箍筋的直径大小。

f.肢数：箍筋的肢数，一个闭合的环形肢数为 2。

⑩按照步骤⑧和步骤⑨完成中梁箍筋布置，如图 2.191 所示。

图 2.191　中梁箍筋布置

小 提示

中梁右端的 95×100 箍筋是通过对左端的 95×100 箍筋镜像生成的。具体操作为：鼠标左键单击高级"块镜像" ，然后用鼠标左键点取要镜像的箍筋组，最后各单击一次镜像线的上、下端，完成箍筋镜像操作。

5)输入中梁验算模型施工分析信息

2.3.6 节中定义的中梁施工阶段是开展预应力混凝土桥梁设计的第一阶段——"只计算内力位移"，施工阶段未定义预应力钢束张拉的施工步骤。因此，此处需要补充预应力钢束张拉步骤。根据预制吊装施工方法的施工流程，在第一施工阶段(即预制吊装施工阶段)补充预应力钢束张拉步骤，其他施工阶段的信息与 2.3.6 节中输入的施工信息一致，不做修改。

①双击工作界面树形菜单栏中的"施工分析" ，进入"中梁验算"模型的施工分析信息输入界面。

②修改中间条的"当前阶段"为"预制吊装"，鼠标左键单击信息表下部的"钢束安装拆除"选项卡，然后双击图形编辑区中梁构件内的各根预应力钢束(图 2.192)。双击预应力钢束完成后，对应钢束的张拉、灌浆等操作信息就会自动填入"钢束安装拆除"表格中，如图 2.193 所示。

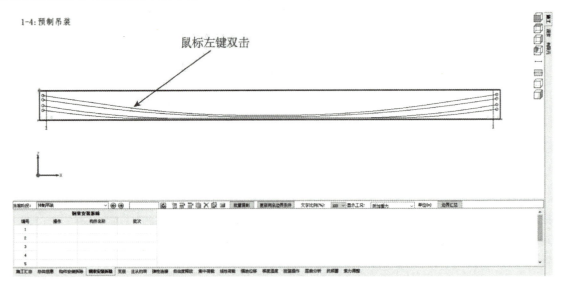

图 2.192　安装预应力钢束

当前阶段：	预制吊装		
钢束安装拆除			
编号	操作	构件名称	批次
1	张拉	梁1	N1
2	张拉	梁1	N2
3	张拉	梁1	N3
4	张拉	梁1	N4
5	灌浆	梁1	N1
6	灌浆	梁1	N2
7	灌浆	梁1	N3
8	灌浆	梁1	N4

施工汇总　总体信息　构件安装拆除　**钢束安装拆除**　支座　主从约束　弹性连接

图 2.193　钢束安装拆除表格

小 提示

"钢束安装拆除"表格中各参数意义如下：

a. 操作：包括张拉、灌浆、拆除。钢束张拉和灌浆对截面特性的影响在操作的下一个阶段。灌浆后，换算截面中计入预应力钢束的影响。

b. 构件名称：构件名称为"结构建模"中建立的构件。

c. 批次：批次为"钢束设计"中"钢束属性"对话框定义的钢束张拉批次。

③第二、第三和第四施工阶段的施工信息同中梁模型一致，无须修改。中梁验算模型的施工信息定义完成。

6）输入中梁验算模型运营分析信息

中梁验算模型运营分析阶段的活载、整体升降温、梯度温度和线性荷载等与中梁模型中定义的一致，不需进行修改。

7)执行中梁验算模型计算

①切换到"项目"工具栏,鼠标左键单击"诊断当前" 🗒 按钮,软件将对前处理的内容进行检查。

②系统诊断无误后,鼠标左键单击"计算当前" ▶ 按钮,执行计算。

▶ 2.5.2　中梁验算结果查询

预应力混凝土桥梁结构验算采用近似概率极限状态设计法,应满足《桥规》(2018)中的预应力混凝土桥梁承载能力极限状态和正常使用极限状态设计计算的各项要求,以保证所设计的预应力混凝土桥梁结构在正常施工过程中和建成正常使用期间均能安全地承受各种可能出现的作用,并且在偶然事件发生时,桥梁结构仍能保证正常的稳定和使用,或经过加固维修能继续使用。《桥规》(2018)中规定预应力混凝土桥梁结构应验算如下内容:

(1)持久状况构件截面承载能力验算

持久状况承载能力极限状态验算是基于预应力混凝土受弯构件的受力破坏阶段进行的设计计算,主要有:

①正截面承载力验算:确定受弯构件的预应力钢束和非预应力普通钢筋的数量及正截面布置。

②斜截面承载力验算:确定受弯构件的箍筋布置数量和间距、预应力钢束的弯起位置,以及截面尺寸是否符合要求。

(2)持久状态和短暂状况的构件截面应力验算

《桥规》(2018)根据预应力混凝土受弯构件的受力特点及工程设计上所关注的问题,将预应力混凝土构件截面应力验算分为持久状况和短暂状况分别计算。为准确计算得到预应力钢筋的张拉控制应力和有效预应力值,进行预应力混凝土构件的持久状况和短暂状况应力计算时,均需进行预应力钢筋的预加力计算与预应力损失估算。

①持久状况构件的应力计算:持久状况构件的应力计算是基于预应力混凝土受弯构件受力的使用阶段而进行的设计计算,包括受弯构件截面的混凝土法向正应力、预应力钢筋的拉应力和截面的混凝土主应力计算,不得超过《桥规》(2018)规定的限值。

②短暂状况构件的应力计算:短暂状况构件的应力计算是基于预应力混凝土受弯构件的施工阶段而进行的设计计算,在设计上主要是进行短暂状况构件截面的混凝土应力计算,必要时进行构件的变形计算。

(3)持久状况正常使用阶段的计算

①受弯构件的抗裂性验算:对全预应力混凝土和 A 类部分预应力混凝土构件,要进行构件正截面和斜截面的抗裂性验算。对 B 类部分预应力混凝土构件,要进行构件混凝土最大弯曲裂缝宽度验算。

②受弯构件的变形(挠度)验算。

将上述验算内容与《桥规》(2018)和桥梁博士软件计算结果查询项对比分析,可知验算内容与结果查询项、《桥规》(2018)条文的对应关系见表 2.2。

表 2.2　验算结果及规范对应关系

序号	验算内容		结果查询项	全预应力	A 类部分预应力	B 类部分预应力	对应的《桥规》(2018)条文
1	承载能力	正截面抗弯验算	运营:正截面强度验算	√	√	√	5.1.2—5.2.8、5.3、5.4
2		斜截面抗剪验算	运营:抗剪强度验算	√	√	√	5.2.9—5.2.12

续表

序号	验算内容		结果查询项	全预应力	A类部分预应力	B类部分预应力	对应的《桥规》(2018)条文
3	正常使用	正截面抗裂验算	运营:上下缘正应力验算	√	√	—	6.3.1
4		斜截面抗裂验算	运营:主应力验算	√	√	—	6.3.1
5		裂缝宽度验算	运营:裂缝宽度验算	—	—	√	6.4
6		挠度验算	运营:结构刚度验算	√	√	√	6.5
7	持久状况	正截面压应力验算	运营:上下缘正应力验算	√	√	—	7.1.5
8		斜截面主压应力验算	运营:主应力验算	√	√	—	7.1.6
9		预应力钢筋拉应力验算	运营:钢束应力验算	√	√	√	7.1.5
10	短暂状况	正截面法向应力验算	施工:上下缘正应力验算	√	√	√	7.2.4—7.2.8

1)正截面抗弯承载力验算结果

根据《桥规》(2018)第5.2.3条,对于仅采用纵向体内钢筋的翼缘位于受压区的T形或I形截面受弯构件,正截面抗弯承载能力应按下述规定计算:

①当符合式(2.15)时,应以宽度为 b_f' 的矩形截面[图2.194(a)],按《桥规》(2018)第5.2.2条中的相关公式计算,如式(2.16)所示。

$$f_{sd}A_s + f_{pd}A_p \leqslant f_{cd}b_f'h_f' + f_{sd}'A_s' + (f_{pd}' - \sigma_{p0}')A_p' \tag{2.15}$$

$$\gamma_0 M_d \leqslant f_{cd}bx\left(h_0 - \frac{x}{2}\right) + f_{sd}'A_s'(h_0 - a_s') + (f_{pd}' - \sigma_{p0}')A_p'(h_0 - a_p') \tag{2.16}$$

式中 f_{sd}、f_{sd}'——纵向普通钢筋的抗拉强度设计值和抗压强度设计值,按《桥规》(2018)中的表3.2.3-1采用;

f_{pd}、f_{pd}'——纵向预应力钢筋的抗拉强度设计值和抗压强度设计值,按《桥规》(2018)中的表3.2.3-2采用;

f_{cd}——混凝土轴心抗压强度设计值,按《桥规》(2018)中的表3.1.4采用;

A_s、A_s'——受压区、受拉区纵向普通钢筋的截面面积;

A_p、A_p'——受压区、受拉区纵向预应力钢筋的截面面积;

h_f'——T形或I形截面受压翼缘高度;

b_f'——T形或I形截面受压翼缘有效宽度,按《桥规》(2018)第4.3.3条的规定采用;

σ_{p0}'——受压区预应力钢筋合力点处混凝土法向应力等于零时预应力钢筋的应力,先张法构件按《桥规》(2018)中的式(6.1.6-2)计算,后张法构件按《桥规》(2018)中的式(6.1.6-5)计算;

γ_0——桥涵结构重要性系数,按《桥规》(2018)第5.1.2条采用,桥涵结构设计安全等级应符合《通规》(2015)的规定;

M_d——弯矩设计值(汽车荷载应计入冲击作用),按《通规》(2015)的规定,对持久设计状况应按作用基本组合计算;

x——截面受压区高度;

b——T形截面腹板宽度;

h_0——截面有效高度,$h_0 = h - a$,h为截面全高,a为受拉区普通钢筋和预应力钢筋的合力点至受拉区边缘的距离;

a'_s、a'_p——受压区普通钢筋合力点、预应力钢筋合力点至受压区边缘的距离。

混凝土受压区高度x可按式(2.17)计算:

$$f_{sd}A_s + f_{pd}A_p = f_{cd}bx + f'_{sd}A'_s + (f'_{pd} - \sigma'_{p0})A'_p \tag{2.17}$$

式中各符号含义同前。

截面受压区高度应符合式(2.18)的要求:

$$x \leqslant \xi_b h_0 \tag{2.18}$$

式中 ξ_b——相对界限受压区高度。

当受压区配有纵向普通钢筋和预应力钢筋,且预应力钢筋受压,即$f'_{pd} - \sigma'_{p0}$为正时:

$$x \geqslant 2a' \tag{2.19}$$

式中 a'——受压区普通钢筋和预应力钢筋的合力点至受压区边缘的距离。

当受压区仅配有纵向普通钢筋或普通钢筋和预应力钢筋,且预应力钢筋受拉,即$f'_{pd} - \sigma'_{p0}$为负时:

$$x \geqslant 2a'_s \tag{2.20}$$

②当不符合式(2.15)的条件时,应以T形截面[图2.194(b)]按式(2.21)计算。

$$\gamma_0 M_d \leqslant f_{cd}\left[bx\left(h_0 - \frac{x}{2}\right) + (b'_f - b)h'_f\left(h_0 - \frac{h'_f}{2}\right)\right] + f'_{sd}A'_s(h_0 - a'_s) + (f'_{pd} - \sigma'_{p0})A'_p(h_0 - a'_p) \tag{2.21}$$

受压区高度x应按式(2.22)计算,并应符合式(2.18)、式(2.19)或式(2.20)的要求。

$$f_{sd}A_s + f_{pd}A_p = f_{cd}\left[bx + (b'_f - b)h'_f\right] + f'_{sd}A'_s + (f'_{pd} - \sigma'_{p0})A'_p \tag{2.22}$$

对于仅采用纵向体内钢筋的箱形截面的正截面抗弯承载力,可参照I形截面进行计算。

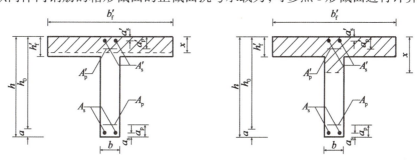

(a)$x \leqslant h'_f$ 按矩形截面计算　　　　　(b)$x > h'_f$ 按T形截面计算

图2.194　T形截面受弯构件正截面承载力计算

桥梁博士软件的持久状况承载能力极限状态正截面抗弯承载力验算结果及提取方式如下:

①鼠标右键单击项目管理树形菜单中"40 m简支T梁"项目下"中梁验算"模型的"结果查询"，在弹出的下拉菜单中单击"快速查询"(图2.195),弹出"快速查询模板"对话框,其中的"模板文件"选择"2018公路01 全预应力混凝土梁","文件夹名"输入"验算结果查询"(图2.196),鼠标左键单击"确定"按钮,建立验算结果查询文件夹。

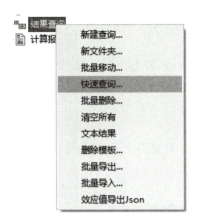

图 2.195　快速查询

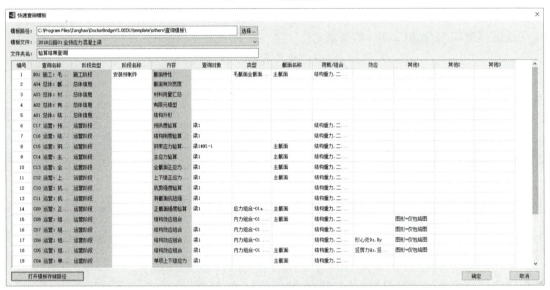

图 2.196　快速查询模板对话框

②鼠标左键双击"验算结果查询"文件夹下的"C09 运营:正截面强度验算",正截面抗弯承载能力验算结果将以图表的形式显示在图形输出区和表格输出区,如图 2.197 所示。

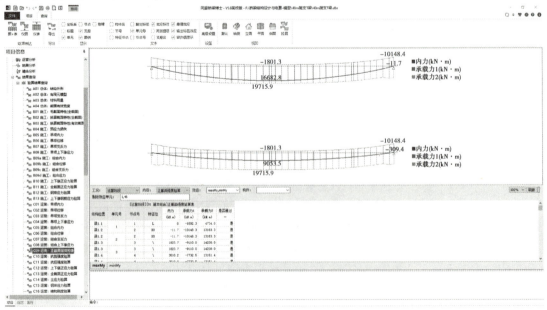

图 2.197　正截面抗弯承载能力验算结果

③根据桥梁博士软件的计算分析,持久状况承载能力极限状态正截面抗弯承载力计算与验算结果如表 2.3 所示(截面下缘受拉弯矩为正、上缘受拉弯矩为负)。

表 2.3　承载能力极限状态正截面抗弯承载能力计算与验算

单元号	特征节点	最大弯矩设计值 max My /(kN·m)	对应截面承载力计算值 /(kN·m)	是否通过	最小弯矩设计值 min My/(kN·m)	对应截面承载力计算值 /(kN·m)	是否通过
1	L	0	4 734.8	是	0	−1 802.3	是
2	D0	−11.7	13 183	是	−309.4	−10 148.3	是
3	—	1 823.8	14 230	是	678.6	−9 110	是
4	—	3 510.3	13 152.3	是	1 599.6	−7 732.2	是
5	—	5 051.7	14 125.6	是	2 458.3	−6 748.2	是
6	—	6 455.2	15 061	是	3 257.7	−5 908.7	是
7	—	7 727.4	15 864.8	是	4 000.5	−5 182.6	是
8	—	8 875.3	16 601.4	是	4 689.3	−4 559.8	是
9	HG1	9 259.4	16 841	是	4 924.7	−4 357.8	是
10	—	9 958.8	17 234.7	是	5 313.3	−4 020.5	是
11	—	10 979.9	17 786.5	是	5 881	−3 568.8	是
12	—	11 916.3	18 186.4	是	6 402.5	−3 192.8	是
13	—	12 769.6	18 522.5	是	6 879.4	−2 885.1	是
14	—	13 540.3	18 805.4	是	7 311.9	−2 623.8	是
15	—	14 228.3	19 096.3	是	7 700	−2 385.1	是
16	HG2	14 753.9	19 194.7	是	7 998.4	−2 229.6	是
17	—	14 830.1	19 246	是	8 040.9	−2 217.2	是
18	—	15 327.2	19 364.9	是	8 318.9	−2 068.2	是
19	—	15 741.6	19 502.6	是	8 552.7	−1 951.7	是
20	—	16 073.4	19 582.4	是	8 742.1	−1 886.5	是
21	—	16 322.6	19 623.4	是	8 887.1	−1 825	是
22	—	16 489.1	19 716.1	是	8 987.8	−1 804.5	是
23	—	16 572.9	19 650.8	是	9 044.1	−1 802	是
24	HG3	16 582.8	19 650.8	是	9 053.5	−1 801.9	是
25	—	16 557.7	19 650.8	是	9 032.7	−1 802.3	是
26	—	16 450.6	19 645.1	是	8 963.9	−1 807.9	是
27	—	16 260.8	19 611.7	是	8 850.7	−1 835.7	是
28	—	15 988.4	19 575.3	是	8 693.1	−1 902.3	是
29	—	15 633.3	19 481.7	是	8 491.2	−1 978.1	是
30	—	15 195.6	19 326.8	是	8 244.9	−2 096.2	是
31	HG4	14 753.1	19 194.7	是	7 997.7	−2 229.6	是

续表

单元号	特征节点	最大弯矩设计值 max My /(kN·m)	对应截面承载力计算值 /(kN·m)	是否通过	最小弯矩设计值 min My/ (kN·m)	对应截面承载力计算值 /(kN·m)	是否通过
32	—	14 671.7	19 197	是	7 951.3	−2 254.1	是
33	—	14 043	19 017.1	是	7 595	−2 455.5	是
34	—	13 331.7	18 731.1	是	7 194.3	−2 688.3	是
35	—	12 537.8	18 438.2	是	6 749.3	−2 966.7	是
36	—	11 661.1	18 082.1	是	6 259.9	−3 290.4	是
37	—	10 701.4	17 625.7	是	5 725.7	−3 693.7	是
38	—	9 656.1	17 067.9	是	5 144.8	−4 161.9	是
39	HG5	9 258.3	16 840.9	是	4 923.7	−4 357.1	是
40	—	8 565	16 405.1	是	4 500.9	−4 727.4	是
41	—	7 383.1	15 642.8	是	3 797.3	−5 378.7	是
42	—	6 075	14 820	是	3 039.1	−6 125	是
43	—	4 633.7	13 895.5	是	2 223.5	−7 005.7	是
44	—	3 052.5	12 865.2	是	1 347.7	−8 012.9	是
45	—	1 324.4	13 945	是	408.9	−9 394	是
46	D1	−11.7	13 182.3	是	−309.4	−10 148.6	是

最大、最小弯矩设计值及对应截面承载力计算值包络图分别如图2.198和图2.199所示。

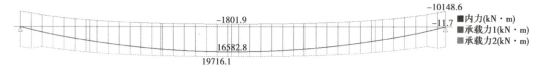

图2.198 最大设计弯矩及截面承载力计算包络图

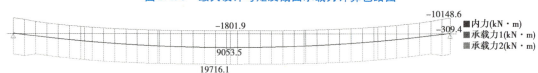

图2.199 最小设计弯矩及截面承载力计算包络图

由表2.3可知,持久状况承载能力极限状态正截面最大正弯矩设计值(16 582.8 kN·m)发生在中梁跨中截面(HG3特征节点);最小正弯矩设计值(9 053.5 kN·m)为正弯矩,也出现在中梁跨中截面,均小于相应截面的承载力计算值19 650.8 kN·m。同时,由图2.198和图2.199可见,中梁各截面的弯矩设计值均在截面承载力计算值包络范围内。因此,中梁正截面抗弯承载力均满足《桥规》(2018)的要求。

小提示

桥梁博士软件结果查询界面的表格输出区显示的承载力验算表默认显示所有节点对应的验算结果,使得表格过大(图2.200),但是每个单元有两个节点,并且两个单元共用节点的弯矩值基本一致,因此可以只显示每个单元的单个节点计算结果,减小表格长度(图2.201)。具体做法是,鼠标右键在表格输出区单击,弹出下拉菜单,选择其中的"显示左节点"或"显示右节点",如图2.202所示。

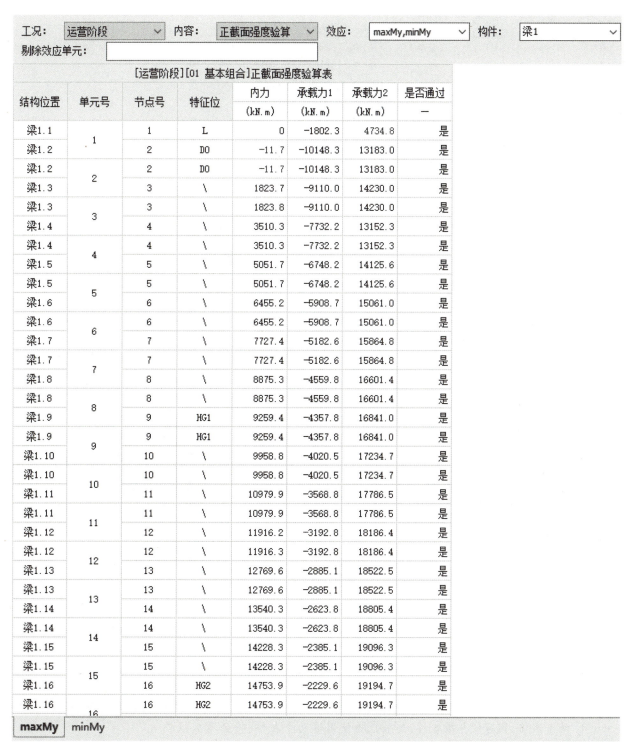

工况：[运营阶段 ∨]　内容：[正截面强度验算 ∨]　效应：[maxMy,minMy ∨]　构件：[梁1 ∨]

剔除效应单元：[　　　　　　　　　]

[运营阶段][01 基本组合]正截面强度验算表

结构位置	单元号	节点号	特征位	内力 (kN.m)	承载力1 (kN.m)	承载力2 (kN.m)	是否通过 —
梁1.1	1	1	L	0	-1802.3	4734.8	是
梁1.2		2	D0	-11.7	-10148.3	13183.0	是
梁1.2	2	2	D0	-11.7	-10148.3	13183.0	是
梁1.3		3	\	1823.7	-9110.0	14230.0	是
梁1.3	3	3	\	1823.8	-9110.0	14230.0	是
梁1.4		4	\	3510.3	-7732.2	13152.3	是
梁1.4	4	4	\	3510.3	-7732.2	13152.3	是
梁1.5		5	\	5051.7	-6748.2	14125.6	是
梁1.5	5	5	\	5051.7	-6748.2	14125.6	是
梁1.6		6	\	6455.2	-5908.7	15061.0	是
梁1.6	6	6	\	6455.2	-5908.7	15061.0	是
梁1.7		7	\	7727.4	-5182.6	15864.8	是
梁1.7	7	7	\	7727.4	-5182.6	15864.8	是
梁1.8		8	\	8875.3	-4559.8	16601.4	是
梁1.8	8	8	\	8875.3	-4559.8	16601.4	是
梁1.9		9	HG1	9259.4	-4357.8	16841.0	是
梁1.9	9	9	HG1	9259.4	-4357.8	16841.0	是
梁1.10		10	\	9958.8	-4020.5	17234.7	是
梁1.10	10	10	\	9958.8	-4020.5	17234.7	是
梁1.11		11	\	10979.9	-3568.8	17786.5	是
梁1.11	11	11	\	10979.9	-3568.8	17786.5	是
梁1.12		12	\	11916.2	-3192.8	18186.4	是
梁1.12	12	12	\	11916.3	-3192.8	18186.4	是
梁1.13		13	\	12769.6	-2885.1	18522.5	是
梁1.13	13	13	\	12769.6	-2885.1	18522.5	是
梁1.14		14	\	13540.3	-2623.8	18805.4	是
梁1.14	14	14	\	13540.3	-2623.8	18805.4	是
梁1.15		15	\	14228.3	-2385.1	19096.3	是
梁1.15	15	15	\	14228.3	-2385.1	19096.3	是
梁1.16		16	HG2	14753.9	-2229.6	19194.7	是
梁1.16	16	16	HG2	14753.9	-2229.6	19194.7	是

maxMy | minMy

图 2.200　默认显示验算结果表

工况:	运营阶段 ∨	内容:	正截面强度验算 ∨	效应:	maxMy,minMy ∨	构件:	梁1 ∨

剔除效应单元: [　　　　　　　　　]

[运营阶段][01 基本组合]正截面强度验算表

结构位置	单元号	节点号	特征位	内力 (kN.m)	承载力1 (kN.m)	承载力2 (kN.m)	是否通过 —
梁1.1	1	1	L	0	-1802.3	4734.8	是
梁1.2	2	2	D0	-11.7	-10148.3	13183.0	是
梁1.3	3	3	\	1823.8	-9110.0	14230.0	是
梁1.4	4	4	\	3510.3	-7732.2	13152.3	是
梁1.5	5	5	\	5051.7	-6748.2	14125.6	是
梁1.6	6	6	\	6455.2	-5908.7	15061.0	是
梁1.7	7	7	\	7727.4	-5182.6	15864.8	是
梁1.8	8	8	\	8875.3	-4559.8	16601.4	是
梁1.9	9	9	HG1	9259.4	-4357.8	16841.0	是
梁1.10	10	10	\	9958.8	-4020.5	17234.7	是
梁1.11	11	11	\	10979.9	-3568.8	17786.5	是
梁1.12	12	12	\	11916.3	-3192.8	18186.4	是
梁1.13	13	13	\	12769.6	-2885.1	18522.5	是
梁1.14	14	14	\	13540.3	-2623.8	18805.4	是
梁1.15	15	15	\	14228.3	-2385.1	19096.3	是
梁1.16	16	16	HG2	14753.9	-2229.6	19194.7	是
梁1.17	17	17	\	14830.1	-2217.2	19246.0	是
梁1.18	18	18	\	15327.2	-2068.2	19364.9	是
梁1.19	19	19	\	15741.6	-1951.7	19502.6	是
梁1.20	20	20	\	16073.4	-1886.5	19582.4	是
梁1.21	21	21	\	16322.6	-1825.0	19623.4	是
梁1.22	22	22	\	16489.1	-1804.5	19716.1	是
梁1.23	23	23	\	16572.9	-1802.0	19650.8	是
梁1.24	24	24	HG3	16582.8	-1801.9	19650.8	是
梁1.25	25	25	\	16557.7	-1802.3	19650.8	是
梁1.26	26	26	\	16450.6	-1807.9	19645.1	是
梁1.27	27	27	\	16260.8	-1835.7	19611.7	是
梁1.28	28	28	\	15988.4	-1902.3	19575.3	是
梁1.29	29	29	\	15633.3	-1978.1	19481.7	是
梁1.30	30	✥	\	15195.6	-2096.2	19326.8	是
梁1.31	31	31	HG4	14753.1	-2229.6	19194.7	是

maxMy | minMy

图 2.201　单节点验算结果表

由图 2.200 和图 2.201 可见,桥梁博士软件输出的验算结果表格分为 maxMy 和 minMy 两个表格,撰写计算报告时,如果直接使用这两个表格,将会增加报告篇幅。因此,可以选择下拉菜单中的"导出为 CSV 文件"(图 2.202),将两个表格分别输出为 CSV 文件,然后再采用 Excel 软件对 CSV 文件处理后,将两个表格合并为一个表格,降低表格占用的篇幅。表 2.3 即是采用该方法处理得到的。

使用鼠标左键单击包络图,在界面左侧将显示图形属性窗口(图 2.203),可

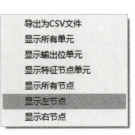

图 2.202　下拉菜单

以通过对其中的图例修改包络图轮廓线的颜色和形式。桥梁博士软件提供了折线图、折线云图、消隐云图、实体云图和线框云图 5 种方式显示计算和验算结果的效应图,使用者可以在属性窗口的"绘制方式"中选择合适的效应图绘制方式(图 2.204)。

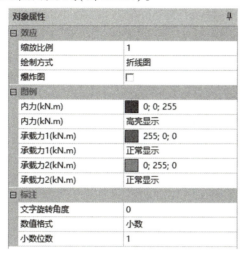

图 2.203　包络图属性表　　　　　图 2.204　绘制方式

2)斜截面抗剪承载力验算结果

斜截面抗剪验算包括抗剪承载力验算和截面尺寸校核。

(1)抗剪承载力计算公式

根据《桥规》(2018)第 5.2.9 条,对于矩形、T 形和 I 形截面的受弯构件,当配置竖向预应力钢筋、箍筋和弯起钢筋时,其斜截面抗剪承载力计算应满足式(2.23)的要求(图 2.205)。

$$\gamma_0 V_d \leq V_{cs} + V_{sb} + V_{pb} + V_{pb,ex} \qquad (2.23)$$

$$V_{cs} = 0.45 \times 10^{-3} \alpha_1 \alpha_2 \alpha_3 b h_0 \sqrt{(2 + 0.6P)} \sqrt{f_{cu,k}} (\rho_s f_{sv} + 0.6 \rho_p f_{pv}) \qquad (2.24)$$

$$V_{sb} = 0.75 \times 10^{-3} f_{sd} \sum A_{sb} \sin \theta_s \qquad (2.25)$$

$$V_{pb} = 0.75 \times 10^{-3} f_{pd} \sum A_{pb} \sin \theta_p \qquad (2.26)$$

$$V_{pb,ex} = 0.75 \times 10^{-3} \sigma_{pe,ex} \sum A_{ex} \sin \theta_{ex} \qquad (2.27)$$

式中　V_d——剪力设计值(kN),按斜截面剪压区对应正截面处取值;

　　　V_{cs}——斜截面内混凝土和箍筋共同的抗剪承载力设计值(kN);

　　　V_{sb}——与斜截面相交的普通弯起钢筋抗剪承载力设计值(kN);

　　　V_{pb}——与斜截面相交的体内预应力弯起钢筋抗剪承载力设计值(kN);

　　　$V_{pb,ex}$——与斜截面相交的体外预应力弯起钢筋抗剪承载力设计值(kN);

　　　α_1——异号弯矩影响系数,计算简支梁和连续梁近边支点梁段的抗剪承载力时,取 1.0,计算连续梁和悬臂梁近中间支点梁段的抗剪承载力时,取 0.9;

　　　α_2——预应力提高系数,对钢筋混凝土受弯构件,取 1.0,对预应力混凝土受弯构件,取 1.25,但当由钢筋合力引起的截面弯矩与外弯矩的方向相同时,或允许出现裂缝的预应力混凝土受弯构件,取 1.0;

　　　α_3——受压翼缘的影响系数,对矩形截面,取 1.0,对 T 形和 I 形截面,取 1.1;

　　　b——斜截面剪压区对应正截面处,矩形截面宽度(mm),T 形和 I 形截面腹板宽度(mm);

　　　h_0——截面的有效高度(mm),取斜截面剪压区对应正截面处、自纵向受拉钢筋合力点至受压边缘的距离;

P——斜截面内纵向受拉钢筋的配筋百分率,$P=100\rho$,$\rho=(A_p+A_s)/bh_0$,当$P>2.5$时,取$P=2.5$;

$f_{cu,k}$——边长为150 mm的混凝土立方体抗压强度标准值(MPa);

ρ_{sv}、ρ_{pv}——斜截面内箍筋、竖向预应力钢筋的配筋率,$\rho_{sv}=A_{sv}/s_{vb}$,$\rho_{pv}=A_{pv}/s_{pb}$;

f_{sv}、f_{pv}——箍筋、竖向预应力钢筋的抗拉强度设计值(MPa),按《桥规》(2018)中的表3.2.3-1和表3.2.3-2采用;

A_{sv}、A_{pv}——斜截面内配置在同一截面的箍筋、竖向预应力钢筋的总截面面积(mm^2);

s_v、s_p——斜截面内箍筋、竖向预应力钢筋的间距(mm);

$\sigma_{pe,ex}$——使用阶段体外预应力钢筋扣除预应力损失后的有效应力(MPa),按《桥规》(2018)中的第6.1.6条计算;

A_{sb}、A_{pb}、A_{ex}——斜截面内在同一弯起平面的普通弯起钢筋、体内预应力弯起钢筋和体外预应力弯起钢筋的截面面积(mm^2);

θ_s、θ_p、θ_{ex}——普通弯起钢筋、体内预应力弯起钢筋和体外预应力弯起钢筋的切线与水平线的夹角,按斜截面剪压区对应正截面处取值。

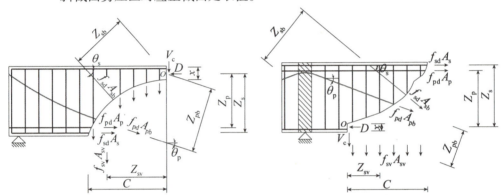

(a)简支梁和连续梁近边支点梁段　　　　(b)连续梁和悬臂梁近中间支点梁段

图2.205　斜截面抗剪承载力验算

箱形截面受弯构件的斜截面抗剪承载力可参照I形截面计算。

进行斜截面承载力验算时,斜截面水平投影长度C应按式(2.28)计算:

$$C = 0.6mh_0 \tag{2.28}$$

式中　m——广义剪跨比,按斜截面剪压区对应正截面的M_d和V_d计算,$m=M_d/V_d$,当$m>3.0$时,取$m=3.0$;

M_d——与式(2.23)中V_d对应的弯矩设计值。

(2)上、下限条件

①对于矩形、T形和I形截面的受弯构件,为了避免发生斜压破坏,截面尺寸应满足式(2.29)的要求:

$$\gamma_0 V_d \leqslant 0.51 \times 10^{-3} \sqrt{f_{cu,k}} bh_0 \tag{2.29}$$

式中　V_d——剪力设计值(kN),按验算斜截面的最不利值取用;

b——矩形截面宽度(mm)或T形和I形截面腹板宽度(mm),取斜截面所在范围内的最小值;

h_0——自纵向受拉钢筋合力点至受压边缘的距离(mm),取斜截面所在范围内截面有效高度的最小值。

式(2.29)为最小截面尺寸的限制条件,也称为上限条件。设计中,如果式(2.29)不成立,则应加大截面尺寸。

②对于矩形、T形和I形截面的受弯构件,当符合式(2.30)时,可不进行斜截面抗剪承载力验算,仅需按照《桥规》(2018)第9.3.12条中的构造要求配置箍筋。

$$\gamma_0 V_d \leqslant 0.50 \times 10^{-3} \alpha_2 f_{td} bh_0 \tag{2.30}$$

式中　f_{td}——混凝土抗拉强度设计值(MPa),按《桥规》(2018)中的表3.1.4采用。

如不满足式(2.30),需要对截面按照式(2.23)进行斜截面抗剪承载力验算。

桥梁博士软件的持久状况承载能力极限状态斜截面抗剪承载力验算结果及提取方式如下:

①鼠标左键双击"验算结果查询"文件夹下的"C10 运营:抗剪强度验算",斜截面抗剪承载能力验算结果将以图表的形式显示在图形输出区和表格输出区。

②根据桥梁博士软件的计算分析,持久状况承载能力极限状态斜截面抗剪承载力计算与验算结果如表2.4 所示。(为节省篇幅,表2.4 仅列出了中梁两端支点和各中间横隔板处特征节点对应截面的验算结果)

表2.4　承载能力极限状态斜截面抗剪承载能力计算与验算

单元号	特征节点	最大/最小	斜截面最不利剪力/kN	截面抗剪上限/kN	尺寸是否通过	截面抗剪下限/kN	是否需要抗剪验算	剪压区剪力/kN	抗剪承载力/kN	强度是否通过
2	D0	最大	2 010.4	5 279.4	是	1 674.4	是	2 010.4	3 983.0	是
		最小	1 001.5	5 279.4	是	1 674.4	否	1 001.5	3 983.0	是
9	HG1	最大	1 755.3	2 811.2	是	891.6	是	1 245.6	3 617.7	是
		最小	856.4	2 811.2	是	891.6	否	539.1	3 618.9	是
16	HG2	最大	1 075.2	1 714.6	是	543.8	是	739.9	2 354.0	是
		最小	404.7	1 714.6	是	543.8	否	132.9	2 354.0	是
24	HG3	最大	572.8	1 663.2	是	527.5	是	256.8	2 085.5	是
		最小	−573.0	−1 662.2	是	−527.2	是	−280.5	−2 085.5	是
31	HG4	最大	−404.6	−1 714.1	是	−543.7	否	−154.4	−2 354.0	是
		最小	−1 075.1	−1 714.1	是	−543.7	是	−765.7	−2 354.0	是
39	HG5	最大	−856.6	−2 811.2	是	−891.6	否	−560.3	−3 618.9	是
		最小	−1 745.0	−2 811.2	是	−891.6	是	−1 271.2	−3 614.4	是
46	D1	最大	641.1	5 279.5	是	1 674.5	否	641.1	3 378.9	是
		最小	39.1	5 279.5	是	1 674.5	否	39.1	3 983.0	是

上、下限校核包络图和最大、最小剪力及对应截面承载力计算值包络图分别如图 2.206—图 2.209 所示。

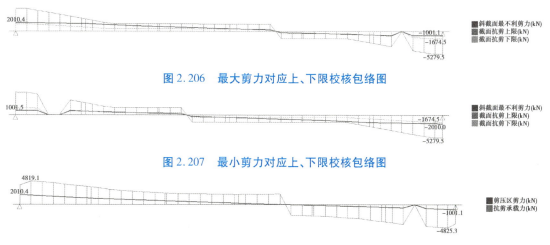

图 2.206　最大剪力对应上、下限校核包络图

图 2.207　最小剪力对应上、下限校核包络图

图 2.208　最大剪力及截面承载力计算包络图

图2.209 最小剪力及截面承载力计算包络图

由表2.4和图2.206、图2.207可知,中梁各截面均满足截面抗剪上限条件,不需要对截面尺寸进行调整,但是部分截面不满足截面抗剪下限条件。由图2.208和图2.209可知,持久状况承载能力极限状态斜截面抗剪承载力设计值均小于截面承载力计算值,满足《桥规》(2018)的要求。因此,中梁斜截面抗剪承载力及截面尺寸校核均满足《桥规》(2018)的要求。

小提示

桥梁博士软件抗剪强度验算结果中,有时验算结果表格中会出现部分截面的验算结果空白(图2.210)的情况,对应的抗剪承载力验算图中也出现空白段(图2.211)。这是由于某些位置不存在以该位置为受压端的破坏斜截面,并不是程序错误或者使用者错误操作导致的。

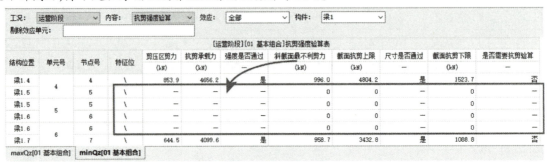

图2.210 验算结果空白示意

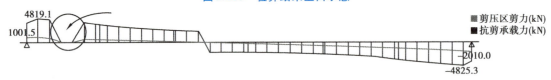

图2.211 抗剪承载力验算图空白示意

3)正截面抗裂验算结果

预应力混凝土构件应进行持久状况正常使用极限状态荷载频遇(准永久)组合下的预应力混凝土受弯构件正截面应力计算。

受弯构件的抗裂验算截面边缘,混凝土的法向拉应力应按式(2.31)和式(2.32)计算。

$$\sigma_{st} = \frac{M_s}{W_0} \tag{2.31}$$

$$\sigma_{lt} = \frac{M_l}{W_0} \tag{2.32}$$

式中 M_s——按荷载频遇组合计算的弯矩设计值;

M_l——结构自重和直接施加于结构上的汽车荷载、人群荷载、风荷载按荷载准永久组合计算的弯矩设计值;

σ_{st}——在荷载频遇组合下构件抗裂验算截面边缘混凝土的法向拉应力;

σ_{lt}——在荷载准永久组合下构件抗裂验算截面边缘混凝土的法向拉应力。

正截面混凝土拉应力应符合下列要求:

①全预应力混凝土构件应满足式(2.33)或式(2.34)的要求:

预制构件：

$$\sigma_{st} - 0.85\sigma_{pc} \leq 0 \tag{2.33}$$

分段浇筑或砂浆结缝的纵向分块构件：

$$\sigma_{st} - 0.80\sigma_{pc} \leq 0 \tag{2.34}$$

式中　σ_{pc}——扣除全部预应力损失后的预加力在构件抗裂验算边缘产生的混凝土预压应力，按《桥规》（2018）中第6.1.6条规定计算。

②A类预应力混凝土构件应满足式（2.35）、式（2.36）的要求：

$$\sigma_{st} - \sigma_{pc} \leq 0.7f_{tk} \tag{2.35}$$

$$\sigma_{lt} - \sigma_{pc} \leq 0 \tag{2.36}$$

式中　f_{tk}——混凝土的抗拉强度标准值，按《桥规》（2018）中的表3.1.3采用。

③B类预应力混凝土受弯构件在结构自重作用下控制截面受拉边缘不得消压。

对于本模型，若计算结果为混凝土全截面受压，正截面抗裂满足要求；若截面出现拉应力，则应满足式（2.34）式（2.35）、式（2.36）的要求，后者即为A类预应力混凝土构件。对于A类预应力混凝土构件，应同时进行荷载频遇组合及准永久组合下的混凝土正截面应力计算。

桥梁博士软件的正截面抗裂验算结果及提取方法如下：

①鼠标左键双击"验算结果查询"文件夹下的"C12运营：上下缘正应力验算"，正截面混凝土法向应力验算结果将以图表的形式显示在图形输出区和表格输出区。

②根据桥梁博士软件的计算分析，持久状况正常使用极限状态作用频遇组合下中梁正截面混凝土法向应力计算与验算结果如表2.5所示。（为节省篇幅，表2.5仅列出了中梁两端支点和各中间横隔板处特征节点对应截面的验算结果）

表2.5　持久状况正常使用极限状态正截面混凝土法向应力计算与验算

单元号	特征节点	上缘 σ_{min} /MPa	容许值$[\sigma_{min}]$ /MPa	是否通过	下缘 σ_{min} /MPa	容许值$[\sigma_{min}]$ /MPa	是否通过
2	D0	1.78	0	是	3.09	0	是
9	HG1	3.02	0	是	3.11	0	是
16	HG2	5.00	0	是	1.50	0	是
24	HG3	5.61	0	是	0.43	0	是
31	HG4	5.00	0	是	1.50	0	是
39	HG5	3.02	0	是	3.10	0	是
46	D1	1.78	0	是	3.09	0	是

注：表中压应力为正，拉应力为负。

持久状况正常使用极限状态荷载频遇组合下中梁正截面混凝土法向应力包络图如图2.212所示。

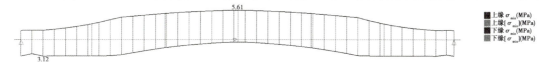

图2.212　截面混凝土法向应力包络图

由表2.5可知，各关键截面上、下缘均为压应力，即全截面受压。由图2.212可知，中梁各截面混凝土均为压应力，全截面受压。持久状况正常使用极限状态中梁混凝土正截面抗裂验算均满足《桥规》（2018）的要求。

4)斜截面抗裂验算结果

持久状况正常使用极限状态的预应力混凝土构件斜截面抗裂性验算,通过截面混凝土主拉应力 σ_{tp} 控制。

预应力混凝土受弯构件由荷载频遇组合和预加力产生的混凝土主拉应力 σ_{tp} 和主压应力 σ_{cp} 应按式(2.37)计算。

$$\begin{matrix} \sigma_{tp} \\ \sigma_{cp} \end{matrix} = \frac{\sigma_{cx} + \sigma_{cy}}{2} \mp \sqrt{\left(\frac{\sigma_{cx} - \sigma_{cy}}{2}\right)^2 + \tau^2} \tag{2.37}$$

$$\sigma_{cx} = \sigma_{pc} + \frac{M_s y_0}{I_0} \tag{2.38}$$

$$\sigma_{cy} = \sigma_{cy,pv} + \sigma_{cy,ph} + \sigma_{cy,t} + \sigma_{cy,l} \tag{2.39}$$

$$\sigma_{cy,pv} = 0.6 \frac{n\sigma'_{pe}A_{pv}}{bs_p} \tag{2.40}$$

$$\tau = \frac{V_s S_0}{bI_0} - \frac{\sum \alpha''_{pe} A_{pb} \sin\theta_p \cdot S_n}{bI_n} \tag{2.41}$$

式中　σ_{cx}——在计算主应力点,由预加力和按荷载频遇组合计算的弯矩 M_s 产生的混凝土法向应力;

σ_{cy}——混凝土竖向压应力;

$\sigma_{cy,pv}$、$\sigma_{cy,ph}$、$\sigma_{cy,t}$、$\sigma_{cy,l}$——由竖向预应力钢筋的预加力、横向预应力钢筋的预加力、横向温度梯度和汽车荷载产生的混凝土竖向压应力频遇值;

τ——在计算主应力点,由预应力弯起钢筋的预加力和按荷载频遇组合计算的剪力 V_s 产生的混凝土剪应力;当计算截面作用有扭矩时,尚应计入由扭矩引起的剪应力;

σ_{pc}——在计算主应力点,由扣除全部预应力损失后的纵向预加力产生的混凝土法向预压应力,按《桥规》(2018)第6.1.6条的规定计算。

y_0——换算截面重心轴至计算主应力点的距离;

σ'_{pe}、α''_{pe}——竖向预应力钢筋、纵向预应力弯起钢筋扣除全部预应力损失后的有效预应力;

A_{pv}——单肢竖向预应力钢筋的截面面积;

s_p——竖向预应力钢筋的间距;

b——计算主应力点处构件腹板的宽度;

A_{pb}——计算截面上同一弯起平面内预应力弯起钢筋的截面面积;

S_0、S_n——计算主应力点以上(或以下)部分换算截面面积对换算截面重心轴、净截面面积对净截面重心轴的面积矩;

θ_p——计算截面上预应力弯起钢筋的切线与构件纵轴线的夹角。

注:式(2.37)和式(2.38)中的 σ_{cx}、σ_{cy}、σ_{pc} 和 $\frac{M_s y_0}{I_0}$,为压应力时以正号代入,为拉应力时以负号代入。

斜截面混凝土主拉应力 σ_{tp} 应符合下列要求:
①对于全预应力混凝土构件,应满足式(2.42)或式(2.43)的要求:
预制构件:

$$\sigma_{tp} \leqslant 0.6 f_{tk} \tag{2.42}$$

现场浇筑(包括预制拼装)构件:

$$\sigma_{tp} \leqslant 0.4 f_{tk} \tag{2.43}$$

②对于 A 类和 B 类预应力混凝土构件,应满足式(2.44)或式(2.45)的要求:
预制构件:

$$\sigma_{tp} \leqslant 0.7 f_{tk} \tag{2.44}$$

现场浇筑(包括预制拼装)构件：

$$\sigma_{tp} \leqslant 0.5 f_{tk} \tag{2.45}$$

桥梁博士软件的斜截面抗裂验算结果及提取方法如下：

①鼠标左键双击"验算结果查询"文件夹下的"C14 运营：主应力验算"，斜截面混凝土主应力验算结果将以图表的形式显示在图形输出区和表格输出区。

②根据桥梁博士软件的计算分析，持久状况正常使用极限状态荷载频遇组合下中梁斜截面混凝土主拉应力计算与验算结果如表 2.6 所示。(为节省篇幅，表 2.6 仅列出了中梁两端支点和各中间横隔板处特征节点对应截面的验算结果)

表 2.6　持久状况正常使用极限状态斜截面混凝土主拉应力计算与验算

单元号	特征节点	主拉应力 σ_{tp}/MPa	应力点	容许值[σ_{tp}]/MPa	是否通过
2	D0	0.00	应力点 2	-1.59	是
9	HG1	0.00	应力点 2	-1.59	是
16	HG2	0.00	应力点 1	-1.59	是
24	HG3	0.00	应力点 1	-1.59	是
31	HG4	0.00	应力点 1	-1.59	是
39	HG5	0.00	应力点 2	-1.59	是
46	D1	0.00	应力点 2	-1.59	是

注：表中压应力为正，拉应力为负。

持久状况正常使用极限状态荷载频遇组合下中梁斜截面混凝土主拉应力验算结果如图 2.213 所示。

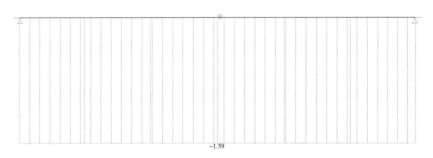

图 2.213　斜截面混凝土主拉应力验算结果

由表 2.6 和图 2.213 可知，中梁各截面主拉应力为 0 MPa，小于主拉应力限值-1.59 MPa，持久状况正常使用极限状态中梁混凝土斜截面抗裂验算均满足《桥规》(2018)的要求。

5)挠度验算

预应力混凝土受弯构件的挠度可根据给定的构件刚度用结构力学的方法计算。对于全预应力及 A 类预应力混凝土构件，按式(2.46)计算荷载频遇组合产生的挠度：

$$B_0 = 0.95 E_c I_0 \tag{2.46}$$

式中　E_c——混凝土弹性模量，按《桥规》(2018)中的表 3.1.5 采用；

　　　I_0——全截面换算截面惯性矩。

受弯构件使用阶段的挠度应考虑长期效应的影响，即按荷载频遇组合和式(2.46)计算得到的刚度计算的挠度值，乘以挠度长期增长系数 η_θ。挠度长期增长系数 η_θ 可按下列规定取用：

当采用 C40 以下混凝土时，$\eta_\theta = 1.60$；

当采用 C40—C80 混凝土时，$\eta_\theta = 1.45 \sim 1.35$，中间强度等级可按直线内插取用。

预应力混凝土受弯构件按上述计算的长期挠度值,由汽车荷载(不计冲击力)和人群荷载频遇组合在梁式桥主梁产生的最大挠度不应超过计算跨径的1/600。

预应力混凝土受弯构件由预加力引起的反拱值,可采用结构力学方法按刚度 $E_c I_0$ 进行计算,并乘以长期增长系数。计算使用阶段预加力反拱值时,预应力钢筋的预加力应扣除全部预应力损失,长期增长系数取2.0。

预应力混凝土受弯构件的预拱度可按下列规定设置:

①当预加应力产生的长期反拱值大于按荷载频遇组合计算的长期挠度时,可不设预拱度;

②当预加应力产生的长期反拱值小于按荷载频遇组合计算的长期挠度时,应设预拱度,其值应按该项荷载的挠度值与预加应力长期反拱值之差采用。预拱度的设置应按最大的预拱度值沿纵桥向做成平顺的曲线。

对于自重相对于活载较小的预应力混凝土受弯构件,应考虑预加应力反拱值过大可能造成的不利影响,必要时采取反预拱或设计和施工上的其他措施,避免桥面隆起甚至开裂破坏。

桥梁博士软件的挠度计算查询及验算方法如下:

①鼠标左键双击"验算结果查询"文件夹下的"C16 运营:结构刚度验算",挠度计算结果将以图表的形式显示在图形输出区和表格输出区。

②根据桥梁博士软件的计算分析,持久状况正常使用极限状态中梁挠度值如表2.7所示。(为节省篇幅,表2.7仅列出了中梁两端支点和各中间横隔板处特征节点对应挠度值)

表 2.7 持久状况正常使用极限状态主梁节点挠度计算结果

单元号	特征节点	活载最大竖向位移/mm	活载最小竖向位移/mm
2	D0	0.00	0.00
9	HG1	0.31	−6.32
16	HG2	0.46	−11.20
24	HG3	0.47	−13.06
31	HG4	0.46	−11.20
39	HG5	0.31	−6.33
46	D1	0.00	0.00

持久状况正常使用极限状态中梁节点挠度计算结果包络图如图2.214所示。

图 2.214 中梁挠度计算结果包络图

由表2.7和图2.214可知,中梁的最大挠度(13.06 mm)出现在跨中截面(HG3特征节点),小于挠度限值 39 872/600＝66.45 mm(中梁的计算跨径为39.872 m),中梁挠度验算满足《桥规》(2018)的要求。

桥梁博士软件的预拱度设置验算结果如下:

①鼠标左键双击"验算结果查询"文件夹下的"C17 运营:预拱度计算",预拱度计算结果将以图表的形式显示在图形输出区和表格输出区。

②根据桥梁博士软件的计算分析,中梁预拱度值如表2.8所示。(为节省篇幅,表2.8仅列出了中梁两端支点和各中间横隔板处特征节点对应挠度值)

表2.8　主梁节点预拱度值计算结果

单元号	特征节点	预拱度(向上为正)/mm
2	D0	0.00
9	HG1	−12.23
16	HG2	−19.52
24	HG3	−21.56
31	HG4	−19.54
39	HG5	−12.24
46	D1	0.00

中梁各节点预拱度值计算图如图2.215所示。

−21.563

图2.215　预拱度计算结果

由表2.8和图2.215可见,中梁各节点的预拱度值均小于0 mm,因此中梁无须设置预拱度。

6)正截面法向压应力验算

计算预应力混凝土构件使用阶段应力时,荷载均取其标准值,并应考虑预加力主效应和预加力、温度等引起的次效应。预加力和预加力次效应分项系数均取1.0,汽车荷载应考虑冲击系数。

使用阶段预应力混凝土构件正截面混凝土法向压应力应采用荷载标准值组合按式(2.47)计算:

$$\sigma_{kc} \text{ 或 } \sigma_{kt} = \frac{M_k}{I_0} y_0 \tag{2.47}$$

式中　σ_{kc}、σ_{kt}——混凝土法向压应力、拉应力;

y_0——构件换算截面重心轴至受压区或受拉区计算点处的距离;

M_k——按荷载标准值进行组合计算的弯矩值。

使用阶段预应力混凝土受弯构件正截面混凝土的法向压应力应满足式(2.48)和式(2.49)的规定:

未开裂构件:

$$\sigma_{kc} + \sigma_{pt} \leqslant 0.5 f_{ck} \tag{2.48}$$

允许开裂构件:

$$\sigma_{cc} \leqslant 0.5 f_{ck} \tag{2.49}$$

式中　σ_{pt}——由预加力产生的混凝土法向拉应力,先张法构件按《桥规》(2018)中的式(6.1.6-1)计算,后张法构件按《桥规》(2018)中的式(6.1.6-4)计算;

σ_{cc}——构件开裂截面按使用阶段计算的混凝土法向压应力。

桥梁博士软件的正截面混凝土法向压应力验算结果及提取方法如下:

①鼠标左键双击"验算结果查询"文件夹下的"C12运营:上下缘正应力验算",正截面混凝土法向应力验算结果将以图表的形式显示在图形输出区和表格输出区。

②根据桥梁博士软件的计算分析,使用阶段作用标准值组合下中梁正截面混凝土法向压应力计算与验算结果如表2.9所示。(为节省篇幅,表2.9仅列出了中梁两端支点和各中间横隔板处特征节点对应截面的验算结果)

表2.9　正截面混凝土法向压应力计算与验算

单元号	特征节点	上缘 σ_{max} /MPa	容许值[σ_{max}] /MPa	是否通过	下缘 σ_{max} /MPa	容许值[σ_{max}] /MPa	是否通过
2	D0	6.82	16.20	是	5.11	16.20	是
9	HG1	8.93	16.20	是	8.28	16.20	是
16	HG2	11.74	16.20	是	8.44	16.20	是
24	HG3	12.69	16.20	是	7.78	16.20	是
31	HG4	11.74	16.20	是	8.44	16.20	是
39	HG5	8.94	16.20	是	8.27	16.20	是
46	D1	6.83	16.20	是	5.11	16.20	是

使用阶段荷载标准值组合下中梁正截面混凝土法向压应力包络图如图2.216所示。

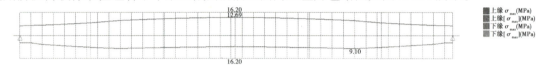

图2.216　正截面混凝土法向压应力包络图

由表2.9和图2.216可知,中梁截面上缘法向压应力最大值为12.69 MPa、下缘法向压应力最大值为9.10 MPa,均小于法向压应力限值16.20 MPa。因此,使用阶段作用标准值组合下中梁正截面混凝土法向压应力均满足《桥规》(2018)的要求。

7)斜截面主压应力验算

使用阶段预应力混凝土受弯构件由荷载标准值和预加力产生的主压应力 σ_{cp} 和主拉应力 σ_{tp} 应按式(2.37)计算,但是式(2.38)和式(2.41)中的 M_s 和 V_s 应替换为按荷载标准值组合计算的弯矩值 M_k 和剪力值 V_k。同时,混凝土的主压应力应符合式(2.50)的规定:

$$\sigma_{cp} \leqslant 0.6f_{ck} \tag{2.50}$$

桥梁博士软件的斜截面主压应力验算结果及提取方法如下:

①鼠标左键双击"验算结果查询"文件夹下的"C14运营:主应力验算",斜截面混凝土主应力验算结果将以图表的形式显示在图形输出区和表格输出区。

②根据桥梁博士软件的计算分析,使用阶段标准值组合下中梁斜截面混凝土主压应力计算与验算结果如表2.10所示。(为节省篇幅,表2.10仅列出了中梁两端支点和各中间横隔板处特征节点对应截面的验算结果)

表2.10　使用阶段斜截面混凝土主压应力计算与验算

单元号	特征位	主压应力 σ_{cp} /MPa	应力点	容许值[σ_{cp}] /MPa	是否通过
2	D0	6.82	应力点1	19.44	是
9	HG1	8.93	应力点1	19.44	是
16	HG2	11.74	应力点1	19.44	是
24	HG3	12.69	应力点1	19.44	是
31	HG4	11.74	应力点1	19.44	是

续表

单元号	特征位	主压应力 σ_{cp} /MPa	应力点	容许值 $[\sigma_{cp}]$ /MPa	是否通过
39	HG5	8.94	应力点 1	19.44	是
46	D1	6.83	应力点 1	19.44	是

使用阶段荷载标准值组合下中梁斜截面混凝土主压应力验算结果如图 2.217 所示。

图 2.217　斜截面混凝土主压应力验算结果

由表 2.10 和图 2.217 可知,使用阶段荷载标准值组合下中梁斜截面混凝土主压应力最大值为 12.69 MPa,小于主压应力限值 19.44 MPa。因此,使用阶段荷载标准值组合下中梁斜截面混凝土主压应力均满足《桥规》(2018)的要求。

8)预应力钢束最大拉应力验算

使用阶段中梁预应力钢束的最大拉应力应按荷载标准值组合得到的中梁截面弯矩值采用式(2.51)计算:

$$\sigma_p = \alpha_{EP}\sigma_{kt} \tag{2.51}$$

式中　α_{EP}——受拉预应力钢筋弹性模量 E_p 与混凝土弹性模量 E_c 的比值,E_p 和 E_c 分别按《桥规》(2018)中的表 3.2.4 和表 3.1.5 采用;

σ_{kt}——最外层钢筋重心处的混凝土拉应力。

使用阶段预应力钢束最大拉应力应满足式(2.52)和式(2.53)的规定:

未开裂构件:

$$\sigma_{pe} + \sigma_p \leqslant 0.65f_{pk} \tag{2.52}$$

允许开裂构件:

$$\sigma_{p0} + \sigma_p \leqslant 0.65f_{pk} \tag{2.53}$$

式中　σ_{pe}——全预应力混凝土和 A 类预应力混凝土受弯构件受拉区预应力钢筋扣除全部预应力损失后的有效预应力;

σ_{p0}——构件受拉区预应力钢筋合力点处混凝土法向应力等于 0 时预应力钢筋的应力,先张法构件按《桥规》(2018)中式(6.1.6-2)计算,后张法构件按《桥规》(2018)中式(6.1.6-5)计算。

桥梁博士软件的预应力钢束最大拉应力验算结果及提取方法如下:

鼠标左键双击"验算结果查询"文件夹下的"C15 运营:钢束应力验算",钢束最大拉应力验算结果将以表格的形式显示在表格输出区。使用阶段中梁各根预应力钢束最大拉应力验算结果如表 2.11 所示。

表 2.11　使用阶段预应力钢束最大拉应力验算

序号	钢束名称	最大拉应力/MPa	拉应力容许值/MPa	是否通过
1	N1	-1 158.55	-1 209.00	是
2	N2	-1 156.02	-1 209.00	是
3	N3	-1 178.29	-1 209.00	是
4	N4	-1 195.27	-1 209.00	是

由表 2.11 可知,中梁配置的预应力钢束中,使用阶段 N4 预应力钢束拉应力最大(1 195.27 MPa),小于预应力钢束最大拉应力限值 1 209.00 MPa。因此,使用阶段中梁布置的各根预应力钢束最大拉应力均满足《桥规》(2018)的要求。

9)短暂状况正截面法向应力验算

《桥规》(2018)第 7.2.1 条规定,桥梁构件在进行短暂状况设计时,应计算其在制作、运输及安装等施工阶段,由自重、施工荷载等引起的正截面和斜截面的应力(均应计入预加力的主效应和次效应),并充分考虑施工过程作用与构件截面几何特性的匹配关系,使应力计算结果不超过限值。施工荷载除有特别规定外均采用标准值,当有组合时不考虑荷载组合系数。

短暂状况由预加力和荷载产生的正截面混凝土法向应力(法向压应力 σ_{pc} 和拉应力 σ_{pt}),可按式(2.47)和式(2.54)—式(2.55)计算。

先张法预应力混凝土构件:

$$\left.\begin{array}{l}\sigma_{pc}\\\sigma_{pt}\end{array}\right\} = \frac{N_{p0}}{A_0} \pm \frac{N_{p0}e_{p0}}{I_0}y_0 \tag{2.54}$$

后张法预应力混凝土构件:

$$\left.\begin{array}{l}\sigma_{pc}\\\sigma_{pt}\end{array}\right\} = \frac{N_p}{A_n} \pm \frac{N_p e_{pn}}{I_n}y_n \pm \frac{M_{p2}}{I_n}y_n \tag{2.55}$$

式中　N_{p0}、N_p——先张法构件、后张法构件的体内预应力钢筋和普通钢筋的合力,按照《桥规》(2018)中的式(6.1.7-1)、式(6.1.7-3)计算;

A_n——净截面面积,即为扣除管道等削弱部分后的混凝土全部截面面积与纵向普通钢筋截面面积换算成混凝土的截面面积之和,对由不同混凝土强度等级组成的截面,应按混凝土弹性模量比值换算成同一混凝土强度等级的截面面积;

A_0——换算截面面积,包括净截面面积 A_n 和全部纵向体内预应力钢筋截面面积换算成混凝土的截面面积;

e_{p0}、e_{pn}——换算截面重心、净截面重心至体内预应力钢筋和普通钢筋合力点的距离,按《桥规》(2018)第 6.1.7 条计算;

I_0、I_n——换算截面惯性矩、净截面惯性矩;

y_0、y_n——换算截面重心、净截面重心至计算纤维处的距离。

如果计算所得预应力和构件自重等施工荷载作用下构件正截面混凝土主应力为压应力 α_{cc}^t,则应满足式(2.56)的规定。

$$\alpha_{cc}^t \leqslant 0.7f'_{ck} \tag{2.56}$$

如果计算结果为拉应力 α_{ct}^t,则应验算拉应力是否超限并校核纵向钢筋的配筋率,具体方法如下:

①当 $\alpha_{ct}^t \leqslant 0.70f'_{tk}$ 时,配置于预拉区的纵向钢筋的配筋率不小于 0.2%;

②当 $\alpha_{ct}^t = 1.15f'_{tk}$ 时,配置于预拉区的纵向钢筋的配筋率不小于 0.4%;

③当 $0.70f'_{tk} < \alpha_{ct}^t < 1.15f'_{tk}$ 时,配置于预拉区的纵向钢筋的配筋率按以上两者直线内插取用;

④拉应力 α_{ct}^t 不应超过 $1.15f'_{tk}$。

桥梁博士软件的短暂状况正截面法向应力验算结果及提取方法如下:

①鼠标左键双击"验算结果查询"文件夹下的"B10 施工:上下缘正应力验算",施工阶段正截面混凝土法向应力验算结果将以图表的形式显示在图形输出区和表格输出区。

②根据桥梁博士软件的计算分析,短暂状况中梁正截面混凝土法向应力计算与验算结果如表 2.12 所示。(为节省篇幅,表 2.12 仅列出了中梁两端支点和各中间横隔板处特征节点对应截面的验算结果)

表 2.12　短暂状况正截面混凝土法向应力计算与验算

单元号	特征节点	施工阶段	上缘 σ_{max} /MPa	下缘 σ_{max} /MPa	容许值 $[\sigma_{max}]$/MPa	是否通过	上缘 σ_{min} /MPa	下缘 σ_{min} /MPa	容许值 $[\sigma_{min}]$/MPa	是否通过
2	D0	第一施工阶段	3.89	4.82	22.68	是	3.89	4.82	-3.05	是
		第二施工阶段	3.89	4.78	22.68	是	3.89	4.78	-3.05	是
		第三施工阶段	3.89	4.76	22.68	是	3.89	4.76	-3.05	是
		第四施工阶段	3.66	4.12	22.68	是	3.66	4.12	-3.05	是
9	HG1	第一施工阶段	2.54	10.95	22.68	是	2.54	10.95	-3.05	是
		第二施工阶段	2.77	10.59	22.68	是	2.77	10.59	-3.05	是
		第三施工阶段	4.16	8.70	22.68	是	4.16	8.70	-3.05	是
		第四施工阶段	4.01	7.35	22.68	是	4.01	7.35	-3.05	是
16	HG2	第一施工阶段	3.00	13.27	22.68	是	3.00	13.27	-3.05	是
		第二施工阶段	3.37	12.68	22.68	是	3.37	12.68	-3.05	是
		第三施工阶段	5.72	9.57	22.68	是	5.72	9.57	-3.05	是
		第四施工阶段	5.58	7.64	22.68	是	5.58	7.64	-3.05	是
24	HG3	第一施工阶段	3.17	13.08	22.68	是	3.17	13.08	-3.05	是
		第二施工阶段	3.59	12.44	22.68	是	3.59	12.44	-3.05	是
		第三施工阶段	6.23	8.96	22.68	是	6.23	8.96	-3.05	是
		第四施工阶段	6.10	7.04	22.68	是	6.10	7.04	-3.05	是

续表

单元号	特征节点	施工阶段	上缘 σ_{max} /MPa	下缘 σ_{max} /MPa	容许值 $[\sigma_{max}]$/MPa	是否通过	上缘 σ_{min} /MPa	下缘 σ_{min} /MPa	容许值 $[\sigma_{min}]$/MPa	是否通过
31	HG4	第一施工阶段	3.00	13.27	22.68	是	3.00	13.27	−3.05	是
		第二施工阶段	3.37	12.69	22.68	是	3.37	12.69	−3.05	是
		第三施工阶段	5.72	9.58	22.68	是	5.72	9.58	−3.05	是
		第四施工阶段	5.58	7.64	22.68	是	5.58	7.64	−3.05	是
39	HG5	第一施工阶段	2.54	10.94	22.68	是	2.54	10.94	−3.05	是
		第二施工阶段	2.77	10.58	22.68	是	2.77	10.58	−3.05	是
		第三施工阶段	4.16	8.69	22.68	是	4.16	8.69	−3.05	是
		第四施工阶段	4.01	7.34	22.68	是	4.01	7.34	−3.05	是
46	D1	第一施工阶段	3.89	4.82	22.68	是	3.89	4.82	−3.05	是
		第二施工阶段	3.89	4.78	22.68	是	3.89	4.78	−3.05	是
		第三施工阶段	3.89	4.76	22.68	是	3.89	4.76	−3.05	是
		第四施工阶段	3.66	4.11	22.68	是	3.66	4.11	−3.05	是

短暂状况中梁正截面混凝土法向应力验算结果如图 2.218—图 2.221 所示。

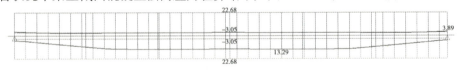

图 2.218　第一施工阶段正截面混凝土法向应力验算

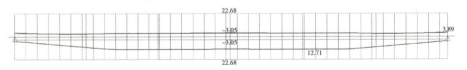

图 2.219　第二施工阶段正截面混凝土法向应力验算

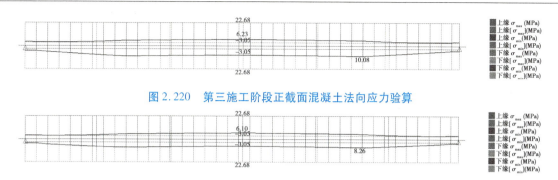

图 2.220　第三施工阶段正截面混凝土法向应力验算

图 2.221　第四施工阶段正截面混凝土法向应力验算

由表 2.12 和图 2.218—图 2.221 可知,中梁各截面上、下缘在各施工阶段正截面混凝土法向应力均为压应力,且均小于施工阶段混凝土压应力限值 22.68 MPa,短暂状况中梁正截面混凝土法向应力满足《桥规》(2018)的要求。

小 提示

《桥规》(2018)第 7.2.1 条规定,桥梁构件在进行短暂状况设计时,应计算其在制作、运输及安装等施工阶段,由自重、施工荷载等引起的正截面和斜截面的应力。但是,《桥规》(2018)第 7.2.7 条和第 7.2.8 条仅对短暂状况正截面混凝土法向压应力限值和拉应力设计措施进行了规定,并未给出斜截面混凝土主应力的限值和处理措施。这导致两个问题:一是条文要求不匹配;二是缺失了短暂状况主梁斜截面混凝土主拉应力设计的可能控制项(徐岳等著《连续梁桥》)。因此,本书未对短暂状况斜截面混凝土主应力进行验算。

2.6　左边梁模型建立及预应力钢束估算

▶ 2.6.1　建立左边梁模型及施工、运营分析信息定义

由前文可知,左边梁截面已在 2.3.3 节中建立,并且左边梁的跨径布置、制作材料等与中梁一致。因此,左边梁模型的总体信息、节点划分和构件属性信息等与中梁模型一致,可以通过对中梁模型和施工及运营分析等信息进行修改建立左边梁内力计算模型,修改中梁模型建立左边梁模型的过程如下。

1)建立左边梁模型

①鼠标右键单击项目管理树形菜单中"40 m 简支 T 梁"项目下"中梁"模型,在弹出的下拉菜单中单击"副本"(图 2.222),弹出"输入新的模型名称"对话框,输入"左边梁"(图 2.223),并单击"确认"按钮,建立左边梁模型。

图 2.222　建立副本　　图 2.223　输入新的模型名称对话框

②鼠标左键双击工作界面树形菜单栏中"左边梁"计算模型下的"结构建模"，进入结构建模界面后,鼠标左键单击界面右侧的"建模"标签页,进入结构建模工作界面。

荷载和防撞墙自重荷载。

图 2.227　定义线性荷载

小 提示

a. 由图 2.7 可知, 左边梁上翼缘宽度为 2.075 m, 则桥面铺装层对应的均布荷载为:0.08 m×2.075 m×26 kN/m³+0.10 m×2.075 m×24 kN/m³ =9.296 kN/m。

b. 左边梁分担的防撞墙自重荷载可在横向分布系数模型计算结果中查询确定。由图 2.121 可知, 左边梁分担的防撞墙自重荷载为 7.484 kN/m。

⑤第四施工阶段("收缩徐变"施工阶段)定义的"总体信息"与中梁模型第四施工阶段信息相同,"施工持续天数(天)"仍设定为 3650, 不做修改。

3)输入左边梁模型运营分析信息

①鼠标左键双击工作界面树形菜单栏中的"运营分析"，进入运营分析信息输入界面。

②左边梁模型的"升温温差(℃)"和"降温温差(℃)"与中梁模型一致,均为 20, 不做修改。

③左边梁模型的梯度温度荷载的"温度模式"等参数与中梁模型一致, 不做修改。

④鼠标左键单击信息表下部的"纵向加载"选项卡, 其中的"名称""桥面单元""计算跨径(m)""活载类型""行车线""横向布置(m)"和"冲击系数"等参数与中梁模型一致, 不做修改。鼠标左键激活"活载系数"输入栏, 并单击输入栏右侧的"···"弹出"系数定义"表格, 按图 2.228 输入节点位置及对应的系数值, 完成左边梁活载系数定义。

图 2.228　系数定义表格

左边梁横向分布系数定义完成, 如图 2.229 所示。

图 2.229　横向分布系数

4）执行左边梁模型计算

①切换到"项目"工具栏，鼠标左键单击"诊断当前" 按钮，软件将对左边梁模型前处理的内容进行检查。

②系统诊断无误后，鼠标左键单击"计算当前" ▶ 按钮，执行左边梁模型计算。

▶ 2.6.2　左边梁预应力钢束估算与布置

1）频遇荷载组合下左边梁最大正弯矩计算结果查询

①鼠标右键单击项目管理树形菜单中"40 m 简支 T 梁"项目下"左边梁"模型的"结果查询" ，在弹出的下拉菜单中单击"新文件夹"，并输入新建文件夹名称"01 频遇荷载组合"。

②鼠标右键单击新建的"01 频遇荷载组合"文件夹，在弹出的下拉菜单中单击"新建查询"（图 2.230），弹出"新建查询"对话框，输入名称"频遇荷载组合"，"工况"项选择"运营阶段"，"内容"项选择"结构效应组合"，"组合"项选择"内力组合-03a 频遇组合-预制全预应力"，"效应"项选择"竖弯矩 My"，"图形"项选择"仅包络图"，"构件"项选择"梁 1"（图 2.231），鼠标左键单击"确定"按钮，建立查询项。

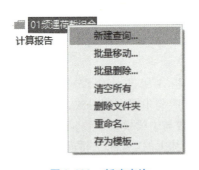

图 2.230　新建查询

图 2.231　新建查询对话框

频遇荷载组合下，中梁弯矩包络图如图 2.232 所示。由图 2.232 可见，频遇荷载组合下中梁跨中截面的最大弯矩值 M_{max} 为 11 085.7 kN·m，最小弯矩值 M_{min} 为 8 709.5 kN·m。

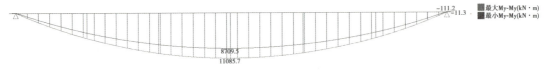

图 2.232　弯矩包络图

2）左边梁跨中截面几何特性查询

①鼠标右键单击"结果查询" ，在弹出的下拉菜单中单击"新文件夹"，并在弹出的"新建查询文件夹"对话框中输入"02 截面几何特性"，单击"确定"按钮，建立查询文件夹。

②鼠标右键单击新建的"02 截面几何特性"文件夹，在弹出的下拉菜单中单击"新建查询"，弹出"新建查询"对话框，输入名称"跨中截面几何特性"，"工况"项选择"运营阶段"，"内容"项选择"截面特性"，"类型"项选择"毛截面全截面特性"，"效应"项选择"全部"，"构件"项选择"梁 1"，"截面"项选择"总截面"（图2.233），鼠标左键单击"确定"按钮，建立查询项。

左边梁截面几何特性输入如图 2.234 所示。

图 2.233　新建查询对话框

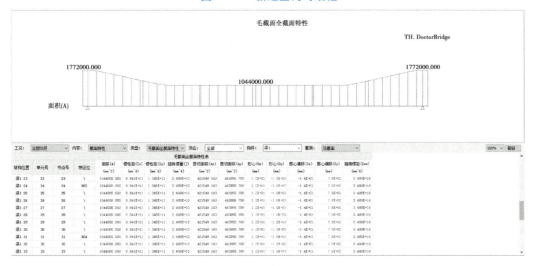

图 2.234　左边梁截面几何特性输出

▶ 2.6.3　左边梁跨中截面预应力钢束估算

以左边梁跨中截面为研究对象进行预应力钢束估算。由图 2.234 可知,左边梁跨中截面(特征节点 HG3 对应截面)面积 A 为 1.044 m^2,截面惯性矩 I_x 为 0.884 m^4,截面中性轴距离截面上缘的距离 y_u 为 1 042 mm,则截面中性轴距离截面下缘的距离 $y_b = 2\,500 - 1\,042 = 1\,458$ mm。则左边梁跨中截面上、下核心距分别为:$K_u = 0.581$ m、$K_b = 0.813$ m。

假定截面预应力钢束合力作用点距截面下缘的距离 a_b 为 0.207 m,截面下缘配置的预应力钢束重心至主梁混凝土截面重心的距离 $e_b = y_b - a_b = 1.458 - 0.207 = 1.251$ m。

此外,由 2.6.2 节可知,频遇荷载组合下左边梁跨中截面的最大、最小弯矩值分别为:$M_{max} = 11\,085.7$ kN·m、$M_{min} = 8\,709.5$ kN·m。由 2.4.3 节可知,C50 混凝土轴心抗压强度标准值 f_{ck} 为 32.4 MPa,每股预应力钢束的面积 A_{pl} 为 139.0 mm^2,预应力钢束的永存应力 σ_{pe} 为 1 116 MPa。将以上数据代入式(2.11)—式(2.14)可得:

上缘混凝土压应力不超限:

$$n_b \leqslant \frac{0.5 f_{ck} W_u - M_{max}}{K_b - e_b} \frac{1}{A_{pl} \sigma_{pe}}$$

$$= \frac{0.5 \times 32.4 \times 10^6 \times 0.848 - 11\,085.7 \times 10^3}{0.813 - 1.251} \times \frac{1}{139 \times 1\,116}$$

$$= -39.03$$

上缘混凝土不出现拉应力:

$$n_b \geqslant \frac{M_{\min}}{e_b - K_b} \frac{1}{A_{pl}\sigma_{pe}}$$

$$= \frac{8\,709.5 \times 10^3}{1.251 - 0.813} \times \frac{1}{139 \times 1\,116}$$

$$= 128.19$$

下缘混凝土压应力不超限：

$$n_b \leqslant \frac{0.5f_{ck}W_b + M_{\min}}{K_u + e_b} \frac{1}{A_{pl}\sigma_{pe}}$$

$$= \frac{0.5 \times 32.4 \times 10^6 \times 0.606 + 8\,709.5 \times 10^3}{0.581 + 1.251} \times \frac{1}{139 \times 1\,116}$$

$$= 65.19$$

下缘混凝土不出现拉应力：

$$n_b \geqslant \frac{M_{\max}}{K_u + e_b} \frac{1}{A_{pl}\sigma_{pe}}$$

$$= \frac{11\,085.7 \times 10^3}{0.581 + 1.251} \times \frac{1}{139 \times 1\,116}$$

$$= 39.01$$

可见，39.01 根 $\leqslant n_b \leqslant 65.19$ 根。

对于边梁预应力钢束，选取 10 根 $\phi^s15.2$ 钢绞线组成 1 束并取整后作为最终预应力钢束配置值，同时考虑某些因素的不确定性（如配筋计算中预应力钢束有效预应力的取值等），可将配束计算值适当增大作为最终采用值，初步确定边梁布置预应力钢束数为 5 束（即布置 50 根预应力钢绞线）。

► ### 2.6.4　左边梁预应力钢束布置

左边梁预应力钢束的竖弯线形布置与中梁一致，按照图 2.148 布置左边梁 N1、N2、N3 和 N4 预应力钢束。

► ### 2.6.5　左边梁非预应力钢筋布置

由图 2.7 可知，边梁的马蹄和腹板部分的截面尺寸与中梁一致，仅上翼缘宽度与中梁上翼缘宽度不一致。因此，左边梁梁肋普通钢筋布置与中梁一致，按照图 2.149 布置。此外，根据图 2.7 中的边梁上翼缘宽度，按照图 2.235 对边梁上翼缘布置普通钢筋，与中梁上翼缘普通钢筋一致，采用直径为 12 mm 的 HRB400 级钢筋。

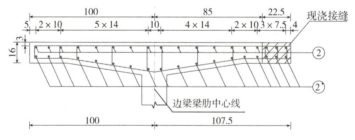

图 2.235　边梁上翼缘钢筋布置

2.7 左边梁验算模型建立及安全性验算

与中梁类似,左边梁预应力钢束估算和布置及普通钢筋布置完成后,需要将预应力钢束和普通钢筋输入左边梁模型中,按《桥规》(2018)中的相关条文进行承载能力和正常使用极限状态等验算,确定截面尺寸、预应力钢束和普通钢筋布置是否满足要求。如不能满足规范要求,需要对截面尺寸、预应力钢束和普通钢筋的数量和布置进行调整,并重复验算,直到满足规范要求。通过对 2.6 节中建立的左边梁模型相关参数进行修改,输入预应力钢束和普通钢筋,建立左边梁验算模型。

▶ 2.7.1 建立左边梁验算模型

1)总体信息设置

①鼠标右键单击项目管理树形菜单中"40 m 简支 T 梁"项目下"左边梁"模型,在弹出的下拉菜单中单击"副本",并在弹出的"输入新的模型名称"对话框中输入"左边梁验算",单击"确认"按钮,建立左边梁验算模型。

②双击工作界面树形菜单栏"左边梁验算"模型下的"总体信息" ⓘ,进入总体信息输入界面,并勾选"计算内容"项中的"计算预应力",并在"材料定义"项中增加"预应力钢筋"和"HRB400"普通钢筋,其余"总体信息"项设置与"左边梁"模型相同,不做修改。

2)输入预应力钢束

①鼠标左键双击项目管理树形菜单中"40 m 简支 T 梁"项目下"左边梁验算"模型的"钢束设计" ⚓,进入钢束设计截面。

②切换到"钢束"工具栏,鼠标左键单击常规"型号" ⚙fpk 按钮,弹出"钢束材料型号定义"表格,按图 2.236 输入 15-10(1860)预应力钢束属性。

图 2.236　钢束材料型号定义表格

③鼠标左键单击常规"建钢束" ⚓ 按钮,按照 2.5.1 节中预应力钢束的输入方法和参数,依次建立左边梁的 N1、N2、N3 和 N4 预应力钢束。

3)输入普通钢筋

①鼠标左键双击项目管理树形菜单中"40 m 简支 T 梁"项目下"左边梁验算"模型的"钢筋设计" ⚓,进入钢筋设计截面。

②切换到"钢筋"工具栏,鼠标左键单击常规"纵筋" ⚙ 按钮,按 2.5.1 节操作生成 T 梁截面上缘和下缘纵向钢筋。其中,上缘钢筋的横向布置与中梁不一致,按图 2.237 所示的"钢筋编辑"对话框信息对中梁纵筋布置进行修改,建立左边梁上翼缘纵筋;下缘纵向钢筋布置与中梁模型一致,不做修改。

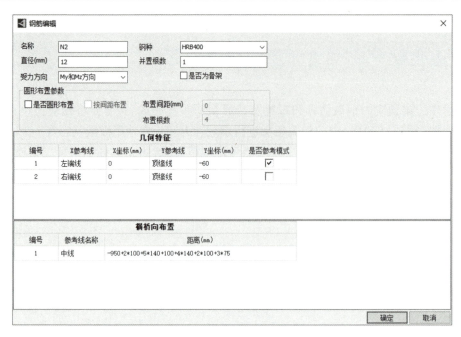

图 2.237　左边梁上缘钢筋布置参数

③鼠标左键单击视口"建视口"![icon]，弹出"新建视口"对话框，并在"名称"行输入"箍筋"，单击"确定"按钮后，单击"重排"![icon]，完成箍筋视口创建。

④鼠标左键单击常规"箍筋"![icon]，按 2.5.1 节中梁箍筋生成步骤和箍筋参数，完成左边梁箍筋布置。

4）输入左边梁验算模型施工分析信息

①双击工作界面树形菜单栏中的"施工分析"![icon]，进入"左边梁验算"模型的施工分析信息输入界面。

②修改中间条的"当前阶段"为"预制吊装"，鼠标左键单击信息表下部的"钢束安装拆除"选项卡，鼠标左键双击图形编辑区左边梁构件内的各根预应力钢束，完成各个预应力钢束的安装。

③第二、第三和第四施工阶段的施工信息同"左边梁"模型一致，不做修改。"左边梁验算"模型的施工信息定义完成。

5）输入左边梁验算模型运营分析信息

左边梁验算模型运营分析阶段的活载、整体升降温、梯度温度和线性荷载等与左边梁模型中定义的一致，不需进行修改。

6）执行左边梁验算模型计算

①切换到"项目"工具栏，鼠标左键单击"诊断当前"![icon]按钮，软件将对左边梁验算模型前处理的内容进行检查。

②系统诊断无误后，鼠标左键单击"计算当前"![icon]按钮，执行左边梁验算模型计算。

2.7.2　左边梁验算结果查询

鼠标右键单击项目管理树形菜单中"40 m 简支 T 梁"项目下"左边梁验算"模型的"结果查询"![icon]，在弹出的下拉菜单中单击"快速查询"，弹出"快速查询模板"对话框，其中的"模板文件"选择"2018 公路 01 全预应力混凝土梁"，"文件夹名"输入"验算结果查询"（图 2.238），鼠标左键单击"确定"按钮，建立左边梁验算结果查询文件夹。

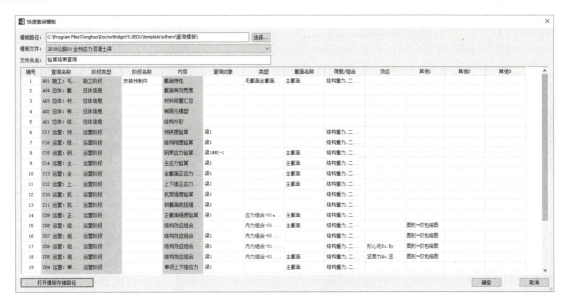

图 2.238　快速查询模板对话框

根据 2.5.2 节中梁验算内容和验算结果提取方法,下文将提取并列出左边梁的各项验算结果,但限于篇幅,仅列出各项验算内容的验算结果包络图和相应的验算结论。

1)正截面抗弯承载力验算结果

鼠标左键双击"验算结果查询"文件夹下的"C09 运营:正截面强度验算",正截面抗弯承载能力验算结果将以图表的形式显示在图形输出区和表格输出区。其中,最大、最小弯矩设计值及对应截面承载力计算值包络图分别如图 2.239 和图 2.240 所示。

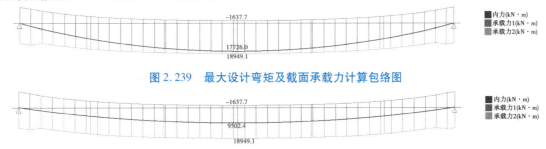

图 2.239　最大设计弯矩及截面承载力计算包络图

图 2.240　最小设计弯矩及截面承载力计算包络图

由图 2.239 和图 2.240 可见,持久状况承载能力极限状态正截面最大正弯矩设计值(17 726.0 kN·m)发生在左边梁跨中截面(HG3 特征节点),小于相应截面的承载力计算值 18 949.1 kN·m;最小设计弯矩也为正弯矩,为 9 502.4 kN·m,小于相应截面的承载力计算值 18 949.1 kN·m。左边梁各截面的弯矩设计值均在截面承载力计算值包络范围之内。因此,左边梁正截面抗弯承载力均满足《桥规》(2018)的要求。

2)斜截面抗剪承载力验算结果

鼠标左键双击"验算结果查询"文件夹下的"C10 运营:抗剪强度验算",斜截面抗剪承载能力验算结果将以图表的形式显示在图形输出区和表格输出区。其中,剪力上、下限校核包络图和最大、最小剪力及对应截面承载力计算值包络图分别如图 2.241—图 2.244 所示。

图 2.241　最大剪力对应上、下限校核包络图

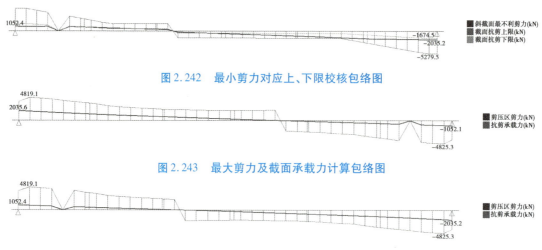

图 2.242　最小剪力对应上、下限校核包络图

图 2.243　最大剪力及截面承载力计算包络图

图 2.244　最小剪力及截面承载力计算包络图

由图 2.241 和图 2.242 可知,左边梁各截面均满足截面抗剪上限条件,不需要对截面尺寸进行调整。但是,部分截面不满足截面抗剪下限条件,应进行斜截面抗剪承载能力验算。此外,由图 2.243 和图 2.244 可知,持久状况承载能力极限状态斜截面抗剪承载力设计值均小于截面承载力计算值,满足《桥规》(2018)的要求。因此,左边梁斜截面尺寸校核和抗剪承载力均满足《桥规》(2018)的要求。

3)正截面抗裂验算结果

鼠标左键双击"验算结果查询"文件夹下的"C12 运营:上下缘正应力验算",正截面混凝土法向应力验算结果将以图表的形式显示在图形输出区和表格输出区。其中,持久状况正常使用极限状态荷载频遇组合下左边梁正截面混凝土法向应力包络图如图 2.245 所示。

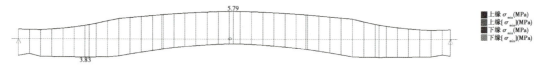

图 2.245　截面混凝土法向应力包络图

由图 2.245 可知,各关键截面上、下缘均为压应力,即全截面受压。因此,持久状况正常使用极限状态左边梁混凝土正截面抗裂验算均满足《桥规》(2018)的要求。

4)斜截面抗裂验算结果

鼠标左键双击"验算结果查询"文件夹下的"C14 运营:主应力验算",斜截面混凝土主应力验算结果将以图表的形式显示在图形输出区和表格输出区。其中,持久状况正常使用极限状态荷载频遇组合下左边梁斜截面混凝土主拉应力验算结果如图 2.246 所示。

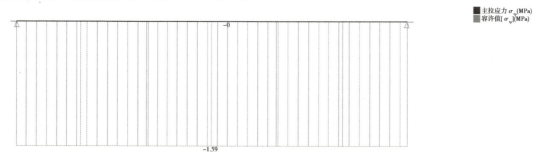

图 2.246　斜截面混凝土主拉应力验算结果

由图 2.246 可知,左边梁各截面主拉应力为 0 MPa,小于主拉应力限值-1.59 MPa,持久状况正常使用极限状态左边梁混凝土斜截面抗裂验算均满足《桥规》(2018)的要求。

5）挠度验算

①鼠标左键双击"验算结果查询"文件夹下的"C16 运营：结构刚度验算"，挠度计算结果将以图表的形式显示在图形输出区和表格输出区。其中，持久状况正常使用极限状态左边梁节点挠度计算结果包络图如图 2.247 所示。

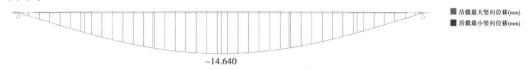

图 2.247　左边梁挠度计算结果包络图

由图 2.247 可知，左边梁的最大挠度（14.64 mm）出现在跨中截面（HG3 特征节点），小于挠度限值 39 872/600＝66.45 mm（左边梁的计算跨径为 39.872 m），左边梁挠度验算满足《桥规》（2018）的要求。

②鼠标左键双击"验算结果查询"文件夹下的"C17 运营：预拱度计算"，预拱度计算结果将以图表的形式显示在图形输出区和表格输出区。左边梁各节点预拱度值计算图如图 2.248 所示。

图 2.248　预拱度计算结果

由图 2.248 可见，左边梁各节点的预拱度值均小于 0 MPa，因此左边梁不需设置预拱度。

6）正截面法向压应力验算

鼠标左键双击"验算结果查询"文件夹下的"C12 运营：上下缘正应力验算"，正截面混凝土法向应力验算结果将以图表的形式显示在图形输出区和表格输出区。其中，使用阶段荷载标准值组合下左边梁正截面混凝土法向压应力包络图如图 2.249 所示。

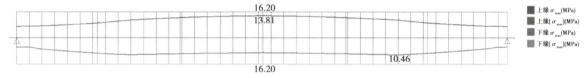

图 2.249　正截面混凝土法向压应力包络图

由图 2.249 可知，左边梁截面上缘法向压应力最大值为 13.81 MPa，下缘法向压应力最大值为 10.46 MPa，均小于法向压应力限值 16.20 MPa。因此，使用阶段荷载标准值组合下左边梁正截面混凝土法向压应力均满足《桥规》（2018）的要求。

7）斜截面主压应力验算

鼠标左键双击"验算结果查询"文件夹下的"C14 运营：主应力验算"，斜截面混凝土主应力验算结果将以图表的形式显示在图形输出区和表格输出区。其中，使用阶段荷载标准值组合下左边梁斜截面混凝土主压应力验算结果如图 2.250 所示。

图 2.250　斜截面混凝土主压应力验算结果

由图 2.250 可知，使用阶段荷载标准值组合下左边梁斜截面混凝土主压应力最大值为 13.81 MPa，小于主压应力限值 19.44 MPa。因此，使用阶段荷载标准值组合下左边梁斜截面混凝土主压应力均满足《桥规》（2018）的要求。

8)预应力钢束最大拉应力验算

鼠标左键双击"验算结果查询"文件夹下的"C15 运营:钢束应力验算",钢束最大拉应力验算结果将以表格的形式显示在表格输出区。使用阶段左边梁各根预应力钢束最大拉应力验算结果如表 2.13 所示。

表 2.13 使用阶段预应力钢束最大拉应力验算结果

序号	钢束名称	最大拉应力/MPa	拉应力容许值/MPa	是否通过
1	N1	−1 154.11	−1 209.00	是
2	N2	−1 152.07	−1 209.00	是
3	N3	−1 174.76	−1 209.00	是
4	N4	−1 188.37	−1 209.00	是

由表 2.13 可知,左边梁配置的预应力钢束中,使用阶段 N4 预应力钢束拉应力最大为 1 188.37 MPa,小于预应力钢束最大拉应力限值 1 209.00 MPa。因此,使用阶段左边梁布置的各根预应力钢束最大拉应力均满足《桥规》(2018)的要求。

9)短暂状况正截面法向应力验算

鼠标左键双击"验算结果查询"文件夹下的"B10 施工:上下缘正应力验算",施工阶段正截面混凝土法向应力验算结果将以图表的形式显示在图形输出区和表格输出区。其中,短暂状况左边梁正截面混凝土法向应力验算结果如图 2.251—图 2.254 所示。

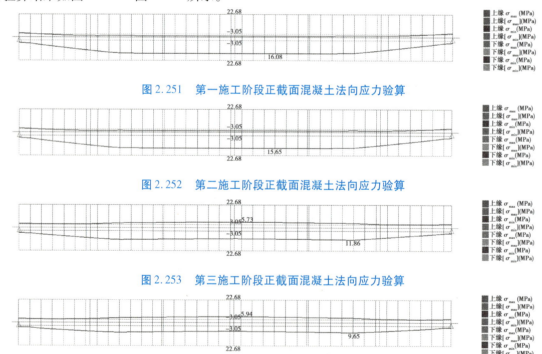

图 2.251 第一施工阶段正截面混凝土法向应力验算

图 2.252 第二施工阶段正截面混凝土法向应力验算

图 2.253 第三施工阶段正截面混凝土法向应力验算

图 2.254 第四施工阶段正截面混凝土法向应力验算

由图 2.251—图 2.254 可知,左边梁各截面上、下缘在各施工阶段正截面混凝土法向应力均为压应力,且均小于施工阶段混凝土压应力限值 22.68 MPa。因此,短暂状况左边梁正截面混凝土法向应力满足《桥规》(2018)的要求。

第3章

预应力混凝土简支 T 梁桥建模
——梁格法

随着计算机硬件和软件技术的进步,有限元软件被广泛应用于桥梁计算和设计中。根据建模层次的不同,当前主要有三自由度平面杆系法、六(或大于六)自由度空间杆系法、梁格法和全桥空间结构仿真法4种桥梁结构。

1)三自由度平面杆系法

三自由度平面杆系法是将桥梁结构简化为集中在构件轴线上的平面杆系进行计算分析的方法。该方法不考虑截面内部剪应力的超静定,因此一般采用开口截面计算方法计算截面剪应力,矩形、T 形和圆形截面可以采用该方法参照相关设计规范进行配筋和验算。

三自由度平面杆系法采用荷载横向分布系数近似考虑荷载空间分布和传递,采用经验放大系数考虑截面的扭转、畸变和翘曲等引起的应力。同时,该方法采用平截面假定,通过有效分布宽度考虑截面的剪力滞效应。对于箱梁的横向框架效应和桥面板局部的受力分析,是与纵向效应分开单独建立模型分析,与整体分析配合使用。

三自由度平面杆系法可以足够精确地模拟简单规则桥梁的力学行为,但对宽桥、斜桥、弯桥及异形桥等,则可能会有较大误差。三自由度平面杆系法虽然算不太准确,但简单易行,仍是设计时较为常用的基本计算方法。

2)六(或大于六)自由度空间杆系法

采用六自由度空间杆系法可以模拟空间杆系结构,可以考虑偏心荷载下的扭矩,并可采用薄壁效应算法计算截面的自由扭转剪力流。增加截面上的约束扭转双力矩作为第七自由度,便可以计算箱形截面的约束扭转效应(约束扭转剪应力和约束扭转翘曲正应力)。如果再增加截面上的畸变双力矩作为第八自由度,便可以计算箱形截面的畸变效应(畸变剪应力和畸变翘曲正应力)。对于箱梁的横向框架效应和桥面板局部的受力分析,仍是与纵向效应分开单独建立模型分析,与整体分析配合使用。该方法仍是采用平截面假定,所以对较宽的箱梁会有较大的计算误差,且仍不能有效地模拟不规则桥梁。

3)梁格法

梁格法是将桥梁上部结构用一个等效梁格系来代替,分析梁格的受力状态就可以得到实际桥梁的受力情况。梁格法概念清晰、易于理解,便于应用,而且比较准确。该方法不仅适用于由主梁和横梁组成的格子梁桥,也能适用于板式(包括实心板和空心板)、肋板式及箱形截面等大部分梁桥以及结构不规则、支承不规则的桥梁。梁格法中横梁的主要作用是实现荷载在横向的传递,而不能直接得到截面横向框架效应、桥面板效应和箱梁横向畸变效应。梁格法是借助计算分析桥梁上部结构的一种有效实用方法,概念清晰易理解、数据处理工作量小,且输出截面内力可用于截面配筋设计,在桥梁结构设计中得到了广泛应用。

4)全桥结构仿真

全桥结构仿真法摒弃了常规桥梁结构计算所采用的人为假设,建立完整、统一的整座桥梁结构分析体系,以准确模拟构件的位置、尺寸、材料、连接、荷载及缺陷等,应用"限制变形-还原内力"原理建立结构仿真分析的原始形态,并在此基础上进行大规模的全桥结构效应计算分析,能得到相对详尽、精确和可靠的分析结果。通过全桥结构仿真技术,可以针对各种条件和要求,构造各种结构体系桥梁或各种体系的不同形式构件组成的桥梁,模拟相应的荷载工况进行分析。全桥结构仿真分析可以更灵活地得到比常规结构计算更充分、直接、精确和实用的结果。

全桥结构仿真分析采用的桥梁结构模型更为准确、详尽,较传统的桥梁结构计算模型有实质性的提高和改善,其真实性体现在如下3个方面:

①采用全桥空间结构模型能够真实地模拟桥梁结构及构件的长、宽、高3个方向的实际尺寸,并能够对结构性部件细节进行较真实的模拟。

②能够真实地模拟结构的支承和约束情况。

③能够真实地模拟结构的实际荷载数量、荷载的实际空间加载位置,如车辆轮轴荷载的大小和位置等。

桥梁结构的几何尺寸是空间的,所受的荷载和支承边界等也是空间的,桥梁结构是空间结构体系。然而,在进行静力荷载作用下的桥梁结构内力和变形计算时,一般是将空间结构简化为平面结构进行计算。这种简化计算方法对恒载的计算结果影响较小,但是对于移动活载,则必须考虑其空间作用效应。虽然平面杆系结构可以采用荷载横向分布系数法来考虑移动活载空间分布的影响(第2章便是采用该方法对简支T梁桥进行建模验算),但是横向分布系数法本身是一种近似计算方法,并且随着工程技术的不断进步,桥梁结构日益复杂,而且当前桥梁结构的运营环境也日益复杂化,平面杆系建模方法无法达到复杂桥梁的计算精度要求,对于中小跨径的异形桥(斜桥、弯桥等)也会有较大误差。虽然全桥结构仿真方法分析结果相对精确、可靠、详尽,能够克服常规结构计算存在的不足,甚至可以得到常规结构计算和结构试验难以得到的结果,但是全桥结构仿真分析的数学模型复杂、计算工作量巨大,并且对于大跨径和特大跨径桥梁,模拟越精细,建模工作量越大,计算耗费也越大。梁格法介于平面杆系法和全桥结构仿真法之间,非常适合工程师掌握,并且能仔细考虑建模的结构模拟、网格划分、刚度模拟、结果还原等关键问题,适用于由纵梁和横梁组成的格子梁桥(特别是弯桥、斜桥等异形桥)、板式(实体板、空心板)、梁肋式、箱梁截面和由以上几种不同类型截面的组合结构,是一种值得推广的分析方法。因此,本章将对梁格法进行简介,以第2章的预应力混凝土简支T梁桥为例,说明采用梁格法分析一般梁桥结构的分析步骤,讲解桥梁博士软件建立梁格模型并验算的过程。

3.1 梁格法

梁格法的主要思路是将桥梁的上部结构等效为一个平面梁格(图3.1),将分散在板式或箱梁每一区段内的弯曲刚度和抗扭刚度集中于邻近的等效梁格内,实际结构的纵向刚度集中于纵向梁内,横向刚度则集中于横向梁内。梁格须满足以下等效原则:当原型结构和对应的等效梁格承受相同荷载时,两者的挠曲应是恒等的,而且任一梁格内的弯矩、剪力和扭矩应等于该梁格所代表的实际结构部分的内力。实际结构和梁格体系的结构特性不同,梁格模拟只能得到近似的实际结构体系,难以达到等效原则的理想状况。但是,实际工程实践经验表明,梁格法计算得到的结果具有足够的精度。

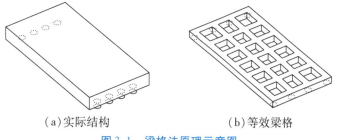

（a）实际结构　　　　　　　　（b）等效梁格

图 3.1　梁格法原理示意图

▶ 3.1.1　梁格模型建立原则

由于实际桥梁上部结构形状和支点布置的多样性,难以得到选择梁格网格的一般规律。然而,某些上部结构和荷载具有如下重要特性:

①梁格须与结构设计受力线重合,即梁格应与梁构件平行;

②梁格应反映结构截面的弯、剪、扭等受力特点;

③纵向构件的总数可在 1~20 内变化,箱形截面的纵梁数目可选择腹板数+2;

④横向构件的间距应足够小,以反映作用在主梁上荷载的精确位置,即间距至少要小于 1/4 有效跨径,在突变区域（如支点附近）则需要更小的间隔,尽量与纵向构件间距接近或小于纵向构件间距,并尽量与纵向构件垂直;

⑤横向与纵向构件的间距必须适当接近相同,使荷载静力分布较为敏感;

⑥梁格上的集中荷载代表了分布于构件所代表的整个宽度上的荷载。对于具有单独点支承的上部结构,最好用两种独立网格来研究:首先,用整个上部结构的稀疏的网格来研究跨间弯矩分布;然后,用细密的网格仅代表支点周围的小范围,作用于这个小范围的梁格边界上的力和位移是沿用稀疏的网格内的同一点的力和位移的输出值。

▶ 3.1.2　梁格模型建立方法

根据桥梁上部结构几何性质的不同,桥梁上部结构可分为板式、梁板式和箱形等。当前,为提高桥梁建设的工业化和标准化水平,中小跨径桥梁多采用预制装配式 T 梁桥,并且 T 形梁为梁板式梁的一种。因此,本节将以梁板式桥梁上部结构为例来介绍梁格建模方法。

1）结构作用

对于跨中没有布置横隔梁的梁板式上部结构（图 3.2）,可以考虑纵向为梁、横向为板的简化组合体系。对于纵向弯曲,板作为梁的上翼缘,上部结构可以考虑（有时制成 T 形）为许多沿翼缘边连接起来的 T 形梁,因为板仅具有梁的一部分弯曲刚度,其横向曲率大于纵向而弯曲,可视为具有横跨于纵梁间有许多横向的板条的性能。只有在直接承受集中荷载附近的板内,纵向弯矩和扭矩在数值上与横向弯矩才有较大的差值。一般可以将由集中荷载的两端分布引起的局部弯矩与梁相对挠度和转角对板内产生的横向弯矩相叠加。

（a）作为 T 梁翼缘的纵向弯曲底　　　　　　（b）作为连续梁的横向弯曲

图 3.2　梁板式上部结构的板的作用

对于图 3.3 所示的上部结构单元,它支撑着局部荷载微量 dW,梁传递弯矩 M_x、剪力 S_x 和扭矩 T_x,而板只能有效地传递横向弯矩 M_y 和剪力 S_y(单位板宽),式(3.1)给出了这些力之间的关系:

$$\begin{cases} \dfrac{dS_x}{dx} + \Delta S_y = - W\Delta y \\[2mm] \dfrac{dM_x}{dx} = S_x \\[2mm] \Delta M_y + \dfrac{dT_x}{dx} = S_y \Delta y \end{cases} \tag{3.1}$$

由于扭转在薄板内比较小,所以板内扭矩略去不计。另外,假如纵梁为十分单薄的工字形截面,其抗扭刚度也十分小,则 T_x 实际上等于0,因而板就像在每根纵梁处支承在弹性支点上的连续梁一样。反之,假如梁的抗扭刚度较大,则 T_x 不能略去,而位于梁上的板内弯矩是不连续的。

当上部结构有横梁时(图 3.4),则有:

$$\begin{cases} \Delta S_x + \Delta S_y = - W\Delta x\Delta y \\[1mm] \Delta M_x + \Delta T_y = S_x \Delta x \\[1mm] \Delta M_y + \Delta T_x = S_y \Delta y \end{cases} \tag{3.2}$$

扭矩 T 在两个方向上是不等的,并且视两个方向不同的扭转和刚度而定。

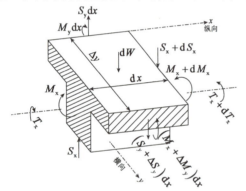 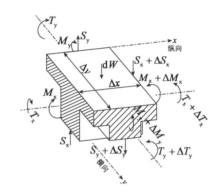

图 3.3　梁板式上部结构单元　　　　　图 3.4　格梁式或梁板式上部结构在横隔板处的单元

2)平面梁格网格划分

梁板式上部结构是用一薄的连续板横贯多根纵梁顶部连接而成的。荷载纵向传递到支点时,板作为梁的翼缘板与梁一起工作,同时受荷载最大的一些梁产生较大挠度,使得板在横向弯曲,因此它传递并把荷载分布到相邻的梁上。根据纵梁布置间距的大小,梁板式上部结构可分为密排梁板式和稀排梁板式。其中,小跨径桥梁多采用纵梁密排的密排梁板式[图 3.5(a)];较大跨径桥梁采用稀排梁板式[图 3.5(b)、图 3.5(c)],并在支点位置设置横隔板(横梁)以连接纵梁,随着跨径的增加,还会布置中间横隔梁[图 3.5(d)],以提高桥梁的整体性和跨越能力。

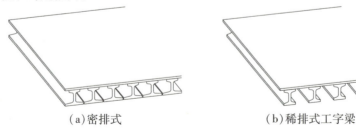

(a)密排式　　　　　　　　　　　　　(b)稀排式工字梁

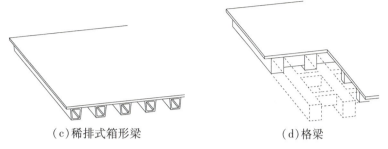

（c）稀排式箱形梁　　　　　　　（d）格梁

图 3.5　梁板式上部结构

对于梁板式上部结构,选定适当的梁格网格时,最好要结合具体的上部结构特点来处理。图 3.6 表示了上述 4 种上部结构形式适宜的网格划分。

图 3.6(a)为密排梁板式上部结构。由于密排式上部结构梁之间的间距较小,因此适宜的方法是采用一根梁格代表一根以上的纵梁,但其间距一般不超过有效跨径的 1/10。

图 3.6(b)中,纵向梁格与纵梁中心线重合。实际结构中由于没有中间横隔梁,横向梁格选取具有任意性,但一般取有效跨径的 1/8 ~ 1/4,若支点处有横隔梁,则必须在该处设置一根横向梁格。

图 3.6(c)中,上部结构实际是纵梁和横梁的梁格。因为平均纵向弯曲刚度和横向弯曲刚度相差不大,承受局部荷载时,受力行为类似受扭的柔性板。梁格可采用与原型梁中心线相重合的构件模拟。

图 3.6(d)所示的上部结构具有纵向大梁,且相邻纵梁宽度较大,横向构件要由串联的构件构成,它的不同刚度代表原型中的不同刚度。

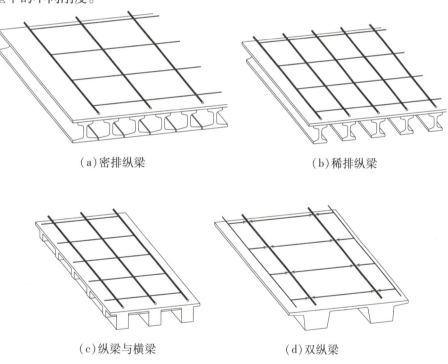

（a）密排纵梁　　　　　　　　　　（b）稀排纵梁

（c）纵梁与横梁　　　　　　　　　（d）双纵梁

图 3.6　梁格的网格

3）纵向梁格构件截面特性

图 3.7 表示 3 种梁板式上部结构的部分横截面,以及由适当的梁格构件所代表的每一种上部结构的图形,每一梁格构件抗弯惯性矩按绕截面的形心轴计算。通常内纵梁和边纵梁的截面形心处于不同的水平线上,并且与整个截面形心水平线不重合。对于平面梁格,这种差距通常略去不计。同时,竖向抗弯惯性矩应按纵梁截面绕截面中心竖直轴计算。

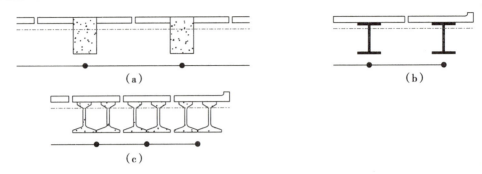

图3.7　由纵向梁格所代表的截面

若上部结构具有薄的悬臂或中间板条,则纵向构件可以按照图3.8(a)或图3.8(b)布置。图3.8(a)中所有构件的惯性矩是根据板的中性轴计算求得的;若按图3.8(b)布置梁格构件,则构件1、5、9的薄板原是构件2、4、6、8的翼缘。因此,1、5、9的惯性矩按绕薄板的形心计算,而杆件2、4、6、8的惯性矩则可采用图3.8(a)中带翼缘的1、3、4、6杆件的惯性矩减去1、5、9杆件的惯性矩得到。横向上,薄板绕其本身的形心弯曲,因而计算杆件1—2、4—5、5—6、8—9的惯性矩时采用薄板的高度,杆件2—3、3—4、6—7、7—9采用厚板的高度。

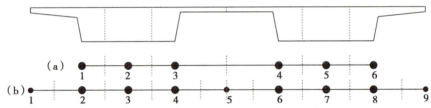

图3.8　具有薄悬臂和薄连接板的纵向梁格构件的两种布置

若上部结构的梁间距远大于有效跨径的1/6,或者边缘悬臂超过有效跨径的1/12,剪力滞使梁的翼缘有效宽度明显减小,截面的惯性矩须用折减后的板宽来计算。截面翼缘的有效宽度可按《桥规》(2018)计算。

图3.7所示的各种上部结构承受扭转时,其抗扭惯性矩为梁和板两部分之和。其中梁部分按单独承受纵向扭转的梁截面计算,而板部分则考虑为在纵、横两个方向上承受扭矩的薄板。梁截面抗扭惯性矩可以按如下4种情况考虑:

①无梗腋角隅的实体横截面,即具有外凸形边界的实体横截面,如三角形、矩形、圆形和椭圆形截面等,其抗扭惯性矩 J_x 可按式(3.3)计算:

$$J_x = \frac{A^4}{40 I_p} \tag{3.3}$$

式中　A——截面横截面面积;

　　　I_p——截面极惯性矩。

对于图3.9所示的宽度为 b、高度为 h 的矩形截面,其抗扭惯性矩的计算可以简化为式(3.4):

$$J_x = \frac{3 b^3 h^3}{10 (b^2 + h^2)} \tag{3.4}$$

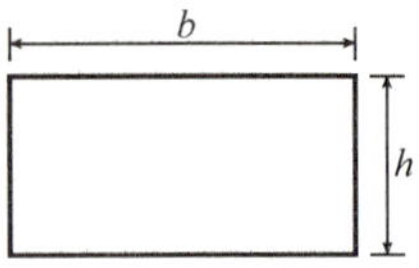

图3.9　矩形截面

当 $b > 5h$ 时,为薄板条,其抗扭惯性矩可按式(3.5)计算:

$$J_x = \frac{b h^3}{3} \tag{3.5}$$

②具有梗腋角隅的实体横截面,即内凹形边界的实体横截面。以图3.10(a)中具有梗腋角隅的截面为例,可把横截面划分为无梗腋角隅的形状[图3.10(b)],分别计算各单元的抗扭惯性矩,相加即可求得具有梗腋角隅截面的抗扭惯性矩。

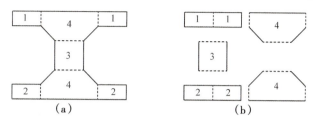

图 3.10　具有加腋角隅的截面的划分

③厚壁箱形截面的抗扭惯性矩可用外边界形状截面的抗扭惯性矩减去内边界形状截面的抗扭惯性矩计算得到。

④薄壁箱形截面的抗扭惯性矩可按式(3.6)计算：

$$J_x = \frac{4A^2}{\oint \frac{\mathrm{d}s}{t}} \tag{3.6}$$

式中　A——薄壁闭合中心线所围面积；

　　$\oint \dfrac{\mathrm{d}s}{t}$——薄壁中心线微元长度除以壁厚沿周壁积分。

式(3.6)可用于计算单箱单室或对称的两箱式横截面抗扭惯性矩。

4)横向梁格构件截面特性

横向梁格构件可以用一块板表示,其截面抗弯惯性矩和抗扭惯性矩可分别按式(3.7)和式(3.8)计算：

$$I = \frac{bh^3}{12} \tag{3.7}$$

$$J = \frac{bh^3}{6} \tag{3.8}$$

当梁格有横隔梁时,必须把板作为梁截面翼缘进行计算。梁截面水平和竖向抗弯惯性矩按绕自身形心轴计算,抗扭惯性矩同纵梁一样为梁部分和板部分之和。

此外,若横隔梁间距不大,则翼缘可以假定延伸到两横隔梁间的中点;当翼缘宽度超过横向弯矩零点之间的有效横向跨度的 1/12 时,剪力滞减少了有效的翼缘宽度。如事先不知道横向弯矩,则通常假定有效翼缘为纵向构件间距的 0.3 倍(整个构件的翼缘全宽为纵向构件间距的 0.6 倍,即 2×0.3＝0.6)。

若结构在纵向、横向有不同的截面特性,则必须谨慎地计算其相对刚度。例如对于纵向配置预应力的梁板结构,其纵向为预应力混凝土,横向为钢筋混凝土,因此纵向按全截面工作,横向只有部分截面参加工作。

▶ 3.1.3　三维空间梁格分析

实际的梁板结构是空间三维结构,3.1.2 节的平面梁格也可以使用空间梁格构架来代替。空间构架的网格在平面内等于梁格,但设置有各种横向和纵向构件,应与它们所代表的下伸式或上伸式构件的形心线相重合。纵向和横向构件用一根长度较短且弯曲刚度很大的垂直刚臂构件连接形成空间构架体系,下伸式梁格在横向和纵向扭转和垂直平面内弯矩的作用下,与平面梁格的形式相似。图 3.11 表示了 3 种上部结构形式适宜的三维空间梁格划分。

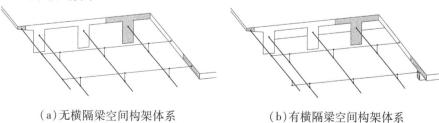

（a）无横隔梁空间构架体系　　　　　　　（b）有横隔梁空间构架体系

(c)纵向大梁空间构架体系

图 3.11　三维空间梁格划分

图 3.11(a)所示为无横隔梁下伸式梁板结构空间构架体系。其中,纵梁设置在整体截面形心水平面内的纵肋中心线位置,板作为纵梁的翼缘;横梁按一定间距布置,一般取约 1/8 有效跨径或更小,且位于横向板条的形心线上,横梁截面为矩形板条截面。

图 3.11(b)所示为有横隔梁下伸式梁板结构空间构架体系。其中,纵梁基本与无横隔梁下伸式梁板结构空间构架体系中纵梁一致;横隔梁形心处须设置构架横梁,桥面板同样作为横梁截面的上翼缘。

图 3.11(c)所示为采用纵向大梁的下伸式梁板结构空间构架体系,纵向大梁截面的横向宽度尺寸较大,横桥向要由多根横梁串联组成。其中,纵梁与前述一致,纵向大梁截面的横向宽度达到一定值时,可按图 3.8 的梁格分析模型处理;不同部位横梁所处位置不在同一平面上的,由其横截面形心确定,其各自刚度通过原截面中对应的厚度或截面形状计算确定。

此外,为方便描述防撞墙荷载以及确定活载作用范围内的桥面区域,可在防撞墙底设置纵向虚拟纵梁。

▶ 3.1.4　T 梁梁桥梁格划分

由上文可知,梁格法的主要思路是将桥梁的上部结构等效为一个平面梁格,将纵梁刚度集中在纵向构件上,将横向刚度集中在横向构件上,分析梁格的受力状态即可获得实桥的受力情况。此外,第 2 章设计的预应力混凝土简支 T 梁桥上部结构采用了 6 片间距为 2.15 m 的预应力混凝土 T 梁作为纵梁,并且在上部结构梁端设置有横隔梁和 5 片中间横隔梁。因此,根据 3.1.3 节中梁格法网格划分方法,将该桥上部结构划分为纵梁梁格、横向梁格和虚梁相互连接而成的空间架构体系(图 3.12),其中纵梁梁格、横向梁格之间通过刚臂连接。根据 3.1.2 节,梁格网格中,纵向梁格与预应力混凝土简支 T 梁桥的各片 T 梁中心线重合,并且各片 T 梁之间的间距(2.15 m)小于该桥有效跨径的 1/6(即 38.72 m/6＝6.45 m),不需要考虑剪力滞对 T 梁翼缘有效宽度的影响,即纵向梁格截面尺寸取 T 梁尺寸。端横梁和中间横梁处均设置采用 T 形截面的横向梁格,而横梁之间横向梁格构件采用与纵向 T 梁上翼缘厚度相同的板作为横向梁格,这些板是与实际纵向 T 梁上翼缘重叠的、实际不存在的,因此这些板称为虚拟横梁,并且虚拟横梁自重为 0。由第 2 章可知,中间横梁之间间距为 6.5 m,间距较大,则根据 3.1.2 节可知,T 形截面横向梁格构件上翼缘宽度为 2×0.3×2.15 m＝1.29 m。虚拟横梁尺寸取值与网格划分密度有关,并无统一的标准,但是应使横向梁格和纵向梁格之间的

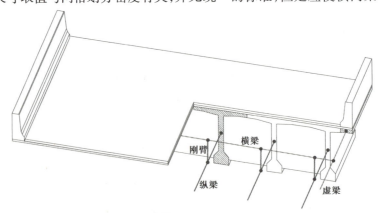

图 3.12　T 梁空间梁格架构体系

间距接近,以使荷载分布较为敏感。因此,根据实际桥梁纵梁和横隔梁的布置位置,划分了图 3.13 所示的梁格网格,并确定了虚拟横梁的尺寸,同时在边纵梁翼缘端部设置一个较小截面(刚度较小)的虚拟边纵梁,以方便防撞墙荷载加载及确定活载作用范围内的桥面区域。横向梁格、虚拟横梁和虚拟边纵梁尺寸如图 3.14 所示。

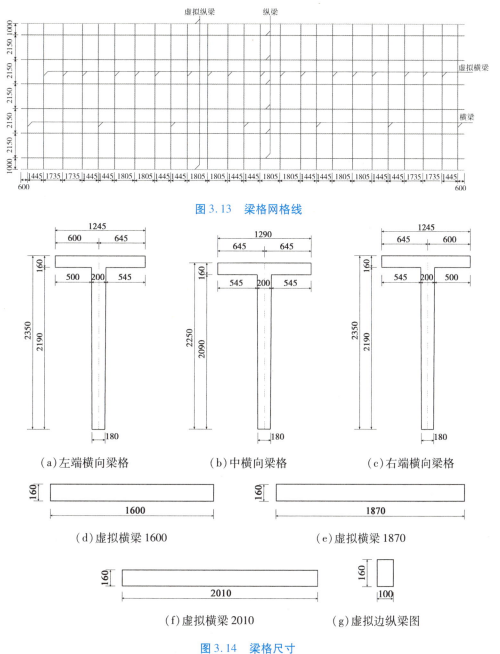

图 3.13　梁格网格线

（a）左端横向梁格　　　　　（b）中横向梁格　　　　　（c）右端横向梁格

（d）虚拟横梁 1600　　　　　　　　　　（e）虚拟横梁 1870

（f）虚拟横梁 2010　　　　　（g）虚拟边纵梁图

图 3.14　梁格尺寸

为方便区分不同尺寸的虚拟横梁,定义虚拟横梁名称时,采用"虚拟横梁+截面宽度"的方式定义,如虚拟横梁 1 600 表示宽度为 1 600 mm 的虚拟横梁。

3.2 建立预应力混凝土简支 T 梁桥梁格模型

▶ ### 3.2.1 总体信息

第 2 章中建立的中梁和边梁验算模型中的总体信息、截面信息、预应力钢束和普通钢筋布置、施工分析和运营分析等可以直接应用于预应力混凝土简支 T 梁桥梁格模型建立,因此该桥的梁格模型将通过对第 2 章中建立的中梁验算模型修改建立。具体步骤如下:

①双击电脑桌面上的桥梁博士图标 ,进入桥梁博士 V5 软件登录对话框,在对话框中输入用户名和密码后,进入启动界面并打开第 2 章建立的"40 m 简支 T 梁"项目。

②鼠标左键单击"文件"选项,并在下拉菜单中选择"另存为(A)"(图 3.15),打开"另存为"对话框,另存为"40 m 简支 T 梁梁格"项目,如图 3.16 所示。

图 3.15 另存为(A)

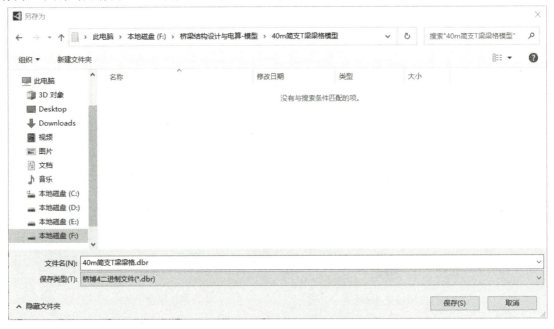

图 3.16 另存为对话框

③将"40 m 简支 T 梁梁格"项目中的"中梁"模型、"边梁"模型和"横向分布模型"删除,并用鼠标右键单击项目管理树形菜单中的"中梁验算"模型,在弹出的下拉菜单中单击"副本",在弹出"输入新的模型名称"对话框输入"T 梁梁格"(图 3.17),并单击"确认"按钮,建立 T 梁梁格模型。

图 3.17 输入新的模型名称对话框

④双击工作界面树形菜单栏中的"总体信息" ,进入总体信息输入界面,其中的"常规"项、"计算内容"项、"计算设置"项、"非线性控制参数"项和"材料定义"项中各参数设置与中梁验算模型中设置一致,不做修改。

▶ 3.2.2　定义截面

1）定义左边梁截面

①双击工作界面树形菜单栏中的"结构建模" ，进入结构建模界面，工作界面中间条的"编辑内容"选择"结构模型"，最后单击界面右侧的"截面"标签页，进入截面定义工作界面。

②在截面定义工作界面中间条"边梁"处单击鼠标右键，弹出下拉菜单，选择其中的"修改截面名称"，弹出"截面改名"对话框并输入"左边梁"，并单击"确认"按钮，将截面名称由"边梁"修改为"左边梁"，如图 3.18 所示。

2）定义右边梁截面

①在截面定义工作界面中间条单击鼠标右键，在弹出的下拉菜单中选择"增加空白截面"，弹出"新建截面"对话框，将对话框中默认的截面名称修改为"右边梁"，并单击"确认"按钮，建立右边梁截面，如图 3.19 所示。

图 3.18　修改截面名称对话框　　　图 3.19　新建截面对话框

②切换到"截面几何"工具栏，单击主菜单中的区域的"导入" ![导入按钮] 按钮，弹出"导入区域"对话框。最后，单击"指定文件"项后的" ![...] "，指定右边梁截面 CAD 图保存路径，"图层名称"中选取右边梁截面图形绘制的图层名称"右边梁截面"，"CAD 单位"选取 CAD 图绘制时取用的单位"mm"，"角度步长（度）"采用默认值"5"，单击"确定"按钮，导入右边梁截面，如图 3.20 所示。

③切换到"截面计算"工具栏，鼠标左键单击计算"截面定义" ![截面定义按钮] 按钮，弹出"截面定义"对话框，在"截面总体"栏中，将"构件轴线竖向位置"修改为"0"，"构件轴线水平位置"修改为"0"，将右边梁截面轴线位置移至坐标系原点，如图 3.21 所示。

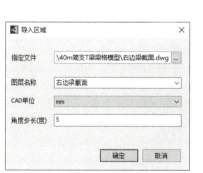

图 3.20　导入区域对话框　　　图 3.21　右边梁截面

④与左边梁截面类似，以腹板厚度为变量，定义右边梁变截面区的截面变化。首先，单击编辑"水平标注" ![水平标注按钮] 按钮，标注腹板厚度，并定义为参数 F。然后，鼠标左键双击中梁截面轮廓线，弹出"截面区域属性"表格，再将"截面区域属性"表格中 3 号和 4 号区域点 X 坐标值改为"$-F/2$"，9 号和 10 号区域点 X 坐标值改为"$F/2$"，4 号和 9 号区域点的 Y 坐标值改为"$-1900-5×(F/2-100)/4$"。之后，按住键盘上的 Ctrl 键并双击

图形区的参数"F",进入参数编辑器窗口,双击图形中的线条,弹出"截面参数 F 定义"表格,按照右边梁截面的参数 F 值(图 3.22)输入控制点 X 和 Y 的参数值,并选择相应的曲线类型之后,单击"确定"按钮。最后,在参数编辑器窗口单击鼠标右键,在弹出的快捷菜单中选择"退出参数编辑器",下部界面显示右边梁截面沿梁轴向变化,如图 3.23 所示。

截面参数F定义 ✕

编号	控制点X(m)	控制点Y(mm)	特征点名称	曲线类型	曲线参数值
1	0	600		直线	
2	1.56	600		直线	
3	9.26	200		直线	
4	30.66	200		直线	
5	38.36	600		直线	
6	39.92	600		直线	

确定　　取消

图 3.22　右边梁截面参数 F 定义

⑤首先,切换到"截面计算"工具栏,鼠标左键单击特征线"腹板线" ⟦⟧ 按钮,然后单击 T 梁上翼缘板顶部的坐标系原点,完成腹板线的定义,并在图形区单击"腹板线"标记 ‖,将弹出的"对象属性"表格中的"腹板顶宽度(剪力键外距)"修改为"F"。然后,鼠标左键单击特征线"悬臂线" 按钮,在图形区依次点击 T 梁翼缘板顶部的左、右悬臂最外侧点,完成悬臂线的定义。最后,鼠标左键单击特征线"施工缝" 按钮,在图形区"腹板线"标记左侧随意点击一个点,在

图 3.23　右边梁截面沿梁轴向变化

T 梁翼缘板顶部定义一个施工缝,同时鼠标左键单击施工缝,弹出施工缝对应的"对象属性"表格,并修改"子截面名称""横向位置""朝向"和"适用子截面"等参数。修改后的施工缝属性如图 3.24 所示。添加腹板线、悬臂线和施工缝等特征线后的右边梁截面如图 3.25 所示。

⑥鼠标左键单击控制点"支座位" 按钮,然后在图形区单击 T 梁腹板底部中点位置,完成支座位的定义,如图 3.26 所示。

对象属性	⬜
⊟ 施工缝	
子截面名称	S1
横向位置	-850
朝向	朝左
适用子截面	主截面

图 3.24　施工缝属性修改

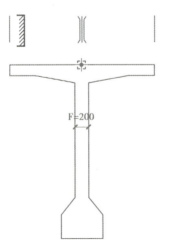

图 3.25　定义截面特征线

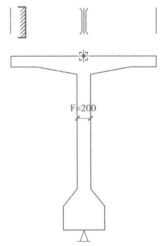

图 3.26　定义支座位

⑦鼠标左键单击控制点"应力点"按钮,在图形区单击截面上的坐标系原点和右边梁腹板底部中点位置,完成 T 形梁上缘应力点和下缘应力点的定义,如图 3.27 所示。最后,鼠标左键分别单击上缘应力点和下缘应力点,弹出各应力点对应的"对象属性"表格,并修改表格中的参数。修改后的上缘应力点和下缘应力点属性分别如图 3.28 和图 3.29 所示。

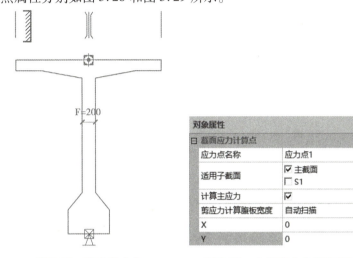

图 3.27　定义应力点　　　　图 3.28　上缘应力点属性修改　　　　图 3.29　下缘应力点属性修改

⑧鼠标左键单击计算"截面定义"按钮,弹出"截面定义"对话框,在"截面定义"栏中,将"有效宽度模式"修改为"公路 T 梁","有效宽度类型"修改为"上缘",S1 子截面的"安装序号"修改为"2";在"截面总体"栏中,可将"截面拟合时自动排序"修改为"X 优先排序";在"梯度温度"栏中,"梯度温度模式"项同时勾选"公路 15 混凝土桥升温模式"和"公路 15 混凝土桥降温模式","沥青铺装厚度(mm)"项填入"100"。修改后的"截面定义"对话框如图 3.30 所示。

图 3.30　截面定义对话框

⑨在图形区分别单击两侧的"悬臂线"标记,弹出各悬臂线对应的"对象属性"表格,将其中的"T 梁承托长"修改为"700-F/2","T 梁承托高"修改为"90","T 梁顶板平均厚度"修改为"160",并且勾选左悬臂线的

"该侧为内侧翼缘"、不勾选右悬臂线的"该侧为内侧翼缘",如图 3.31 和图 3.32 所示。

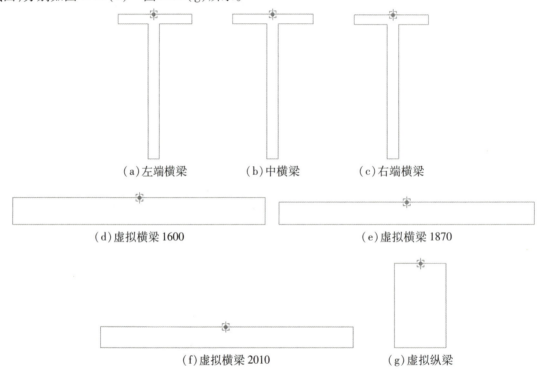

对象属性	
□ 特征线	
特征线类型	悬臂线
横向位置X	-1075
底缘横向位置X	
T梁承托长	700-F/2
T梁承托高	90
T梁顶板平均厚度	160
该侧为内侧翼缘	☑

图 3.31　左悬臂线属性修改

对象属性	
□ 特征线	
特征线类型	悬臂线
横向位置X	1000
底缘横向位置X	
T梁承托长	700-F/2
T梁承托高	90
T梁顶板平均厚度	160
该侧为内侧翼缘	☐

图 3.32　右悬臂线属性修改

3)定义横梁、虚拟横梁和虚拟纵梁截面

①根据图 3.14 所示的横梁、虚拟横梁和虚拟纵梁截面尺寸,绘制各构件的 CAD 图。

②按照 3.2.2 节建立右边梁截面的步骤①—步骤③,建立左端横梁、中横梁、右端横梁、横向梁格和虚拟纵梁截面,分别如图 3.33(a)—图 3.33(g)所示。

(a)左端横梁　　　　(b)中横梁　　　　(c)右端横梁

(d)虚拟横梁 1600　　　　　　(e)虚拟横梁 1870

(f)虚拟横梁 2010　　　　　(g)虚拟纵梁

图 3.33　横梁、虚拟横梁和虚拟纵梁截面

除了上述截面,本章还建立了分别与左端横梁、中横梁和右端横梁上翼缘尺寸一致的 3 个截面,如图 3.34—图 3.36 所示。

图 3.34　左端横梁上翼缘　　　　图 3.35　中横梁上翼缘

图 3.36　右端横梁上翼缘

▶ 3.2.3 建立梁格模型

①鼠标左键单击界面右侧的"建模"标签页,进入结构建模工作界面。

②切换到"常规建模"工具栏,鼠标左键单击节点"删除" ____✖按钮,按如下命令行提示删除中梁模型中的各一般节点:

命令:modeling.dj

选择节点:｛鼠标左键单击选择各一般节点｝

是否删除一般节点[是(Y)/否(N)]<N>:Y

是否删除特征节点[是(Y)/否(N)]<N>:｛单击键盘"空格"键｝

是否删除施工缝节点[是(Y)/否(N)]<N>:｛单击键盘"空格"键｝

是否删除重合节点[是(Y)/否(N)]<N>:｛单击键盘"空格"键｝

③鼠标左键单击节点"创建" ✳按钮,按如下命令行提示创建图3.13中左边第一根虚拟横梁对应的一般节点:

命令:modeling.nj

指定参考节点或[左端(L)/中点(M)/右端(R)]<L>:｛鼠标左键单击D0特征节点｝

指定生成方向[左向右(L)/双向(S)/右向左(R)]<L>:｛单击键盘"空格"键｝

指定间距:1.445

指定节点类型[一般节点(C)/特征节点(T)/施工缝(S)]<T>:C

按上述步骤,建立图3.13中剩余虚拟横梁对应的一般节点,建立完成后如图3.37所示。

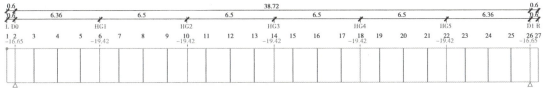

图3.37 虚拟横梁对应一般节点

④鼠标左键单击节点"复制" ▪━▶━▪命令,根据图3.13中各片纵梁之间的距离,按如下命令行提示复制各片纵梁:

命令:modeling.co

选择对象:｛鼠标左键单击选择梁1｝

指定基点:｛鼠标左键单击选择梁1左端点L｝

指定第二个点或<指定位移>:2.15

指定第二个点或<指定位移>:4.3

指定第二个点或<指定位移>:6.45

指定第二个点或<指定位移>:8.6

指定第二个点或<指定位移>:10.75

各片纵梁复制主梁构件,如图3.38所示。

```
梁6 ——————————————————————————————— 梁6

梁5 ——————————————————————————————— 梁5

梁4 ——————————————————————————————— 梁4

梁3 ——————————————————————————————— 梁3

梁2 ——————————————————————————————— 梁2

梁1 ——————————————————————————————— 梁1
```

图3.38 复制各片纵梁构件

⑤鼠标左键单击选择梁1构件,然后单击鼠标右键弹出下拉菜单,选择其中的"快速设置截面"(图3.39),弹出"选择截面"对话框,选择"右边梁"(图3.40),最后单击"确定"按钮,将梁1构件截面修改为"右边梁"。用同样的方法,将梁6构件截面修改为"左边梁"。

图3.39 下拉菜单   图3.40 选择截面对话框

⑥鼠标左键双击梁6(左边梁)构件,弹出"构件节点属性汇总"表格,按照2.6.1节中左边梁特征节点的"附加重力(kN)"值,将梁6构件中的D0和D1节点的"附加重力(kN)"修改为"-8.325",HG1、HG2、HG3、HG4和HG5节点的"附加重力(kN)"修改为"-9.71"。梁1(右边梁)构件的各特征节点"附加重力(kN)"值也按上述方法修改。

⑦分别以梁1构件和梁6构件为对象,按照步骤④的方法复制生成虚拟纵梁(梁7构件和梁8构件),并按照步骤⑤将梁7构件和梁8构件的截面修改为"虚拟纵梁"截面。虚拟纵梁构件创建完成后如图3.41所示。

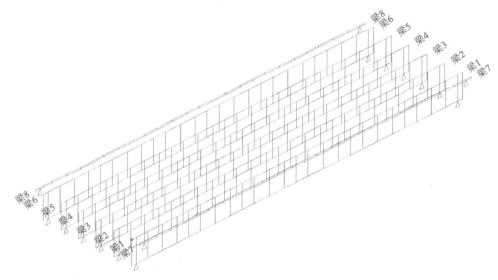

图3.41 创建虚拟纵梁构件

⑧鼠标左键单击梁 7 构件,左侧树形菜单栏弹出"对象属性"表格,将其中的"构件名称"修改为"右虚拟纵梁","构件验算类型"选择"非验算构件","构件模板"选择"梁格砼虚纵横梁","自重系数"输入"0",其他参数采用默认值,不做修改。修改后的"对象属性"表格如图 3.42 所示。然后,鼠标左键单击梁 8 构件,按照图 3.43 对梁 8 构件属性进行修改。

对象属性	
□ 构件信息	
构件名称	右虚拟纵梁
构件验算类型	非验算构件
计算应力和活载	□
构件模板	梁格砼虚纵横梁
自重系数	0
加载龄期(天)	28
计算长度(m)	
截面镜像	不镜像
竖直构件	□
竖直截面	□
构件截面β角(度)	0
截面β角参考系	整体坐标系
□ 其他信息	
轴线	轴线7
起点位置	0
终点位置	L
显示加劲肋	□

图 3.42　修改梁 7 构件属性

对象属性	
□ 构件信息	
构件名称	左虚拟纵梁
构件验算类型	非验算构件
计算应力和活载	□
构件模板	梁格砼虚纵横梁
自重系数	0
加载龄期(天)	28
计算长度(m)	
截面镜像	不镜像
竖直构件	□
竖直截面	□
构件截面β角(度)	0
截面β角参考系	整体坐标系
□ 其他信息	
轴线	轴线8
起点位置	0
终点位置	L
显示加劲肋	□

图 3.43　修改梁 8 构件属性

小 提示

如前文所述,虚拟纵梁的设置是为方便施加防撞墙荷载,实际中并不存在,因此将其自重系数修改为 0,计算中不计虚拟纵梁的自重,并且不作为验算构件。

⑨鼠标左键单击构件"梁"　　命令的下拉按钮,弹出下拉菜单,选择其中的"三维梁"$^{(x,y,z)}$　　命令,按如下命令行提示输入数据建立左端横梁:

命令:modeling. beam3d
输入梁起点<0,0,0>:{鼠标左键单击梁 7 的 D0 节点}
指定下一个点:{鼠标左键单击梁 8 的 D0 节点}
输入支座到梁端距离<0,0>:{单击键盘"空格"键}

⑩按照步骤⑤将新建左端横梁构件截面修改为"左端横梁"截面,并按照步骤⑧根据图 3.44 对左端横梁构件属性进行修改。

小 提示

由于横隔梁的重量已经作为附加重力添加在边纵梁、中梁的特征节点上,因此横隔梁的自重系数设定为 0,并且本章的目的是通过梁格模型进一步验算第 2 章中布置的预应力钢束是否满足规范验算要求,而横隔梁不是验算构件,因此其"构件验算类型"项设为"非验算构件"。

对象属性	
□ 构件信息	
构件名称	左端横梁
构件验算类型	非验算构件
计算应力和活载	□
构件模板	梁格砼实横梁
自重系数	0
加载龄期(天)	28
计算长度(m)	
截面镜像	不镜像
竖直构件	□
竖直截面	□
构件截面β角(度)	0
截面β角参考系	整体坐标系
□ 其他信息	
轴线	轴线9
起点位置	0
终点位置	L
显示加劲肋	□

图 3.44　修改左端横梁构件属性

⑪按照步骤⑨和步骤⑩建立中横梁和右端横梁,并修改各横梁的构件属性信息。横梁创建完成后如图 3.45 所示。

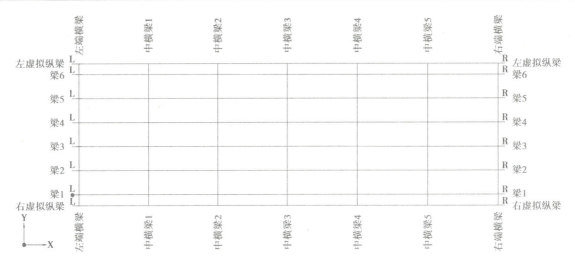

图 3.45　创建横梁构件

⑫按照步骤⑨和步骤⑩建立虚拟横梁,并按图 3.46 修改虚拟横梁的构件属性信息。

⑬以步骤⑫中建立的虚拟横梁 1 构件作为对象,根据图 3.13 中各片虚拟横梁之间的距离,按照步骤④的方法复制生成剩余虚拟横梁,然后按照步骤⑤的方法将各片新建虚拟横梁截面修改为对应的虚拟横梁截面,并对虚拟横梁构件属性进行修改。虚拟横梁构件创建完成后如图 3.47 所示。

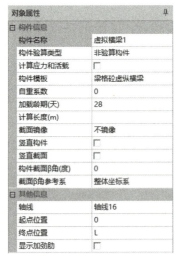

图 3.46　修改虚拟横梁构件属性

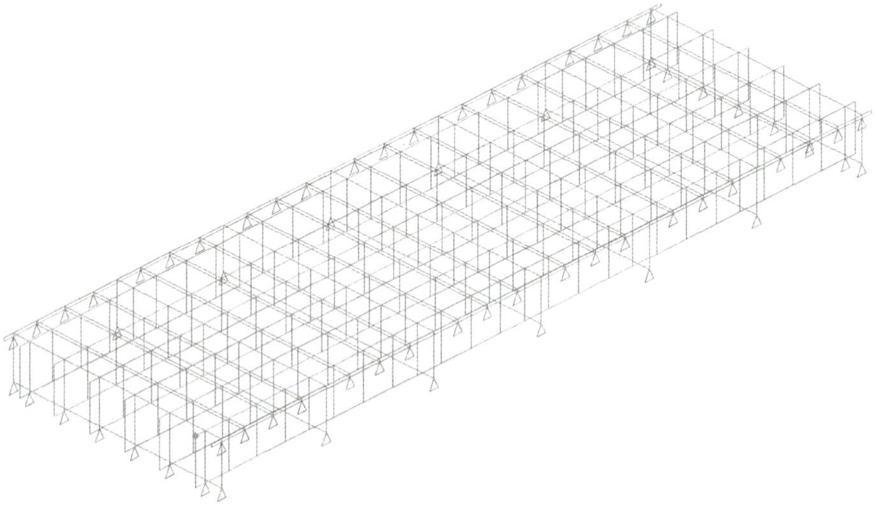

图 3.47　创建虚拟横梁

小 提示

除按上述方法确定横梁和虚拟横梁节点位置以及建立横梁和虚拟横梁构件单元的方法,也可采用导入梁格网格线 CAD 图的方法,建立纵梁、虚拟纵梁、横梁和虚拟横梁构件。具体方法如下:

a. 绘制梁格网格线 CAD 图,绘图时须注意:每片纵梁和横梁构件均采用一个 CAD 图层,虚拟横梁可以采用同一图层。

b. 切换到"高级建模"工具栏,鼠标左键单击协同"导入模型" 命令,弹出"模型导入"表格,并按图 3.48 填写输入后,单击"确定"按钮,导入 CAD 图,建立桥梁模型。采用导入模型方法建立的桥梁模型如图 3.49 所示。

编号	构件名称	类型	CAD文件	CAD单位	平曲线图层...	平曲线坐标系	竖曲线图层...	截面	腹板线
1	左边梁	纵梁	F:\桥梁结构设计与电算-...	mm	主梁1	T		左边梁	
2	中梁1	纵梁	F:\桥梁结构设计与电算-...	mm	主梁2	T		中梁	
3	中梁2	纵梁	F:\桥梁结构设计与电算-...	mm	主梁3	T		中梁	
4	中梁3	纵梁	F:\桥梁结构设计与电算-...	mm	主梁4	T		中梁	
5	中梁4	纵梁	F:\桥梁结构设计与电算-...	mm	主梁5	T	·	中梁	
6	右边梁	纵梁	F:\桥梁结构设计与电算-...	mm	主梁6	T		右边梁	
7	端横梁1	横梁	F:\桥梁结构设计与电算-...	mm	端横梁1	T		左端横梁	
8	中横梁1	横梁	F:\桥梁结构设计与电算-...	mm	跨中横梁1	T		中横梁	
9	中横梁2	横梁	F:\桥梁结构设计与电算-...	mm	跨中横梁2	T		中横梁	
10	中横梁3	横梁	F:\桥梁结构设计与电算-...	mm	跨中横梁3	T		中横梁	
11	中横梁4	横梁	F:\桥梁结构设计与电算-...	mm	跨中横梁4	T		中横梁	
12	中横梁5	横梁	F:\桥梁结构设计与电算-...	mm	跨中横梁5	T		中横梁	
13	端横梁2	横梁	F:\桥梁结构设计与电算-...	mm	端横梁2	T		右端横梁	
14	虚拟横梁2010	虚拟横梁	F:\桥梁结构设计与电算-...	mm	虚拟横梁2010	T		虚拟横梁2010	
15	虚拟横梁1870	虚拟横梁	F:\桥梁结构设计与电算-...	mm	虚拟横梁1870	T		虚拟横梁1870	
16	虚拟横梁1600	虚拟横梁	F:\桥梁结构设计与电算-...	mm	虚拟横梁1600	T		虚拟横梁1600	
17	左虚拟纵梁	纵梁	F:\桥梁结构设计与电算-...	mm	虚拟纵梁1	T		虚拟纵梁	
18	右虚拟纵梁	纵梁	F:\桥梁结构设计与电算-...	mm	虚拟纵梁2	T		虚拟纵梁	

图 3.48　模型导入表格

图 3.49　桥梁模型

c.对于导入模型方法建立的构件,按照上文方法修改构件属性,使各构件属性满足要求。

⑭切换到"常规建模"工具栏,鼠标左键单击节点"交叉" 命令,按如下命令行提示操作在纵梁、横梁、虚拟横梁和虚拟纵梁之间建立刚臂连接:

命令:modeling. kj

选择交叉梁:{用鼠标左键框选所有的构件}

是否生成刚臂[是[Y]/否(N)]<Y>:{单击键盘"空格"键}

选择相交面[构件工作面[N]/XOY 平面(P)]<N>:P

创建刚臂完成后如图 3.50 所示。

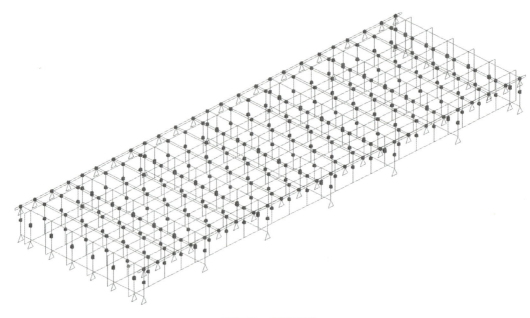

图3.50　创建刚臂

⑮鼠标左键双击左端横梁构件,弹出"构件节点属性汇总"对话框,按图3.51所示对话框中的"截面"和"突变右截面"项进行修改,对左端横梁进行变截面设置。

编号	节点类型	位置(m)	特征名称	输出标签	跨径分界线	悬臂	靠距折减	支承宽度(mm)	支承宽度型向位置	截面	子腰板	突变右截面	突变右截面子腰板	拟合方式	附加重力(kN)	坐标系	原点	X轴	Y轴
1	施工缝...	0	L		✓				梁底	左端横梁上翼缘				直线		随全局	0;0;0	1;0;0	0;1;0
2	特征节点	1	JM2						梁底	左端横梁上翼缘		左端横梁		直线		随全局	0;0;0	1;0;0	0;1;0
3	特征节点	3.15	JM6						梁底					直线		随全局	0;0;0	1;0;0	0;1;0
4	特征节点	5.3	JM5						梁底					直线		随全局	0;0;0	1;0;0	0;1;0
5	特征节点	7.45	JM3						梁底					直线		随全局	0;0;0	1;0;0	0;1;0
6	特征节点	9.6	JM1						梁底					直线		随全局	0;0;0	1;0;0	0;1;0
7	特征节点	11.75	JM4						梁底	左端横梁		左端横梁上翼缘		直线		随全局	0;0;0	1;0;0	0;1;0
8	施工缝...	L	R		✓				梁底			左端横梁上翼缘		直线		随全局	0;0;0	1;0;0	0;1;0

确定　　取消

图3.51　构件节点属性汇总

小提示

图3.52为横梁变截面设置前桥梁模型侧面图,可见模型中横梁腹板延伸至桥梁左边纵梁和右边纵梁的外侧(图中圆圈区域),但是根据图2.5中的桥梁横截面图,发现横梁腹板并未延伸至桥梁左边纵梁和右边纵梁的外侧。因此,通过对横梁截面设置变截面,可使模型中的横梁布置与实际桥梁一致,如图3.53所示。

图3.52　横梁变截面设置前

图3.53　横梁变截面设置后

按照上述方法,对各片中横梁和右端横梁构件进行变截面设置,完成预应力混凝土简支T梁桥梁格模型建模,如图3.54所示。

图 3.54　最终桥梁模型

▶ 3.2.4　预应力钢束设计

由图 2.7 可见,边纵梁和中间纵梁的截面尺寸仅翼缘宽度不同,腹板尺寸一致,并且边纵梁和中间纵梁的纵向预应力钢束均布置在腹板内,线形一致,仅钢束束数不一致。同时,本桥梁格模型是通过对第 2 章中建立的中梁验算模型修改建立的,因此可以以模型中梁 1(右边纵梁)构件的预应力钢束为基础,通过桥梁博士 V5 软件的钢束重用功能,将梁 1 构件的预应力钢束复制到其他纵梁构件上。

①鼠标左键双击项目管理树形菜单中"40 m 简支 T 梁梁格"项目下"T 梁梁格"模型的"钢束设计" ，进入钢束设计截面。

②切换到"钢束"工具栏,鼠标左键单击常规"型号" 按钮,弹出"钢束材料型号定义"表格,在表中补充输入第 2 章确定的边纵梁布置的预应力钢束属性,如图 3.55 所示。

型号名称	材料名称	编束根数	成孔面积(mm²)	张拉控制应力(MPa)	超张拉系数(%)	管道摩阻系数(μ)	局部偏差系数(k)	一端锚具回缩(mm)	是否先张	台座温差(℃)	失阪台座总长	松弛率	体外束	体外束钢限应力(MPa)	注释信息
15-9(1860)	预应力钢筋	9	6647.61	1395	0	0.2	0.0015	6	□	0			□	1000	
15-10(1860)	预应力钢筋	10	6647.61	1395	0	0.2	0.0015	6	□	0			□	1000	

图 3.55　钢束材料型号定义表格

③鼠标左键单击常规"汇总" 按钮,弹出"钢束实例汇总"表格,将其中各条预应力钢束的"材料型号"均修改为"15-10(1860)",如图 3.56 所示。

钢束名	竖弯名称	参考线名称	距离(mm)	平弯类型	批次	束数	材料型号	张拉类型
N1-1	N1	中线	0		N1	2	15-10(1860)	两端张拉
N2-1	N2	中线	0		N2	1	15-10(1860)	两端张拉
N3-1	N3	中线	0		N3	1	15-10(1860)	两端张拉
N4-1	N4	中线	0		N4	1	15-10(1860)	两端张拉

图 3.56　钢束实例汇总表格

④鼠标左键单击高级"重用" 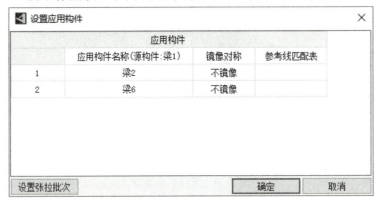 命令,弹出"设置应用构件"对话框,在"应用构件名称"中填入梁2和梁6构件名称,如图3.57所示,完成梁2(中间纵梁)构件和梁6(左边纵梁)构件预应力钢束的布置。

图3.57　设置应用构件对话框

小提示

重用功能的作用是可以复制或镜像当前构件上的钢束到其他构件上,使复制钢束与源钢束之间具有联动关系,使构件上的钢束在其他构件能够重新使用。当出现多个构件间构造较为相似,且钢束布置特征相似的情形,可使用重用功能。"设置应用构件"对话框中各参数的意义如下:

a. 应用构件名称:钢束复制到其他构件上时,其他构件的名称。

b. 镜像对称:重用的钢束与源钢束可以是镜像的关系。镜像轴可为横向、纵向或纵横向。

沿横向镜像:指按通过截面的左右镜像;

沿纵向镜像:指沿着构件纵向进行镜像。

c. 参考线匹配表:设置源构件参考线与应用构件参考线的对应关系。例如,若梁1有特征节点L、D1、D2、R,且钢束纵向布置均以这4个特征点作为纵向参考,梁2有特征节点L、P1、P2、R,则当需要把梁1的钢束重用到梁2时,可指定如表3.1所示的参考线匹配表。

表3.1　参考线匹配表

源构件参考线名称	应用构件参考线名称
L	L
D1	P1
D2	P2
R	R

d. 设置张拉批次:若重用构件的钢束张拉批次与源对象纵梁1的钢束张拉批次不同,则可以在此进行设置;若相同,则无须设置。

钢束重用以后,新生成的构件钢束与源构件钢束默认是联动的关系,源构件钢束任意改动后,重用构件上相应也会改动。若用户要对重用以后生成的构件钢束进行编辑或者解除与源构件的联动关系,可以找到该构件,单击中间条上的图标,解除其与源构件钢束的联动关系。

⑤将中间条的"当前构件"调整为"梁2" **当前构件 梁2** 后,鼠标左键单击中间条上的"删除关联"命令,然后鼠标左键单击常规"汇总"按钮,将弹出的"钢束实例汇总"表格中各条预应力钢束的"材料型号"均修改为"15-9(1860)",如图3.58所示。

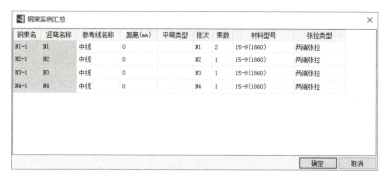

图 3.58　钢束实例汇总表格

小提示

钢束重用以后，新生成的构件钢束与源构件钢束默认是联动的关系，源构件钢束任意改动后，重用构件上相应也会改动。然而，中间纵梁采用的预应力钢束型号与边纵梁不同，因此采用"删除关联" 命令，解除梁 2 构件预应力钢束与梁 1 构件预应力钢束之间的联动关系，以便对梁 2 构件预应力钢束型号进行修改。

⑥鼠标左键单击高级"重用" 命令，弹出"设置应用构件"对话框，在"应用构件名称"中填入梁 3、梁 4 和梁 5 构件名称，如图 3.59 所示，完成梁 3、梁 4 和梁 5 构件等中间纵梁预应力钢束的布置。

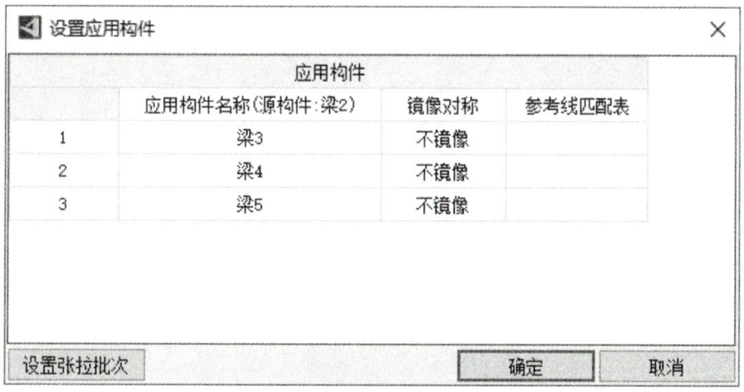

图 3.59　设置应用构件对话框

梁 1—梁 6 构件预应力钢束布置如图 3.60 所示。

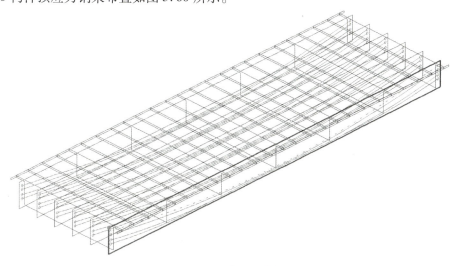

图 3.60　预应力钢束布置

▶ 3.2.5　普通钢筋设计

由第 2 章边纵梁和中间纵梁普通钢筋布置可知,边纵梁和中间纵梁的箍筋和下缘纵向钢筋布置一致,仅 T 梁上翼缘纵向钢筋布置数量有区别。因此,与 3.2.4 节预应力钢束设计类似,采用重用功能布置各片纵梁的普通钢筋。

①鼠标左键双击项目管理树形菜单中"40 m 简支 T 梁梁格"项目下"T 梁梁格"模型的"钢筋设计" ,进入钢筋设计截面。

②切换到"钢筋"工具栏,鼠标左键单击常规"汇总" 命令,弹出"钢筋汇总"表格,将其中 N2 纵筋的"距离(mm)"项修改为"−950+2＊100+5＊140+100+4＊140+2＊100+3＊75",如图 3.61 所示。

图 3.61　钢筋汇总表格

③鼠标左键单击高级"重用" 命令,弹出"设置应用构件"对话框,在"应用构件名称"中填入梁 2 和梁 6 构件名称,如图 3.62 所示,完成梁 2(中间纵梁)构件和梁 6(左边纵梁)构件普通钢筋的布置。

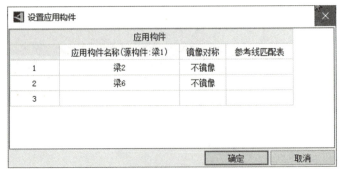

图 3.62　设置应用构件对话框

④将中间条的"当前构件"调整为"梁 2" 当前构件 梁2 后,鼠标左键单击中间条上的"删除

关联"命令,然后鼠标左键单击常规"汇总"命令,弹出"钢筋汇总"表格,将其中 N2 纵筋的"距离(mm)"项修改为"-1035+3＊75+2＊100+4＊140+100+4＊140+2＊100+3＊75",如图 3.63 所示。

图 3.63　钢筋汇总表格

⑤鼠标左键单击高级"重用"命令,弹出"设置应用构件"对话框,在"应用构件名称"中填入梁 3、梁 4 和梁 5 构件名称,如图 3.64 所示,完成梁 3、梁 4 和梁 5 构件等中间纵梁普通钢筋的布置。

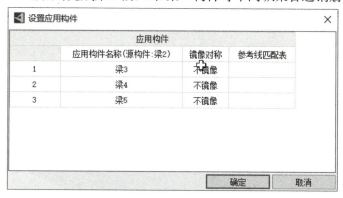

图 3.64　设置应用构件对话框

梁 1—梁 6 构件普通钢筋布置如图 3.65 所示。

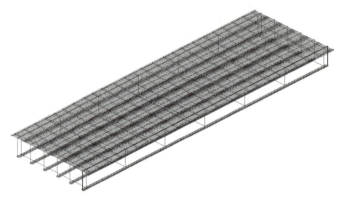

图 3.65　普通钢筋布置

▶ 3.2.6　输入施工分析信息

预应力混凝土简支 T 梁桥梁格模型施工过程也可划分为预制吊装、现浇湿接缝、二期铺装和收缩徐变 4 个施工阶段,分别标记为第一施工阶段、第二施工阶段、第三施工阶段和第四施工阶段,下面将对各个施工阶段施工分析信息进行定义。

1)第一施工阶段定义

①鼠标左键双击项目管理树形菜单中"40 m 简支 T 梁梁格"项目下"T 梁梁格"模型的"施工分析" 🏗️,进入施工分析信息输入界面。

②将中间条的"当前阶段"调整为"预制吊装"后,鼠标左键单击信息表下部的"构件安装拆除"选项卡,对"构件安装拆除"表格按图 3.66 修改,完成梁 1—梁 6 构件预制构件的安装。

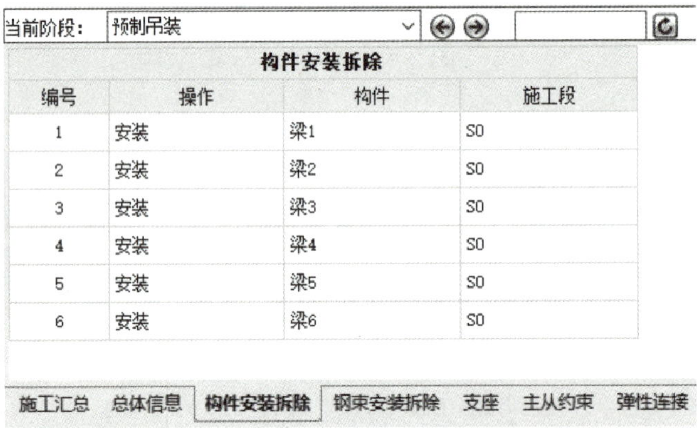

当前阶段:	预制吊装		
构件安装拆除			
编号	操作	构件	施工段
1	安装	梁1	S0
2	安装	梁2	S0
3	安装	梁3	S0
4	安装	梁4	S0
5	安装	梁5	S0
6	安装	梁6	S0

施工汇总　总体信息　**构件安装拆除**　钢束安装拆除　支座　主从约束　弹性连接

图 3.66　定义预制吊装阶段

纵梁预制构件安装完成后,模型如图 3.67 所示。

图 3.67　安装纵梁预制构件

③鼠标左键单击信息表下部的"钢束安装拆除"选项卡,之后按图 3.68 对"钢束安装拆除"表格进行修改,完成梁 1—梁 6 构件纵向预应力钢束的张拉、灌浆操作。

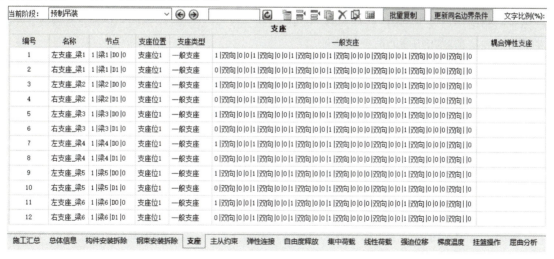

图 3.68　钢束安装拆除表格

④鼠标左键单击信息表下部的"支座"选项卡,对"支座"表格按图 3.69 对梁 1—梁 6 构件的左、右支座进行修改,完成梁 1—梁 6 构件的支座安装。

图 3.69　支座表格

2)第二施工阶段定义

①将中间条的"当前阶段"调整为"浇筑湿接缝"后,鼠标左键单击信息表下部的"构件安装拆除"选项卡,按图 3.70 对"构件安装拆除"表格进行修改,完成梁 1—梁 6 构件现浇湿接缝、横梁、虚拟横梁和虚拟纵梁的安装。

当前阶段：浇筑湿接缝

构件安装拆除

编号	操作	构件	施工段
1	安装	梁1	S0
2	安装	梁2	S0
3	安装	梁3	S0
4	安装	梁4	S0
5	安装	梁5	S0
6	安装	梁6	S0
7	安装	虚拟横梁1	S0
8	安装	虚拟横梁10	S0
9	安装	虚拟横梁11	S0
10	安装	虚拟横梁12	S0
11	安装	虚拟横梁13	S0
12	安装	虚拟横梁14	S0
13	安装	虚拟横梁15	S0
14	安装	虚拟横梁16	S0
15	安装	虚拟横梁17	S0
16	安装	虚拟横梁18	S0
17	安装	虚拟横梁2	S0

施工汇总　总体信息　**构件安装拆除**　钢束安装拆除　支座　主从约束　弹性连接

当前阶段：浇筑湿接缝

构件安装拆除

编号	操作	构件	施工段
18	安装	虚拟横梁3	S0
19	安装	虚拟横梁4	S0
20	安装	虚拟横梁5	S0
21	安装	虚拟横梁6	S0
22	安装	虚拟横梁7	S0
23	安装	虚拟横梁8	S0
24	安装	虚拟横梁9	S0
25	安装	右端横梁	S0
26	安装	右虚拟纵梁	S0
27	安装	中横梁1	S0
28	安装	中横梁2	S0
29	安装	中横梁3	S0
30	安装	中横梁4	S0
31	安装	中横梁5	S0
32	安装	左端横梁	S0
33	安装	左虚拟纵梁	S0

施工汇总　总体信息　**构件安装拆除**　钢束安装拆除　支座　主从约束　弹性连接

图 3.70　构件安装拆除表格

②鼠标左键单击信息表下部的"支座"选项卡,然后单击中间条的"将前一阶段的当前界面数据复制并增量添加到本阶段"📋命令,将第一施工阶段中定义的各片纵梁支座边界条件复制到本施工阶段。

3)第三施工阶段定义

①将中间条的"当前阶段"调整为"二期铺装"后,鼠标左键单击信息表下部的"支座"选项卡,然后单击中间条的"将前一阶段的当前界面数据复制并增量添加到本阶段"📋命令,将前一施工阶段中定义的各片纵梁支座边界条件复制到本施工阶段。

②鼠标左键单击信息表下部的"线性荷载"选项卡,按图3.71对"线性荷载"表格进行修改,完成梁1—梁6构件桥面铺装层荷载和防撞墙荷载的施加。

当前阶段：二期铺装　　　　批量复制　更新同名边界条件　文

线性荷载

编号	名称	类型	方向	起点位置	起点荷载 (kN/m, kN*m/m)	终点位置	终点荷载 (kN/m, kN*m/m)	坐标系
1	桥面铺装	结构重力及附加重力	Fz	1|梁1|L|||	-8.096	1|梁1|R|||	-8.096	整体坐标系
2	桥面铺装	结构重力及附加重力	Fz	1|梁2|L|||	-9.632	1|梁2|R|||	-9.632	整体坐标系
3	桥面铺装	结构重力及附加重力	Fz	1|梁3|L|||	-9.632	1|梁3|R|||	-9.632	整体坐标系
4	桥面铺装	结构重力及附加重力	Fz	1|梁4|L|||	-9.632	1|梁4|R|||	-9.632	整体坐标系
5	桥面铺装	结构重力及附加重力	Fz	1|梁5|L|||	-9.632	1|梁5|R|||	-9.632	整体坐标系
6	桥面铺装	结构重力及附加重力	Fz	1|梁6|L|||	-8.096	1|梁6|R|||	-8.096	整体坐标系
7	防撞墙	结构重力及附加重力	Fz	1|右虚拟纵梁|L||0.25|	-11.59	1|右虚拟纵梁|R||0.25|	-11.59	整体坐标系
8	防撞墙	结构重力及附加重力	Fz	1|左虚拟纵梁|L||-0.25|	-11.59	1|左虚拟纵梁|R||-0.25|	-11.59	整体坐标系

施工汇总　总体信息　构件安装拆除　钢束安装拆除　支座　主从约束　弹性连接　自由度释放　集中荷载　**线性荷载**　强度温度　挂篮操作

图 3.71　线性荷载表格

桥面铺装荷载和防撞墙荷载施加完成,如图3.72所示。

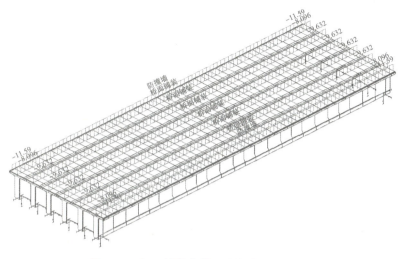

图 3.72　桥面铺装荷载和防撞墙荷载分布图

4)第四施工阶段定义

将中间条的"当前阶段"调整为"收缩徐变"后,鼠标左键单击信息表下部的"支座"选项卡,然后单击中间条的"将前一阶段的当前界面数据复制并增量添加到本阶段"▤▤命令,将前一施工阶段中定义的各片纵梁支座边界条件复制到本施工阶段。其他信息保持不变,预应力混凝土简支 T 梁桥施工阶段定义完成。

▶ 3.2.7　输入中梁模型运营分析信息

运营分析可以为桥梁模型添加桥梁运营阶段的活载、整体升降温、梯度温度、自定义的集中荷载和线性荷载、强迫位移等,也可以指定自振分析、屈曲分析以及并发反力计算和抗倾覆验算等内容的分项。下面将对本预应力混凝土简支 T 梁桥梁格模型的运营分析信息进行定义。

①鼠标左键双击项目管理树形菜单中"40 m 简支 T 梁梁格"项目下"T 梁梁格"模型的"运营分析"🚍,进入运营分析信息输入界面。

②鼠标左键单击信息表下部的"梯度温度"选项卡,按照图 3.73 对"名称""构件"和"温度模式"等参数进行设置,完成各片纵梁梯度升温和梯度降温两种梯度温度荷载的定义。

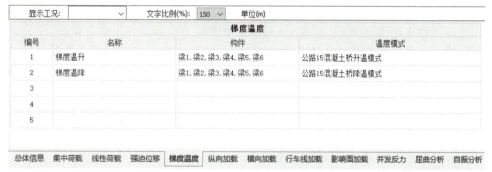

图 3.73　定义梯度温度

③鼠标左键单击信息表下部的"影响面加载"选项卡,按照图 3.74 对"名称""桥面纵梁""桥面定位线"

图 3.74　影响面加载定义

"计算跨径(m)""横向布置方式""横向布置""车载""车载系数"和"冲击系数"等参数进行设置,完成影响面加载的定义。其中,"桥面纵梁"用于定义计算影响面及施加活载的桥面单元,鼠标左键激活"桥面纵梁"输入栏,并单击输入栏右侧的" ┄ "弹出下拉菜单,从其中选择梁1、梁2、梁3、梁4、梁5、梁6、左虚拟纵梁、右虚拟纵梁;"桥面定位线"是各位置桥面横向布置的参考线,鼠标左键激活"桥面定位线"输入栏,并单击输入栏右侧的" ┄ "弹

图 3.75　桥面定位线表格

出"桥面定位线"表格,按图 3.75 选择轴线和输入偏移值。

影响面加载定义完成,如图 3.76 所示。

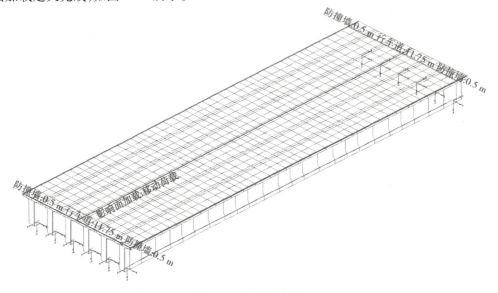

图 3.76　影响面加载

小提示

"影响面加载"表格中部分参数的意义和取值如下:

a.名称:输入影响面加载的活载名称。名称相同的荷载,程序将作为同一工况进行组合;名称不相同的荷载,程序将作为不同的工况进行组合。因此,不同类型的荷载不应采用相同的名称。

b.桥面纵梁:输入计算影响面及施加活载的桥面单元,用于确定使用阶段影响线计算的单位荷载作用点位置,以及判断剪力影响线的突变位置。桥梁博士软件是根据输入的桥面单元来确定活荷载作用在哪些单元上,使用者可以通过下拉菜单选择桥面单元施加活载的纵梁。

c.桥面定位线:各位置桥面横向布置的参考线。桥面定位线表格中轴线和偏移值的意义如下:

i.轴线:结构建模中定义的轴线对象。

ii.偏移值:定位线距离轴线的偏移距离,左负右正。

d.车载系数、人群系数:对于单梁纵向影响线加载情况,活载系数考虑了规范中的车道折减系数、大跨径纵向折减系数等因素。但是,在空间影响面上加载,已经脱离了单梁"单梁影响线加载效应+经验系数"的传统模式,因此这两个系数建议均输入1。

e.横向布置方式:桥梁博士软件提供了多断面法和桥面线法两种横向布置方式。其中:

i.多断面法:通过在不同纵向位置处的多个断面来形成一个桥面,本模型便是采用多断面法。

定位点 X 坐标、Y 坐标:对应图 3.77 中桥面定位线上定位点的坐标,为定位点相对定位线的坐标值(X、Y 坐标轴与总体坐标系一致)。本模型中的定位点坐标输入如图 3.78 所示。

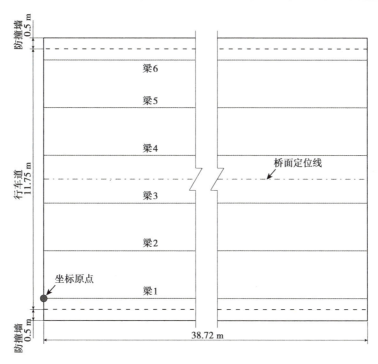

图 3.77　多断面法输入示意图

横向宽度定义:定在一个横向布置位置上,横向各区域的宽度和作用,若是车道则需要输入车道数。本模型桥面横向布置表格输入数据如图 3.79 所示。

图 3.78　定位点坐标输入

图 3.79　桥面布置输入

桥面定位线:横向布置与定位线之间的对齐方式。若为"中",则表示该组布置的中心位置即为定位线。

ii.桥面线法:通过使用轴线对象作为各类区域的边线来形成桥面,常用于曲线桥影响面加载中。桥面线法输入示意如图 3.80 所示。

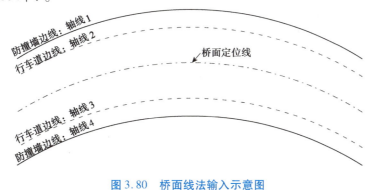

图 3.80　桥面线法输入示意图

图 3.81 中"桥面横向布置"对话框中各参数的意义如下：

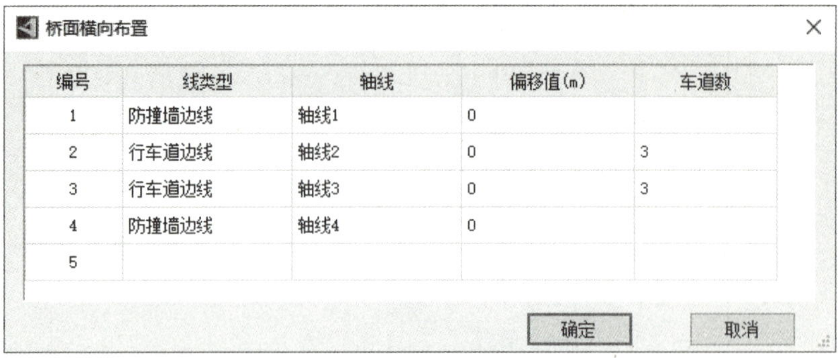

图 3.81 桥面线法：桥面横向布置

线类型：对应桥面附属结构的边线类型。此处的"边线"指外侧的线。

轴线：轴线对象定义在"结构建模"中，此处选择轴线对象的名称。

偏移值：线类型中的边线与轴线+偏移值在平面位置上一一对应。

车道数：仅当线类型为行车道边线时有效。

▶ 3.2.8 执行中梁模型计算

①切换到"项目"工具栏，鼠标左键单击"诊断当前" 按钮，软件将对前处理的内容进行检查。

②系统诊断无误后，鼠标左键单击"计算当前" ▶ 按钮，执行计算。

3.3 T 梁梁格模型验算结果查询

鼠标右键单击项目管理树形菜单中"40 m 简支 T 梁梁格"项目下"T 梁梁格"模型的"结果查询"，在弹出的下拉菜单中单击"快速查询"，弹出"快速查询模板"对话框，其中的"模板文件"选择"2018 公路 01 全预应力混凝土梁"，"模板名称"输入"验算结果查询"（图 3.82），鼠标左键单击"确定"按钮，建立 T 梁梁格模型验算结果查询文件夹。

图 3.82 快速查询模板对话框

根据2.4.2节中桥梁验算内容和验算结果提取方法,下面将提取并列出 T 梁梁格模型的各项验算结果,但限于篇幅,仅列出梁格模型中的梁5(中梁)构件和梁6(左边梁)构件的各项验算内容的验算结果包络图和验算结论。

▶ 3.3.1 正截面抗弯承载力验算结果

鼠标左键双击"验算结果查询"文件夹下的"C09 运营:正截面强度验算",正截面抗弯承载能力验算结果将以图表的形式显示在图形输出区和表格输出区。其中,梁5 构件和梁6 构件的最大、最小弯矩设计值及对应截面承载力计算值包络图分别如图3.83 和图3.84 所示。

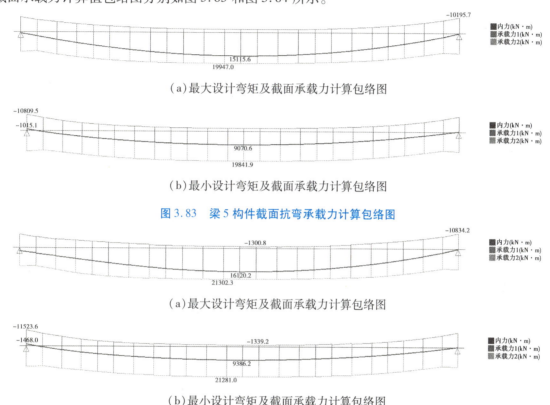

(a)最大设计弯矩及截面承载力计算包络图

(b)最小设计弯矩及截面承载力计算包络图

图 3.83　梁 5 构件截面抗弯承载力计算包络图

(a)最大设计弯矩及截面承载力计算包络图

(b)最小设计弯矩及截面承载力计算包络图

图 3.84　梁 6 构件截面抗弯承载力计算包络图

由图3.83 和图3.84 可见,梁5 和梁6 构件持久状况承载能力极限状态正截面最大正弯矩设计值均发生在中梁跨中截面,分别为 15 115.6 kN·m、16 120.2 kN·m,小于相应截面的承载力计算值 19 932.8 kN·m、21 258.2 kN·m;最小设计弯矩也为正弯矩,分别为 9 070.5 kN·m、9 386.2 kN·m,小于相应截面的承载力计算值 19 841.5 kN·m、21 233.1 kN·m。并且,梁5 构件和梁6 构件各截面的弯矩设计值均在截面承载力计算值包络范围之内。因此,梁5 构件和梁6 构件正截面抗弯承载力均满足《桥规》(2018)的要求。

▶ 3.3.2 斜截面抗剪承载力验算结果

鼠标左键双击"验算结果查询"文件夹下的"C10 运营:抗剪强度验算",斜截面抗剪承载能力验算结果将以图表的形式显示在图形输出区和表格输出区。其中,梁5 构件和梁6 构件的最大、最小剪力及对应截面承载力计算值包络图和上、下限校核包络图分别如图3.85 和图3.86 所示。

(a)最大剪力对应上、下限校核包络图

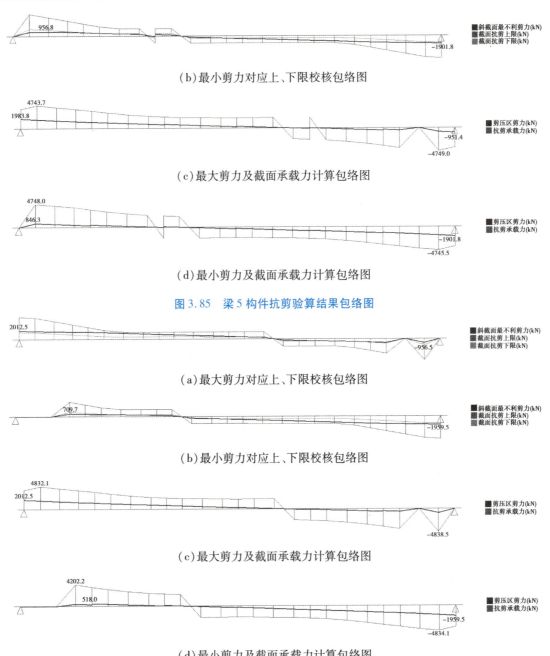

（b）最小剪力对应上、下限校核包络图

（c）最大剪力及截面承载力计算包络图

（d）最小剪力及截面承载力计算包络图

图3.85　梁5构件抗剪验算结果包络图

（a）最大剪力对应上、下限校核包络图

（b）最小剪力对应上、下限校核包络图

（c）最大剪力及截面承载力计算包络图

（d）最小剪力及截面承载力计算包络图

图3.86　梁6构件抗剪验算结果包络图

由图3.85（a）、图3.85（b）和图3.86（a）、图3.86（b）可知,梁5构件和梁6构件各截面均满足截面抗剪上限条件,不需要对截面尺寸进行调整,但是部分截面不满足截面抗剪下限条件,应进行截面抗剪承载力验算。由图3.85（c）、图3.85（d）和图3.86（c）、图3.86（d）可知,持久状况承载能力极限状态下梁5构件和梁6构件斜截面抗剪承载力设计值均小于截面承载力计算值,满足《桥规》（2018）的要求。因此,梁5构件和梁6构件斜截面抗剪承载力及截面尺寸校核均满足《桥规》（2018）的要求。

▶ 3.3.3　正截面抗裂验算结果

鼠标左键双击"验算结果查询"文件夹下的"C12运营:上下缘正应力验算",正截面混凝土法向应力验算结果将以图表的形式显示在图形输出区和表格输出区。其中,持久状况正常使用极限状态荷载频遇组合下梁5构件和梁6构件正截面混凝土法向应力包络图分别如图3.87和图3.88所示。

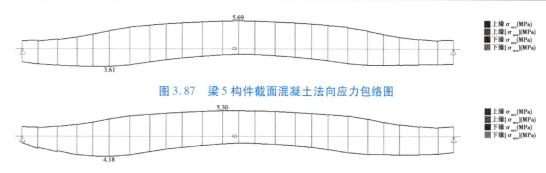

图 3.87　梁 5 构件截面混凝土法向应力包络图

图 3.88　梁 6 构件截面混凝土法向应力包络图

由图 3.87 和图 3.88 可知,梁 5 构件和梁 6 构件各关键截面上、下缘均为压应力,即全截面受压,持久状况正常使用极限状态梁 5 构件和梁 6 构件混凝土正截面抗裂验算均满足《桥规》(2018)的要求。

▶ 3.3.4　斜截面抗裂验算结果

鼠标左键双击"验算结果查询"文件夹下的"C14 运营:主应力验算",斜截面混凝土主应力验算结果将以图表的形式显示在图形输出区和表格输出区。其中,持久状况正常使用极限状态荷载频遇组合下梁 5 构件和梁 6 构件斜截面混凝土主拉应力验算结果图分别如图 3.89 和图 3.90 所示。

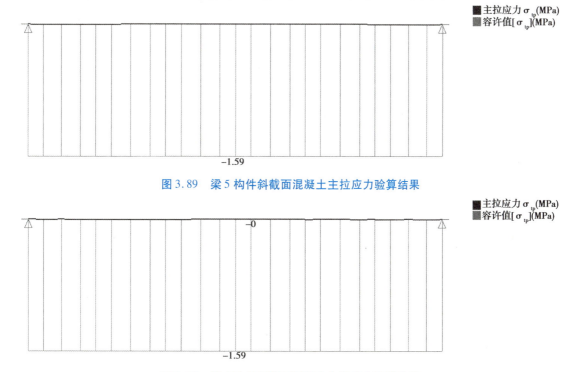

图 3.89　梁 5 构件斜截面混凝土主拉应力验算结果

图 3.90　梁 6 构件斜截面混凝土主拉应力验算结果

由图 3.89 和图 3.90 可知,梁 5 构件和梁 6 构件各关键截面主拉应力为 0 MPa,小于主拉应力限值 −1.59 MPa,持久状况正常使用极限状态梁 5 构件和梁 6 构件混凝土斜截面抗裂验算均满足《桥规》(2018)的要求。

▶ 3.3.5　挠度验算

①鼠标左键双击"验算结果查询"文件夹下的"C16 运营:结构刚度验算",挠度计算结果将以图表的形式显示在图形输出区和表格输出区。其中,持久状况正常使用极限状态梁 5 构件和梁 6 构件节点挠度计算结果包络图分别如图 3.91 和图 3.92 所示。

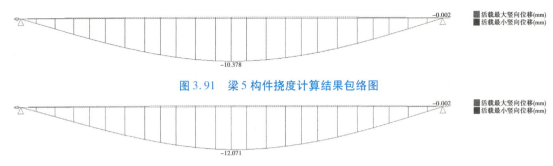

图 3.91 梁 5 构件挠度计算结果包络图

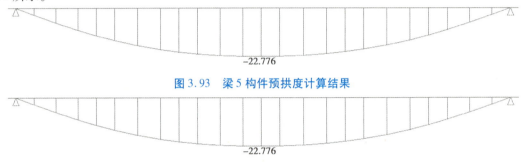

图 3.92 梁 6 构件挠度计算结果包络图

由图 3.91 和图 3.92 可知,梁 5 构件和梁 6 构件的最大挠度均出现在跨中截面,分别为 10.38 mm 和 12.07 mm,均小于挠度限值 38 720/600＝64.53 mm(该桥计算跨径为 38.72 m),梁 5 构件和梁 6 构件挠度验算均满足《桥规》(2018)的要求。

②鼠标左键双击"验算结果查询"文件夹下的"C17 运营:预拱度计算",预拱度计算结果将以图表的形式显示在图形输出区和表格输出区。梁 5 构件和梁 6 构件各节点预拱度值计算结果包络图分别如图 3.93 和图 3.94 所示。

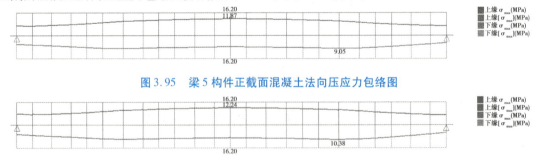

图 3.93 梁 5 构件预拱度计算结果

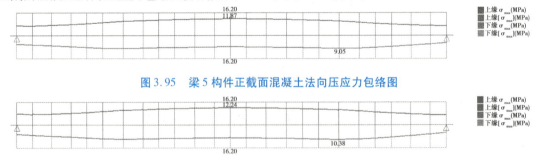

图 3.94 梁 6 构件预拱度计算结果

由图 3.93 和图 3.94 可见,梁 5 构件和梁 6 构件各节点的预拱度值均小于 0 mm,因此该桥不需设置预拱度。

▶ 3.3.6 正截面法向压应力验算

鼠标左键双击"验算结果查询"文件夹下的"C12 运营:上下缘正应力验算",正截面混凝土法向应力验算结果将以图表的形式显示在图形输出区和表格输出区。其中,使用阶段荷载标准值组合下梁 5 构件和梁 6 构件正截面混凝土法向压应力包络图分别如图 3.95 和图 3.96 所示。

图 3.95 梁 5 构件正截面混凝土法向压应力包络图

图 3.96 梁 6 构件正截面混凝土法向压应力包络图

由图 3.95 和图 3.96 可知,梁 5 构件和梁 6 构件正截面上缘法向压应力最大值分别为 11.87 MPa 和 12.24 MPa,下缘法向压应力最大值分别为 9.05 MPa、10.38 MPa,均小于法向压应力限值 16.20 MPa。因此,使用阶段荷载标准值组合下梁 5 构件和梁 6 构件正截面混凝土法向压应力均满足《桥规》(2018)的要求。

▶ 3.3.7　斜截面主压应力验算

鼠标左键双击"验算结果查询"文件夹下的"C14 运营:主应力验算",斜截面混凝土主应力验算结果将以图表的形式显示在图形输出区和表格输出区。其中,使用阶段荷载标准值组合下梁 5 构件和梁 6 构件斜截面混凝土主压应力验算结果分别如图 3.97 和图 3.98 所示。

图 3.97　梁 5 构件斜截面混凝土主压应力验算结果

图 3.98　梁 6 构件斜截面混凝土主压应力验算结果

由图 3.97 和图 3.98 可知,使用阶段荷载标准值组合下梁 5 构件和梁 6 构件斜截面混凝土主压应力最大值分别为 11.84 MPa 和 12.24 MPa,小于主压应力限值 19.44 MPa。因此,使用阶段荷载标准值组合下梁 5 构件和梁 6 构件斜截面混凝土主压应力均满足《桥规》(2018)的要求。

▶ 3.3.8　预应力钢束最大拉应力验算

鼠标左键双击"验算结果查询"文件夹下的"C15 运营:钢束应力验算",钢束最大拉应力验算结果将以表格的形式显示在表格输出区。使用阶段梁 5 构件和梁 6 构件各根预应力钢束最大拉应力验算结果分别见表 3.2 和表 3.3。

表 3.2　使用阶段梁 5 构件预应力钢束最大拉应力验算

序号	钢束名称	最大拉应力/MPa	拉应力容许值/MPa	是否通过
1	N1	−1 159.97	−1 209.00	是
2	N2	−1 156.84	−1 209.00	是
3	N3	−1 177.91	−1 209.00	是
4	N4	−1 191.01	−1 209.00	是

表 3.3　使用阶段梁 6 构件预应力钢束最大拉应力验算

序号	钢束名称	最大拉应力/MPa	拉应力容许值/MPa	是否通过
1	N1	−1 159.00	−1 209.00	是
2	N2	−1 155.11	−1 209.00	是
3	N3	−1 175.82	−1 209.00	是
4	N4	−1 189.38	−1 209.00	是

由表 3.2 和表 3.3 可知,在梁 5 构件和梁 6 构件配置的预应力钢束中,预应力钢束最大拉应力均出现在 N4 钢束,分别为 1 191.01 MPa 和 1 189.38 MPa,小于预应力钢束最大拉应力限值 1 209.00 MPa。因此,使用阶段梁 5 构件和梁 6 构件布置的各根预应力钢束最大拉应力均满足《桥规》(2018)的要求。

▶ 3.3.9　短暂状况正截面法向应力验算

鼠标左键双击"验算结果查询"文件夹下的"B10 施工:上下缘正应力验算",施工阶段正截面混凝土法向应力验算结果将以图表的形式显示在图形输出区和表格输出区。其中,短暂状况梁 5 构件和梁 6 构件正截面混凝土法向应力验算结果分别如图 3.99 和图 3.100 所示。

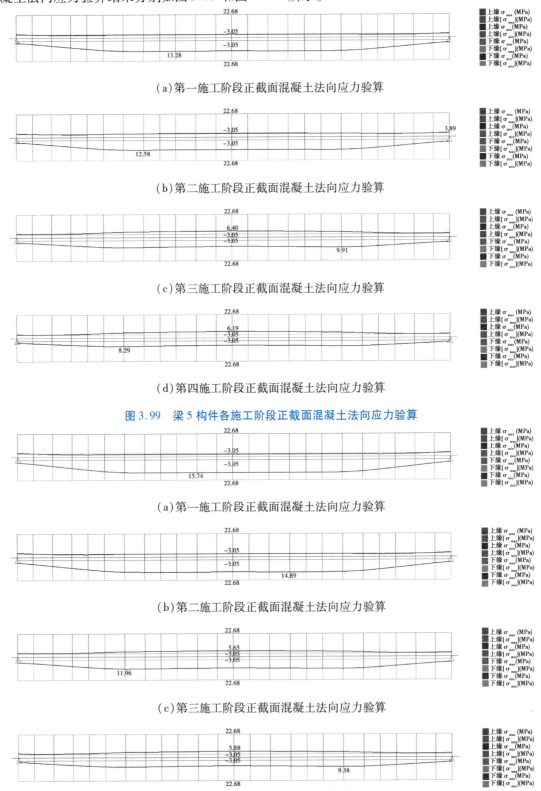

（a）第一施工阶段正截面混凝土法向应力验算

（b）第二施工阶段正截面混凝土法向应力验算

（c）第三施工阶段正截面混凝土法向应力验算

（d）第四施工阶段正截面混凝土法向应力验算

图 3.99　梁 5 构件各施工阶段正截面混凝土法向应力验算

（a）第一施工阶段正截面混凝土法向应力验算

（b）第二施工阶段正截面混凝土法向应力验算

（c）第三施工阶段正截面混凝土法向应力验算

（d）第四施工阶段正截面混凝土法向应力验算

图 3.100　梁 6 构件各施工阶段正截面混凝土法向应力验算

由图 3.99 和图 3.100 可知,梁 5 构件和梁 6 构件各截面上、下缘在各施工阶段正截面混凝土法向应力均为压应力,且均小于施工阶段混凝土压应力限值 22.68 MPa。因此,短暂状况梁 5 构件和梁 6 构件正截面混凝土法向应力满足《桥规》(2018)的要求。

第4章
预应力混凝土简支转连续梁桥设计与建模

普通钢筋混凝土和预应力混凝土简支梁桥的经济跨径分别为20 m和40 m左右,当跨径进一步增大时,桥梁自重等恒荷载和车辆移动活载产生的跨中截面弯矩将迅速增大,使得桥梁需要加大截面尺寸以保证结构安全,导致桥梁自重和建筑材料用量显著增加,构件自重的增加也给简支梁桥装配式施工造成较大的困难。因此,对于较大跨径的桥梁,应采用其他能减小跨中弯矩值和材料用量的桥梁体系。例如,可以将简支梁梁体在支点位置连续成为连续梁桥,支点处负弯矩的卸载作用使得跨中正弯矩显著减小,增大桥梁跨径。连续梁桥力学性能优于简支梁桥,并且连续梁桥动力性能好、主梁变形挠曲线平缓、伸缩缝少,有利于高速行车,造型简洁美观、养护工作量少,使其成为应用最为广泛的桥型之一。

连续梁桥可以做成两跨或三跨一联,也可以做成多跨一联,但一般不超过六跨,特殊情况也可例外。每联跨数太多,联长就要加大,受温度变化和混凝土收缩等影响产生的纵向变形也较大,使得伸缩缝及活动支座的构造复杂化,对桥梁墩台也不利;若每联长度太短,则使伸缩缝的数目增加,不利于高速行车。随着伸缩缝和支座构造的不断改进,连续梁桥的最大连续长度已达1 000 m以上,如杭州钱塘江二桥为18孔一联的预应力混凝土连续梁桥,最大连续长度为1 340 m。

不同于简支梁桥,连续梁桥是超静定结构,基础不均匀沉降将导致结构中产生次内力,使得连续梁桥需要对地基沉降量进行严格控制,因此连续梁桥通常修建于地基土质较好或基础沉降均匀的场地。此外,箱形截面局部温差、混凝土收缩徐变,以及预应力均会在结构中产生次内力,增加了结构设计计算的复杂性。但是,随着桥梁计算理论和计算机技术的迅速发展,这些问题已经不难解决,使得连续梁桥的应用范围不断扩大,成为广泛应用的梁式桥体系。

因此,本章将对连续梁桥的构造、施工方法和预应力钢束布置原则等进行简述,并设计预应力混凝土简支转连续梁桥方案,讲解采用桥梁博士软件建立预应力混凝土简支转连续梁桥模型并进行验算的过程。

4.1 连续梁桥的构造

▶ 4.1.1 连续梁桥孔跨布置

如第2章所述,梁桥的立面布置在初步设计中具有十分重要的地位,布置是否合理将直接影响桥梁的实用、经济和美观。桥位处的地形、地质与水文条件,以及通航要求等对连续梁桥孔跨分布常常起决定作用,此外还要结合墩台、基础及支座的构造,综合分析比较确定连续梁桥孔跨布置的最佳方案。

连续梁桥有等跨和不等跨两种布置方式,如图4.1所示。等跨布置的跨径大小主要取决于经济分孔和施工的设备条件,并且在某些施工方法中,预应力混凝土连续梁桥采用等跨布置常常是有利的。例如,采用简支转连续施工方法时,跨径布置成等跨布置可以节约模板,使施工简便、迅速;采用顶推施工法的连续梁桥,由于顶推时悬出端的负弯矩常常影响施工设计,布置成等跨径也是比较合理的。

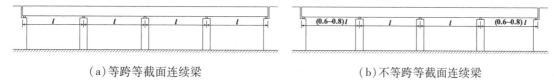

（a）等跨等截面连续梁　　　　　　　　　　　　　（b）不等跨等截面连续梁

图 4.1　连续梁桥孔跨布置

当一联连续梁桥采用三跨以上时,如采用等跨布置,边跨跨中弯矩将大于中间跨弯矩,因此通常采用缩短边跨的方法调整桥梁弯矩分布,边跨与中跨跨径之比（边中跨比）一般为 0.5~0.7,最小可取为 0.3。对于三跨连续梁,边中跨比多为 0.6~0.67;对于多跨连续梁桥,边中跨比可增大到 0.8,当采用悬臂法施工时宜取 0.5~0.6。当边中跨之比小于 0.3 时,桥梁端支座将产生较大的负反力,此时支座需要进行特殊处理,例如在桥台上设置构造复杂的拉力支座,或采用在边跨末端设置压重的方法来消除负反力。

因此,连续梁桥的孔径布置是多种多样的,设计时应从各个方面具体分析,综合比较确定。

▶ 4.1.2　连续梁桥的高跨比

与简支梁桥类似,高跨比也会影响连续梁桥正截面抗弯能力、斜截面抗剪能力和挠度,并且会影响连续梁桥的自重和造价,因此连续梁桥高跨比应在一个合理的范围内取值。根据截面形式划分,连续梁桥包括连续板梁桥、T 梁桥和箱形梁桥。

连续板梁桥是板不间断地跨越几个桥孔形成一个超静定结构体系,当桥梁全长较大时,可以几孔一联,做成多联式的连续板梁桥。连续板梁桥在支点处产生负弯矩,对跨中弯矩起到卸载作用,因此连续板梁桥的跨径可以比简支板梁桥大一些,或者其截面厚度取值小于同跨径的简支板梁桥。连续板梁桥也可以做成变厚度的,跨中厚度 h 一般为 $(1/28 \sim 1/22)l$（l 为跨径）,小于简支板梁桥。支点截面的厚度较大,为跨中截面板厚的 1.2~1.5 倍。这样处理是为了使连续板梁桥能够承受较大的负弯矩,而且也可以进一步减小跨中截面的板厚。

采用支架施工、逐孔架设施工、移动模架施工及顶推施工等施工方法,跨径为 40~60 m 的预应力混凝土连续梁桥多采用截面高度沿纵桥向不变的等截面梁。等截面连续梁桥具有构造简单、线形简洁美观的优点,但是在连续梁支点位置处不能利用增加梁高而只能增加预应力钢束用量和调整截面尺寸的方式来抵抗较大的负弯矩,材料用量较大。

根据连续梁桥的受力特点,连续梁桥立面采用支点截面高度增大的变高度截面能够更好地符合梁的弯矩分布。并且,采用悬臂施工方法的连续梁桥,变高梁与施工的弯矩图相吻合。而且,变高梁使梁体外形和谐,节省材料并增大桥下净空。因此,当前跨径大于 100 m 的预应力混凝土连续梁桥中有 90% 以上采用变高梁。变高梁的截面变化规律可采用圆弧线、二次抛物线和直线等,通常以二次抛物线最为常用,因为二次抛物线的变化规律与连续梁桥的弯矩沿梁长的变化规律基本接近。

根据已建成桥梁的资料分析,梁高可按表 4.1 采用。

表 4.1　连续梁桥支点和跨中截面梁高取值范围

桥型	支点截面梁高	跨中截面梁高
等高连续梁	$h=(1/15 \sim 1/30)l$ 常用 $h=(1/18 \sim 1/20)l$	

续表

桥型	支点截面梁高	跨中截面梁高
变高连续梁（折线形）	$h=(1/16\sim1/20)l$	$h=(1/22\sim1/28)l$
变高连续梁（曲线形）	$h=(1/10\sim1/20)l$	$h=(1/30\sim1/50)l$

▶ 4.1.3 连续梁桥横截面设计

预应力混凝土连续梁桥的截面形式多样，应根据桥梁的跨径、宽度、梁高、支承形式和施工方法等综合确定合理的截面形式。合理的主梁截面形式对于减轻桥梁自重、节约材料、简化施工和改善截面受力性能等具有重要意义。当前，预应力混凝土连续梁桥主要有板式、肋梁式和箱形 3 种横截面形式，其中板式和肋梁式截面构造简单、施工方便，箱形截面具有良好的抗弯和抗扭性能。

1）板式截面

板式截面包括实体截面[图 4.2(a)、图 4.2(b)]和空心截面[图 4.2(c)、图 4.2(d)]。其中，矩形实体截面使用较少，曲线形整体截面在市政桥梁中使用较多；实体截面多用于中小跨径桥梁中，且多配以支架现浇施工，此时跨中板厚为跨径的 1/28～1/22，支点板厚为跨中板厚的 1.2～1.5 倍；空心截面常用于跨径为 15～30 m 的连续梁桥，板厚一般为 0.8～1.2 m，以支架现浇为主，亦可采用预制安装。

2）肋梁式截面

肋梁式截面[图 4.2(e)]在横截面内形成明显的肋形结构，梁肋与顶部桥面板结合在一起作为承重结构。由于连续梁桥跨中区域要承受正弯矩，支点附近区域还要抵抗较大的负弯矩，因此进行截面设计时往往需要加强截面底部的混凝土受压区。常见的底部加强肋梁式横截面形式有两种：一种是带马蹄形的 T 形截面，为了适应向支点处逐渐增大的负弯矩，梁高及马蹄尺寸可相应加大；另一种是在梁肋底部加设局部变宽的下翼缘板以增大混凝土受压面积，下翼缘板宽度和厚度沿跨长方向可依据负弯矩数值的变化而改变。

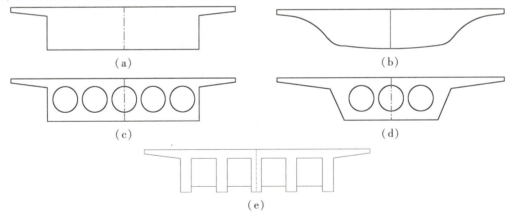

(a)   (b)

(c)   (d)

(e)

图 4.2 板式、肋梁式、箱形截面

按照制造工艺的不同，肋梁式截面可分为整体式肋梁截面和装配式肋梁截面。采用整体式肋梁截面时，如梁肋尺寸不受起重设备限制，可以根据钢筋混凝土体积最小的经济原则确定截面尺寸。T 形截面主梁肋厚（即腹板厚度）在满足主拉应力强度和抗剪强度的前提下，一般可做得较薄，以减轻截面恒载质量，但必须保证梁肋的屈曲稳定性。T 梁上翼缘厚度的确定取决于桥面板承受车辆局部荷载的要求，而翼缘板根部需加高以抵抗较大的弯矩，因此翼缘板通常做成厚度由端部到根部逐渐增大的变厚度形式，根部翼缘板厚度不小于主梁梁高的 1/12。

3）箱形截面

箱形截面的顶板和底板均具有较大的面积，能有效抵抗正负双向弯矩，满足配筋要求，并具有比 T 形截面更高的截面效率指标,而且由于截面闭合,其抗扭刚度较大,当桥梁承受偏心荷载时内力分布比较均匀,整体性能较好。箱形截面构造灵活,适用于支架现浇、逐孔施工、悬臂施工等多种施工方式,并且根据桥面宽度、施工方法的不同,箱形截面可以选用单箱单室[图4.3(a)]、单箱双室[图4.3(b)]和双箱单室[图4.3(c)]等不同截面形式。

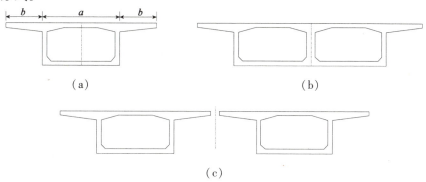

图4.3 箱形截面

箱形截面的梁高取值可根据4.1.2节中的连续梁桥高跨比确定。单箱单室截面的顶板宽度一般小于20 m,单箱双室的顶板宽度约为25 m,双箱单室的顶板宽度可达40 m。但是箱形截面顶板厚度应满足桥面板横向弯矩的要求(恒载、活载、日照、温度等)和纵、横向预应力钢束布置的要求。顶板两侧悬臂板的长度对活载弯矩数值影响不大,但恒载及人群荷载弯矩随悬臂长度几乎成平方关系,因此悬臂长度一般不大于5 m,当长度超过3 m后,宜布置横向预应力钢束(钢筋)。单箱单室截面的 $b:a$ 为1:(2.5~3.0)时,横向受力状态良好。悬臂端部厚度不应小于0.10 m,如悬臂端部设置防撞墙或需锚固横向预应力钢束(钢筋),则端部厚度不应小于0.20 m。

跨中梁段的箱形截面底板厚度应尽量做得薄一些,但从施工要求出发,一般不宜小于0.15 m或腹板间距的1/16。负弯矩区底板厚度随负弯矩的增大而逐渐增加,直至支点截面,一般墩顶处底板厚度达梁高的1/12~1/10,以满足底板受压要求。腹板主要承受截面的剪应力和主拉应力,其最小厚度应满足剪切极限强度要求,侧腹板因要满足弯扭和剪切极限强度的要求,通常比中腹板厚一些。腹板厚度一般也可沿桥长变化,跨中截面腹板总厚度不宜小于桥宽的1/20~1/12,支点截面不宜小于1/12~1/8,对于腹板内布置竖向预应力钢筋的箱形截面,可取较小值。

箱形截面顶底板与腹板的连接处应设置梗腋,以加强腹板与顶底板的联系,并提高截面的抗扭刚度和抗弯刚度,减小箱梁的扭转剪应力和畸变应力。利用梗腋所提供的空间布置纵向和横向预应力钢束(钢筋),为减少顶底板厚度提供了构造上的保证。梗腋有竖向梗腋和水平梗腋两种。图4.4(a)所示为一般箱梁常用梗腋形式;图4.4(b)、图4.4(c)常用于箱形截面较小的情形;图4.4(d)、图4.4(e)常用于斜腹板与顶板之间;图4.4(f)—图4.4(h)常用于底板与腹板之间的下梗腋。

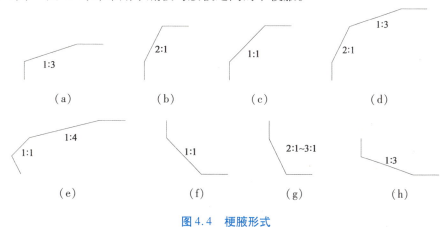

图4.4 梗腋形式

由于箱形截面的抗扭性能好,也有利于荷载的横向分布,所以一般只在支点、跨中和悬臂端设置横隔板,但是横隔板上应开孔,以方便施工和养护人员进出。

▶ 4.1.4 纵向预应力钢束布置原则

预应力混凝土连续梁桥纵向预应力钢束的布置形式,与所采用的施工方法以及预应力钢束的种类有关。

顶推施工法的纵向直线形预应力钢束布置如图4.5(a)所示,其上、下通长束使截面接近轴心受压,以抵抗顶推过程中各截面交替承受的正、负弯矩。待顶推完成后,再在跨中的底部和支点的顶部增加局部预应力钢束,以满足运营荷载下相应的受力要求。有时按设计还在跨中的顶部和支点附近的底部设置局部的施工临时预应力钢束,待顶推完成后再予以卸除。

简支转连续施工方法的纵向预应力钢束布置如图4.5(b)所示,待墩上接缝混凝土达到强度后,用设置在接缝顶部的局部预应力钢束来建立结构的连续性。

曲线形预应力钢束布置如图4.5(c)和图4.5(d)所示,梁中除了正弯矩区和负弯矩区各需布置底部和顶部预应力钢束,在有正、负弯矩的区段内,顶、底板中均需设置预应力钢束。预应力钢束可以根据受力需要在跨径内截断后锚固在梁体高度内[图4.5(c)],也可弯出梁体而锚固在梁顶和梁底[图4.5(d)]。

整根曲线形通长束锚固于梁端的布置方式如图4.5(e)所示,此情况下,预应力钢束既长且弯曲次数较多,显著增加了预应力钢束的摩擦损失,预应力钢束的布置要考虑到张拉操作的方法。当需要在梁内、梁顶或梁底锚固预应力钢束时,应根据预应力钢束锚固区的受力特点给予局部加强,以防开裂破坏。

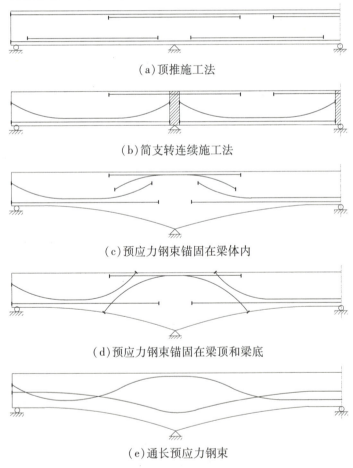

(a)顶推施工法

(b)简支转连续施工法

(c)预应力钢束锚固在梁体内

(d)预应力钢束锚固在梁顶和梁底

(e)通长预应力钢束

图4.5 预应力混凝土连续梁桥预应力钢束布置方式

4.2 连续梁桥施工方法简介

连续梁桥施工方法的选择,需要充分考虑桥位的地形、环境、施工能力及桥梁设计等诸多因素。不同施工方法所需机具设备、劳动力,施工的组织、安排和工期也不一样,各有其优缺点。当前,连续梁桥主要有满堂支架浇筑施工法、简支转连续施工法、移动模架逐孔浇筑施工法、顶推施工法和悬臂浇筑法等。其中,等截面连续梁桥多采用支架施工、逐孔架设施工、移动模架施工及顶推施工;变截面连续梁桥多采用悬臂浇筑施工法。

1)满堂支架浇筑施工法

满堂支架浇筑施工法也称整体支架浇筑施工法,是一种较早应用的施工方法。其具体施工方法与结构体系特征为:在支架上安装模板、绑扎安装钢筋骨架、预留孔道,现场浇筑混凝土,并施加预应力。满堂支架浇筑施工时,需要在连续梁桥的一联各跨均设置支架,一联施工完成后,整联同步卸落支架,形成一联连续梁桥结构。满堂支架浇筑施工法结构施工过程中无体系转换,一期恒载和二期恒载都按照一次落架方式作用在连续梁体系上,叠加这两个施工阶段的内力就能得到结构的最终结构自重作用内力,并且不产生恒载徐变次内力。满堂支架浇筑施工法适宜用于跨径为 20 ~ 60 m、桥墩不高且桥下地面情况适宜搭设支架的中小跨径连续梁桥。近年来,随着交通建设的快速发展,出现了大量的变宽异形桥、弯桥等特殊桥梁,并且随着临时钢构件、万能杆件系统的标准化和装配化程度的不断提高,满堂支架法得到了新的发展和广泛应用。

2)简支转连续施工法

简支转连续施工法是连续梁桥施工中较为常见的一种方法,施工方法为:预制预应力混凝土主梁,分片进行安装,预制时按预制简支梁的受力状态进行第一批预应力钢束(正弯矩预应力钢束)的张拉锚固,安装完成后经调整位置(横桥向及高程),浇筑墩顶接头处混凝土,更换支座,进行第二批预应力钢束(负弯矩预应力钢束)的张拉锚固,进而完成一联预应力混凝土连续梁的施工,形成连续梁桥体系。简支转连续梁施工法的施工工艺成熟简单,并且下部结构和预制梁可安排平行作业施工,能缩短桥梁总体施工工期。简支转连续施工法适用于装配式箱形截面梁或 T 形截面梁,跨径宜为 25 ~ 80 m,且适宜等跨径布置。

3)移动模架逐孔浇筑施工法

移动模架逐孔浇筑施工法也称支架逐孔现浇施工法。移动模架逐孔浇筑施工法与满堂支架浇筑施工法整体现浇施工不同在于,移动模架逐孔浇筑施工法利用机械化的支架和模板,一次仅在一跨设置支架,当混凝土浇筑、预应力钢束张拉锚固后,支架移到下一跨逐孔施工,如此反复,直至形成连续梁桥结构。移动模架逐孔浇筑施工法可连续逐孔施工,支架工程量小,施工设施可多次周转使用,施工设备利用率高,施工简便、规律性强、工期短。移动模架逐孔浇筑施工法适用于 20 ~ 60 m 中小跨径的多跨等高度连续梁桥。

4)顶推施工法

顶推施工法即在沿桥梁纵向的桥台后开辟预制场地,分阶段预制混凝土梁体,并采用纵向预应力钢束将梁段连成整体,然后通过水平液压千斤顶施力,借助不锈钢板或聚四氟乙烯板特制的滑动装置(临时支座),将梁逐段向对岸顶进,就位后更换正式支座并落梁,完成桥梁施工。顶推施工设备简便,施工平稳,并可实现工厂化生产,施工质量容易保证,施工时对桥下交通和环境影响较小。桥梁顶推施工过程中,结构体系不断变化,每一个截面的弯矩均经历从最大正弯矩到最大负弯矩的变化过程。顶推施工法宜用于跨径为30 ~ 60 m 的等截面箱形直线连续梁桥,但变截面连续梁桥或弯连续梁桥中也可采用顶推施工法。当桥梁跨径大于 50 ~ 60 m 时,宜设置临时墩,顶推施工跨径以不大于 40 m、顶进长度以不大于 400 ~ 600 m 为宜。

5)悬臂施工法

悬臂施工法包括悬臂浇筑法和悬臂拼装法。悬臂施工法不需要大量施工支架和大型起吊设备,不受桥下地形、河流和交通影响,不受跨数限制,桥梁施工受力状态与运营受力状态基本相近。与顶推法相比,悬臂施工法不因施工而增加过多的材料,但悬臂施工体系转换较多,对施工线形及合龙技术要求较高。悬臂施工法施工过程中结构体系不断发生转换,连续梁桥最终结构自重内力与施工合龙次序、预加应力、混凝土的收缩徐变特性有关。悬臂施工法适用于跨径为40~120 m的桥梁,是国内外大跨径预应力混凝土连续梁桥的主要施工方法之一。

4.3 简支转连续桥设计方案

► 4.3.1 简支转连续梁桥构造设计

由前文可知,连续梁桥结构形式多样、施工方法多样,并且对于中小跨径的连续梁桥,其结构设计容易设计成成套标注图纸,被整条路线大范围采用,降低了设计工作量和施工难度,是当前公路、铁路和市政桥梁中广泛应用的一种桥型。并且,考虑到等截面连续梁桥一般适用于跨径为30~70 m的中小跨径桥梁,本节将以第2章中设计的预应力混凝土简支T梁桥方案为基础,将多跨简支梁桥设计方案修改为5×40 m的简支转连续梁桥方案。桥梁设计方案立面布置和平面布置分别如图4.6和图4.7所示,并且该桥横断面布置与第2章中的预应力混凝土简支T梁桥方案一致(图2.3)。因此,该简支转连续梁桥方案横桥向也采用6片T梁,并且中梁和边梁截面尺寸与图2.7中的一致。此外,本设计方案桥梁长度较大,达200 m,伸缩缝改用160型伸缩缝。由于简支转连续梁桥与简支梁桥的区别是墩顶位置设置现浇连续段,将各跨简支梁桥连接成整体。因此,桥梁长度和横隔板位置等与第2章中的简支T梁桥方案有所变化,简支转连续梁桥T梁一般构造如图4.8所示。

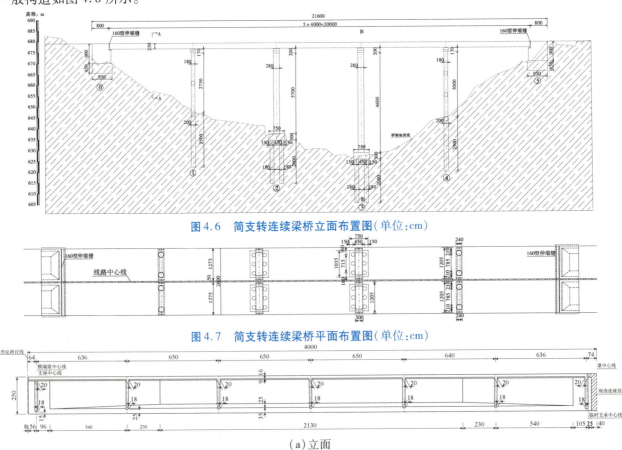

图 4.6　简支转连续梁桥立面布置图(单位:cm)

图 4.7　简支转连续梁桥平面布置图(单位:cm)

(a)立面

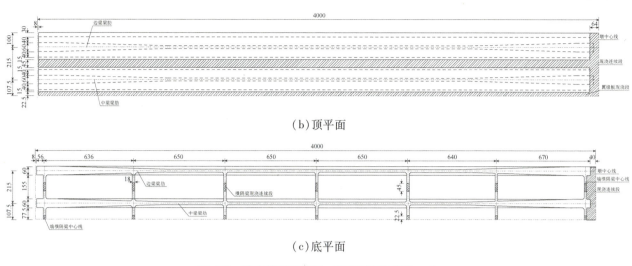

（b）顶平面

（c）底平面

图 4.8　简支转连续梁桥一般构造图（单位：cm）

注：①上图为边跨构造图，中跨按上图右半跨对称布置；
　　②（b）图和（c）图中仅列出一片边梁和一片中梁。

4.3.2　简支转连续桥设计方案施工流程

简支转连续施工顺序对连续梁桥内力具有一定影响。当前主要有两种施工方法：一种是先将每片简支梁转换为连续梁后，再进行横桥向整体化；第二种方法是先将简支梁横向整体化后，再进行结构的纵向体系转换。第一种方法按平面结构进行计算分析较为合理；第二种方法结构体系转换前，桥梁结构已经是空间结构，要进行较为精确的分析比较复杂。由于本模型将采用单梁模型进行计算分析，因此模型中施工模拟时将采用第一种方法模拟简支转连续梁桥的体系转换过程。同时，根据 4.2 节对简支转连续施工方法的介绍，4.3.1 节中的 5×40 m 简支转连续梁桥方案详细施工流程如下：

（1）第一施工阶段：主梁预制、吊装

预制主梁，待混凝土强度达到设计强度的 85% 后张拉正弯矩区预应力钢束，并灌注水泥浆，再将各跨预应力混凝土 T 梁安装就位，并采用临时支座支承形成简支梁桥。第一施工阶段示意图如图 4.9 所示。采用桥梁设计软件模拟时，应激活该阶段对应的预制主梁单元、腹板正弯矩预应力钢束、主梁梁端的边界条件，形成简支梁。

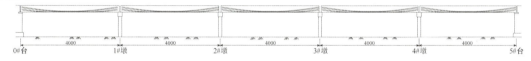

图 4.9　第一施工阶段示意图

（2）第二施工阶段：浇筑墩顶现浇连续段混凝土

安装墩顶永久支座，浇筑墩顶现浇连续段混凝土，将各片纵梁连接成整体，并拆除全桥临时支座，将主梁支承在永久支座上，完成体系转换。第二施工阶段示意图如图 4.10 所示。采用桥梁设计软件模拟时，应激活该阶段对应的墩顶现浇连续段混凝土单元、钝化临时支承支座并激活连续梁桥永久支座边界条件。

图 4.10　第二施工阶段示意图

（3）第三施工阶段：浇筑湿接缝

浇筑各片纵梁横向湿接缝现浇混凝土，将各片纵梁连接成整体。采用桥梁设计软件模拟时，应激活该阶段对应的 T 梁上翼缘湿接缝混凝土。

（4）第四施工阶段：边跨墩顶上翼缘预应力钢束张拉、灌浆

张拉1#墩和4#墩墩顶连续段负弯矩预应力钢束并灌注水泥浆。第四施工阶段示意图如图4.11所示。采用桥梁设计软件模拟时，应激活1#墩和4#墩墩顶上翼缘负弯矩预应力钢束。

图4.11　第四施工阶段示意图

（5）第五施工阶段：中跨墩顶上翼缘预应力钢束张拉、灌浆

张拉2#墩和3#墩墩顶连续段负弯矩预应力钢束并灌注水泥浆。第五施工阶段示意图如图4.12所示。采用桥梁设计软件模拟时，应激活2#墩和3#墩墩顶上翼缘负弯矩预应力钢束。

图4.12　第五施工阶段示意图

（6）第六施工阶段：桥面铺装层施工

浇筑8 cm厚混凝土现浇层和10 cm厚沥青混凝土桥面铺装层，并进行防撞墙施工。第六施工阶段示意图如图4.13所示。采用桥梁设计软件模拟时，混凝土现浇层、桥面铺装层和防撞墙简化为均布荷载施加在桥梁结构上。

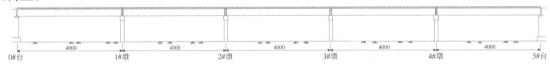

图4.13　第六施工阶段示意图

（7）第七施工阶段：运营阶段

桥梁施工完成，进入通车运营阶段。第七施工阶段示意图如图4.14所示。采用桥梁设计软件模拟时，该阶段不需对模型做出修改，仅需定义收缩徐变计算所需的时间，本模型采用10年（3 650天）。

图4.14　第七施工阶段示意图

4.4　中梁模型建立

与第2章中预应力混凝土简支T梁桥方案设计流程一致，分别建立中间纵梁（中梁）和边纵梁的单片梁估算模型，计算并提取桥梁结构的内力，并依据估算模型计算结果，进行预应力钢束和普通钢筋的估算和布置，最后将配筋信息输入估算模型建立验算模型，进行全桥结构安全性验算。此外，由4.3节可知，简支转连续梁桥方案初步拟定的中梁截面尺寸与第2章中预应力混凝土简支T梁桥方案的中梁截面尺寸一致，因此下面将按照第2章中的中梁模型建立流程，建立简支转连续梁桥中梁估算模型。使用桥梁博士软件建立中梁估算模型的流程如下：

▶ **4.4.1　总体信息**

①双击电脑桌面上的桥梁博士图标，进入桥梁博士登录对话框，在对话框中输入用户名和密码后，进

入启动界面并单击左上角的"新建"按钮,建立"简支转连续梁桥"项目和"中梁"模型。

②双击工作界面树形菜单栏中的"总体信息"　,进入总体信息输入界面,并按照 2.3.1 节方法定义"中梁"模型的"常规""计算内容""计算设置""非线性控制参数"和"材料定义"等信息。

▶ 4.4.2　定义中梁截面

①双击工作界面树形菜单栏中的"结构建模"　,进入结构建模界面,然后单击界面右侧的"截面"标签页,进入截面定义工作界面。

②在截面定义工作界面中间条"[1]截面 1"处单击鼠标右键,弹出下拉菜单,选择其中的"修改截面名称",将截面名称修改为"中梁",并单击"确认"按钮,完成截面名称修改。

③切换到"截面几何"工具栏,鼠标左键单击主菜单中的区域式"导入"　　按钮,弹出"导入区域"对话框,将第 2 章中绘制的中梁截面 CAD 图导入,建立中梁截面。

④鼠标左键单击编辑"移动"　　按钮,选择截面轮廓线为对象,然后以 T 梁截面轴线位置　　为基点,最后指定坐标系原点为第 2 个点,将截面轴线原点移至坐标系原点。

⑤由第 2 章可知,T 梁梁端变截面区的截面尺寸变化可以用腹板厚度、马蹄斜坡的高度和宽度的变化来表示,并且可以根据几何比例关系,用腹板厚度值表示马蹄斜坡的高度值和宽度值。因此,本模型将继续采用变量法定义变截面区的截面变化。具体步骤如下:

第一步,鼠标左键单击编辑"水平标注"　按钮,标注腹板厚度,并定义为参数 F。

第二步,鼠标左键双击中梁截面轮廓线,弹出"截面区域属性"表格,将表格中 3 号和 4 号区域点 X 坐标值改为"$-F/2$",9 号和 10 号区域点 X 坐标值改为"$F/2$",9 号和 10 号区域点的 Y 坐标值分别改为"$-1900-(F/2-100)*5/4$"和"-250"。修改后的"截面区域属性"表格如图 4.15 所示。

编号	TX(mm)	TY(mm)
1	-1075	-160
2	-700	-160
3	$-F/2$	-250
4	$-F/2$	$-1900-(F/2-100)*5/4$
5	-300	-2150
6	-300	-2500
7	300	-2500
8	300	-2150
9	$F/2$	$-1900-(F/2-100)*5/4$
10	$F/2$	-250
11	700	-160
12	1075	-160
13	1075	0
14	-1075	0

图 4.15　修改后区域点坐标

第三步,由图4.8可知,T梁腹板厚度沿梁轴线方向不断变化,因此按住 Ctrl 键并双击图形区的参数F,进入参数编辑器窗口,并双击图形中的线条,弹出"截面参数F定义"表格,按照图4.16输入控制点 X 和 Y 的参数值,并选择相应的曲线类型,鼠标左键单击"确定"按钮,完成截面参数定义。

编号	控制点X(m)	控制点Y(mm)	特征点名称	曲线类型	曲线参数值
1	0	600		直线	
2	1.52	600		直线	
3	9.22	200		直线	
4	30.52	200		直线	
5	38.22	600		直线	
6	39.92	600		直线	
7	41.62	600		直线	
8	49.32	200		直线	
9	70.52	200		直线	
10	78.22	600		直线	
11	79.92	600		直线	
12	81.62	600		直线	
13	89.32	200		直线	

编号	控制点X(m)	控制点Y(mm)	特征点名称	曲线类型	曲线参数值
14	110.52	200		直线	
15	118.22	600		直线	
16	119.92	600		直线	
17	121.62	600		直线	
18	129.32	200		直线	
19	150.52	200		直线	
20	158.22	600		直线	
21	159.92	600		直线	
22	161.62	600		直线	
23	169.32	200		直线	
24	190.62	200		直线	
25	198.32	600		直线	
26	199.84	600		直线	

图4.16　截面参数 F 定义表格

第四步,在参数编辑器窗口单击鼠标右键,在弹出的快捷菜单中选择"退出参数编辑器",在下部界面显示中梁截面沿梁轴向变化,如图4.17 所示。

⑥切换到"截面计算"工具栏,鼠标左键单击主菜单中的特征线"腹板线" 按钮,然后单击 T 梁翼缘板顶部中心线位置,完成腹板线的定义。最后,在图形区单击"腹板线"标记 ,工作界面左侧树形菜单区弹

图4.17　截面沿梁轴向变化

出"对象属性"表格,将其中的"腹板顶宽度(剪力键外距)"修改为"F",其余保持不变。

⑦鼠标左键单击特征线"悬臂线" 按钮,然后在图形区依次点击 T 梁翼缘板顶部的左、右悬臂最外侧点,完成悬臂线的定义。

⑧鼠标左键单击特征线"施工缝" 按钮,然后在图形区"腹板线"标记两侧分别随意单击一个点,在 T 梁翼缘板顶部定义两个施工缝。最后,鼠标左键分别单击两侧施工缝,弹出各施工缝对应的"对象属性"表格,并按照图4.18和图4.19修改左侧和右侧施工缝的"子截面名称""横向位置""朝向"和"适用子截面"等参数。修改完成后的截面腹板线、悬臂线和施工缝如图4.20所示。

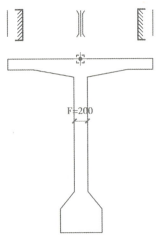

对象属性	
日 施工缝	
子截面名称	S1
横向位置	-850
朝向	朝左
适用子截面	主截面

图4.18　左侧施工缝属性修改

对象属性	
日 施工缝	
子截面名称	S2
横向位置	850
朝向	朝右
适用子截面	主截面

图4.19　右侧施工缝属性修改

F=200

图4.20　截面腹板线、悬臂线和施工缝

⑨鼠标左键单击控制点"支座位"  按钮,然后在图形区单击 T 梁腹板底部中点位置,完成支座位的定义。

⑩鼠标左键单击控制点"应力点"  按钮,然后在图形区单击 T 梁翼缘板顶部中点和腹板底部中点位置,完成 T 形梁上缘应力点和下缘应力点的定义。最后,鼠标左键分别单击上缘应力点和下缘应力点,弹出各应力点对应的"对象属性"表格,并按照图 4.21 和图 4.22 修改上缘应力点和下缘应力点属性。

对象属性	廿
日 截面应力计算点	
应力点名称	应力点1
适用子截面	☑ 主截面 ☐ S1 ☐ S2
计算主应力	☑
剪应力计算腹板宽	自动扫描
X	0
Y	0

图 4.21　上缘应力点属性修改

对象属性	廿
日 截面应力计算点	
应力点名称	应力点2
适用子截面	☑ 主截面 ☐ S1 ☐ S2
计算主应力	☑
剪应力计算腹板宽	自动扫描
X	0
Y	-2500

图 4.22　下缘应力点属性修改

⑪鼠标左键单击计算"截面定义"  按钮,弹出"截面定义"对话框,在"截面定义"栏中,将"有效宽度模式"修改为"公路 T 梁","有效宽度类型"修改为"上缘",S1、S2 子截面的"安装序号"修改为"2";在"截面总体"栏中,可将"截面拟合时自动排序"修改为"不排序";在"梯度温度"栏中,"梯度温度模式"项同时勾选"公路 15 混凝土桥升温模式"和"公路 15 混凝土桥降温模式","沥青铺装厚(mm)"项填入"100"。修改后的"截面定义"对话框如图 4.23 所示。

图 4.23　截面定义对话框

⑫在图形区分别单击两侧"悬臂线"标记,弹出各悬臂线对应的"对象属性"表格,按照图 4.24 和图 4.25 修改表格中的"T 梁承托长""T 梁承托高"和"T 梁顶板平均厚度"等参数,并勾选"该侧为内侧翼缘"。

对象属性	⋔
日 特征线	
特征线类型	悬臂线
横向位置X	-1075
底缘横向位置X	
T梁承托长	700-F/2
T梁承托高	90
T梁顶板平均厚度	160
该侧为内侧翼缘	☑

图4.24 左悬臂线属性修改

对象属性	⋔
日 特征线	
特征线类型	悬臂线
横向位置X	1075
底缘横向位置X	
T梁承托长	700-F/2
T梁承托高	90
T梁顶板平均厚度	160
该侧为内侧翼缘	☑

图4.25 右悬臂线属性修改

▶ 4.4.3 建立中梁结构模型

①鼠标左键单击结构建模界面右侧的"建模"标签页,进入结构建模工作界面。

②切换到"常规建模"工具栏,鼠标左键单击构件"梁"￼按钮,按如下命令行提示输入数据:

命令:modeling. beambyspan

输入梁起点或中点<0,0>:{单击键盘"空格"键}

指定跨径方式[顺序跨径(K)/对称跨径(M)]<M>:K

输入跨径布置<末值为负按跨中对称>:39.92+3*40+39.92

指定支座到梁端距离<0,0>:0.56

中梁创建完成,如图4.26所示。

图4.26 创建中梁

③鼠标左键双击中梁模型轮廓线,弹出"构件节点属性汇总"表格,选中 D1、D2、D3 和 D4 节点的"弯矩折减"单选框,并在各节点的"支承宽度(mm)"项输入"250,250",如图4.27所示。

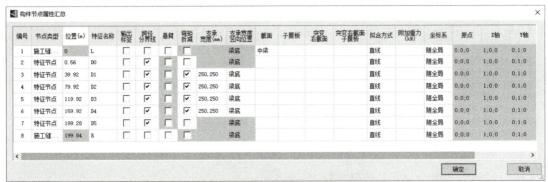

编号	节点类型	位置(m)	特征名称	输出标签	跨径分界线	悬臂	弯矩折减	支承宽度(mm)	支承宽度型向位置	截面	子腹板	突变右腹面	突变右截面子腹板	拟合方式	附加重力(kN)	坐标系	原点	X轴	Y轴
1	施工键…	0	L	□	□	□	□		梁底	中梁				直线		随全局	0;0;0	1;0;0	0;1;0
2	特征节点	0.56	D0	□	☑	□	□		梁底					直线		随全局	0;0;0	1;0;0	0;1;0
3	特征节点	39.92	D1	□	☑	□	☑	250,250	梁底					直线		随全局	0;0;0	1;0;0	0;1;0
4	特征节点	79.92	D2	□	☑	□	☑	250,250	梁底					直线		随全局	0;0;0	1;0;0	0;1;0
5	特征节点	119.92	D3	□	☑	□	☑	250,250	梁底					直线		随全局	0;0;0	1;0;0	0;1;0
6	特征节点	159.92	D4	□	☑	□	☑	250,250	梁底					直线		随全局	0;0;0	1;0;0	0;1;0
7	特征节点	199.28	D5	□	☑	□	□		梁底					直线		随全局	0;0;0	1;0;0	0;1;0
8	施工键…	199.84	R	□	□	□	□		梁底					直线		随全局	0;0;0	1;0;0	0;1;0

确定   取消

图4.27 构件节点属性汇总表

小提示

由图4.28可见,理论上连续梁中间支承处的负弯矩图呈尖形,但是实际上支承处有一定的支承宽度,并且支承处又设有横隔梁,因此支承处反力在梁内呈扩散分布,真实弯矩图呈圆滑的曲线形。因此,《桥规》(2018)第4.3.5条规定:计算连续梁中间支承处的负弯矩时,可考虑支座宽度对弯矩折减的影响,折减后的弯矩按式(4.1)计算,但折减后的弯矩不得小于未经折减弯矩的0.9倍。

$$M_e = M - M' \tag{4.1}$$

$$M' = \frac{1}{8}qa^2 \tag{4.2}$$

式中 M_e——折减后的支点负弯矩;

M——按理论公式或方法计算的支点负弯矩；

M'——折减弯矩；

q——梁的支点反力 R 在支座两侧向上按 $45°$ 分布于梁截面重心轴 G—G 的荷载强度，$q=R/a$；

a——梁支点反力在支座两侧向上按 $45°$ 扩散交于重心轴 G—G 的长度（圆形支座可换算为边长等于 0.8 倍直径的方形支座）。

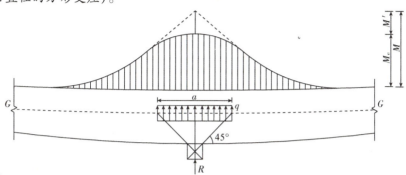

图 4.28　中间支承处折减弯矩计算图

　　根据现有资料，本章中简支转连续梁桥设计方案的中间墩墩顶采用 GBZJ500×550×110（CR）型矩形板式橡胶支座和 GBZJH500×550×110（CR）型矩形板式橡胶支座，其顺桥向安装分别如图 4.29（a）和图 4.29（b）所示。根据《公路桥梁板式橡胶支座》（JT/T 4—2019）可知，GBZJ500×550×110（CR）型和 GBZJH500×550×110（CR）型支座的顺桥向宽度为 500 mm。

　　"构件节点属性汇总"表格中的"支承宽度（mm）"项为节点左右支承宽度，当输入一个值时，默认节点左右支承宽度相等，则该值为实际支座宽度的一半；当输入两个数值时，分别表示支座前、后的宽度，用逗号隔开。因此，本模型的中间支点支承宽度输入"250,250"。

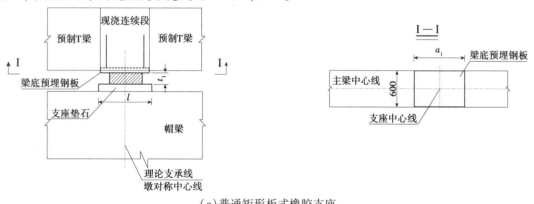

（a）普通矩形板式橡胶支座

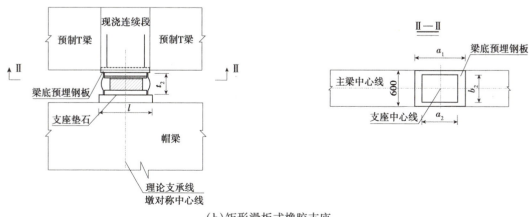

（b）矩形滑板式橡胶支座

图 4.29　支座顺桥向安装示意图

④鼠标左键单击节点"创建"按钮,以中梁左支座对应节点(D0 节点)为参考点,根据图4.8(a)推算中梁各中间横隔板的位置,按如下命令行提示创建各中间横隔板对应的特征节点:

命令:modeling.nj

指定参考节点或[左端(L)/中点(M)/右端(R)]<L>:{鼠标左键单击 D0 节点}

指定生成方向[左向右(L)/双向(S)/右向左(R)]<L>:{单击"空格"键}

指定间距:6.36+3*6.5+6.4+14.2+6.4+2*6.5+6.4+14.2+6.4+2*6.5+6.4+14.2+6.4+2*6.5+6.4+14.2+6.4+3*6.5

指定节点类型[一般节点(C)/特征节点(T)/施工缝(S)]<T>:{单击"空格"键}

中间横隔板特征节点创建完成,如图4.30所示。

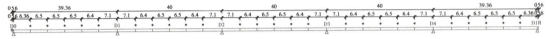

图4.30　创建中间横隔板特征节点

⑤鼠标左键单击节点"改名"^{P1 P2}按钮,按如下命令行提示批量修改各中间横隔板特征节点名:

命令:modeling. rnode

选择起始节点:{鼠标左键单击第一跨左边第一个新建横隔板特征节点}

选择终止节点:{鼠标左键单击第一跨右边最后一个新建横隔板特征节点}

是否包含施工缝节点[是(Y)/否(N)]<N>:{单击键盘"空格"键}

指定名称表达式(XXX[ ]XXX)<J[ ]>:HG[ ]

指定起始序号<1>:{单击键盘"空格"键}

命令:modeling. rnode

选择起始节点:{鼠标左键单击第二跨左边第一个新建横隔板特征节点}

选择终止节点:{鼠标左键单击第二跨右边最后一个新建横隔板特征节点}

是否包含施工缝节点[是(Y)/否(N)]<N>:{单击键盘"空格"键}

指定名称表达式(XXX[ ]XXX)<J[ ]>:HG[ ]

指定起始序号<1>:6

命令:modeling. rnode

选择起始节点:{鼠标左键单击第三跨左边第一个新建横隔板特征节点}

选择终止节点:{鼠标左键单击第三跨右边最后一个新建横隔板特征节点}

是否包含施工缝节点[是(Y)/否(N)]<N>:{单击键盘"空格"键}

指定名称表达式(XXX[ ]XXX)<J[ ]>:HG[ ]

指定起始序号<1>:11

命令:modeling. rnode

选择起始节点:{鼠标左键单击第四跨左边第一个新建横隔板特征节点}

选择终止节点:{鼠标左键单击第四跨右边最后一个新建横隔板特征节点}

是否包含施工缝节点[是(Y)/否(N)]<N>:{单击键盘"空格"键}

指定名称表达式(XXX[ ]XXX)<J[ ]>:HG[ ]

指定起始序号<1>:16

命令:modeling. rnode

选择起始节点:{鼠标左键单击第五跨左边第一个新建横隔板特征节点}

选择终止节点:{鼠标左键单击第五跨右边最后一个新建横隔板特征节点}

是否包含施工缝节点[是(Y)/否(N)]<N>:{单击键盘"空格"键}

指定名称表达式(XXX[ ]XXX)<J[ ]>:HG[ ]

指定起始序号<1>:21

各中间横隔板特征节点名称修改完成,如图4.31所示。

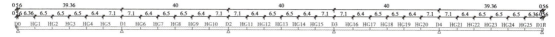

图4.31　中间横隔板特征节点名称

⑥鼠标左键单击节点"创建"⊞按钮,以D1节点为参考点,根据图4.8(a)推算D1节点左右两个临时支承节点的位置,按如下命令行提示创建各临时支承对应的特征节点:

命令:modeling. nj

指定参考节点或[左端(L)/中点(M)/右端(R)]<L>:{鼠标左键单击D1节点}

指定生成方向[左向右(L)/双向(S)/右向左(R)]<L>:S

指定间距:0.65

指定节点类型[一般节点(C)/特征节点(T)/施工缝(S)]<T>:{单击"空格"键}

⑦新建立特征节点未命名时显示为灰色"*"符号,分别用鼠标左键双击各新建临时支承特征节点对应的灰色"*"符号,激活节点名称输入框,并分别输入"LZ1"和"LZ2",完成新建临时支承特征节点名称修改,如图4.32所示。

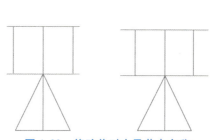

图4.32　修改临时支承节点名称

⑧鼠标左键单击节点"复制"━━━按钮,按如下命令行提示创建剩余各临时支承对应的特征节点:

命令:modeling. cj

选择节点:{鼠标左键单击LZ1节点}

选择节点:{鼠标左键单击LZ2节点}

选择节点:{单击"空格"键}

指定复制距离或[选择参考节点(C)]<C>:{单击"空格"键}

选择节点1:{鼠标左键单击D1节点}

指定节点2:{鼠标左键单击D2节点}

继续指定节点2:{鼠标左键单击D3节点}

继续指定节点2:{鼠标左键单击D4节点}

小 提示

图4.33为图4.8(a)中右端中间墩位置的局部图。由图4.33可见,临时支承中心线与右端横隔板之间的间距仅为9 cm(=74 cm-65 cm),距离较近。因此,本模型中将右端横隔板与临时支承中心线合并,仅建立临时支承中心线对应的特征节点。

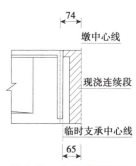

图4.33　中间墩局部图
（单位:cm）

⑨鼠标左键双击中梁轮廓线,弹出"构件节点属性汇总"表格,根据2.3.5节中各横隔板对应特征节点的附加重力值,将中梁各横隔板对应特征节点(D0、D5

和 HG1 ~ HG25)和临时支承对应特征节点(LZ1 ~ LZ8)的"附加重力(kN)"项输入对应附加重力值。修改后的"构件节点属性汇总"表格如图4.34 所示。

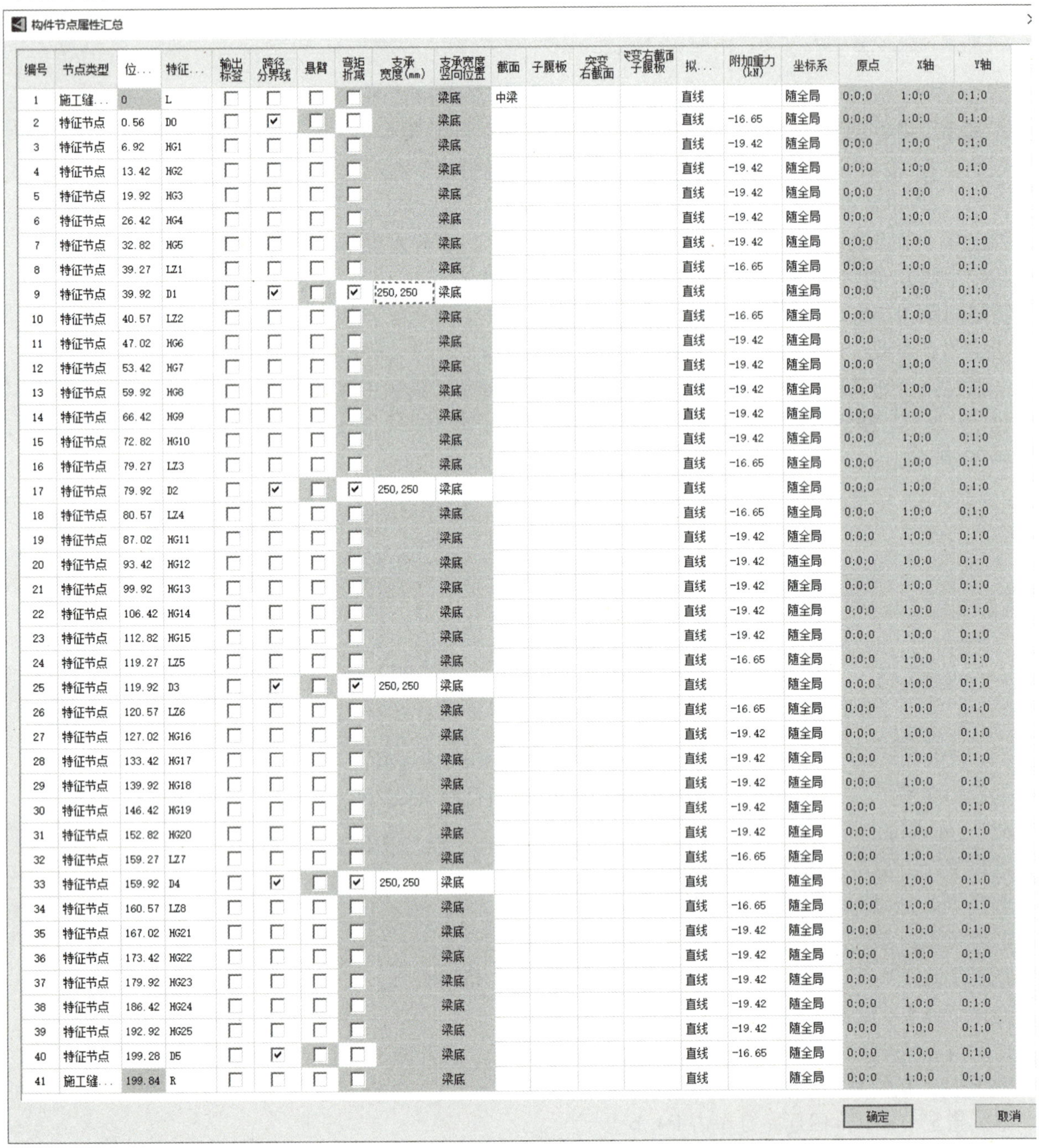

编号	节点类型	位...	特征...	输出标签	跨径分界线	悬臂	弯矩折减	支承宽度(mm)	支承宽度空间应监	截面	子腹板	突变右截面	突变右截面子腹板	拟...	附加重力(kN)	坐标系	原点	X轴	Y轴
1	施工缝...	0	L						梁底	中梁				直线		随全局	0;0;0	1;0;0	0;1;0
2	特征节点	0.56	D0		✓				梁底					直线	-16.65	随全局	0;0;0	1;0;0	0;1;0
3	特征节点	6.92	HG1						梁底					直线	-19.42	随全局	0;0;0	1;0;0	0;1;0
4	特征节点	13.42	HG2						梁底					直线	-19.42	随全局	0;0;0	1;0;0	0;1;0
5	特征节点	19.92	HG3						梁底					直线	-19.42	随全局	0;0;0	1;0;0	0;1;0
6	特征节点	26.42	HG4						梁底					直线	-19.42	随全局	0;0;0	1;0;0	0;1;0
7	特征节点	32.82	HG5						梁底					直线	-19.42	随全局	0;0;0	1;0;0	0;1;0
8	特征节点	39.27	LZ1						梁底					直线	-16.65	随全局	0;0;0	1;0;0	0;1;0
9	特征节点	39.92	D1		✓		✓	250,250	梁底					直线		随全局	0;0;0	1;0;0	0;1;0
10	特征节点	40.57	LZ2						梁底					直线	-16.65	随全局	0;0;0	1;0;0	0;1;0
11	特征节点	47.02	HG6						梁底					直线	-19.42	随全局	0;0;0	1;0;0	0;1;0
12	特征节点	53.42	HG7						梁底					直线	-19.42	随全局	0;0;0	1;0;0	0;1;0
13	特征节点	59.92	HG8						梁底					直线	-19.42	随全局	0;0;0	1;0;0	0;1;0
14	特征节点	66.42	HG9						梁底					直线	-19.42	随全局	0;0;0	1;0;0	0;1;0
15	特征节点	72.82	HG10						梁底					直线	-19.42	随全局	0;0;0	1;0;0	0;1;0
16	特征节点	79.27	LZ3						梁底					直线	-16.65	随全局	0;0;0	1;0;0	0;1;0
17	特征节点	79.92	D2		✓		✓	250,250	梁底					直线		随全局	0;0;0	1;0;0	0;1;0
18	特征节点	80.57	LZ4						梁底					直线	-16.65	随全局	0;0;0	1;0;0	0;1;0
19	特征节点	87.02	HG11						梁底					直线	-19.42	随全局	0;0;0	1;0;0	0;1;0
20	特征节点	93.42	HG12						梁底					直线	-19.42	随全局	0;0;0	1;0;0	0;1;0
21	特征节点	99.92	HG13						梁底					直线	-19.42	随全局	0;0;0	1;0;0	0;1;0
22	特征节点	106.42	HG14						梁底					直线	-19.42	随全局	0;0;0	1;0;0	0;1;0
23	特征节点	112.82	HG15						梁底					直线	-19.42	随全局	0;0;0	1;0;0	0;1;0
24	特征节点	119.27	LZ5						梁底					直线	-16.65	随全局	0;0;0	1;0;0	0;1;0
25	特征节点	119.92	D3		✓		✓	250,250	梁底					直线		随全局	0;0;0	1;0;0	0;1;0
26	特征节点	120.57	LZ6						梁底					直线	-16.65	随全局	0;0;0	1;0;0	0;1;0
27	特征节点	127.02	HG16						梁底					直线	-19.42	随全局	0;0;0	1;0;0	0;1;0
28	特征节点	133.42	HG17						梁底					直线	-19.42	随全局	0;0;0	1;0;0	0;1;0
29	特征节点	139.92	HG18						梁底					直线	-19.42	随全局	0;0;0	1;0;0	0;1;0
30	特征节点	146.42	HG19						梁底					直线	-19.42	随全局	0;0;0	1;0;0	0;1;0
31	特征节点	152.82	HG20						梁底					直线	-19.42	随全局	0;0;0	1;0;0	0;1;0
32	特征节点	159.27	LZ7						梁底					直线	-16.65	随全局	0;0;0	1;0;0	0;1;0
33	特征节点	159.92	D4		✓		✓	250,250	梁底					直线		随全局	0;0;0	1;0;0	0;1;0
34	特征节点	160.57	LZ8						梁底					直线	-16.65	随全局	0;0;0	1;0;0	0;1;0
35	特征节点	167.02	HG21						梁底					直线	-19.42	随全局	0;0;0	1;0;0	0;1;0
36	特征节点	173.42	HG22						梁底					直线	-19.42	随全局	0;0;0	1;0;0	0;1;0
37	特征节点	179.92	HG23						梁底					直线	-19.42	随全局	0;0;0	1;0;0	0;1;0
38	特征节点	186.42	HG24						梁底					直线	-19.42	随全局	0;0;0	1;0;0	0;1;0
39	特征节点	192.92	HG25						梁底					直线	-19.42	随全局	0;0;0	1;0;0	0;1;0
40	特征节点	199.28	D5		✓				梁底					直线	-16.65	随全局	0;0;0	1;0;0	0;1;0
41	施工缝...	199.84	R						梁底					直线		随全局	0;0;0	1;0;0	0;1;0

确定　　取消

图4.34　构件节点属性汇总

⑩鼠标左键单击截面"安装" A-A 按钮,选择中梁左起点(即 L 点)为安装点,在弹出的"选择截面"对话框中选择"中梁",并单击"确定"按钮,完成截面安装。安装截面后的中梁模型如图4.35 所示。

⑪鼠标左键单击中梁轮廓线,左侧树形菜单栏弹出"对象属性"表格,其中的"构件验算类型"选择"预制全预应力梁","构件模板"选择"常规空间砼主梁","自重系数"输入"1.04",其他参数采用默认值不做修改。修改后的"对象属性"表格如图4.36 所示。

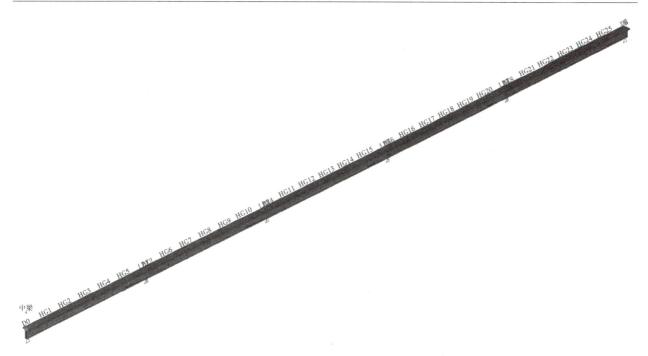

图 4.35　安装中梁截面

对象属性		╬
□ 构件信息		
构件名称	梁1	
构件验算类型	预制全预应力梁	
构件模板	常规空间砼主梁	
自重系数	1.04	
加载龄期(天)	28	
计算长度(m)		
截面镜像	不镜像	
竖向构件	□	
竖直截面	□	
构件截面β角(度)	0	
截面β角参考系	整体坐标系	
□ 其他信息		
轴线	轴线1	
起点位置	0	
终点位置	L	
显示加劲肋	□	
纹理		

图 4.36　修改主梁属性

⑫由图 4.8(a)可知,该简支转连续梁桥墩顶现浇连续段长度为 0.8 m,因此鼠标左键单击节点"创建"
按钮,以 D1 节点为参考点,按如下命令行提示创建现浇连续段左右边界对应的施工缝节点,并按照步骤
⑦的方法修改施工缝节点名称为 S1 和 S2。

命令:modeling.nj

指定参考节点或[左端(L)/中点(M)/右端(R)]<L>:{鼠标左键单击 D1 节点}

指定生成方向[左向右(L)/双向(S)/右向左(R)]<L>:S

指定间距:0.4

指定节点类型[一般节点(C)/特征节点(T)/施工缝(S)]<T>:S

⑬鼠标左键单击节点"复制" ∎→∎ 按钮,按如下命令行提示创建剩余各现浇连续段左右边界对应的施工缝节点:

命令:modeling.cj

选择节点:{鼠标左键单击 S1 节点}

选择节点:{鼠标左键单击 S2 节点}

选择节点:{单击"空格"键}

指定复制距离或[选择参考节点(C)]<C>:{单击"空格"键}

选择节点 1:{鼠标左键单击 D1 节点}

指定节点 2:{鼠标左键单击 D2 节点}

继续指定节点 2:{鼠标左键单击 D3 节点}

继续指定节点 2:{鼠标左键单击 D4 节点}

⑭切换到"模型显示"工具栏,激活施工"龄期"单选框 ☑ 龄期,用鼠标左键双击各施工段上部的"{默认}"符号,激活施工段施工龄期输入框,输入"7",完成新建墩顶现浇连续段施工龄期修改。以 S1 施工段施工龄期修改流程为例,其修改流程图如图 4.37 所示。

⑮激活"验算类型"单选框 ☑ 验算类型,用鼠标左键双击各施工段上部的"{默认}"符号,激活验算类型下拉菜单,并选择"现浇全预应力梁",完成新建墩顶现浇连续段验算类型修改。以 S1 施工段验算类型修改流程为例,其修改流程图如图 4.38 所示。

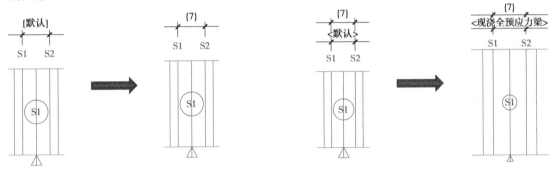

图 4.37　现浇连续段施工龄期修改流程图　　　　图 4.38　现浇连续段验算类型修改流程图

⑯切换到"常规建模"工具栏,鼠标左键单击节点"加密" ∎∎∎ 按钮,按如下命令行提示操作,对中梁模型节点按 2 m 的间隔进行加密。

命令:modeling.jj

选择节点:{鼠标左键单击 D0 特征节点}

选择节点:{鼠标左键单击 D5 特征节点}

加密解释方向[从左到右(L)/从中间到两侧(M)/从右到左(R)]<L>:{单击键盘"空格"键}

指定加密间距<2>:{单击键盘"空格"键}

▶ 4.4.4　定义中梁模型施工分析信息

建立中梁估算模型的目的是为估算中梁预应力钢束布置提供依据,因此 4.3.2 节中简支转连续梁桥设计方案施工流程中的预应力钢束张拉等施工信息在中梁估算模型中不需定义。因此,中梁估算模型的施工过程划分为主梁预制吊装、墩顶现浇连续段混凝土浇筑、浇筑湿接缝、桥面铺装层施工和收缩徐变五个施工阶段,分别标记为第一施工阶段、第二施工阶段、第三施工阶段、第四施工阶段和第五施工阶段。下面将对各个施工阶段施工分析信息进行定义。

1)第一施工阶段定义

①双击工作界面树形菜单栏中的"施工分析" 🏗️ ,进入施工分析信息输入界面。

②修改中间条的"当前阶段"名称为"预制吊装",并且用鼠标左键单击信息表下部的"总体信息"选项卡,设定"施工持续天数(天)"为"30",如图4.39所示。

当前阶段:	预制吊装	⬅️ ➡️
基本		
阶段信息	第1阶段,共1阶段	
阶段备忘		
温度		
施工持续天数(天)	30	
阶段升温(℃)	0	
阶段降温(℃)	0	
平均温度(℃)	20	
计算优化		
生成调束信息	☐	
调索迭代次数	5	

施工汇总　**总体信息**　构件安装拆除　钢束安装拆除　支座

图4.39　定义预制吊装阶段总体信息

③鼠标左键单击信息表下部的"构件安装拆除"选项卡,对"构件安装拆除"表格按图4.40修改,完成中梁各片预制T梁构件的安装。

当前阶段:	预制吊装	⬅️ ➡️		🔄

构件安装拆除			
编号	操作	构件	施工段
1	安装	梁1	S0
2	安装	梁1	S2
3	安装	梁1	S4
4	安装	梁1	S6
5	安装	梁1	S8

施工汇总　总体信息　**构件安装拆除**　钢束安装拆除　支座　主从约束　弹性连接

图4.40　构件安装拆除表格

预制T梁构件安装完成后,模型如图4.41所示。

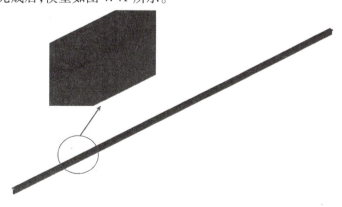

图4.41　安装预制T梁构件

④鼠标左键单击信息表下部的“支座”选项卡，按图 4.42 修改“支座”表格，定义中梁构件的 D0 节点、D5 节点和临时支承节点 LZ1 ~ LZ8 节点的支座特性，使步骤③中安装的各跨预制 T 梁构件形成简支梁桥边界条件。其中，第一跨左、右支点（D0 节点和 LZ1 节点）支座边界条件分别如图 4.43 和图 4.44 所示，其他各跨支座边界条件均按此定义。

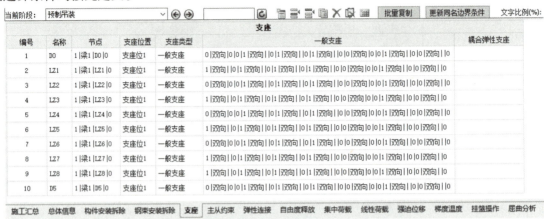

<table>
<tr><th colspan="7">支座</th></tr>
<tr><th>编号</th><th>名称</th><th>节点</th><th>支座位置</th><th>支座类型</th><th>一般支座</th><th>耦合弹性支座</th></tr>
<tr><td>1</td><td>D0</td><td>1 |梁1 |D0 |0</td><td>支座位1</td><td>一般支座</td><td>0 |双向 |0 |0 |1 |双向 | |0 |1 |双向 | |0 |1 |双向 | |0 |0 |双向 |0 |0 |1 |双向 | |0 |0 |双向 | |0</td><td></td></tr>
<tr><td>2</td><td>LZ1</td><td>1 |梁1 |LZ1 |0</td><td>支座位1</td><td>一般支座</td><td>1 |双向 | |0 |1 |双向 | |0 |1 |双向 | |0 |1 |双向 | |0 |0 |双向 |0 |0 |1 |双向 | |0 |0 |双向 | |0</td><td></td></tr>
<tr><td>3</td><td>LZ2</td><td>1 |梁1 |LZ2 |0</td><td>支座位1</td><td>一般支座</td><td>0 |双向 |0 |0 |1 |双向 | |0 |1 |双向 | |0 |1 |双向 | |0 |0 |双向 |0 |0 |1 |双向 | |0 |0 |双向 | |0</td><td></td></tr>
<tr><td>4</td><td>LZ3</td><td>1 |梁1 |LZ3 |0</td><td>支座位1</td><td>一般支座</td><td>1 |双向 | |0 |1 |双向 | |0 |1 |双向 | |0 |1 |双向 | |0 |0 |双向 |0 |0 |1 |双向 | |0 |0 |双向 | |0</td><td></td></tr>
<tr><td>5</td><td>LZ4</td><td>1 |梁1 |LZ4 |0</td><td>支座位1</td><td>一般支座</td><td>0 |双向 |0 |0 |1 |双向 | |0 |1 |双向 | |0 |1 |双向 | |0 |0 |双向 |0 |0 |1 |双向 | |0 |0 |双向 | |0</td><td></td></tr>
<tr><td>6</td><td>LZ5</td><td>1 |梁1 |LZ5 |0</td><td>支座位1</td><td>一般支座</td><td>1 |双向 | |0 |1 |双向 | |0 |1 |双向 | |0 |1 |双向 | |0 |0 |双向 |0 |0 |1 |双向 | |0 |0 |双向 | |0</td><td></td></tr>
<tr><td>7</td><td>LZ6</td><td>1 |梁1 |LZ6 |0</td><td>支座位1</td><td>一般支座</td><td>0 |双向 |0 |0 |1 |双向 | |0 |1 |双向 | |0 |1 |双向 | |0 |0 |双向 |0 |0 |1 |双向 | |0 |0 |双向 | |0</td><td></td></tr>
<tr><td>8</td><td>LZ7</td><td>1 |梁1 |LZ7 |0</td><td>支座位1</td><td>一般支座</td><td>1 |双向 | |0 |1 |双向 | |0 |1 |双向 | |0 |1 |双向 | |0 |0 |双向 |0 |0 |1 |双向 | |0 |0 |双向 | |0</td><td></td></tr>
<tr><td>9</td><td>LZ8</td><td>1 |梁1 |LZ8 |0</td><td>支座位1</td><td>一般支座</td><td>1 |双向 | |0 |1 |双向 | |0 |1 |双向 | |0 |1 |双向 | |0 |0 |双向 |0 |0 |1 |双向 | |0 |0 |双向 | |0</td><td></td></tr>
<tr><td>10</td><td>D5</td><td>1 |梁1 |D5 |0</td><td>支座位1</td><td>一般支座</td><td>0 |双向 |0 |0 |1 |双向 | |0 |1 |双向 | |0 |1 |双向 | |0 |0 |双向 |0 |0 |1 |双向 | |0 |0 |双向 | |0</td><td></td></tr>
</table>

图 4.42　支座表格

方向	刚性	正负向	弹性系数	顶推施工...
Dx	☐	双向	0	☐
Dy	☑	双向		☐
Dz	☑	双向		☐
Rx	☑	双向		☐
Ry	☐	双向	0	☐
Rz	☑	双向		☐
W	☐	双向		☐

单位：力：kN，力矩：kN*m，位移：m，角度：rad

图 4.43　D0 节点支座

方向	刚性	正负向	弹性系数	顶推施工...
Dx	☑	双向		☐
Dy	☑	双向		☐
Dz	☑	双向		☐
Rx	☑	双向		☐
Ry	☐	双向	0	☐
Rz	☑	双向		☐
W	☐	双向		☐

单位：力：kN，力矩：kN*m，位移：m，角度：rad

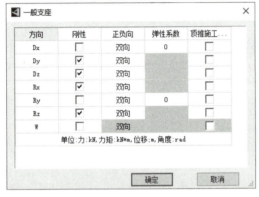

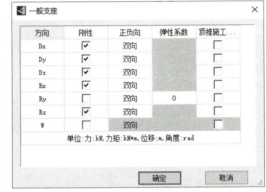

图 4.44　LZ1 节点支座

2）第二施工阶段定义

①鼠标左键单击中间条的“新增施工阶段”按钮，修改中间条的“当前阶段”名称为“简支转连续”，并单击信息表下部的“总体信息”选项卡，设定“施工持续天数（天）”为“7”，如图 4.45 所示。

基本	
阶段信息	第 2 阶段，共 2 阶段
阶段备忘	
温度	
施工持续天数(天)	7
阶段升温(℃)	0
阶段降温(℃)	0
平均温度(℃)	20
计算优化	
生成调束信息	☐
调索迭代次数	5

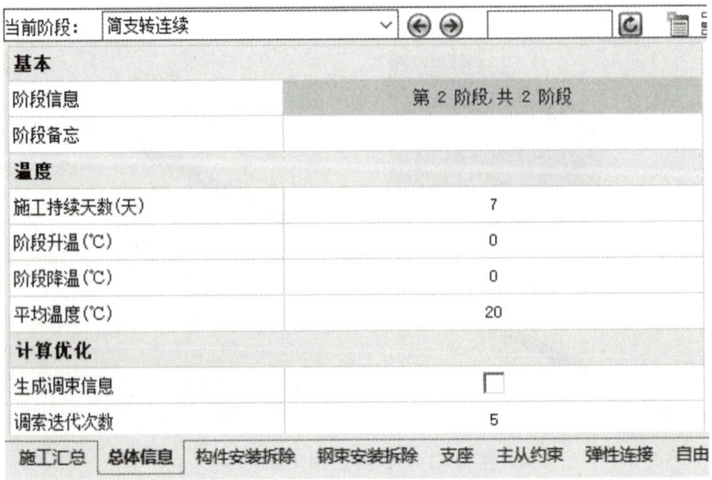

图 4.45　定义简支转连续施工阶段

②鼠标左键单击信息表下部的"构件安装拆除"选项卡,按图 4.46 对"构件安装拆除"表格进行修改,完成墩顶现浇连续段的安装。

图 4.46　构件安装拆除表格

③鼠标左键单击信息表下部的"支座"选项卡,按图 4.47 修改"支座"表格,拆除 LZ1 ~ LZ8 节点的临时支座,并在 D1 节点、D2 节点、D3 节点和 D4 节点安装永久支座,其中 D2 节点支座为固定支座(约束 DX),其他支座均为可移动支座(释放 DX)。

图 4.47　支座表格

3)第三施工阶段定义

①鼠标左键单击中间条的"新增施工阶段" 按钮,修改中间条的"当前阶段"名称为"浇筑湿接缝",并单击信息表下部的"总体信息"选项卡,设定"施工持续天数(天)"为"7",如图 4.48 所示。

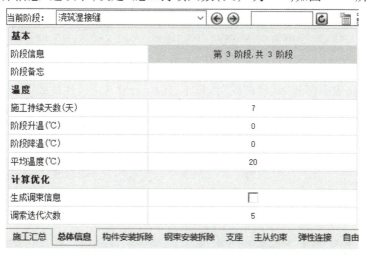

图 4.48　定义浇筑湿接缝施工阶段

②鼠标左键单击信息表下部的"构件安装拆除"选项卡,按图 4.49 对"构件安装拆除"表格进行修改,完成现浇湿接缝混凝土浇筑。

当前阶段:	浇筑湿接缝		

构件安装拆除

编号	操作	构件	施工段
1	安装	梁1	S0
2	安装	梁1	S1
3	安装	梁1	S2
4	安装	梁1	S3
5	安装	梁1	S4
6	安装	梁1	S5
7	安装	梁1	S6
8	安装	梁1	S7
9	安装	梁1	S8

施工汇总　总体信息　**构件安装拆除**　钢束安装拆除　支座　主从约束　弹性

图 4.49　构件安装拆除表格

4)第四施工阶段定义

①鼠标左键单击中间条的"新增施工阶段" 📄 按钮,修改中间条的"当前阶段"名称为"二期铺装",并单击信息表下部的"总体信息"选项卡,设定"施工持续天数(天)"为"7",如图 4.50 所示。

当前阶段:	二期铺装	

基本	
阶段信息	第 4 阶段,共 4 阶段
阶段备忘	
温度	
施工持续天数(天)	7
阶段升温(℃)	0
阶段降温(℃)	0
平均温度(℃)	20
计算优化	
生成调束信息	☐
调索迭代次数	5

施工汇总　**总体信息**　构件安装拆除　钢束安装拆除　支座　主从约束　弹性连接　自由

图 4.50　定义二期铺装施工阶段

②鼠标左键单击信息表下部的"线性荷载"选项卡,按图 4.51 对"线性荷载"表格进行修改,完成中梁构件桥面铺装荷载和防撞墙荷载施加(桥面铺装荷载和防撞墙荷载取值与 2.3.6 节一致)。

当前阶段:	二期铺装								批量复制	更新同

线性荷载

编号	名称	类型	方向	起点位置	起点荷载 (kN/m, kN*m/m)	终点位置	终点荷载 (kN/m, kN*m/m)	坐标系
1	桥面铺装	结构重力及附加重力	Fz	1|梁1|L|||	-9.632	1|梁1|R|||	-9.632	整体坐标系
2	防撞墙	结构重力及附加重力	Fz	1|梁1|L|||	-3.233	1|梁1|R|||	-3.233	整体坐标系

施工汇总　总体信息　构件安装拆除　钢束安装拆除　支座　主从约束　弹性连接　自由度释放　集中荷载　**线性荷载**　强迫位移　梯度

图 4.51　线性荷载表格

桥面铺装荷载和防撞墙荷载施加完成,如图 4.52 所示。

图 4.52　桥面铺装荷载和防撞墙荷载分布图

5）第五施工阶段定义

鼠标左键单击中间条的"新增施工阶段" 按钮，修改中间条的"当前阶段"名称为"收缩徐变"，鼠标左键单击信息表下部的"总体信息"选项卡，设定"施工持续天数（天）"为"3650"，如图 4.53 所示。

图 4.53　定义收缩徐变施工阶段

▶ 4.4.5　输入中梁模型运营分析信息

①鼠标左键双击项目管理树形菜单中"简支转连续梁桥"项目下"中梁"模型的"运营分析" ，进入运营分析信息输入界面。

②鼠标左键单击信息表下部的"总体信息"选项卡，设定"升温温差（℃）"和"降温温差（℃）"均为"20"，如图 4.54 所示。

③鼠标左键单击信息表下部的"强迫位移"选项卡，按照图 4.55 对"名称""支座"和"Dz（m）"等参数进行设置，完成中梁基础变位作用的定义。

图 4.54　定义总体信息

编号	名称	支座	Dx(m)	Dy(m)	Dz(m)	Rx(度)	Ry(度)	Rz(度)
1	CJ1	D0	0	0	-0.005	0	0	0
2	CJ2	D1	0	0	-0.005	0	0	0
3	CJ3	D2	0	0	-0.005	0	0	0
4	CJ4	D3	0	0	-0.005	0	0	0
5	CJ5	D4	0	0	-0.005	0	0	0
6	CJ6	D5	0	0	-0.005	0	0	0

图 4.55　定义强迫位移

④鼠标左键单击信息表下部的"梯度温度"选项卡，按照图 4.56 对"名称""构件"和"温度模式"等参数进行设置，完成中梁梯度升温和梯度降温两种梯度温度荷载的定义。

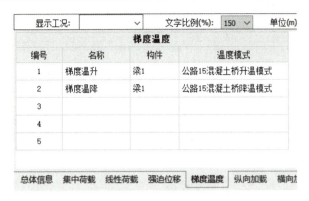

图 4.56　定义梯度温度

⑤鼠标左键单击信息表下部的"纵向加载"选项卡,按照图 4.57 对"名称""桥面单元""计算跨径(m)""活载类型""活载系数""行车线""横向布置(m)"和"冲击系数"等参数进行设置,完成车道荷载的定义。其中,鼠标左键单击"活载系数"输入栏,并单击输入栏右侧的"⋯"弹出"系数定义"表格,按图 4.58 输入节点位置及对应的系数值;鼠标左键单击"冲击系数"输入栏,单击输入栏右侧的"⋯"弹出"冲击系数"对话框,按图 4.59 选择结构参数、计算跨径和结构特性代表节点等参数,并单击"计算"按钮,计算桥梁冲击系数。

编号	名称	桥面单元	计算跨径(m)	活载类型	活载系数	行车线	横向布置(m)	冲击系数	单边人行道宽度(m)
1	车道荷载	梁1	40	公路-I级车道荷载	1|梁1|L|||~0...	轴线1	0	0~0,连续梁,1|梁1|HG...	
2									
3									
4									
5									

图 4.57　纵向加载定义

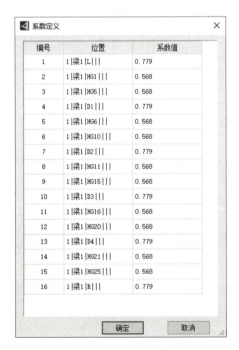

图 4.58　系数定义表格

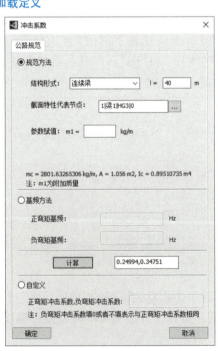

图 4.59　冲击系数对话框

中梁横向分布系数定义完成,如图4.60所示。

0.779 0.568   0.568 0.779 0.568   0.568 0.779 0.568   0.568 0.779 0.568   0.568 0.779 0.568   0.568 0.779

图4.60 横向分布系数

▶ 4.4.6 执行中梁模型计算

①切换到"项目"工具栏,鼠标左键单击"诊断当前" 按钮,软件将对当前处理的内容进行检查。

②系统诊断无误后,鼠标左键单击"计算当前" 按钮,执行计算。

4.5 中梁预应力钢束估算与布置

2.4节中推导了只在截面下缘布置预应力钢束以抵抗正弯矩作用的预应力钢束配束范围计算公式,并用于预应力混凝土简支T梁桥预应力钢束估算。图4.61所示为5跨连续梁桥在恒、活载作用下的弯矩包络图,可见连续梁桥的跨中截面承受正弯矩、墩顶截面承受负弯矩。因此,需要在连续梁桥的跨中截面下缘布置预应力钢束以抵抗正弯矩,墩顶截面上缘布置预应力钢束用以抵抗负弯矩。其中,跨中截面下缘预应力钢束布置数量可以继续用式(2.11)—式(2.14)估算,因此本章将推导墩顶截面上缘预应力钢束布置数量估算公式。

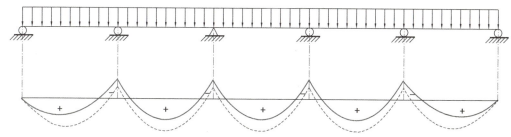

图4.61 5跨连续梁弯矩包络图

如仅在截面上缘布置预应力钢束,下缘无预应力钢束,可得:

$$N_b = 0 \tag{4.3}$$

将式(4.3)代入式(2.7)和式(2.8),并根据式(2.3)—式(2.6)式(2.9)、式(2.10),可得满足截面上、下缘混凝土压应力和拉应力限值条件的截面上缘所需布置预应力钢束数量为:

上缘混凝土压应力不超限:

$$n_u \leqslant \frac{0.5 f_{ck} W_u - M_{max}}{K_b + e_u} \frac{1}{A_{pl} \sigma_{pe}} \tag{4.4}$$

上缘混凝土不出现拉应力:

$$n_u \geqslant \frac{-M_{min}}{e_u + K_b} \frac{1}{A_{pl} \sigma_{pe}} \tag{4.5}$$

下缘混凝土压应力不超限:

$$n_u \leqslant \frac{0.5 f_{ck} W_b + M_{min}}{K_u - e_u} \frac{1}{A_{pl} \sigma_{pe}} \tag{4.6}$$

下缘混凝土不出现拉应力:

$$n_u \geqslant \frac{M_{max}}{K_u - e_u} \frac{1}{A_{pl} \sigma_{pe}} \tag{4.7}$$

因此,通过求解式(4.4)—式(4.7)可得简支转连续梁桥墩顶截面上缘预应力钢束的配束范围。同时可知,估算中梁墩顶截面预应力钢束时,也需要得到持久状态正常使用极限状态频遇荷载组合的墩顶截面弯矩值和截面几何特性。因此,将按如下流程从桥梁博士软件中提取预应力混凝土简支转连续 T 梁桥方案跨中和墩顶截面频遇荷载组合下最大弯矩计算值和截面几何特性等数据,并进行中梁预应力钢束布置估算。

▶ 4.5.1 频遇荷载组合下中梁计算结果查询

①鼠标右键单击项目管理树形菜单中"简支转连续梁桥"项目下"中梁"模型的"结果查询" ▐,在弹出的下拉菜单中单击"新文件夹",弹出"新建查询文件夹"对话框,输入新建文件夹名称"01 频遇荷载组合"。

②鼠标右键单击新建的"01 频遇荷载组合"文件夹,在弹出的下拉菜单中单击"新建查询",弹出"新建查询"对话框,输入名称"频遇荷载组合","工况"项选择"运营阶段","内容"项选择"结构效应组合","组合"项选择"内力组合-03a 频遇组合-预制全预应力","效应"项选择"竖弯矩 My","图形"项选择"仅包络图","构件"项选择"梁 1"(图 4.62),鼠标左键单击"确定"按钮,建立查询项。

图 4.62　新建查询对话框

③频遇荷载组合下,中梁弯矩包络图如图 4.63 所示。

图 4.63　弯矩包络图

由图 4.63 可见,频遇荷载组合下,最大正弯矩出现在右边跨跨中截面,并且正弯矩最大值 M_{max} 为 8 657.9 kN·m,最小值 M_{min} 为 5 532.7 kN·m;最大负弯矩出现在右边跨中支点截面,负弯矩最大值 M_{max} 为-3 558.9 kN·m,最小值 M_{min} 为-7 565.4 kN·m。

▶ 4.5.2 中梁截面几何特性查询

①鼠标右键单击"结果查询" ▐,在弹出的下拉菜单中单击"新文件夹",弹出"新建查询文件夹"对话框,输入新建文件夹名称"02 截面几何特性"。

②鼠标右键单击新建的"02 截面几何特性"文件夹,在弹出的下拉菜单中单击"新建查询",弹出"新建查询"对话框,输入名称"中梁截面几何特性","工况"项选择"运营阶段","内容"项选择"截面特性","类型"项选择"毛截面全截面特性","效应"项选择"全部","构件"项选择"梁 1","截面"项选择"总截面",鼠标左键单击"确定"按钮,建立查询项。中梁部分截面几何特性如图 4.64 所示。

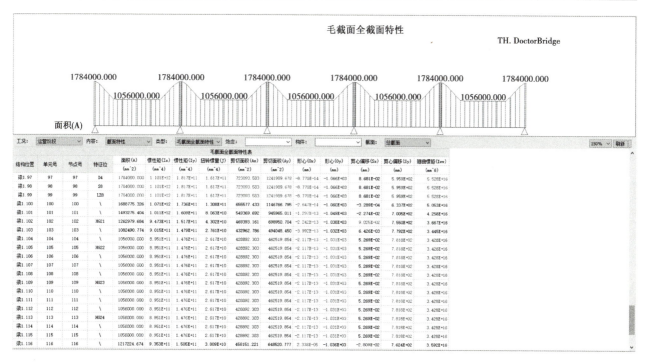

图 4.64　中梁截面几何特性

4.5.3　中梁预应力钢束估算与布置

1)跨中截面预应力钢束估算

根据 2.4.3 节可知,中梁跨中截面面积 A 为 1.056 m^2,截面惯性矩 I_x 为 0.895 m^4,截面中性轴距离截面上缘的距离 y_u 为 1 031 mm,截面中性轴距离截面下缘的距离 y_b 为 1 469 mm;上、下截面模量分别为 $W_u = 0.868$ m^3、$W_b = 0.609$ m^3;截面上、下核心距分别为 $K_u = 0.577$ m、$K_b = 0.822$ m;截面预应力钢束合力作用点距截面下缘的距离 a_b 为 0.207 m,截面下缘配置的预应力钢束重心至主梁混凝土截面重心的距离 e_b 为 1.262 m;C50 混凝土轴心抗压强度标准值 f_{ck} 为 32.4 MPa,每股预应力钢束的面积 A_{pl} 为 139.0 mm^2,预应力钢束的永存应力 σ_{pe} 为 1 116 MPa。

此外,由 4.5.1 节可知,频遇荷载组合下中梁跨中截面的最大、最小弯矩值 M_{max} 和 M_{min} 分别为 8 657.9 kN·m、5 532.7 kN·m。将以上数据分别代入式(2.11)—式(2.14)可得:

上缘混凝土压应力不超限:

$$n_b \leqslant \frac{0.5 f_{ck} W_u - M_{max}}{K_b - e_b} \frac{1}{A_{pl} \sigma_{pe}}$$
$$= \frac{0.5 \times 32.4 \times 10^6 \times 0.868 - 8\,657.9 \times 10^3}{0.822 - 1.262} \times \frac{1}{139 \times 1\,116}$$
$$= -79.17$$

上缘混凝土不出现拉应力:

$$n_b \geqslant \frac{M_{min}}{e_b - K_b} \frac{1}{A_{pl} \sigma_{pe}}$$
$$= \frac{5\,532.7 \times 10^3}{1.262 - 0.822} \times \frac{1}{139 \times 1\,116}$$
$$= 81.06$$

下缘混凝土压应力不超限:

$$n_{\rm b} \leqslant \frac{0.5 f_{\rm ck} W_{\rm b} + M_{\rm min}}{K_{\rm u} + e_{\rm b}} \frac{1}{A_{\rm pl}\sigma_{\rm pe}}$$

$$= \frac{0.5 \times 32.4 \times 10^6 \times 0.609 + 5\,532.7 \times 10^3}{0.577 + 1.262} \times \frac{1}{139 \times 1\,116}$$

$$= 53.98$$

下缘混凝土不出现拉应力：

$$n_{\rm b} \geqslant \frac{M_{\rm max}}{K_{\rm u} + e_{\rm b}} \frac{1}{A_{\rm pl}\sigma_{\rm pe}}$$

$$= \frac{8\,657.9 \times 10^3}{0.577 + 1.262} \times \frac{1}{139 \times 1\,116}$$

$$= 30.35$$

可见, 30.35 根 $\leqslant n_{\rm b} \leqslant$ 53.98 根。

选取 8 根 $\Phi^{\rm s}$15.2 钢绞线组成 1 束作为最终预应力钢束配置, 初步确定预应力钢束数为 5 束, 即 40 根预应力钢绞线。

2) 墩顶支点截面预应力钢束估算

由图 4.64 可知, 墩顶支点截面面积 A 为 1.784 m^2, 截面惯性矩 I_x 为 1.101 m^4, 截面中性轴距离截面上缘的距离 $y_{\rm u}$ 为 1 066 mm, 则截面中性轴距离截面下缘的距离 $y_{\rm b} = 2\,500 - 1\,066 = 1\,434$ mm。

应用公式 $W_{\rm u} = I_x/y_{\rm u}$、$W_{\rm b} = I_x/y_{\rm b}$、$K_{\rm u} = W_{\rm b}/A$ 和 $K_{\rm b} = W_{\rm u}/A$, 可得上、下截面模量分别为 $W_{\rm u} = 1.033$ m^3、$W_{\rm b} = 0.768$ m^3; 截面上、下核心距分别为 $K_{\rm u} = 0.430$ m、$K_{\rm b} = 0.579$ m。

C50 混凝土轴心抗压强度标准值 $f_{\rm ck}$ 为 32.4 MPa, 每股预应力钢束的面积 $A_{\rm pl}$ 为 139.0 mm^2, 预应力钢束的永存应力 $\sigma_{\rm pe}$ 为 1 116 MPa。

假定截面预应力钢束合力作用点距截面上缘的距离 $a_{\rm u}$ 为 0.086 m, 截面上缘配置的预应力钢束重心至主梁混凝土截面重心的距离 $e_{\rm u} = y_{\rm u} - a_{\rm u} = 1.066 - 0.086 = 0.98$ m。

此外, 由 4.5.1 节可知, 频遇荷载组合下中支点截面的最大、最小弯矩值 $M_{\rm max}$ 和 $M_{\rm min}$ 分别为 $-3\,558.9$ kN·m、$-7\,565.4$ kN·m。将以上数据分别代入式(4.4)—式(4.7)可得:

上缘混凝土压应力不超限:

$$n_{\rm u} \leqslant \frac{0.5 f_{\rm ck} W_{\rm u} - M_{\rm max}}{K_{\rm b} + e_{\rm u}} \frac{1}{A_{\rm pl}\sigma_{\rm pe}}$$

$$= \frac{0.5 \times 32.4 \times 10^6 \times 1.033 + 3\,558.9 \times 10^3}{0.579 + 0.98} \times \frac{1}{139 \times 1\,116}$$

$$= 83.91$$

上缘混凝土不出现拉应力:

$$n_{\rm u} \geqslant \frac{-M_{\rm min}}{K_{\rm b} + e_{\rm u}} \frac{1}{A_{\rm pl}\sigma_{\rm pe}}$$

$$= \frac{7\,565.4 \times 10^3}{0.579 + 0.98} \times \frac{1}{139 \times 1\,116}$$

$$= 31.28$$

下缘混凝土压应力不超限:

$$n_{\rm u} \leqslant \frac{0.5 f_{\rm ck} W_{\rm b} + M_{\rm min}}{K_{\rm u} - e_{\rm u}} \frac{1}{A_{\rm pl}\sigma_{\rm pe}}$$

$$= \frac{0.5 \times 32.4 \times 10^6 \times 0.768 - 7\,565.4 \times 10^3}{0.430 - 0.98} \times \frac{1}{139 \times 1\,116}$$

$$= -57.15$$

下缘混凝土不出现拉应力：

$$n_u \geqslant \frac{M_{max}}{K_u - e_u} \frac{1}{A_{pl} \sigma_{pe}}$$

$$= \frac{-3558.9 \times 10^3}{0.430 - 0.98} \times \frac{1}{139 \times 1116}$$

$$= 41.71$$

可见,31.28 根 $\leqslant n_u \leqslant 83.91$ 根。

选取 5 根 ϕ^s15.2 钢绞线组成 1 束作为最终预应力钢束配置值,并根据现有的 40 m 简支转连续 T 梁桥通用图纸,考虑到钢束布置的构造要求等,初步确定负弯矩区顶板预应力钢束数为 6 束,即 30 根预应力钢绞线,稍小于上述负弯矩预应力钢束取值范围的下限值。

3) 预应力钢束布置

为了第 2 次应用桥梁博士软件进行中梁安全性验算,需要设置好每束预应力钢束从起点到终点的坐标值或者其中直线段长度、起弯点、弯曲半径。根据上述预应力钢束布置要求,并参考 40 m 预应力混凝土简支转连续 T 梁桥通用图中的预应力钢束布置图,初步确定了本预应力混凝土简支转连续 T 梁桥方案中梁跨中预应力钢束和墩顶现浇连续段预应力钢束布置,分别如图 4.65 和图 4.66 所示。

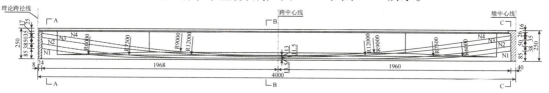

(a) 预应力钢束立面布置图

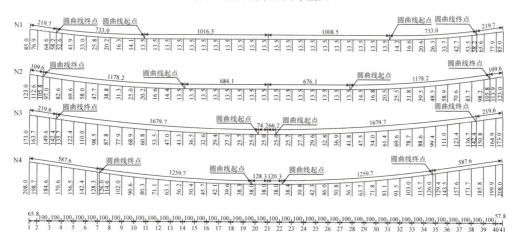

(b) 预应力钢束竖弯大样及竖向坐标图

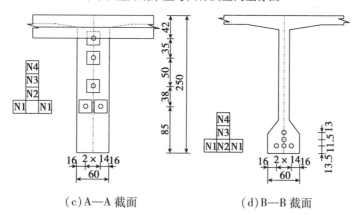

(c) A—A 截面　　　　(d) B—B 截面

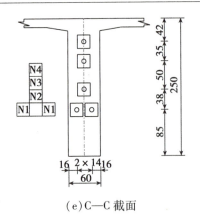

(e)C—C截面

图4.65 中梁预应力钢束布置(单位:cm)

注:①图4.65为中梁边跨预应力钢束布置,中梁中跨按图4.65右半跨布置;
　　②钢束竖向坐标值为钢束重心至预制梁顶面的距离,波纹管预埋在预制梁内,施工时一定要保证位置准确;
　　③当墩顶现浇段混凝土达到85%的设计强度,方能张拉钢束,钢束为两端张拉。

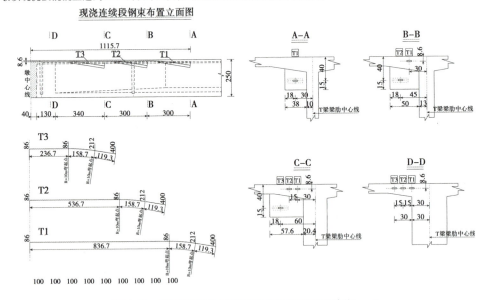

图4.66 墩顶现浇连续段预应力钢束布置(单位:cm)

4.5.4 中梁普通钢筋布置

应用桥梁博士软件进行中梁安全性验算并确定最终的预应力钢束配束方案时,除输入预估的预应力钢束,还应计入普通钢筋。因此,参考40 m预应力混凝土简支转连续T梁桥通用图中的普通钢筋布置图,初步确定了T梁梁肋钢筋和上翼缘钢筋布置,其中T梁梁肋钢筋布置如图4.67所示,T梁上翼缘钢筋布置与第2章40 m预应力混凝土简支T梁桥上翼缘普通钢筋布置一致(图2.150)。

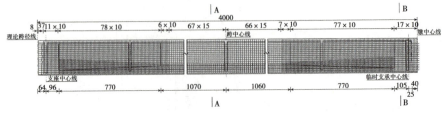

(a)腹板钢筋立面布置图

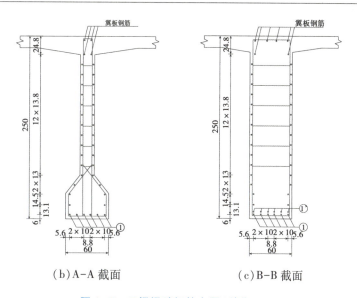

（b）A-A 截面　　　　　　　　　（c）B-B 截面

图 4.67　T 梁梁肋钢筋布置（单位：cm）

注：①图 4.67 为中梁边跨梁肋普通钢筋布置，中梁中跨按图 4.67 右半跨布置；

　　②中梁腹板箍筋采用直径为 12 mm 的 HRB400 级钢筋、T 梁下缘 1 号和 1′号纵向钢筋采用直径为 25 mm 的 HRB400 级钢筋、T 梁上翼缘纵向钢筋采用直径为 12 mm 的 HRB400 级钢筋。

4.6　中梁验算模型建立及安全性验算

与第 2 章预应力混凝土简支 T 梁桥中梁设计验算流程类似，预应力钢束估算和布置及普通钢筋布置完成后，需要将预应力钢束和普通钢筋输入中梁模型中。因此，通过对 4.4 节中所建立的中梁模型进行修改，输入 4.5 节确定的预应力钢束和普通钢筋，建立完整的中梁验算模型，并按《桥规》(2018) 中的相关条文进行承载能力和正常使用极限状态的验算，确定简支转连续梁桥中梁的截面尺寸、预应力钢束和普通钢筋布置是否满足要求。如不能满足规范要求，需要对截面尺寸、预应力钢束和普通钢筋的数量和布置进行调整，并重复验算，直到满足规范要求。

▶ 4.6.1　建立中梁验算模型

1）定义总体信息

①鼠标右键单击项目管理树形菜单中"简支转连续梁桥"项目下"中梁"模型，在弹出的下拉菜单中单击"副本"，并在弹出的"输入新的模型名称"对话框中输入"中梁验算"，单击"确认"按钮，建立中梁验算模型。

②双击工作界面树形菜单栏"中梁验算"模型下的"总体信息" i ，进入总体信息输入界面，勾选"计算内容"项中的"计算预应力"，并在"材料定义"项中增加"预应力钢筋"和"HRB400"普通钢筋，其余"总体信息"项设置与"中梁"模型相同，不做修改。

2）定义截面

直接利用 4.4.2 节中建立的中梁截面，添加钢束位，以进行预应力钢束空间布置，其他中梁截面特性不需要修改。

①双击工作界面树形菜单栏中的"结构建模" 🚋 ，进入结构建模界面，然后单击界面右侧的"截面"标签页，进入截面定义工作界面。

②切换到"截面计算"工具栏，鼠标左键单击控制点"钢束位" 🔲 按钮，然后在 T 梁翼缘板内任意位置单

击,完成钢束位的定义,如图4.68所示。最后,鼠标左键单击钢束位标记⊕,工作界面左侧树形菜单区弹出"对象属性"表格,并按照图4.69修改钢束位的"参考面名称""X""Y"和"参考面类型"等参数,完成"T1左"预应力钢束位定义。

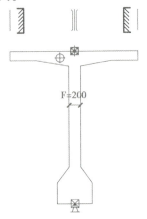

图4.68　钢束位定义

对象属性	
钢束参考面定义点	
参考面名称	T1左
X	-300
Y	-86
参考面类型	横向布置
斜夹角	0

图4.69　钢束位属性修改

小提示

钢束位定义用于钢束几何信息输入时,所需要的钢束参考线即为钢束几何输入时的横向和竖向参考线。钢束位属性表格中参数的意义如下:

a.参考面名称:定义的钢束位的名称。

b.X、Y:钢束位相对于截面局部坐标系的X轴和Y轴坐标值,本步骤中"T1左"钢束位坐标值可在图4.66中查取。

c.参考面类型:定义参考线时用于确定钢束的横向和竖向上的布置位置。

d.斜夹角:用于定义横向、竖向参考线所在面时,表示角度的旋转。一般用于斜腹板钢束的布置,或者带有横坡的桥面板纵向钢束布置。

对于横向参考线:斜交角=0°时,参考线为截面中的一条竖直的线;斜交角=a°时,表示参考线沿竖直方向逆时针旋转a°,据此对钢束进行横向布置时,横向布置距离值表示钢束距离此线的法向距离,如图4.70所示。

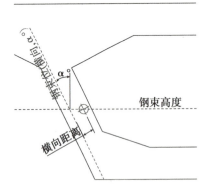

图4.70　横向钢束参考线倾斜角设置示意图

对于竖向参考线:斜交角=0°时,参考线为一条水平的线;斜交角=a°时,表示该线沿水平方向逆时针旋转a°,以其作为横向参考线的钢束的横向布置距离,表示钢束距离此线的法向距离。

③根据图4.65和图4.66确定N1~N4预应力钢束和T1~T3预应力钢束的横向布置坐标,并按照步骤②中的方法定义剩余预应力钢束对应的钢束位。全部预应力钢束对应钢束位定义完成后如图4.71所示。

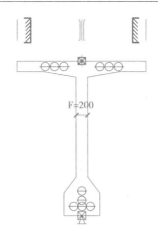

图 4.71 全部预应力钢束对应钢束位

3）建立中梁结构模型

利用 4.4.3 节中建立的中梁结构模型,不需要重新建立中梁结构模型。

4）输入预应力钢束

①鼠标左键双击项目管理树形菜单中"简支转连续梁桥"项目下"中梁验算"模型的"钢束设计"，进入钢束设计界面。

②切换到"钢束"工具栏,鼠标左键单击常规"型号"按钮,弹出"钢束材料型号定义"表格,在其中输入 4.5.3 节确定的跨中正弯矩预应力钢束和墩顶负弯矩钢束材料型号,如图 4.72 所示。

图 4.72 钢束材料型号定义表格

小 提示

图 4.66 中的墩顶现浇连续段顶板预应力钢束锚固位置如图 4.73 所示,由图 4.73 可见,T1、T2 和 T3 钢束的锚固位置均位于 T 梁腹板外侧。由 4.6.1 节可知,本模型考虑预应力钢束的横向布置,因此如不将 T1、T2 和 T3 钢束对应的钢束材料定义为"体外束",则桥梁博士软件将出现警告,无法完成计算。但是,T1、T2 和 T3 钢束均为体内预应力钢束,因此其张拉控制应力与腹板预应力钢束一致,均取 1 395 MPa。

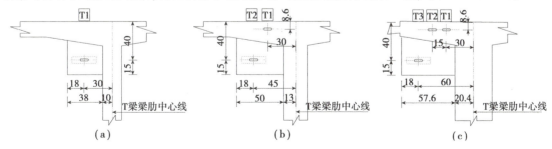

图 4.73 顶板预应力钢束锚固位置

③鼠标左键单击常规"建钢束"按钮,按照 2.5.1 节中的预应力钢束建立方法和图 4.65、图 4.66,

建立第 1 跨（左边跨）的腹板（正弯矩区）预应力钢束 N1、N2、N3 和 N4 钢束，第 2 跨（中跨）预应力钢束 N1_Zhong、N2_Zhong、N3_Zhong 和 N4_Zhong 钢束，第 1、2 跨墩顶连续段顶板（负弯矩区）预应力钢束 T1、T2 和 T3 钢束，第 2、3 跨墩顶连续段顶板预应力钢束 T1_Zhong、T2_Zhong、T3_Zhong 钢束。各根预应力钢束属性如图 4.74 所示。

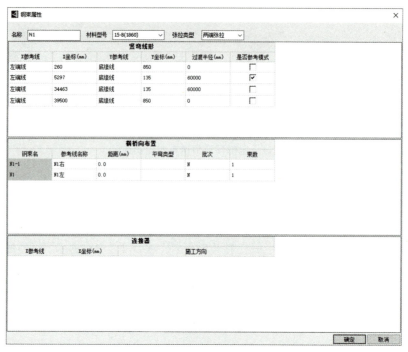

（a）N1 钢束

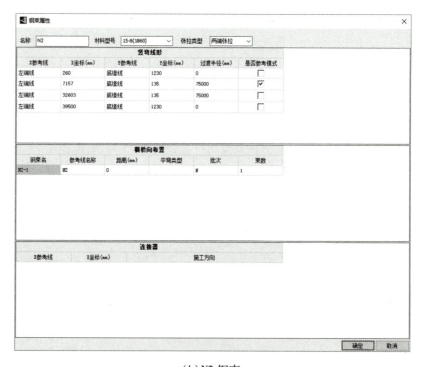

（b）N2 钢束

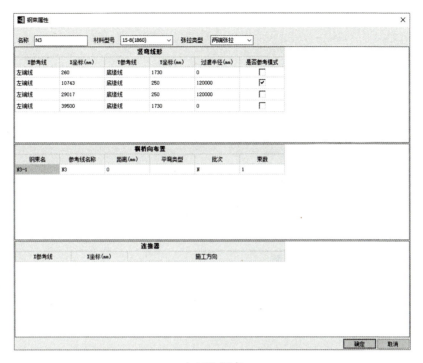

（c）N3 钢束

（d）N4 钢束

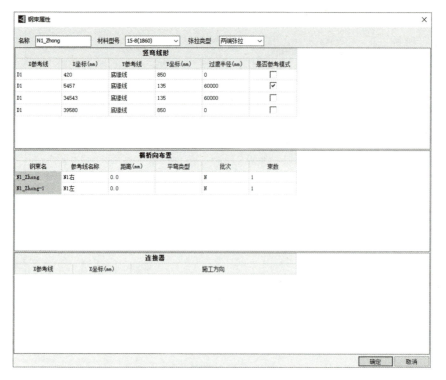

（e）N1_Zhong 钢束

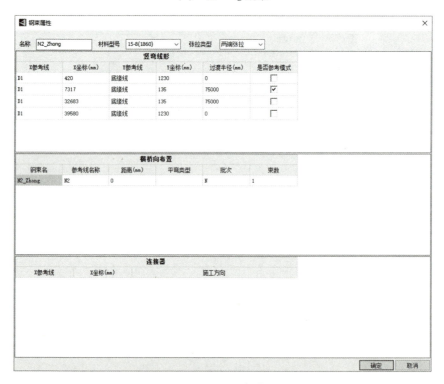

（f）N2_Zhong 钢束

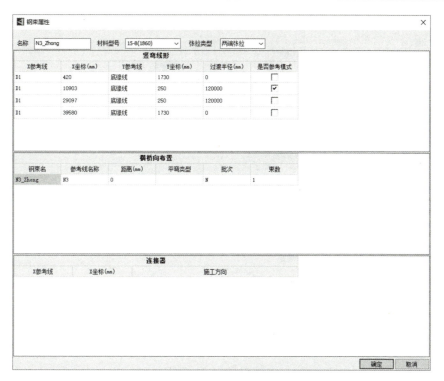

（g）N3_Zhong 钢束

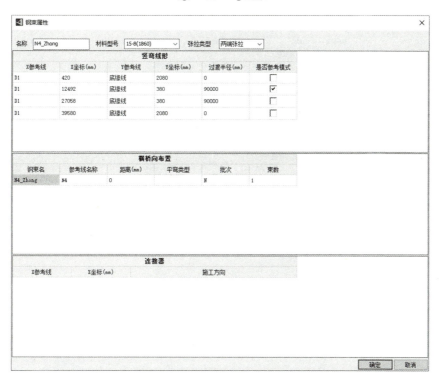

（h）N4_Zhong 钢束

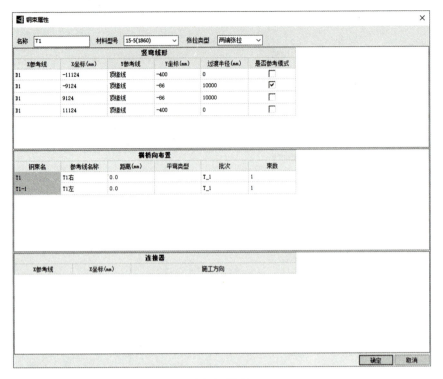

（i）T1 钢束

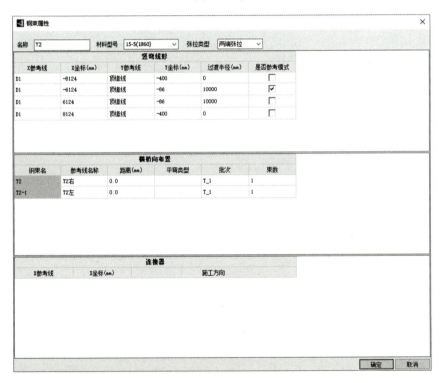

（j）T2 钢束

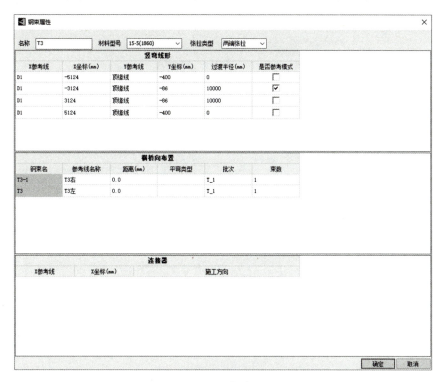

(k)T3 钢束

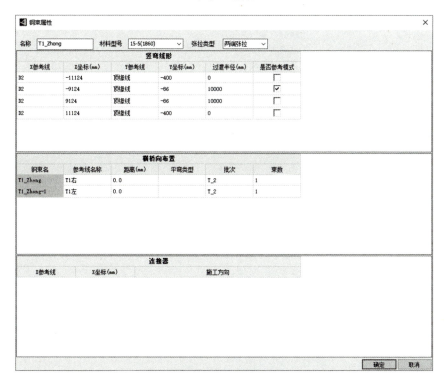

(l)T1_Zhong 钢束

（m）T2_Zhong 钢束

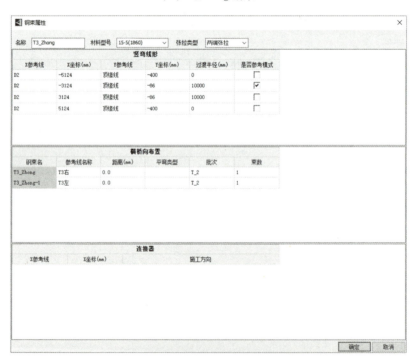

（n）T3_Zhong 钢束

图 4.74　各根预应力钢束属性

第 1 跨和第 2 跨腹板预应力钢束（N1～N4、N1_Zhong～N4_Zhong）布置如图 4.75 所示，第 1、2 跨和第 2、3 跨墩顶连续段上缘预应力钢束（T1～T3、T1_Zhong～T3_Zhong）如图 4.76 所示。

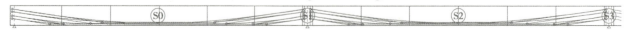

图 4.75　腹板预应力钢束布置

图 4.76　上缘预应力钢束布置

④鼠标左键单击高级"块镜像" 按钮,按如下命令行提示操作,镜像生成第 5 跨(右边跨)腹板预应力钢束。

命令:tendon. XMIRROR

选择对象:{选取第 1 跨腹板预应力钢束 N1～N4 钢束}

指定镜像线的第一点:{单击第 3 跨中点(HG13 节点)截面上缘点}

指定镜像线的第二点:{单击第 3 跨中点(HG13 节点)截面下缘点}

⑤鼠标左键单击高级"块复制" 按钮,按如下命令行提示操作,复制生成第 3 跨和第 4 跨腹板预应力钢束。

命令:tendon. XCOPY

选择对象:{选取第 2 跨腹板预应力钢束 N1_Zhong～N4_Zhong 钢束}

指定位移起点:{单击 D1 节点}

指定位移的第二点<用第一点作位移>:{单击 D2 节点}

指定位移的第二点<用第一点作位移>:{单击 D3 节点}

⑥鼠标左键单击高级"块复制" 按钮,按如下命令行提示操作,复制生成第 4、5 跨墩顶连续段顶板预应力钢束。

命令:tendon. XCOPY

选择对象:{选取第 1、2 跨墩顶连续段顶板预应力钢束 T1～T3 钢束}

指定位移起点:{单击 D1 节点}

指定位移的第二点<用第一点作位移>:{单击 D4 节点}

⑦鼠标左键单击高级"块复制" 按钮,按如下命令行提示操作,复制生成第 3、4 跨墩顶连续段顶板预应力钢束。

命令:tendon. XCOPY

选择对象:{选取第 2、3 跨墩顶连续段顶板预应力钢束 T1_Zhong～T3_Zhong 钢束}

指定位移起点:{单击 D2 节点}

指定位移的第二点<用第一点作位移>:{单击 D3 节点}

5)输入普通钢筋

①鼠标左键双击项目管理树形菜单中"简支转连续梁桥"项目下"中梁验算"模型的"钢筋设计" ,进入钢筋设计界面。

②切换到"钢筋"工具栏,鼠标左键单击常规"纵筋" ,按如下命令行提示操作,生成 T 梁截面上缘和下缘纵筋轮廓线。

命令:steel. ZJ

指定偏移距离(正值表示距梁底、负值表示距梁顶)<60,-60>:{单击键盘"空格"键}

指定左右端距<0,0>:{单击键盘"空格"键}

③鼠标左键双击下缘纵筋轮廓线,弹出"钢筋编辑"对话框,按图 4.77 对纵筋轮廓线"钢筋编辑"对话框进行修改,并单击"确定"按钮,完成 T 梁下缘纵向普通钢筋布置。

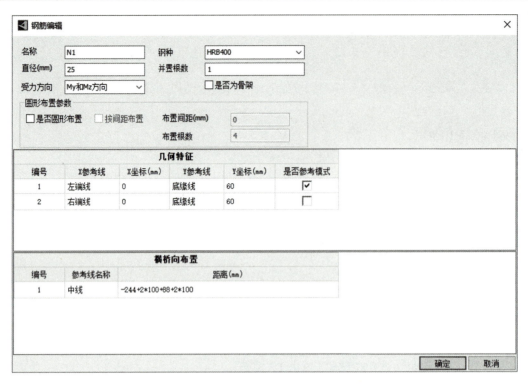

图4.77　T梁下缘纵向钢筋布置参数

④鼠标左键双击上缘纵筋轮廓线,弹出"钢筋编辑"对话框,按图4.78对纵筋轮廓线"钢筋编辑"对话框进行修改,并单击"确定"按钮,完成T梁上缘纵向普通钢筋布置。

图4.78　T梁上翼缘纵向钢筋布置参数

T梁上、下缘纵筋布置情况如图4.79所示。

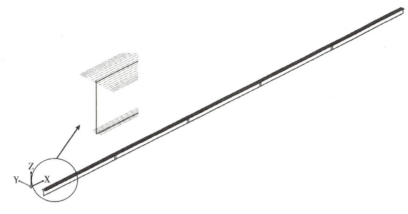

图 4.79　纵向普通钢筋布置

⑤鼠标左键单击工具条"钢筋"标签下的"建视口"，弹出"新建视口"对话框，并在"名称"行输入"箍筋"，单击"确定"按钮后，单击"重排"，完成箍筋视口创建。

⑥鼠标左键单击常规"箍筋"，按如下命令行提示操作，生成左边跨布置箍筋。

命令:steel.GJ
请指定布置起点:{鼠标左键单击左端线}
指定首距和布置间距<100,100>:370,100
指定布置范围或[最后一根边距控制值(D)]或[布置根数(C)]<1500>:9870
命令:steel.GJ
请指定布置起点:{鼠标左键单击左端线}
指定首距和布置间距<370,100>:10020,150
指定布置范围或[最后一根边距控制值(D)]或[布置根数(C)]<9870>:29820
命令:steel.GJ
请指定布置起点:{鼠标左键单击左端线}
指定首距和布置间距<10020,150>:29920,100
指定布置范围或[最后一根边距控制值(D)]或[布置根数(C)]<29820>:39920

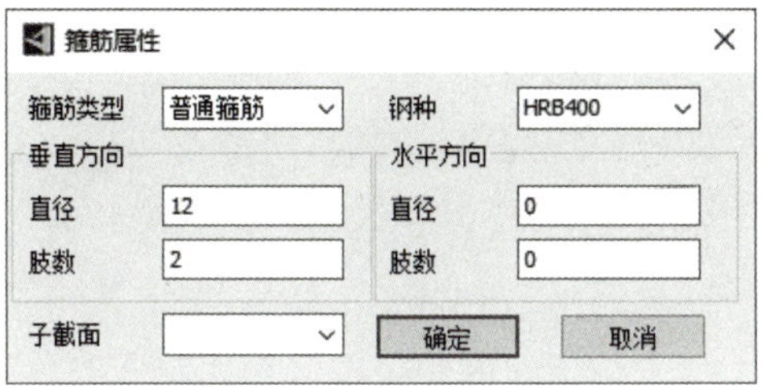

⑦鼠标左键分别双击步骤⑥中建立的各部分箍筋,弹出"箍筋属性"对话框,按图 4.80 修改箍筋属性,并单击"确定"按钮,完成新建箍筋属性的修改。

图 4.80　箍筋属性对话框

左边跨箍筋布置如图 4.81 所示。

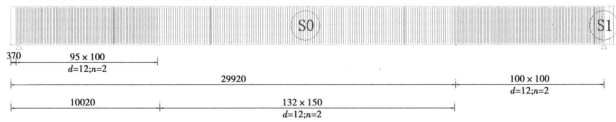

370　95×100　d=12;n=2　29920　100×100　d=12;n=2
10020　132×150　d=12;n=2

图 4.81　左边跨箍筋布置

⑧鼠标左键单击常规"箍筋"，按如下命令行提示操作，生成第 2 跨(中跨)布置箍筋。

命令:steel.GJ
请指定布置起点:{鼠标左键单击 D1 节点}

指定首距和布置间距<29920,100>:100,100

指定布置范围或[最后一根边距控制值(D)]或[布置根数(C)]<39920>:10100

命令:steel. GJ

请指定布置起点:{鼠标左键单击 D1 节点}

指定首距和布置间距<100,100>:10250,150

指定布置范围或[最后一根边距控制值(D)]或[布置根数(C)]<10100>:29900

命令:steel. GJ

请指定布置起点:{鼠标左键单击 D1 节点}

指定首距和布置间距<10250,150>:30000,100

指定布置范围或[最后一根边距控制值(D)]或[布置根数(C)]<29900>:40000

第 2 跨箍筋布置如图 4.82 所示。

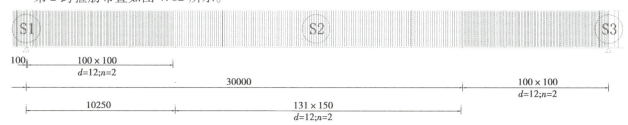

图 4.82　第 2 跨箍筋布置

⑨鼠标左键高级"块复制"![icon]，按如下命令行提示操作,复制生成第 3 跨和第 4 跨布置箍筋。

命令:steel. XCOPY

选择对象:{选取第 2 跨箍筋}

指定位移起点:{单击 D1 节点}

指定位移的第二点<用第一点作位移>:{单击 D2 节点}

指定位移的第二点<用第一点作位移>:{单击 D3 节点}

⑩鼠标左键单击高级"块镜像"![icon]，按如下命令行提示操作,镜像生成第 5 跨(右边跨)布置箍筋。

命令:steel. XMIRROR

选择对象:{选取第 1 跨箍筋}

指定镜像线的第一点:{单击第 3 跨中点(HG13 节点)截面上缘点}

指定镜像线的第二点:{单击第 3 跨中点(HG13 节点)截面下缘点}

6)输入施工分析信息

4.4.4 节中定义的施工分析信息是为计算得到开展预应力混凝土桥梁预应力钢束用量估算所需的内力值,施工分析信息中未定义预应力钢束张拉的施工步骤。因此,根据 4.3.2 节简支转连续梁桥施工流程,补充腹板预应力钢束和墩顶顶板预应力钢束张拉步骤,建立完整的简支转连续梁桥施工过程,根据《桥规》(2018)验算 4.5.3 节预应力钢束估算和布置是否合理。

①双击工作界面树形菜单栏中的"施工分析"![icon]，进入"中梁验算"模型的施工分析信息输入界面。

②修改中间条的"当前阶段"为"预制吊装",并单击信息表下部的"钢束安装拆除"选项卡,然后双击图形编辑区腹板预应力钢束,完成左、右边跨(第 1 跨和第 5 跨)和各中跨(第 2 跨~第 4 跨)的腹板预应力钢束的张拉、灌浆等操作。"钢束安装拆除"表格如图 4.83 所示。

图 4.83　钢束安装拆除表格

③修改中间条的"当前阶段"为"浇筑湿接缝",单击中间条的"在当前施工阶段后插入新的空白施工阶段"▤按钮,增加新的施工阶段,并将新增施工阶段名修改为"边跨顶板预应力钢束张拉",并鼠标左键单击信息表下部的"总体信息"选项卡,设定"施工持续天数(天)"为"3"。

④单击信息表下部的"钢束安装拆除"选项卡,然后双击图形编辑区边跨墩顶负弯矩区顶板预应力钢束,完成第 1、2 跨及第 4、5 跨连续段负弯矩区预应力钢束的张拉、灌浆等操作。"钢束安装拆除"表格如图 4.84 所示。

当前阶段:	边跨顶板预应力钢束张拉		
钢束安装拆除			
编号	操作	构件名称	批次
1	张拉	梁1	T_1
2	灌浆	梁1	T_1

施工汇总　总体信息　构件安装拆除　**钢束安装拆除**　支座　主从约束　弹性

图 4.84　钢束安装拆除表格

⑤单击中间条的"在当前施工阶段后插入新的空白施工阶段"▤按钮,增加新的施工阶段,并将新增施工阶段名修改为"中跨顶板预应力钢束张拉",并单击信息表下部的"总体信息"选项卡,设定"施工持续天数(天)"为"3"。

⑥单击信息表下部的"钢束安装拆除"选项卡,然后双击图形编辑区中跨墩顶负弯矩区预应力钢束,完成第 2、3 跨及第 3、4 跨墩顶连续段负弯矩区预应力钢束的张拉、灌浆等操作。"钢束安装拆除"表格如图 4.85 所示。

当前阶段:	中跨顶板预应力钢束张拉		
钢束安装拆除			
编号	操作	构件名称	批次
1	张拉	梁1	T_2
2	灌浆	梁1	T_2

施工汇总　总体信息　构件安装拆除　**钢束安装拆除**　支座　主从约束　弹性

图 4.85　钢束安装拆除表格

⑦"二期铺装"和"收缩徐变"施工阶段的施工信息同 4.4.4 节中定义的施工信息一致,不做修改。

7)输入中梁验算模型运营分析信息

中梁验算模型运营分析阶段的整体升降温、梯度温度和移动荷载等与 4.4.5 节中定义的一致,不做修改。

8)执行中梁验算模型计算

①切换到"项目"工具栏,鼠标左键单击"诊断当前"▤按钮,软件将对前处理的内容进行检查。

②系统诊断无误后,鼠标左键单击"计算当前" 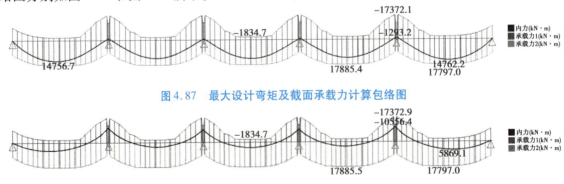 按钮,执行计算。

4.6.2 中梁验算结果

鼠标右键单击项目管理树形菜单中"简支转连续梁桥"项目下"中梁验算"模型的"结果查询" ,在弹出的下拉菜单中单击"快速查询",弹出"快速查询模板"对话框,其中的"模板文件"选择"2018公路01 全预应力混凝土梁","文件夹名"输入"验算结果查询"(图4.86),鼠标左键单击"确定"按钮,建立中梁验算结果查询文件夹。

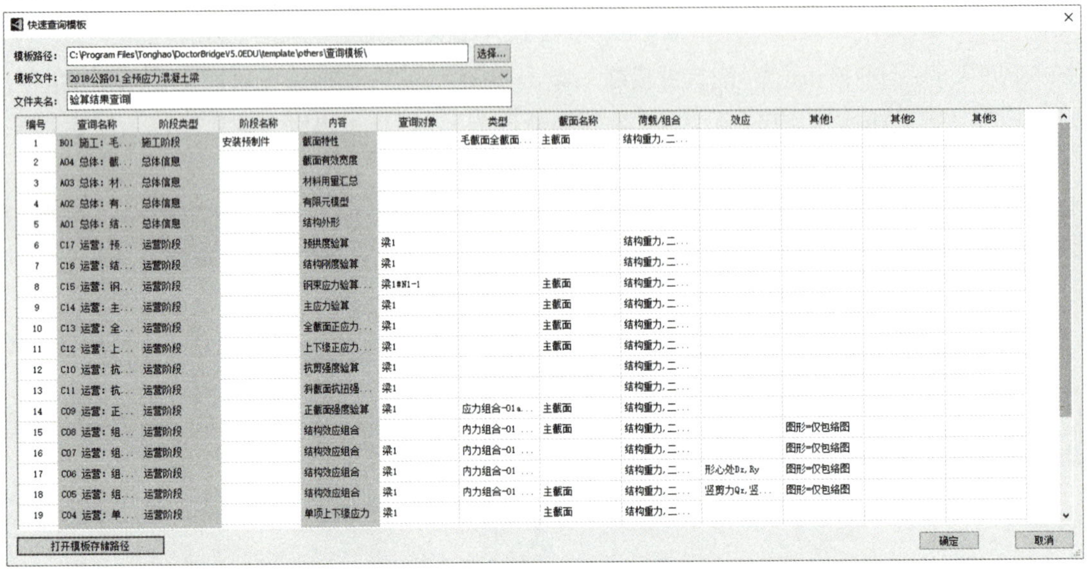

图 4.86　快速查询模板对话框

根据2.5.2节中的验算内容和验算结果提取方法,下面将提取并列出中梁的各项验算结果,但限于篇幅,仅列出各项验算内容的验算结果包络图和相应验算结论。

1)正截面抗弯承载力验算结果

鼠标左键双击"验算结果查询"文件夹下的"C09 运营:正截面强度验算",正截面抗弯承载能力验算结果将以图表的形式显示在图形输出区和表格输出区。其中,最大、最小弯矩设计值及对应截面承载力计算值包络图分别如图4.87和图4.88所示。

图 4.87　最大设计弯矩及截面承载力计算包络图

图 4.88　最小设计弯矩及截面承载力计算包络图

由图4.87和图4.88可见,持久状况承载能力极限状态正截面最大正弯矩设计值发生在第1跨跨中区域,为14 762.2 kN·m,小于相应截面的承载力计算值17 842.4 kN·m;负弯矩最大绝对值出现在第4、5跨墩墩顶位置(D4 节点),为-10 556.4 kN·m,小于相应截面的承载力计算值-12 186.3 kN·m。并且,中梁各截面的弯矩设计值均在截面承载力计算值包络范围之内。因此,该连续梁桥方案中梁正截面抗弯承载力均满足《桥规》(2018)的要求。

2)斜截面抗剪承载力验算结果

鼠标左键双击"验算结果查询"文件夹下的"C10运营:抗剪强度验算",斜截面抗剪承载能力验算结果将以图表的形式显示在图形输出区和表格输出区。其中,剪力上、下限校核包络图和最大、最小剪力及对应截面承载力计算值包络图分别如图4.89—图4.92所示。

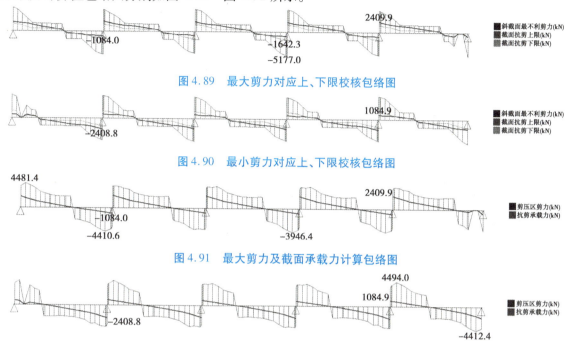

图4.89 最大剪力对应上、下限校核包络图

图4.90 最小剪力对应上、下限校核包络图

图4.91 最大剪力及截面承载力计算包络图

图4.92 最小剪力及截面承载力计算包络图

由图4.89和图4.90可知,该连续梁桥中梁各截面均满足截面抗剪上限条件,不需要对截面尺寸进行调整;部分截面不满足截面抗剪下限条件,这些截面应进行斜截面抗剪承载能力验算。同时,由图4.91和图4.92可知,中梁各截面的持久状况承载能力极限状态斜截面抗剪承载力设计值均小于截面承载力计算值,满足《桥规》(2018)的要求。因此,该简支转连续梁桥中梁斜截面抗剪承载力及截面尺寸校核均满足《桥规》(2018)的要求。

3)正截面抗裂验算结果

鼠标左键双击"验算结果查询"文件夹下的"C12运营:上下缘正应力验算",正截面混凝土法向应力验算结果将以图表的形式显示在图形输出区和表格输出区。其中,持久状况正常使用极限状态荷载频遇组合下中梁正截面混凝土法向应力包络图如图4.93所示。

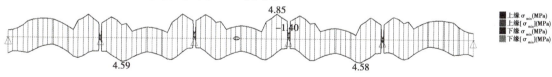

图4.93 截面混凝土法向应力包络图

由图4.93可知,该简支转连续梁桥方案的中梁各中间墩(1#~4#墩)墩顶附近区域截面上、下缘均出现拉应力,其中截面上缘最大拉应力出现在4#墩墩顶截面,为-0.54 MPa;截面下缘最大拉应力出现在2#墩墩顶区域截面,为-1.39 MPa。除各中间墩墩顶区域截面外,中梁各截面上、下缘正应力均为压应力。《桥规》(2018)中规定全预应力混凝土构件不允许出现拉应力,要求全截面受压,因此该简支转连续梁桥方案的中梁中间墩墩顶附近区域截面不满足《桥规》(2018)的要求。但是,简支转连续梁桥墩顶截面实际尺寸(图4.8)较4.4.2节中定义的截面尺寸大,因此本模型中墩顶截面正应力计算结果与简支转连续梁桥墩顶区域

截面的真实应力之间有差别,必要时可以对墩顶截面尺寸进行调整,重新计算,限于篇幅,此处不再调整。

4)斜截面抗裂验算结果

鼠标左键双击"验算结果查询"文件夹下的"C14 运营:主应力验算",斜截面混凝土主应力验算结果将以图表的形式显示在图形输出区和表格输出区。其中,持久状况正常使用极限状态荷载频遇组合下中梁斜截面混凝土主拉应力验算结果如图 4.94 所示。

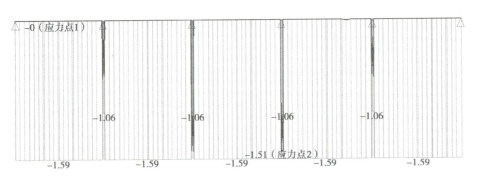

■主拉应力 σ_{tp}(MPa)
容许值[σ_{tp}](MPa)

图 4.94 斜截面混凝土主拉应力验算结果

由图 4.94 可知,中梁中间墩墩顶现浇连续段混凝土的主拉应力不为 0 MPa,并且最大主拉应力出现在 3#墩墩顶,为-1.51 MPa,大于截面混凝土主拉应力限值-1.06 MPa。除各中间墩墩顶区域截面外,中梁各截面主拉应力均为 0 MPa,小于截面混凝土主拉应力限值 1.59 MPa。持久状况正常使用极限状态下,除 2#墩和 3#墩墩顶区域截面外,中梁各截面混凝土斜截面抗裂验算均满足《桥规》(2018)的要求。

5)挠度验算

鼠标左键双击"验算结果查询"文件夹下的"C16 运营:结构刚度验算",挠度计算结果将以图表的形式显示在图形输出区和表格输出区。其中,持久状况正常使用极限状态中梁节点挠度计算结果包络图如图 4.95 所示。

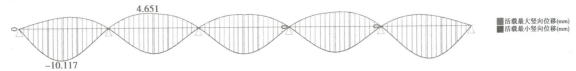

■活载最大竖向位移(mm)
■活载最小竖向位移(mm)

图 4.95 中梁挠度计算结果包络图

由图 4.95 可知,中梁的最大挠度出现在第 1 跨跨中区域,为 10.117 mm,小于挠度限值 40 000/600 = 66.67 mm,中梁挠度验算满足《桥规》(2018)的要求。

鼠标左键双击"验算结果查询"文件夹下的"C17 运营:预拱度计算",预拱度计算结果将以图表的形式显示在图形输出区和表格输出区。中梁各节点预拱度值计算结果如图 4.96 所示。

图 4.96 预拱度计算结果

由图 4.96 可见,除各中间墩墩顶截面预拱度值有较小正值外(最大值为 1.639 mm),其余区域的预拱度值均小于 0 mm,因此中梁无须设置预拱度。

6)正截面法向压应力验算

鼠标左键双击"验算结果查询"文件夹下的"C12 运营:上下缘正应力验算",正截面混凝土法向应力验算结果将以图表的形式显示在图形输出区和表格输出区。其中,使用阶段荷载标准值组合下中梁正截面混凝土法向压应力包络图如图 4.97 所示。

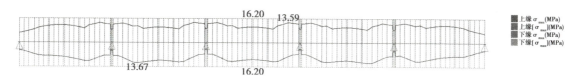

图 4.97　正截面混凝土法向压应力包络图

由图 4.97 可知,中梁截面上缘法向压应力最大值为 13.59 MPa、下缘法向压应力最大值为 13.67 MPa,均小于法向压应力限值 16.20 MPa。因此,使用阶段荷载标准值组合下中梁正截面混凝土法向压应力均满足《桥规》(2018)的要求。

7) 斜截面主压应力验算

鼠标左键双击"验算结果查询"文件夹下的"C14 运营:主应力验算",斜截面混凝土主应力验算结果将以图表的形式显示在图形输出区和表格输出区。其中,使用阶段荷载标准值组合下中梁斜截面混凝土主压应力验算结果如图 4.98 所示。

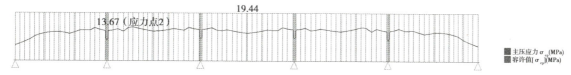

图 4.98　斜截面混凝土主压应力验算结果

由图 4.98 可知,使用阶段荷载标准值组合下中梁斜截面混凝土主压应力最大值为 13.67 MPa,小于主压应力限值 19.44 MPa。因此,使用阶段荷载标准值组合下中梁斜截面混凝土主压应力均满足《桥规》(2018)的要求。

8) 预应力钢束最大拉应力验算

鼠标左键双击"验算结果查询"文件夹下的"C15 运营:钢束应力验算",钢束最大拉验算结果将以表格的形式显示在表格输出区。使用阶段中梁各根预应力钢束最大拉应力验算结果见表 4.2。

表 4.2　使用阶段预应力钢束最大拉应力验算

序号	钢束名称	最值应力/MPa	应力容许值/MPa	是否通过	序号	钢束名称	最值应力/MPa	应力容许值/MPa	是否通过
1	N1	−1 188.26	−1 209	是	12	N2_MI1−1	−1 189.15	−1 209	是
2	N1−1	−1 188.26	−1 209	是	13	N2_Zhong	−1 168.17	−1 209	是
3	N1_MI1	−1 188.13	−1 209	是	14	N2_Zhong_CO1−1	−1 172.13	−1 209	是
4	N1_MI1−2	−1 188.13	−1 209	是	15	N2_Zhong_CO2	−1 167.92	−1 209	是
5	N1_Zhong	−1 168.91	−1 209	是	16	N3−1	−1 196.74	−1 209	是
6	N1_Zhong−1	−1 168.91	−1 209	是	17	N3_MI1−1	−1 195.57	−1 209	是
7	N1_Zhong_CO1−1	−1 173.31	−1 209	是	18	N3_Zhong	−1 176.33	−1 209	是
8	N1_Zhong_CO1−2	−1 173.31	−1 209	是	19	N3_Zhong_CO1−1	−1 180.82	−1 209	是
9	N1_Zhong_CO2−1	−1 168.88	−1 209	是	20	N3_Zhong_CO2	−1 177.37	−1 209	是
10	N1_Zhong_CO2−2	−1 168.88	−1 209	是	21	N4−1	−1 198.54	−1 209	是
11	N2−1	−1 189.62	−1 209	是	22	N4_MI1−1	−1 199.94	−1 209	是

续表

序号	钢束名称	最值应力/MPa	应力容许值/MPa	是否通过	序号	钢束名称	最值应力/MPa	应力容许值/MPa	是否通过
23	N4_Zhong	−1 182.92	−1 209	是	37	T2_CO1-2	−1 160.86	−1 209	是
24	N4_Zhong_CO1-1	−1 185.54	−1 209	是	38	T2_Zhong	−1 157.90	−1 209	是
25	N4_Zhong_CO2	−1 181.41	−1 209	是	39	T2_Zhong-1	−1 157.90	−1 209	是
26	T1	−1 189.30	−1 209	是	40	T2_Zhong_CO1-1	−1 157.89	−1 209	是
27	T1-1	−1 189.30	−1 209	是	41	T2_Zhong_CO1-2	−1 157.89	−1 209	是
28	T1_CO1-1	−1 189.35	−1 209	是	42	T3	−1 097.87	−1 209	是
29	T1_CO1-2	−1 189.35	−1 209	是	43	T3-1	−1 097.87	−1 209	是
30	T1_Zhong	−1 186.39	−1 209	是	44	T3_CO1-1	−1 097.92	−1 209	是
31	T1_Zhong-1	−1 186.39	−1 209	是	45	T3_CO1-2	−1 097.92	−1 209	是
32	T1_Zhong_CO1	−1 186.38	−1 209	是	46	T3_Zhong	−1 094.96	−1 209	是
33	T1_Zhong_CO1-2	−1 186.38	−1 209	是	47	T3_Zhong-1	−1 094.96	−1 209	是
34	T2	−1 160.82	−1 209	是	48	T3_Zhong_CO1	−1 094.95	−1 209	是
35	T2-1	−1 160.82	−1 209	是	49	T3_Zhong_CO1-2	−1 094.95	−1 209	是
36	T2_CO1	−1 160.86	−1 209	是					

由表4.2可知,中梁配置的预应力钢束中,使用阶段腹板预应力钢束拉应力最大值为1 199.94 MPa,小于预应力钢束最大拉应力限值1 209 MPa;顶板预应力钢束拉应力最大值为1 189.35 MPa,小于预应力钢束最大拉应力限值1 209 MPa。因此,使用阶段中梁布置的各根预应力钢束最大拉应力均满足《桥规》(2018)的要求。

9)短暂状况正截面法向应力验算

鼠标左键双击"验算结果查询"文件夹下的"B10 施工:上下缘正应力验算",施工阶段正截面混凝土法向应力验算结果将以图表的形式显示在图形输出区和表格输出区。其中,短暂状况中梁正截面混凝土法向应力验算结果如图4.99—图4.105所示。

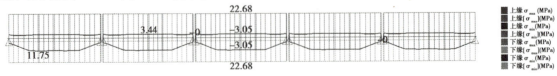

图4.99 第一施工阶段正截面混凝土法向应力验算

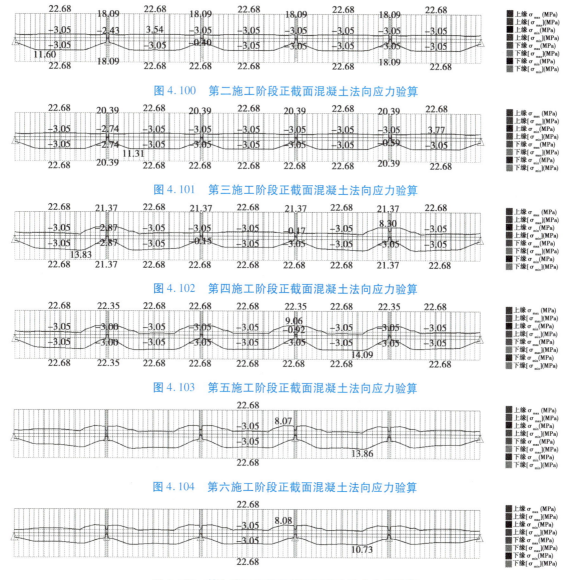

图 4.100　第二施工阶段正截面混凝土法向应力验算

图 4.101　第三施工阶段正截面混凝土法向应力验算

图 4.102　第四施工阶段正截面混凝土法向应力验算

图 4.103　第五施工阶段正截面混凝土法向应力验算

图 4.104　第六施工阶段正截面混凝土法向应力验算

图 4.105　第七施工阶段正截面混凝土法向应力验算

　　由图 4.99—图 4.105 可知,中梁各截面上缘在简支转连续、浇筑湿接缝和边跨顶板预应力钢束张拉和中跨顶板预应力钢束张拉等施工阶段在墩顶区域出现拉应力,最大拉应力为−0.59 MPa,小于拉应力限值−2.74 MPa,其他施工阶段和区域均为压应力,且均小于施工阶段混凝土压应力限值 22.68 MPa;中梁各截面下缘在边跨顶板预应力钢束张拉和中跨顶板预应力钢束张拉施工阶段,墩顶区域出现拉应力,最大拉应力为−0.92 MPa,小于拉应力限值−3.00 MPa,其他施工阶段和区域均为压应力,且均小于施工阶段混凝土压应力限值 22.68 MPa。因此,短暂状况中梁正截面混凝土法向应力满足《桥规》(2018)的要求。

4.7　左边梁模型建立及预应力钢束估算

　　由前文可知,本章简支转连续梁桥初步设计方案的边梁截面尺寸与第 2 章的预应力混凝土简支 T 梁桥边梁截面一致,因此本节将参照 2.6 节建立左边梁模型的过程,并根据简支转连续桥设计方案,建立该简支转连续预应力混凝土 T 梁桥的左边梁估算模型,并估算边梁预应力钢束用量。

▶ 4.7.1　建立左边梁截面

①鼠标右键单击项目管理树形菜单中"简支转连续梁桥"项目,在弹出的下拉菜单中单击"新建模型",弹出"新建模型"对话框,输入"左边梁"(图4.106),并单击"确认"按钮,建立左边梁模型。

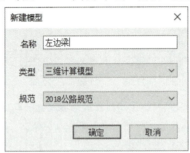

图4.106　新建模型对话框

②双击工作界面树形菜单栏中的"总体信息"![i],进入总体信息输入界面,并按照2.3.1节方法定义"左边梁"模型的"常规""计算内容""计算设置""非线性控制参数"和"材料定义"项等信息。

③双击工作界面树形菜单栏中的"结构建模"![icon],进入结构建模界面,然后单击界面右侧的"截面"标签页,进入截面定义工作界面。

④在截面定义工作界面中间条"[1]截面1"处单击鼠标右键,弹出下拉菜单,选择其中的"修改截面名称",将截面名称修改为"左边梁",并单击"确认"按钮,完成截面名称修改。

⑤切换到"截面几何"工具栏,单击主菜单中的区域式"导入"![icon]按钮,弹出"导入区域"对话框,将第2章中绘制的左边梁截面CAD图导入软件,建立左边梁截面。

⑥切换到"截面计算"工具栏,鼠标左键单击"截面定义"![icon]按钮,弹出"截面定义"对话框,在"截面总体"栏中,将"构件轴线竖向位置"修改为"0","构件轴线水平位置"修改为"0",将左边梁截面轴线位置移至坐标系原点。

⑦鼠标左键单击编辑"水平标注"![icon]按钮,标注腹板厚度为参数F;并双击左边梁截面轮廓线,弹出"截面区域属性"表格,将表格中3号和4号区域点X坐标值改为"$-F/2$",9号和10号区域点X坐标值改为"$F/2$",9号和10号区域点的Y坐标值改为"$-1900-5\times(F/2-100)/4$"。

⑧按住Ctrl键并双击图形区的参数"F",进入参数编辑器窗口,双击参数编辑器窗口中的图形线条,弹出"截面参数F定义"表格,按照图4.15输入控制点X和Y的参数值,选择相应的曲线类型之后,单击"确定"按钮。最后,在参数编辑器窗口单击鼠标右键,在弹出的快捷菜单中选择"退出参数编辑器",退出参数编辑器,完成左边梁截面尺寸变化的定义。

⑨鼠标左键单击主菜单中的"腹板线"![icon]按钮,然后单击T梁上翼缘板顶部的坐标系原点,完成腹板线的定义,并在图形区单击"腹板线"标记||,将弹出的"对象属性"表格中的"腹板顶宽度(剪力键外距)"修改为"F"。然后,鼠标左键单击"悬臂线"![icon]按钮,在图形区依次点击T梁翼缘板顶部的左、右悬臂最外侧点,完成悬臂线的定义。最后,鼠标左键单击"施工缝"![icon]按钮,在图形区"腹板线"标记右侧随意点击一个点,在T梁翼缘板顶部定义一个施工缝,同时鼠标左键单击施工缝,弹出施工缝对应的"对象属性"表格,并修改"子截面名称""横向位置""朝向"和"适用子截面"等参数。修改后的施工缝属性如图4.107所示。

对象属性	�
施工缝	
子截面名称	S1
横向位置	850
朝向	朝右
适用子截面	主截面

图4.107 施工缝属性修改

⑩鼠标左键单击控制点"支座位" 按钮,然后在图形区单击T梁腹板底部中点位置,完成支座位的定义。

⑪鼠标左键单击控制点"应力点" 按钮,在图形区单击截面上的坐标系原点和左边梁腹板底部中点位置,完成T梁上缘应力点和下缘应力点的定义。最后,鼠标左键分别单击上缘应力点和下缘应力点,弹出各应力点对应的"对象属性"表格,并按图4.108修改表格中的参数,完成上缘应力点和下缘应力点属性修改。

对象属性	⏚
截面应力计算点	
应力点名称	应力点1
适用子截面	☑主截面 ☐S1
计算主应力	☑
剪应力计算腹板宽度	自动扫描
X	0
Y	0

对象属性	⏚
截面应力计算点	
应力点名称	应力点2
适用子截面	☑主截面 ☐S1
计算主应力	☑
剪应力计算腹板宽度	自动扫描
X	0
Y	-2500

(a)上缘应力点   (b)下缘应力点

图4.108 应力点属性修改

⑫鼠标左键单击"截面定义" 按钮,弹出"截面定义"对话框,在"截面定义"栏中,将"有效宽度模式"修改为"公路T梁","有效宽度类型"修改为"上缘",S1子截面的"安装序号"修改为"2";在"截面总体"栏中,可将"截面拟合时自动排序"修改为"X优先排序";在"梯度温度"栏中,"梯度温度模式"项同时勾选"公路15混凝土桥升温模式"和"公路15混凝土桥降温模式","沥青铺装厚度(mm)"项填入"100"。

⑬在图形区分别单击两侧"悬臂线"标记,按图4.109对各悬臂线的"对象属性"表格中的"T梁承托长""T梁承托高"和"T梁顶板平均厚度"等参数进行修改,并勾选右侧悬臂线对象属性表格中的"该侧为内侧翼缘"单选框。

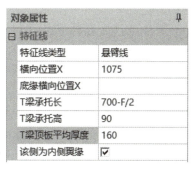

对象属性	⏚
特征线	
特征线类型	悬臂线
横向位置X	-1000
底缘横向位置X	
T梁承托长	700-F/2
T梁承托高	90
T梁顶板平均厚度	160
该侧为内侧翼缘	☐

对象属性	⏚
特征线	
特征线类型	悬臂线
横向位置X	1075
底缘横向位置X	
T梁承托长	700-F/2
T梁承托高	90
T梁顶板平均厚度	160
该侧为内侧翼缘	☑

(a)左悬臂线   (b)右悬臂线

图4.109 悬臂线属性修改

► **4.7.2　建立左边梁结构模型**

①鼠标左键单击结构建模界面右侧的"建模"标签页,进入结构建模工作界面。

②切换到"常规建模"工具栏,鼠标左键单击构件"梁"█████按钮,按如下命令行提示输入数据建立左边梁轮廓线:

命令:modeling. beambyspan

输入梁起点或中点<0,0>:{单击键盘"空格"键}

指定跨径方式[顺序跨径(K)/对称跨径(M)]<M>:K

输入跨径布置<末值为负按跨中对称>:39.92+3 * 40+39.92

指定支座到梁端距离<0,0>:0.56

左边梁创建完成,如图 4.110 所示。

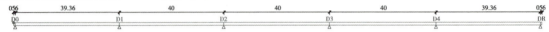

图 4.110　创建左边梁轮廓线

③双击中梁模型轮廓线,弹出"构件节点属性汇总"表,选中 D1 节点、D2 节点、D3 节点和 D4 节点的"弯矩折减"单选框,并在各节点的"支承宽度(mm)"项输入"250,250",如图 4.111 所示。

编号	节点类型	位置(m)	特征名称	输出标签	跨径分界线	悬臂	弯矩折减	支承宽度(mm)	支承右截面竖向位置	截面	子腹板	突变右截面	突变右截面子腹板	拟合方式	附加重力(kN)	坐标系	原点	X轴	Y轴
1	施工缝...	0	L	□	□	□	□		梁底					直线		随全局	0;0;0	1;0;0	0;1;0
2	特征节点	0.56	D0	□	☑	□	□		梁底					直线		随全局	0;0;0	1;0;0	0;1;0
3	特征节点	39.92	D1	□	☑	□	☑	250,250	梁底					直线		随全局	0;0;0	1;0;0	0;1;0
4	特征节点	79.92	D2	□	☑	□	☑	250,250	梁底					直线		随全局	0;0;0	1;0;0	0;1;0
5	特征节点	119.92	D3	□	☑	□	☑	250,250	梁底					直线		随全局	0;0;0	1;0;0	0;1;0
6	特征节点	159.92	D4	□	☑	□	☑	250,250	梁底					直线		随全局	0;0;0	1;0;0	0;1;0
7	特征节点	199.28	D5	□	☑	□	□		梁底					直线		随全局	0;0;0	1;0;0	0;1;0
8	施工缝...	199.84	R	□	□	□	□		梁底					直线		随全局	0;0;0	1;0;0	0;1;0

确定　　取消

图 4.111　构件节点属性汇总表

④鼠标左键单击节点"创建"█按钮,以左边梁左支座对应节点(D0 节点)为参考点,根据 4.4.3 节中梁各中间横隔板的位置数据,按如下命令行提示创建左边梁各中间横隔板对应的特征节点:

命令:modeling. nj

指定参考节点或[左端(L)/中点(M)/右端(R)]<L>:{鼠标左键单击 D0 节点}

指定生成方向[左向右(L)/双向(S)/右向左(R)]<L>:{单击"空格"键}

指定间距:6.36+3 * 6.5+6.4+14.2+6.4+2 * 6.5+6.4+14.2+6.4+2 * 6.5+6.4+14.2+6.4+2 * 6.5+6.4+14.2+6.4+3 * 6.5

指定节点类型[一般节点(C)/特征节点(T)/施工缝(S)]<T>:{单击"空格"键}

⑤鼠标左键单击节点"改名"█P1 P2按钮,按照 4.4.3 节中梁中间横隔板特征节点名修改方法,修改左边梁各中间横隔板特征节点名,各中间横隔板特征节点名称修改完成,如图 4.112 所示。

图 4.112　中间横隔板特征节点名称

⑥按照 4.4.3 节步骤⑥—步骤⑧的方法,建立左边梁各临时支承对应的特征节点 LZ1 ~ LZ8。

⑦鼠标左键双击左边梁轮廓线,弹出"构件节点属性汇总"表格,根据 2.6.1 中中边梁各横隔板特征节点的附加重力值,将左边梁各横隔板对应特征节点(D0、D5 和 HG1 ~ HG25)和临时支承对应特征节点 (LZ1 ~ LZ8)的"附加重力(kN)"项输入对应附加重力值。修改后的"构件节点属性汇总"表格如图 4.113 所示。

编号	节点类型	位置(m)	特...	输出标签	跨径分界线	悬臂	弯矩折减	支承宽度(mm)	支承宽度纵向位置	截面	子腹板	突变右截面	变穿右截面/子腹板	拟合...	附加重力(kN)	坐标系	原点	X轴	Y轴
1	施工缝..	0	L	□	□	□	□			梁底				直线		随全局	0;0;0	1;0;0	0;1;0
2	特征节点	0.56	D0	□	☑	□	□			梁底				直线	-8.325	随全局	0;0;0	1;0;0	0;1;0
3	特征节点	6.92	HG1	□	□	□	□			梁底				直线	-9.71	随全局	0;0;0	1;0;0	0;1;0
4	特征节点	13.42	HG2	□	□	□	□			梁底				直线	-9.71	随全局	0;0;0	1;0;0	0;1;0
5	特征节点	19.92	HG3	□	□	□	□			梁底				直线	-9.71	随全局	0;0;0	1;0;0	0;1;0
6	特征节点	26.42	HG4	□	□	□	□			梁底				直线	-9.71	随全局	0;0;0	1;0;0	0;1;0
7	特征节点	32.82	HG5	□	□	□	□			梁底				直线	-9.71	随全局	0;0;0	1;0;0	0;1;0
8	特征节点	39.27	LZ1	□	□	□	□			梁底				直线	-8.325	随全局	0;0;0	1;0;0	0;1;0
9	特征节点	39.92	D1	□	☑	□	☑	250,250		梁底				直线		随全局	0;0;0	1;0;0	0;1;0
10	特征节点	40.57	LZ2	□	□	□	□			梁底				直线	-8.325	随全局	0;0;0	1;0;0	0;1;0
11	特征节点	47.02	HG6	□	□	□	□			梁底				直线	-9.71	随全局	0;0;0	1;0;0	0;1;0
12	特征节点	53.42	HG7	□	□	□	□			梁底				直线	-9.71	随全局	0;0;0	1;0;0	0;1;0
13	特征节点	59.92	HG8	□	□	□	□			梁底				直线	-9.71	随全局	0;0;0	1;0;0	0;1;0
14	特征节点	66.42	HG9	□	□	□	□			梁底				直线	-9.71	随全局	0;0;0	1;0;0	0;1;0
15	特征节点	72.82	HG10	□	□	□	□			梁底				直线	-9.71	随全局	0;0;0	1;0;0	0;1;0
16	特征节点	79.27	LZ3	□	□	□	□			梁底				直线	-8.325	随全局	0;0;0	1;0;0	0;1;0
17	特征节点	79.92	D2	□	☑	□	☑	250,250		梁底				直线		随全局	0;0;0	1;0;0	0;1;0
18	特征节点	80.57	LZ4	□	□	□	□			梁底				直线	-8.325	随全局	0;0;0	1;0;0	0;1;0
19	特征节点	87.02	HG11	□	□	□	□			梁底				直线	-9.71	随全局	0;0;0	1;0;0	0;1;0
20	特征节点	93.42	HG12	□	□	□	□			梁底				直线	-9.71	随全局	0;0;0	1;0;0	0;1;0
21	特征节点	99.92	HG13	□	□	□	□			梁底				直线	-9.71	随全局	0;0;0	1;0;0	0;1;0
22	特征节点	106.42	HG14	□	□	□	□			梁底				直线	-9.71	随全局	0;0;0	1;0;0	0;1;0
23	特征节点	112.82	HG15	□	□	□	□			梁底				直线	-9.71	随全局	0;0;0	1;0;0	0;1;0
24	特征节点	119.27	LZ5	□	□	□	□			梁底				直线	-8.325	随全局	0;0;0	1;0;0	0;1;0
25	特征节点	119.92	D3	□	☑	□	☑	250,250		梁底				直线		随全局	0;0;0	1;0;0	0;1;0
26	特征节点	120.57	LZ6	□	□	□	□			梁底				直线	-8.325	随全局	0;0;0	1;0;0	0;1;0
27	特征节点	127.02	HG16	□	□	□	□			梁底				直线	-9.71	随全局	0;0;0	1;0;0	0;1;0
28	特征节点	133.42	HG17	□	□	□	□			梁底				直线	-9.71	随全局	0;0;0	1;0;0	0;1;0
29	特征节点	139.92	HG18	□	□	□	□			梁底				直线	-9.71	随全局	0;0;0	1;0;0	0;1;0
30	特征节点	146.42	HG19	□	□	□	□			梁底				直线	-9.71	随全局	0;0;0	1;0;0	0;1;0
31	特征节点	152.82	HG20	□	□	□	□			梁底				直线	-9.71	随全局	0;0;0	1;0;0	0;1;0
32	特征节点	159.27	LZ7	□	□	□	□			梁底				直线	-8.325	随全局	0;0;0	1;0;0	0;1;0
33	特征节点	159.92	D4	□	☑	□	☑	250,250		梁底				直线		随全局	0;0;0	1;0;0	0;1;0
34	特征节点	160.57	LZ8	□	□	□	□			梁底				直线	-8.325	随全局	0;0;0	1;0;0	0;1;0
35	特征节点	167.02	HG21	□	□	□	□			梁底				直线	-9.71	随全局	0;0;0	1;0;0	0;1;0
36	特征节点	173.42	HG22	□	□	□	□			梁底				直线	-9.71	随全局	0;0;0	1;0;0	0;1;0
37	特征节点	179.92	HG23	□	□	□	□			梁底				直线	-9.71	随全局	0;0;0	1;0;0	0;1;0
38	特征节点	186.42	HG24	□	□	□	□			梁底				直线	-9.71	随全局	0;0;0	1;0;0	0;1;0
39	特征节点	192.92	HG25	□	□	□	□			梁底				直线	-9.71	随全局	0;0;0	1;0;0	0;1;0
40	特征节点	199.28	D5	□	☑	□	□			梁底				直线	-8.325	随全局	0;0;0	1;0;0	0;1;0
41	施工缝..	199.84	R	□	□	□	□			梁底				直线		随全局	0;0;0	1;0;0	0;1;0

确定　　取消

图 4.113　构件节点属性汇总

⑧切换到"常规建模",鼠标左键单击截面"安装"按钮,选择左边梁左起点(即 L 点)为安装点,在弹出的"选择截面"对话框中选择"左边梁",并单击"确定"按钮,完成截面安装。安装截面后左边梁模型如图 4.114 所示。

图 4.114　安装左边梁截面

⑨鼠标左键单击左边梁轮廓线,将弹出的"对象属性"表格中的"构件验算类型"选择"预制全预应力梁","构件模板"选择"常规空间砼主梁","自重系数"输入"1.04",其他参数采用默认值不做修改。

⑩按照4.4.3节步骤⑫和步骤⑬的方法,建立左边梁墩顶现浇连续段左右边界对应的施工缝节点S1～S8,并按步骤⑭和步骤⑮的方法修改左边梁各墩顶现浇连续段施工龄期为7天,验算类型为"现浇全预应力梁"。

⑪切换到"常规建模"工具栏,鼠标左键单击节点"加密" ✎ 按钮,按节点间距为2 m对左边梁模型进行加密。

4.7.3 输入左边梁模型施工分析信息

1)第一施工阶段定义

①双击工作界面树形菜单栏中的"施工分析" 🏗️,进入施工分析信息输入界面。

②修改中间条的"当前阶段"名称为"预制吊装",并鼠标左键单击信息表下部的"总体信息"选项卡,设定"施工持续天数(天)"为"30"。

③鼠标左键单击信息表下部的"构件安装拆除"选项卡,然后鼠标左键依次双击工作界面中的各片T梁,完成左边梁各片预制T梁构件的安装。预制T梁构件安装完成后,模型如图4.115所示。

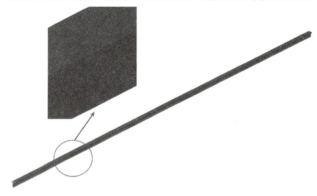

图4.115 安装预制T梁构件

④鼠标左键单击信息表下部的"支座"选项卡,按图4.116修改"支座"表格,定义中梁构件的D0节点、D5节点和临时支承节点LZ1～LZ8节点的支座特性,使步骤③中安装的各跨预制T梁构件形成简支梁桥边界条件。

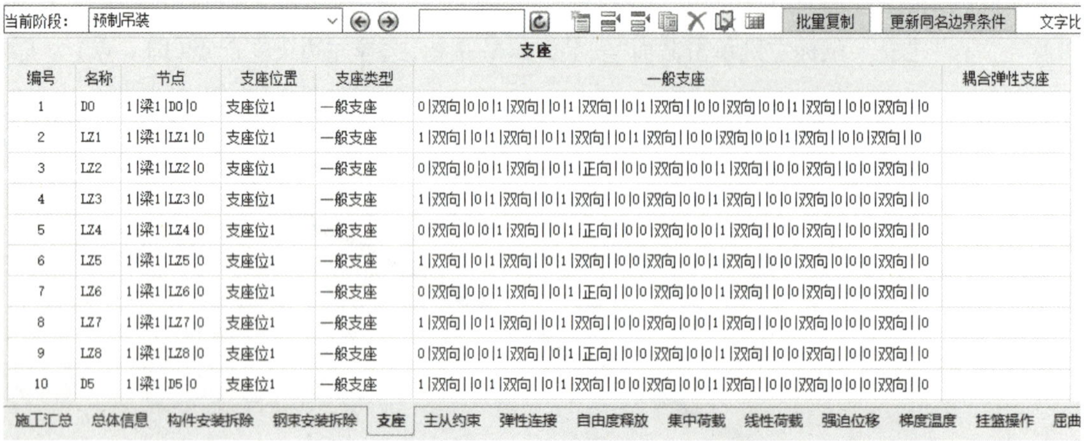

图4.116 支座表格

2)第二施工阶段定义

①鼠标左键单击中间条的"新增施工阶段"按钮,修改中间条的"当前阶段"名称为"简支转连续",并单击信息表下部的"总体信息"选项卡,设定"施工持续天数(天)"为"7"。

②鼠标左键单击信息表下部的"构件安装拆除"选项卡,然后依次双击工作界面中的各墩顶现浇连续段,完成左边梁墩顶现浇连续段的安装。

③鼠标左键单击信息表下部的"支座"选项卡,按图4.117修改"支座"表格,拆除LZ1~LZ8节点的临时支座,并在D1节点、D2节点、D3节点和D4节点安装永久支座,其中D2节点支座为固定支座。

当前阶段:	简支转连续						批量复制	更新同名边界条件	文字比
					支座				
编号	名称	节点	支座位置	支座类型		一般支座			耦合弹性支座
1	D0	1|梁1|D0|0	支座位1	一般支座	0|双向|0|0|双向|0|1|双向|0|1|双向|0|0|双向|0|0|双向|0			
2	D1	1|梁1|D1|0	支座位1	一般支座	0|双向|0|0|双向|0|1|双向|0|1|双向|0|0|双向|0|0|双向|0			
3	D2	1|梁1|D2|0	支座位1	一般支座	1|双向|0|1|双向|0|1|双向|0|1|双向|0|0|双向|0|0|双向|0			
4	D3	1|梁1|D3|0	支座位1	一般支座	0|双向|0|0|双向|0|1|双向|0|1|双向|0|0|双向|0|0|双向|0			
5	D4	1|梁1|D4|0	支座位1	一般支座	0|双向|0|0|双向|0|1|双向|0|1|双向|0|0|双向|0|0|双向|0			
6	D5	1|梁1|D5|0	支座位1	一般支座	0|双向|0|0|双向|0|1|双向|0|1|双向|0|0|双向|0|0|双向|0			

施工汇总　总体信息　构件安装拆除　钢束安装拆除　支座　主从约束　弹性连接　自由度释放　集中荷载　线性荷载　强迫位移　梯度温度　挂篮操作　屈曲

图4.117　支座表格

3)第三施工阶段定义

①鼠标左键单击中间条的"新增施工阶段"按钮,修改中间条的"当前阶段"名称为"浇筑湿接缝",并单击信息表下部的"总体信息"选项卡,设定"施工持续天数(天)"为"7"。

②鼠标左键单击信息表下部的"构件安装拆除"选项卡,然后依次双击工作界面中的各片预制T梁和各墩顶现浇连续段,完成左边梁现浇湿接缝的安装。现浇湿接缝安装完成后,模型如图4.118所示。

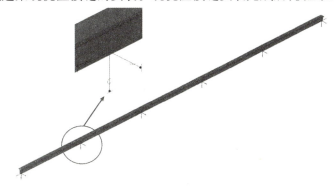

图4.118　现浇湿接缝安装

4)第四施工阶段定义

①鼠标左键单击中间条的"新增施工阶段"按钮,修改中间条的"当前阶段"名称为"二期铺装",并单击信息表下部的"总体信息"选项卡,设定"施工持续天数(天)"为"7"。

②鼠标左键单击信息表下部的"线性荷载"选项卡,按图4.119对"线性荷载"表格进行修改,完成左边梁构件桥面铺装荷载和防撞墙荷载施加(桥面铺装荷载和防撞墙荷载取值与2.6.1节一致)。

当前阶段:	二期铺装						批量复制	更新同名边界条件
				线性荷载				
编号	名称	类型	方向	起点位置	起点荷载 (kN/m,kN·m/m)	终点位置	终点荷载 (kN/m,kN·m/m)	坐标系
1	桥面铺装	结构重力及附加重力	Fz	1|梁1|L||	-9.296	1|梁1|R||	-9.296	整体坐标系
2	防撞墙	结构重力及附加重力	Fz	1|梁1|L||	-7.484	1|梁1|R||	-7.484	整体坐标系

施工汇总　总体信息　构件安装拆除　钢束安装拆除　支座　主从约束　弹性连接　自由度释放　集中荷载　线性荷载　强迫位移　梯度温度　挂篮操作

图4.119　线性荷载表格

5）第五施工阶段定义

鼠标左键单击中间条的"新增施工阶段" 目 按钮,修改中间条的"当前阶段"名称为"收缩徐变",并单击信息表下部的"总体信息"选项卡,设定"施工持续天数(天)"为"3650"。

▶ 4.7.4 输入左边梁模型运营分析信息

①鼠标左键双击项目管理树形菜单中"简支转连续梁桥"项目下"左边梁"模型的"运营分析" 🚒 ,进入运营分析信息输入界面。

②鼠标左键单击信息表下部的"总体信息"选项卡,设定"升温温差(℃)"和"降温温差(℃)"均为"20"。

③鼠标左键单击信息表下部的"强迫位移"选项卡,按照4.4.5节步骤③的方法,对"名称""支座"和"Dz(m)"等参数进行设置,完成左边梁基础变位作用的定义。

④鼠标左键单击信息表下部的"梯度温度"选项卡,设置左边梁梯度升温和梯度降温温度模式为"公路15混凝土桥升温模式"和"公路15混凝土桥降温模式"。

⑤单击信息表下部的"纵向加载"选项卡,按照图4.120对"名称""桥面单元""计算跨径(m)""活载类型""活载系数""行车线""横向布置(m)"和"冲击系数"等参数进行设置,完成车道荷载的定义。其中,单击"活载系数"输入栏,并单击输入栏右侧的" ·· "弹出"系数定义"表格,根据2.6.1节中的边梁活载系数值,确定左边梁的活载系数值,按图4.121输入左边梁节点位置及对应的系数值。单击"冲击系数"输入栏,单击输入栏右侧的" ·· "弹出"冲击系数"对话框,按图4.122选择结构参数、计算跨径和结构特性代表节点等参数,并单击"计算"按钮,计算左边梁冲击系数。

显示工况:	车道荷载	文字比例(%):	200	单位(m)					
纵向加载定义									
编号	名称	桥面单元	计算跨径(m)	活载类型	活载系数	行车线	横向布置(m)	冲击系数	单边人行道宽度(m)
1	车道荷载	梁1	40	公路-I级车道荷载	1|梁1|L|||~0...	轴线1	0	0~0;连续梁,1|梁1|HG3|0;...	
2									
3									

总体信息　集中荷载　线性荷载　强迫位移　梯度温度　纵向加载　横向加载　行车线加载　影响面加载　并发反力　屈曲分析　自振分析　抗频要

图4.120　纵向加载定义

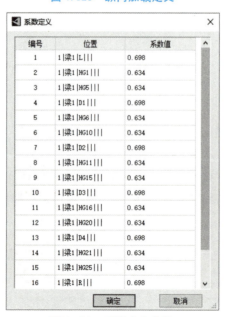

编号	位置	系数值
1	1|梁1|L|||	0.698
2	1|梁1|HG1|||	0.634
3	1|梁1|HG5|||	0.634
4	1|梁1|D1|||	0.698
5	1|梁1|HG6|||	0.634
6	1|梁1|HG10|||	0.634
7	1|梁1|D2|||	0.698
8	1|梁1|HG11|||	0.634
9	1|梁1|HG15|||	0.634
10	1|梁1|D3|||	0.698
11	1|梁1|HG16|||	0.634
12	1|梁1|HG20|||	0.634
13	1|梁1|D4|||	0.698
14	1|梁1|HG21|||	0.634
15	1|梁1|HG25|||	0.634
16	1|梁1|R|||	0.698

确定　取消

图4.121　系数定义表格

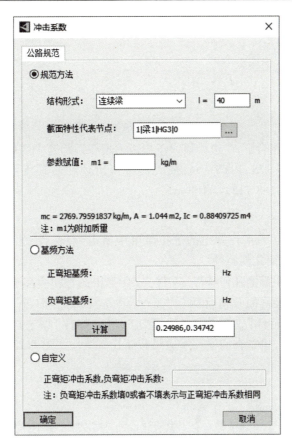

图4.122　冲击系数对话框

4.7.5 执行左边梁模型计算

①切换到"项目"工具栏,鼠标左键单击"诊断当前" 按钮,软件将对左边梁模型的前处理内容进行检查。

②系统诊断无误后,鼠标左键单击"计算当前" ▶ 按钮,执行左边梁模型计算。

4.7.6 左边梁预应力钢束估算与布置

与简支转连续预应力混凝土T梁桥的中梁类似,边梁也需要布置跨中腹板预应力钢束以抵抗正弯矩、中间墩墩顶预应力混凝土现浇段布置顶板预应力钢束以抵抗墩顶负弯矩。因此,本节将参照4.5节中梁预应力钢束估算过程,依托左边梁估算模型计算结果,对左边梁的腹板预应力钢束和顶板预应力钢束用量进行估算。

1)频遇荷载组合下左边梁计算结果查询

①鼠标右键单击项目管理树形菜单中"简支转连续梁桥"项目下"左边梁"模型的"结果查询" ,在弹出的下拉菜单中单击"新文件夹",弹出"新建查询文件夹"对话框,输入新建文件夹名称"01频遇荷载组合"。

②鼠标右键单击新建的"01频遇荷载组合"文件夹,在弹出的下拉菜单中单击"新建查询",弹出"新建查询"对话框,输入名称"频遇荷载组合","工况"项选择"运营阶段","内容"项选择"结构效应组合","组合"项选择"内力组合-03频遇组合","效应"项选择"竖弯矩My","图形"项选择"仅包络图","构件"项选择"梁1",鼠标左键单击"确定"按钮,建立查询项。

③频遇荷载组合下,左边梁弯矩包络图如图4.123所示。

图4.123 左边梁弯矩包络图

由图4.123可见,频遇荷载组合下,左边梁最大正弯矩出现在边跨跨中区域,并且正弯矩最大值M_{max}为9 048.5 kN·m、最小值M_{min}为5 728.1 kN·m;最大负弯矩出现在墩顶支点区域,负弯矩最大值M_{max}为-3 987.6 kN·m、最小值M_{min}为-8 118.4 kN·m。

2)左边梁截面几何特性查询

①鼠标右键单击"结果查询"🔳,在弹出的下拉菜单中单击"新文件夹",弹出"新建查询文件夹"对话框,输入新建文件夹名称"02截面几何特性"。

②鼠标右键单击新建的"02截面几何特性"文件夹,在弹出的下拉菜单中单击"新建查询",弹出"新建查询"对话框,输入名称"左边梁截面几何特性","工况"项选择"运营阶段","内容"项选择"截面特性","类型"项选择"毛截面全截面特性","效应"项选择"全部","构件"项选择"梁1","截面"项选择"总截面",鼠标左键单击"确定"按钮,建立查询项。左边梁截面几何特性如图4.124所示。

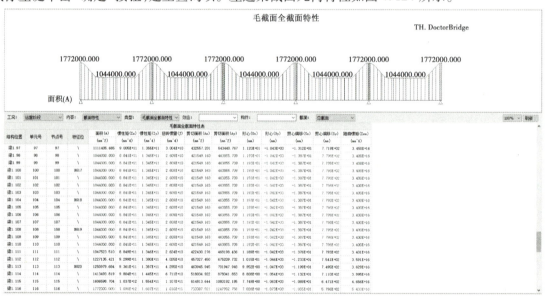

图4.124 左边梁截面几何特性

3)左边梁截面预应力钢束估算

（1）跨中截面预应力钢束估算

由2.6.3节可知,左边梁跨中截面面积A为1.044 m^2,截面惯性矩I_x为0.884 m^4,截面中性轴距离截面上缘的距离y_u为1 042 mm,截面中性轴距离截面下缘的距离y_b为1 458 mm;上、下截面模量分别为$W_u = 0.848$ m^3、$W_b = 0.606$ m^3;左边梁跨中截面上、下核心距分别为$K_u = 0.581$ m、$K_b = 0.813$ m。假定截面预应力钢束合力作用点距截面下缘的距离a_b为0.207 m,截面下缘配置的预应力钢束重心至主梁混凝土截面重心的距离e_b为1.251 m。C50混凝土轴心抗压强度标准值f_{ck}为32.4 MPa,每股预应力钢束的面积A_{pl}为139.0 mm^2,预应力钢束的永存应力σ_{pe}为1 116 MPa。

此外,由4.7.6节可知,频遇荷载组合下左边梁正弯矩最大、最小弯矩值M_{max}和M_{min}分别为9 048.5 kN·m、5 728.1 kN·m。将以上数据分别代入式(2.11)—式(2.14)可得:

上缘混凝土压应力不超限:

$$n_b \leqslant \frac{0.5f_{ck}W_u - M_{max}}{K_b - e_b} \frac{1}{A_{pl}\sigma_{pe}}$$

$$= \frac{0.5 \times 32.4 \times 10^6 \times 0.848 - 9\,048.5 \times 10^3}{0.813 - 1.251} \times \frac{1}{139 \times 1\,116}$$

$$= -69.01$$

上缘混凝土不出现拉应力：

$$n_b \geqslant \frac{M_{min}}{e_b - K_b} \frac{1}{A_{pl}\sigma_{pe}}$$

$$= \frac{5\,728.1 \times 10^3}{1.251 - 0.813} \times \frac{1}{139 \times 1\,116}$$

$$= 84.31$$

下缘混凝土压应力不超限：

$$n_b \leqslant \frac{0.5f_{ck}W_b + M_{min}}{K_u + e_b} \frac{1}{A_{pl}\sigma_{pe}}$$

$$= \frac{0.5 \times 32.4 \times 10^6 \times 0.606 + 5\,728.1 \times 10^3}{0.581 + 1.251} \times \frac{1}{139 \times 1\,116}$$

$$= 54.70$$

下缘混凝土不出现拉应力：

$$n_b \geqslant \frac{M_{max}}{K_u + e_b} \frac{1}{A_{pl}\sigma_{pe}}$$

$$= \frac{9\,048.5 \times 10^3}{0.581 + 1.251} \times \frac{1}{139 \times 1\,116}$$

$$= 31.84$$

可见，31.84 根 $\leqslant n_b \leqslant$ 54.70 根。

选取 8 根 ϕ^s15.2 钢绞线组成 1 束（即 1 套锚具锚固 8 根 ϕ^s15.2 钢绞线）并取整后作为最终预应力钢束配置值，同时考虑到某些因素的不确定性（如配筋计算中预应力钢束有效预应力的取值等），可将配束计算值适当增大作为最终采用值。因此，初步确定预应力钢束数为 5 束，即最终取用 40 根 ϕ^s15.2 钢绞线。

（2）墩顶支点截面预应力钢束估算

由图 4.124 可知，左边梁墩顶支点截面面积 A 为 1.772 m^2，截面惯性矩 I_x 为 1.090 m^4，截面中性轴距离截面上缘的距离 y_u 为 1 073 mm，则截面中性轴距离截面下缘的距离 $y_b = 2\,500 - 1\,073 = 1\,427$ mm。

应用公式 $W_u = I_x/y_u$、$W_b = I_x/y_b$、$K_u = W_b/A$ 和 $K_b = W_u/A$，可得上、下截面模量为：$W_u = 1.016$ m^3、$W_b = 0.764$ m^3；截面上、下核心距为：$K_u = 0.431$ m、$K_b = 0.573$ m。

C50 混凝土轴心抗压强度标准值 f_{ck} 为 32.4 MPa，每股预应力钢束的面积 A_{pl} 为 139.0 mm^2，预应力钢束的永存应力 σ_{pe} 为 1 116 MPa。

假定截面预应力钢束合力作用点距截面上缘的距离 a_u 为 0.086 m，截面上缘配置的预应力钢束重心至主梁混凝土截面重心的距离 $e_u = y_u - a_u = 1.073 - 0.086 = 0.987$ m。

由 4.7.6 节可知，频遇荷载组合下支点截面负弯矩的最大、最小弯矩值 M_{max} 和 M_{min} 分别为 -3 987.6 kN·m、-8 118.4 kN·m。将以上数据分别代入式（4.4）—式（4.7）可得：

上缘混凝土压应力不超限：

$$n_u \leqslant \frac{0.5f_{ck}W_u - M_{max}}{K_b + e_u} \frac{1}{A_{pl}\sigma_{pe}}$$

$$= \frac{0.5 \times 32.4 \times 10^6 \times 1.016 + 3\,987.6 \times 10^3}{0.573 + 0.987} \times \frac{1}{139 \times 1\,116}$$

$$= 84.49$$

上缘混凝土不出现拉应力:

$$n_u \geqslant \frac{-M_{min}}{K_b + e_u} \frac{1}{A_{pl}\sigma_{pe}}$$

$$= \frac{8\ 118.4 \times 10^3}{0.573 + 0.987} \times \frac{1}{139 \times 1\ 116}$$

$$= 33.55$$

下缘混凝土压应力不超限:

$$n_u \leqslant \frac{0.5f_{ck}W_b + M_{min}}{K_u - e_u} \frac{1}{A_{pl}\sigma_{pe}}$$

$$= \frac{0.5 \times 32.4 \times 10^6 \times 0.764 - 8\ 118.4 \times 10^3}{0.431 - 0.987} \times \frac{1}{139 \times 1\ 116}$$

$$= -49.37$$

下缘混凝土不出现拉应力:

$$n_u \geqslant \frac{M_{max}}{K_u - e_u} \frac{1}{A_{pl}\sigma_{pe}}$$

$$= \frac{-3\ 987.6 \times 10^3}{0.431 - 0.987} \times \frac{1}{139 \times 1\ 116}$$

$$= 46.23$$

可见,33.55 根 $\leqslant n_b \leqslant$ 84.49 根。

选取 5 根 Φ^s15.2 钢绞线组成 1 束作为最终预应力钢束配置值,并根据现有的 40 m 简支转连续 T 梁桥通用图纸,考虑钢束布置的构造要求等,初步确定负弯矩区顶板预应力钢束数为 6 束,即 30 根预应力钢绞线,稍小于上述负弯矩预应力钢束取值范围的下限值。

（3）预应力钢束和普通钢筋布置

由图 2.7 可知,边梁截面和中梁截面之间的主要区别在于上翼缘宽度不一致,腹板尺寸一致。因此,左边梁腹板预应力钢束布置如图 4.65 所示,顶板预应力钢束也初步按照图 4.66 布置中梁顶板预应力钢束。左边梁腹板箍筋和下缘纵向普通钢筋布置也与图 4.67 中梁普通钢筋布置一致,上翼缘纵向普通钢筋布置与图 2.235 一致。

4.8 左边梁验算模型建立及安全性验算

左边梁预应力钢束估算和布置及普通钢筋布置完成后,将对 4.7 节中建立的左边梁估算模型进行修改,输入预应力钢束和普通钢筋,建立左边梁的验算模型,并按《桥规》(2018) 中的相关条文进行承载能力和正常使用极限状态的验算,确定截面尺寸、预应力钢束和普通钢筋布置是否满足要求。

▶ 4.8.1 建立左边梁验算模型

1) 总体信息设置

①鼠标右键单击项目管理树形菜单中"简支转连续梁桥"项目下"左边梁"模型,在弹出的下拉菜单中单击"副本",并在弹出的"输入新的模型名称"对话框中输入"左边梁验算",单击"确认"按钮,建立左边梁验算模型。

②双击工作界面树形菜单栏"左边梁验算"模型下的"总体信息" ⓘ,进入总体信息输入界面,并勾选

"计算内容"项中的"计算预应力",并在"材料定义"项中增加"预应力钢筋"和"HRB400"类型普通钢筋,其余"总体信息"项设置与"左边梁"模型相同,不做修改。

2)定义截面

直接利用4.8.1节中建立的左边梁截面,添加钢束位,以进行预应力钢束空间布置,其他左边梁截面特性不需要修改。

①双击工作界面树形菜单栏中的"结构建模" 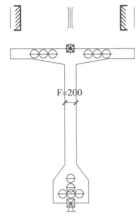,进入结构建模界面,然后单击界面右侧的"截面"标签页,进入截面定义工作界面。

②切换到"截面计算"工具栏,鼠标左键单击控制点"钢束位" 按钮,根据图4.65和图4.66中N1~N4预应力钢束和T1~T3预应力钢束的横向布置位置值,按照4.6.1节中步骤②和步骤③方法添加各根预应力钢束对应的钢束位,并修改钢束位的"参考面名称""X""Y"和"参考面类型"等参数,完成各根预应力钢束位定义。全部预应力钢束对应钢束位定义完成后,左边梁截面如图4.125所示。

图4.125 左边梁截面

3)建立左边梁结构模型

直接利用4.7.2节中建立的左边梁结构模型,不需要重新建立左边梁结构模型。

4)输入预应力钢束

①鼠标左键双击项目管理树形菜单中"简支转连续梁桥"项目下"左边梁验算"模型的"钢束设计" ,进入钢束设计截面。

②切换到"钢束"工具栏,鼠标左键单击"型号" 按钮,弹出"钢束材料型号定义"表格,在其中输入腹板正弯矩预应力钢束和墩顶负弯矩钢束材料型号,如图4.126所示。

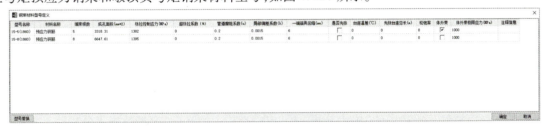

型号名称	材料名称	预束根数	成孔面积(mm²)	张拉控制应力(MPa)	超张拉系数(s)	管道摩阻系数(μ)	局部偏差系数(k)	一端锚具回缩(mm)	是否先张	台座温差(℃)	先张台座总长(m)	松弛率	体外束	体外束钢限应力(MPa)	注释信息
15-5(1860)	预应力钢筋	5	3318.31	1302	0	0.2	0.0015	6	□	0	0	0	☑	1000	
15-8(1860)	预应力钢筋	8	6647.61	1395	0	0.2	0.0015	6	□	0	0	0	□	1000	

图4.126 钢束材料型号定义表格

③鼠标左键单击"建钢束" 按钮,根据图4.74中各根预应力钢束的属性,按照4.6.1节中的步骤③—步骤⑦依次建立左边梁的腹板(正弯矩区)预应力钢束N1~N4钢束和N1_Zhong~N4_Zhong钢束、墩顶连续段顶板(负弯矩区)预应力钢束T1~T3钢束和T1_Zhong~T3_Zhong钢束。

5)输入普通钢筋

①鼠标左键双击项目管理树形菜单中"简支转连续梁桥"项目下"左边梁验算"模型的"钢筋设计" ,进入钢筋设计截面。

②切换到"钢筋"工具栏,鼠标左键单击"纵筋" ,按4.6.1节操作生成T梁截面上缘和下缘纵向钢筋,其中下缘纵向钢筋横桥向布置与中梁验算模型一致,上缘纵向钢筋的横桥向布置按图2.235取值。上缘纵向钢筋的"钢筋编辑"对话框信息如图4.127所示。

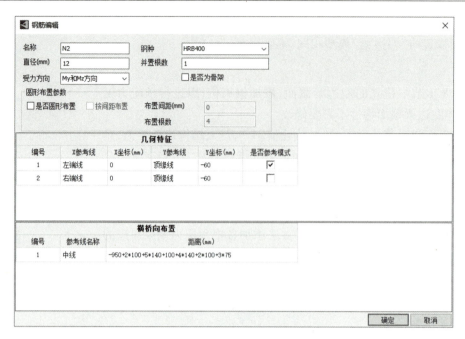

图 4.127　左边梁上缘钢筋布置参数

③鼠标左键单击"建视口" ，弹出"新建视口"对话框，并在"名称"行输入"箍筋"，单击"确定"按钮后，单击"重排" ，完成箍筋视口创建。

④鼠标左键单击"箍筋" ，按 4.6.1 节中梁箍筋生成步骤⑥—步骤⑩（左边梁箍筋参数与中梁箍筋参数一致），完成左边梁各跨箍筋布置。

6）输入左边梁验算模型施工分析信息

与中梁验算模型施工分析的定义过程类似，左边梁验算模型施工分析信息也可以在 4.7.3 节中定义的左边梁估算模型施工信息的基础上，补充左边梁腹板预应力钢束和中间墩墩顶顶板预应力钢束张拉、灌浆步骤，建立完整的简支转连续梁桥施工过程，根据《桥规》（2018）验算 4.7.6 节中的预应力钢束估算和布置是否合理。

①双击工作界面树形菜单栏中的"施工分析" ，进入"左边梁验算"模型的施工分析信息输入界面。

②修改中间条的"当前阶段"为"预制吊装"，并单击信息表下部的"钢束安装拆除"选项卡，然后双击图形编辑区腹板预应力钢束，完成左、右边跨（第 1 跨和第 5 跨）和各中跨（第 2 跨 ～ 第 4 跨）的腹板预应力钢束的张拉、灌浆等操作。

③修改中间条的"当前阶段"为"浇筑湿接缝"，单击中间条的"在当前施工阶段后插入新的空白施工阶段" 按钮，增加新的施工阶段，并将新增施工阶段名修改为"边跨顶板预应力钢束张拉"，并单击信息表下部的"总体信息"选项卡，设定"施工持续天数（天）"为"3"。

④单击信息表下部的"钢束安装拆除"选项卡，然后双击图形编辑区边跨墩顶负弯矩区顶板预应力钢束，完成第 1、2 跨及第 4、5 跨连续段负弯矩区预应力钢束的张拉、灌浆等操作。

⑤单击中间条的"在当前施工阶段后插入新的空白施工阶段" 按钮，增加新的施工阶段，并将新增施工阶段名修改为"中跨顶板预应力钢束张拉"，并单击信息表下部的"总体信息"选项卡，设定"施工持续天数（天）"为"3"。

⑥单击信息表下部的"钢束安装拆除"选项卡，然后双击图形编辑区中跨墩顶负弯矩区预应力钢束，完成第 2、3 跨及第 3、4 跨墩顶连续段负弯矩区预应力钢束的张拉、灌浆等操作。

⑦"二期铺装"和"收缩徐变"施工阶段的施工信息和 4.7.3 节中定义的施工信息一致，不做修改。

7)输入左边梁验算模型运营分析信息

左边梁验算模型运营分析阶段的整体升降温、梯度温度、不均匀沉降和移动荷载等与4.7.4节中定义的左边梁估算模型运营分析信息一致,不需进行修改。

8)执行左边梁验算模型计算

①切换到"项目"工具栏,鼠标左键单击"诊断当前"按钮,软件将对左边梁验算模型的前处理的内容进行检查。

②系统诊断无误后,鼠标左键单击"计算当前"按钮,执行左边梁验算模型计算。

▶ 4.8.2　左边梁验算结果

左边梁验算模型验算内容和验算结果提取方法与4.6.2节中梁验算模型一致,通过对左边梁验算结果查询可知,左边梁正截面抗弯承载能力、斜截面抗剪承载能力、挠度、正截面混凝土法向应力、斜截面主压应力、预应力钢束拉应力和短暂状况正截面法向应力等均满足《桥规》(2018)的要求。此外,左边梁各中间墩墩顶现浇连续段出现拉应力,并且主拉应力超过限值,因此左边梁墩顶现浇连续段的混凝土正截面抗裂和斜截面抗裂性能不满足《桥规》(2018)的要求。但是,与中梁验算模型类似,左边梁验算模型墩顶截面尺寸较实际截面尺寸小,使得模型中墩顶截面正应力和主拉应力计算结果与简支转连续梁桥墩顶区域截面的真实应力之间有差别,应对左边梁模型墩顶截面尺寸进行调整。限于篇幅,此处不再调整,并且具体验算结果也不一一列出。

第5章
预应力混凝土连续刚构桥设计与建模

对于等截面连续梁桥,当主跨跨径接近或大于70 m时,在恒载和活载作用下,主梁支点截面的负弯矩将比跨中截面正弯矩大得多,如连续梁桥继续采用等截面布置,将使得桥梁在受力上不合理且不经济。此时,采用变截面连续梁桥更符合受力要求。

加大连续梁桥中支点附近的梁高,既对恒载引起的截面内力影响不大,对桥下通航/通行的净空要求无甚妨碍,还能适应抵抗支点处较大剪力的要求。因此,变截面连续梁桥比简支梁桥和等截面连续梁桥具有更大的跨径,并且外形美观、节省材料、增大桥下净空高度。此外,采用变截面布置适合采用悬臂浇注和悬臂拼装的悬臂施工法,施工阶段主梁的刚度大,且内力与运营阶段的主梁内力基本一致。当前,跨径大于100 m的预应力混凝土连续梁桥有90%以上选用变高度梁。

但是,大跨径连续梁桥采用悬臂施工法时,存在墩梁临时固结和体系转换的工序,结构稳定性应予以重视,施工较为复杂,并且主墩需要布置大型橡胶支座,存在养护上和更换上的麻烦。因此,预应力混凝土连续刚构桥得到了越来越多的应用。预应力混凝土连续刚构桥的主梁做成连续梁体,墩、梁、基础三者固结成一个整体,是连续梁桥与T形刚构桥的组合体系,因此连续刚构桥也称为墩梁固结的连续梁桥。

在恒载作用下,连续刚构桥和连续梁桥的跨中弯矩和竖向位移基本一致。但是,连续刚构桥采用柔性墩来适应桥梁的纵向变形,使得墩顶截面的恒载负弯矩较相同跨径的连续梁桥小,并且由于墩梁固结共同参与工作,连续刚构桥由活载引起的跨中正弯矩较连续梁小,因而可以降低跨中区域的梁高,并使恒载内力进一步降低。因此,连续刚构桥的主跨跨径可以比连续梁桥设计得更大,常用于大跨、高墩桥梁结构中。

此外,由于桥墩水平抗推刚度较小,在竖向荷载作用下,连续刚构桥基本上属于无推力结构,并且连续刚构桥通常采用对称布置,适合采用悬臂施工方法,具有较好的技术经济性。连续刚构桥的另外一个特点是主梁保持连续,保持了连续梁桥无伸缩缝、行车平顺,同时又避免了连续梁桥施工时需要临时固结和体系转换,使用过程中可能需要更换大吨位支座的缺点,连续刚构桥施工稳定性好、养护工作量小。同时,由于预应力技术的迅速发展,使得预应力混凝土连续刚构桥成为大跨径桥梁中最具竞争力的桥型之一,最大跨径已突破300 m,并且连续刚构桥也可以像连续梁桥一样,做成多跨一联,使得连续刚构桥也可以用于特长桥梁中。

因此,本章将设计预应力混凝土连续刚构桥方案,讲解采用桥梁博士软件建立预应力混凝土连续刚构桥模型流程,进行预应力钢束用量估算、布置并进行预应力混凝土连续刚构桥验算的方法。

5.1　连续刚构桥的构造

▶ 5.1.1　跨径布置

根据国内外已建成的连续刚构桥,边中跨比通常取 $0.5 \sim 0.692$,大部分比值为 $0.55 \sim 0.58$,小于预应力混凝土连续梁桥的边中跨比取值为 $0.6 \sim 0.8$。这主要是因为连续刚构桥的墩梁固结构造使得边跨跨径的大小对中跨恒载弯矩调整的影响很小,并且边中跨比为 $0.54 \sim 0.56$ 时,可以使得主墩内基本没有恒载偏心距,而且由于边跨合龙段长度小,可以在边跨悬臂端用导梁支承于边墩上,进行边跨合龙,取消落地支架,施工方便经济。

▶ 5.1.2　主梁

箱形截面具有良好的抗弯和抗扭性能,因此大跨径预应力混凝土连续刚构桥多采用变截面箱形梁,通过加大中支点截面梁高,减小主梁正弯矩、缩短正弯矩区域,并使主梁大部分承受负弯矩。这样处理可使大多数预应力钢束布置在梁的顶板,构造和施工均较简单。变截面连续刚构桥的主梁底曲线可采用二次抛物线、折线或 $1.5 \sim 1.8$ 次抛物线形式。抛物线的变化规律与连续刚构桥的弯矩变化规律基本接近,采用折线形截面的变化布置可使桥梁的构造简单、施工方便。具体的选用形式应按照各截面上、下缘受力均匀,容易布筋的原则确定。通常,对于主跨跨径小于 150 m 的连续刚构桥,主梁底板曲线可采用二次抛物线设置;主跨跨径大于 150 m 时,可采用 $1.5 \sim 1.8$ 次抛物线设置。

预应力混凝土连续刚构桥中支点截面箱梁的高跨比通常取 $1/20 \sim 1/16$,其中大部分取 $1/18$ 左右,少数桥梁达到 $1/20$;跨中截面梁高通常为中支点截面梁高的 $1/3.5 \sim 1/2.5$,略小于连续梁桥的跨中截面梁高。这是因为连续刚构桥的墩梁固结构造使得活载作用于主跨时,连续刚构桥的跨中正弯矩小于相同跨径的连续梁桥。连续刚构桥的箱形截面顶板、底板和腹板特性及取值与连续梁桥箱形截面类似,可参见 4.1.3 节。

▶ 5.1.3　横隔板

箱形截面梁中通常布置横隔板以提高箱梁的横向刚度、限制畸变应力,支点/支承处的横隔板还可以承受和分布较大支承反力。由于箱形截面具有较大的抗扭刚度,横隔板的布置数量可以比一般的肋形桥梁布置得少一些。同时,从受力的角度,中间横隔板对主梁纵向应力和横向弯矩的分布影响很小,活载横向弯矩的增加很少超过 8%,而恒载应力又不受横隔板的影响,因此许多国家认为箱形截面梁可以减少或不设置中间横隔板,可以采用局部加强腹板或特殊的横向框架来代替。

▶ 5.1.4　桥墩

1)桥墩形式

大跨径预应力混凝土连续刚构桥桥墩应满足施工、运营等各个阶段支承上部结构重力和稳定性等的要求,桥墩的柔度还应适应温度变化、混凝土收缩徐变和制动力等因素引起的水平位移,以尽量减小这些因素对结构产生的次内力,桥墩的水平抗推刚度应在满足施工、运营稳定性的前提下尽量减小。同时,由于大跨径连续刚构桥的横桥向约束较弱,使得桥梁在横桥向不平衡荷载或风荷载作用下,易产生扭曲、变位等,因此桥墩的横向刚度应设计得大一些,以增大桥梁的横桥向稳定性。当前,连续刚构桥桥墩的立面形式主要有如下 3 种:

(1)双肢薄壁墩

对于跨径大而墩高小的连续刚构桥,体系温度荷载、混凝土收缩等会使得墩顶产生较大的水平位移。

为减小水平位移在墩中产生的弯矩,通常采用水平抗推刚度较小的双肢薄壁墩。双肢薄壁墩是采用两个相互平行的薄壁墩作为桥墩与主梁固结(图5.1),可以减小桥墩的水平抗推刚度,桥梁纵桥向的允许变位增大,并可减小主梁附加内力,主梁的负弯矩峰值出现在两肢墩的墩顶,较单臂墩小,可减小墩顶处主梁截面尺寸,增加桥梁美感。但是,双肢薄壁墩占据的宽度较大,对于跨越河道的连续刚构桥,防撞设施需要保护的范围较大,增加了桥梁修建费用,并且如果船舶撞击在双肢薄壁墩的一肢墩上,使其遭到破坏后,双肢薄壁墩的另一肢墩很容易因承载力和稳定性不足而随之破坏。

图5.1 双肢薄壁墩连续刚构桥

(2)空心薄壁墩

跨越深山峡谷和深水河流的高墩预应力混凝土连续刚构桥多采用空心薄壁墩(图5.2)。它在外观上呈一字形,截面形式一般为箱形截面的空心桥墩,具体尺寸需根据连续刚构桥对桥墩柔性的要求确定。同时,箱形截面的空心薄壁墩的抗扭性能好、稳定性强,可以增大通航孔的有效跨径,但是水平抗推刚度较双肢薄壁墩大,随着墩身高度的不断增大,空心薄壁墩的柔性逐渐增加,允许的纵向变位增大。因此,空心薄壁墩对于墩身高度较高或中等跨径的预应力混凝土连续刚构桥是一种理想的墩身形式。

图5.2 空心薄壁墩连续刚构桥

(3)V形墩、Y形墩

为了减小连续刚构桥支点处的负弯矩峰值,可将桥梁墩柱做成V形墩。V形托架可使主梁负弯矩峰值降低50%以上,节省了上部结构材料用量,如图5.3所示。Y形墩是上部为V形托架、下部为单柱式,两者在立面上形成Y字形。下部的单柱具有一定的柔性,可满足连续刚构桥纵向变形的要求。V形墩和Y形墩均为双肢薄壁墩的变形形式,但是V形墩和Y形墩本身的施工较垂直的双肢薄壁墩更复杂,费用较高,因此选用时应综合比选。

图5.3 V形墩连续刚构桥

2)桥墩形式和布置

对比研究表明,温度作用下连续刚构桥墩底弯矩与主跨跨径成正比;确定跨径下,温度作用下的墩底弯矩与墩高的二次方成反比;双肢墩可以大幅降低墩底弯矩。因此,桥墩受力与连续刚构桥的主跨跨径、墩高和桥墩形式密切相关,大跨径连续刚构桥必须注意三者之间的合理搭配。当跨径很大时,桥墩受力较大,墩柱可以采用空心截面,并且空心墩可以节约40%左右的混凝土用量。根据我国预应力混凝土连续刚构桥的设计经验,并结合桥墩受力特性,连续刚构桥的桥墩形式和布置如表5.1所示。此外,初步设计中,桥墩尺寸可选择长细比为16~20,双薄壁墩的中距与主跨比值为1/25~1/20。

表 5.1　连续刚构桥的桥墩形式和布置

桥墩形式及跨径	桥墩形式	实心式		空心式	
	主跨跨径 L/m	单壁	双壁	单箱	双箱
		<60	80~160	100~200	>160
墩高布置		最小墩高:$H>L/10$		墩高差:最低/最高>0.2~0.4	

▶ 5.1.5　预应力钢束布置

预应力混凝土连续刚构桥箱形截面通常布置有纵向预应力钢束、横向预应力钢束和竖向预应力钢束(即三向预应力)。其中,纵向预应力钢束用以抵抗纵向受弯和部分受剪;竖向预应力钢束用以抵抗受剪;横向预应力钢束则用以抵抗横向受弯。预应力钢束布置数量和位置都需要根据结构在使用阶段的受力状态予以确定,同时也要满足施工各阶段的受力需要。施工方法不同,施工阶段的受力状态差别很大,因此结构预应力钢束配筋需要结合施工方法综合考虑。

1)纵向预应力钢束

纵向预应力钢束可以布置在箱形截面梁的顶板、底板和腹板中,是用以保证桥梁结构在恒、活载作用下纵向跨越能力的主要受力钢筋。纵向预应力钢束的布置与桥梁所采用的施工方法和预应力钢束的种类有密切关系。悬臂施工方法是大跨径预应力混凝土连续刚构桥大多采用的施工方法,其纵向预应力筋布置如图 5.4 所示。连续刚构桥主梁中除了正弯矩区和负弯矩区各需要布置顶板预应力钢束和底板预应力钢束,在正、负弯矩交替的区段内,顶、底板中也均需布置预应力钢束。图 5.4(a)所示为直线布束方式,即顶板预应力钢束沿水平布置并锚固在梗肋处,以减少预应力钢束的摩阻损失,并且穿束方便,也可改善腹板混凝土的浇筑条件。水平预应力钢束的设计和构造仅由弯曲应力决定,抗剪强度则由竖向预应力钢束来提供。图 5.4(b)所示为顶板预应力钢束在腹板内弯曲并下弯锚固在腹板上,称为腹板预应力钢束,以抵抗外荷载所产生的剪力,此时腹板应具有足够的厚度以承受预应力钢束的集中锚固力。

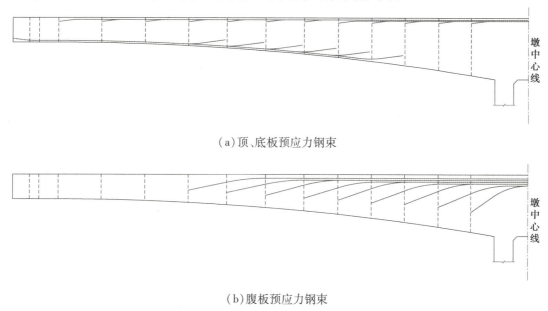

(a)顶、底板预应力钢束

(b)腹板预应力钢束

图 5.4　纵向预应力钢束布置方式

2）横向预应力筋

当箱梁腹板间距较大或翼缘板悬臂长度较大时，应在混凝土桥面板内布置横向预应力钢筋，以提高箱梁的横向整体性、桥面板及横隔板的横向抗弯能力，如图 5.5 所示。桥面板中的横向预应力钢筋通常采用直线布置，设置在桥面板上、下两层钢筋网之间，也可与纵向预应力钢束叠置。因此，桥面板最小厚度应为纵向预应力管道直径与横向预应力管道直径之和再加 2～5 cm，并且桥面板厚度不小于 21 cm。横向预应力筋常采用扁锚体系，以减少布筋所需空间，管道直径通常为 22 mm。横向预应力筋受顶板厚度限制，偏心距较小，可在承托附近缓缓向上弯曲，以承受较大的负弯矩。横向预应力筋的布置间距通常取 0.5～1.0 m，张拉端和内锚固端交替布置，并且每根预应力筋的预加力通常取 300～600 kN。

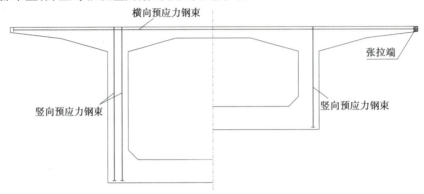

图 5.5　箱梁横向及竖向预应力筋布置

3）竖向预应力筋

大跨径预应力混凝土连续刚构桥，通常在腹板中布置竖向预应力筋，用以提高截面的抗剪能力，并且竖向预应力筋是箱梁腹板克服主拉应力的重要手段，如图 5.5 所示。竖向预应力筋在梁体腹板内沿纵桥向的布置间距常取 30～60 cm，并根据主梁竖向剪力的分布调整间距取值，支点附近区域间距取较小值、跨中区域间距取较大值，每侧腹板布置 2 排，有时 0 号块每侧腹板布置 3 排。竖向预应力筋比较短，常采用高强精轧螺纹钢筋以减少预应力筋张拉锚固时的回缩损失。但是由于精轧螺纹钢筋强度较低（小于 1 000 MPa），长度较短，因而张拉伸长量小，在使用中容易造成预应力损失过大而失效。为克服这一问题，对施工提出二次张拉的要求是十分必要的，这样做可消除大部分混凝土弹塑性压缩引起的预应力损失。

5.2　预应力混凝土连续刚构桥设计方案

▶ 5.2.1　桥型布置与主梁一般构造

由前文可知，连续刚构桥是大跨径预应力混凝土桥梁常用桥型之一，并且悬臂浇筑施工方法具有显著优越性，不需要大量施工机械和临时设备，且不受桥下地形、河流和交通影响，并可以采用多工作面施工、缩短工期。因此，本节根据 5.1 节中的预应力混凝土连续刚构桥构造特征参数取值，设计了跨径布置为 55+100+55 m 的预应力混凝土连续刚构桥方案，伸缩缝采用 160 型伸缩缝，桥梁立面布置如图 5.6 所示。该桥桥面宽 26.0 m，分两幅，每幅桥主梁均采用双悬臂单箱单室变高度箱形截面，箱梁顶板宽度为 12.75 m，底板宽度为 7.15 m，且墩顶截面梁高为 6.0 m，跨中截面梁高为 2.4 m，该桥的一般构造图如图 5.7 所示。

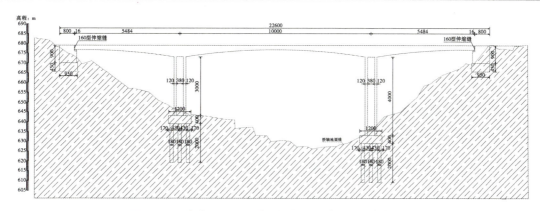

图5.6 预应力混凝土连续刚构桥立面布置图(单位:cm)

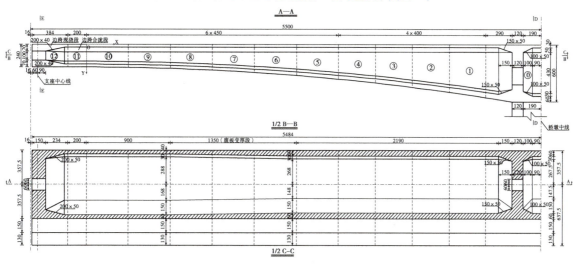

(a)边跨

(b)中跨

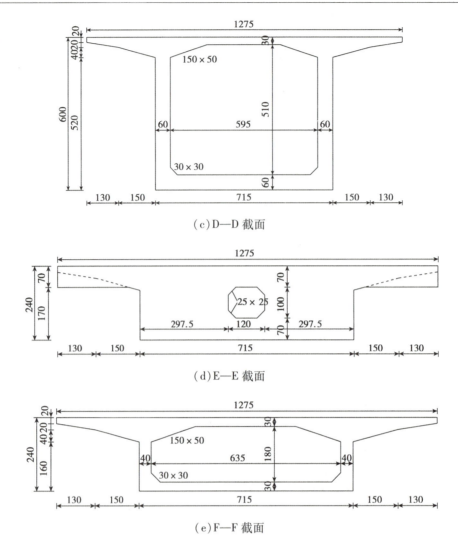

（c）D—D 截面

（d）E—E 截面

（e）F—F 截面

图 5.7　一般构造图（单位：cm）

由图 5.7 可见,该桥墩顶 0 号块梁长 12 m,主墩左右两侧悬臂各划分为 10 个梁段。其纵向分段长度由主墩至跨中为 4×4.0 m+6×4.5 m,悬臂长度为 43.0 m,主跨和边跨合龙段长度均为 2.0 m,边跨现浇段长度为 3.84 m。此外,主梁梁底立面及箱梁底板厚度均按二次抛物线变化。其中,箱梁底板下缘曲线变化方程为 $y = 0.001\ 708\ 744\ 5x^2 + 2.4(x = 0 \sim 45.9)$;箱梁底板上缘曲线变化方程为 $y = 0.001\ 566\ 349\ 1x^2 + 2.1(x = 0 \sim 45.9)$;箱梁底板厚度由跨中至墩顶从 0.3 m 渐变至 0.6 m。箱梁顶板厚度取 0.3 m,腹板厚度 0 号块 ~5 号块梁段腹板厚度为 0.6 m,6 号块 ~8 号块梁段腹板厚度采用斜直线由 0.6 m 渐变至 0.4 m,其余梁段腹板厚度为 0.4 m。

▶ 5.2.2　主墩构造

该预应力混凝土连续刚构桥设计方案采用双肢薄壁墩,横桥向主跨宽度与主梁底板宽度一致,为 7.15 m;纵桥向主跨宽度与箱梁 0 号块内横隔板厚度一致,为 1.2 m。1 号墩墩高为 30 m、2 号墩墩高为 40 m,1 号墩和 2 号墩承台厚度均为 4.0 m,并采用直径为 1.8 m 的嵌岩桩。

▶ 5.2.3　主要材料

1）混凝土

该桥主梁采用 C55 混凝土,1 号墩和 2 号墩采用 C50 混凝土,承台和桩基础采用 C30 混凝土,桥面铺装采用 0.08 m 厚 C50 混凝土调平层和 0.1 m 厚沥青混凝土。

2）普通钢筋

钢筋直径 $d<12$ mm 时，采用热轧光圆钢筋 HPB300 级钢筋；钢筋直径 $d\geqslant12$ mm 时，采用热轧带肋高强钢筋 HRB400 级钢筋。

3）预应力钢筋

纵向预应力钢筋采用公称直径为 15.20 mm 的高强低松弛预应力钢绞线，抗拉强度 f_{pk} 为 1 860 MPa，弹性模量 E_s 为 1.95×10^5 MPa；张拉控制应力采用抗拉强度的 0.75 倍；竖向预应力钢筋采用直径 32 mm 的精轧螺纹粗钢筋，抗拉标准强度为 785 MPa，张拉控制应力采用标准强度的 0.85 倍，弹性模量 E_s 为 2.0×10^5 MPa。

5.3　预应力混凝土连续刚构桥设计方案施工流程

本节设计的预应力混凝土连续刚构桥方案采用悬臂浇筑施工法。悬臂浇筑施工法采用移动式挂篮为施工设备，以桥梁主墩为中心，利用挂篮向桥梁两岸对称逐段浇筑节段混凝土（每段长 2~6 m），待混凝土达到规定强度后，张拉施工节段对应预应力钢束并锚固，然后再向前移动挂篮，进行下一节段的施工，直到悬臂端为止。该桥的详细施工流程如下：

（1）桥台和下部结构浇筑施工

平整施工场地，施工 1#和 2#主墩桩基础、承台，然后施工墩身至墩顶标高，同时施工 0#和 3#桥台。最后，安装 1#和 2#主墩墩顶 0 号和 1 号梁段托架，并立模、绑扎钢筋，做好浇筑 0 号和 1 号梁段混凝土的准备，如图 5.8 所示。

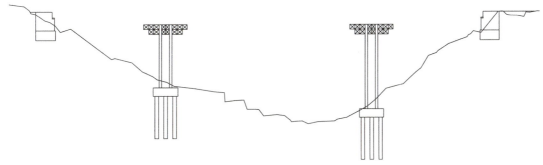

图 5.8　桥台和下部结构浇筑施工

（2）浇筑 0 号和 1 号梁段混凝土

浇筑 0 号和 1 号梁段混凝土并养生，待混凝土龄期不少于 7 d 且混凝土强度不低于设计强度要求的 85%后，张拉 1 号梁段上的纵向预应力钢束并锚固（张拉顺序为先顶板束后腹板束），张拉 0 号和 1 号梁段横向和竖向预应力钢筋并锚固，最后做好在 0 号和 1 号梁段上安装调试挂篮的准备，如图 5.9 所示。

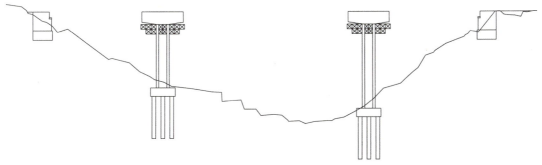

图 5.9　浇筑 0 号和 1 号梁段混凝土

（3）2 号梁段挂篮安装

拆除 0 号和 1 号梁段托架,安装调试 2 号梁段挂篮,确定立模高程,并架立 2 号梁段模板,如图 5.10 所示。

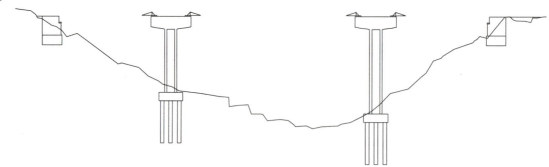

图 5.10　2 号梁段挂篮安装

（4）2 号梁段混凝土浇筑

绑扎 2 号梁段钢筋,浇筑 2 号梁段混凝土并养护,待混凝土龄期不少于 7 d 且混凝土强度不低于设计强度要求的 85% 后,张拉 2 号梁段上的纵向预应力钢束并锚固,张拉 2 号梁段横向和竖向预应力钢筋并锚固,最后做好挂篮前移的准备工作,如图 5.11 所示。

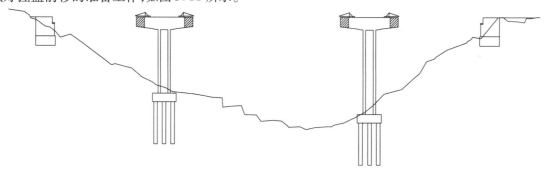

图 5.11　2 号梁段混凝土浇筑

（5）2 号梁段挂篮前移

2 号梁段挂篮前移至 3 号梁段并锚固,并初步调整挂篮标高,如图 5.12 所示。

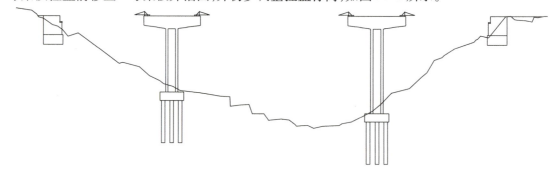

图 5.12　2 号梁段挂篮前移

（6）第 N 号梁段施工（梁段号 N=3～9）

绑扎第 N 号梁段钢筋,浇筑第 N 号梁段混凝土并养护,待混凝土龄期不少于 7 d 且混凝土强度不低于设计强度要求的 85% 后,张拉第 N 号梁段上的纵向预应力钢束并锚固,张拉第 N 号梁段横向和竖向预应力钢筋并锚固,第 N 号梁段挂篮前移,按照相同的施工顺序,逐步完成第 3 号～第 9 号梁段施工,并做好挂篮前移的准备工作,如图 5.13 所示。

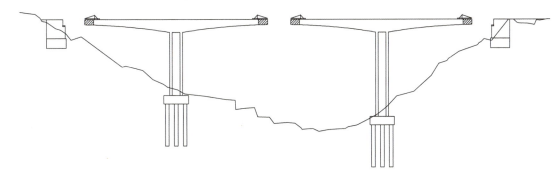

图 5.13　第 N 号梁段施工

（7）10 号梁段施工

挂篮移动至 10 号梁段，确定立模标高并架立 10 号梁段模板，绑扎 10 号梁段钢筋，浇筑 10 号梁段混凝土并养护，待混凝土龄期不少于 7 d 且混凝土强度不低于设计强度要求的 85% 后，张拉 10 号梁段上的纵向预应力钢束并锚固，张拉 10 号梁段横向和竖向预应力钢筋并锚固，同时完成边跨现浇段支架搭设、现浇段立模、绑扎钢筋及混凝土浇筑，如图 5.14 所示。

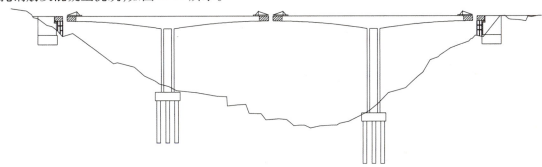

图 5.14　10 号梁段施工

（8）边跨合龙段配重

对称拆除挂篮，设置边跨压重水箱，在左、右边跨合龙段两端施加配重，安装边跨合龙段吊架，并架立边跨合龙段模板，如图 5.15 所示。

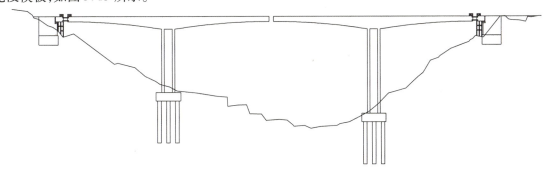

图 5.15　边跨合龙段配重

（9）浇筑边跨合龙段混凝土

绑扎边跨合龙段钢筋，浇筑边跨合龙段混凝土的同时，水箱按浇筑混凝土的重量同步卸载，养护混凝土，待混凝土龄期不少于 7 d 且混凝土强度不低于设计强度要求的 85% 后，张拉边跨合龙段上的纵向预应力钢束并锚固，张拉边跨合龙段横向和竖向预应力钢筋并锚固，如图 5.16 所示。

（10）中跨合龙段配重

拆除边跨现浇段支架、边跨合龙段吊架和边跨压重水箱，设置中跨压重水箱，在中跨合龙段两端施加配重，安装中跨合龙段吊架，并架立中跨合龙段模板，如图 5.17 所示。

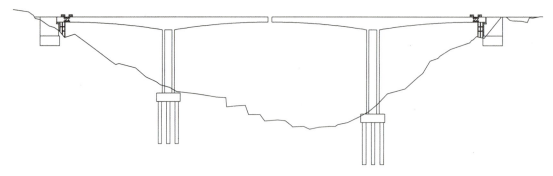

图 5.16　浇筑边跨合龙段混凝土

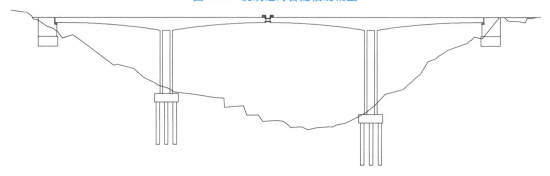

图 5.17　中跨合龙段配重

（11）浇筑中跨合龙段混凝土

绑扎中跨合龙段钢筋,浇筑中跨合龙段混凝土的同时,水箱按浇筑混凝土的重量同步卸载,养护混凝土,待混凝土龄期不少于 7 d 且混凝土强度不低于设计强度要求的 85% 后,张拉中跨合龙段上的纵向预应力钢束并锚固,张拉中跨合龙段横向和竖向预应力钢筋并锚固,如图 5.18 所示。

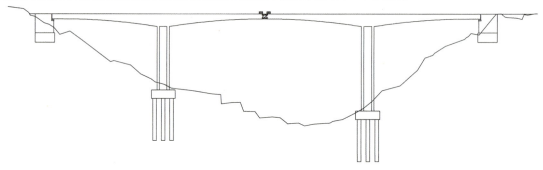

图 5.18　浇筑中跨合龙段混凝土

（12）桥面铺装、运营

拆除中跨合龙段吊架和中跨压重水箱,由墩顶向两端对称铺装桥面铺装层,安装桥梁两端伸缩缝,全桥完工,并经荷载试验和竣工验收后,全桥通车运营,如图 5.19 所示。

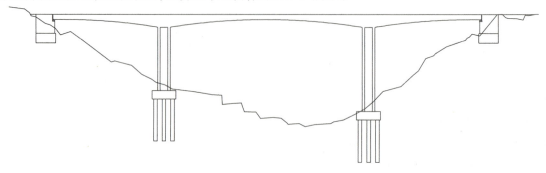

图 5.19　桥面铺装、运营

5.4　连续刚构桥估算模型建立

由第 2 章可知,新设计一座预应力混凝土桥梁,需要首先建立估算模型,以计算得到预应力钢筋估算所需的内力值。因此,本节将建立预应力混凝土连续刚构桥方案的估算模型,并输入施工分析信息和运营分析信息,计算得到主梁内力,进而估算预应力钢筋用量并初步确定预应力钢束布置。估算模型建立流程如下:

▶ 5.4.1　总体信息

①双击电脑桌面上的桥梁博士图标，进入桥梁博士软件登录对话框,在对话框中输入用户名和密码后,进入启动界面并单击左上角的"新建"按钮,建立"连续刚构桥"项目和"估算模型"模型,如图 5.20 所示。

②双击工作界面树形菜单栏中的"总体信息"，进入总体信息输入界面,并按照图 5.21—图 5.25 设置"估算模型"模型的"常规""计算内容""计算设置""非线性控制参数"和"材料定义"项的信息。

图 5.20　新建项目对话框

常规	
模型说明	
计算规范	2018公路规范
结构重要性系数	1.1
环境相对湿度	0.8
环境类别	Ⅰ类
模型类别	空间杆系

图 5.21　"常规"项

计算内容	
计算预应力	☐
计算收缩	☑
计算徐变	☑
计算活载	☑
活载布置	☐
计算柔性墩台水平力分配	☐
计算屈曲	☐
自振分析	☐
人致振动	☐
计算倾覆	☐
计算抗震	☐
计算抗撞	☐
进行验算	☐
计算应力	☐
调束	☐
调索	☐
最终计算阶段	运营阶段

图 5.22　"计算内容"项

计算设置

计算设置	
考虑切线拼装	☐
是否考虑负弯矩折减	☑
截面钢筋应力计算点限定	2
阶段徐变天数细分原则	1|30,2|90,3|1000,6
是否考虑几何非线性	☐
活载是否考虑非线性	☐
活载计算并行数	4
刚性单元刚度调整系数	1
施工阶段分析考虑材料弹模变化	☐
时程分析时间阈值	10

图 5.23　"计算设置"项

非线性控制参数

非线性控制参数	
力容差(单位:N或者N.m)	1000
位移容差比	0.0001

图 5.24　"非线性控制参数"项

材料定义

编号	名称	材料类型	材料索引	收缩调整系数	徐变调整系数	粉煤灰掺量(%)	说明
1	C55	混凝土	C55	1	1	0	
2	C50	混凝土	C50	1	1	0	
3	C30	混凝土	C30	1	1	0	

| 基本 | 地质 | 钻孔 | 墩台 |

图 5.25　"材料定义"项

▶ 5.4.2　结构建模

1)定义主梁截面

①双击工作界面树形菜单栏中的"结构建模"🖱，进入结构建模界面，工作界面中间条的"编辑内容"选择"结构模型"，最后单击界面右侧的"截面"标签页，进入截面输入工作界面。

②在截面定义工作界面中间条"[1]截面1"处单击鼠标右键，弹出下拉菜单，选择其中的"修改截面名称"，弹出"截面改名"对话框，将对话框中默认的截面名称修改为"主梁跨中截面"，并单击"确认"按钮，完成截面名称修改。

③将图 5.7 中的主梁跨中截面尺寸换算为"mm"单位，按1:1的比例绘制跨中截面 CAD 图，并保存为"主梁跨中截面.dwg"文件。然后，切换到"截面几何"工具栏，鼠标左键单击主菜单中的"导入"🖱dwg按钮，弹出"导入区域"对话框。最后，单击"指定文件"项后的 ⚬⚬⚬ ，指定 CAD 图保存路径，"图层名称"中选取主梁跨中截面图形绘制的图层名称"跨中截面"，"CAD 单位"选取 CAD 图绘制时取用的单位"mm"，"角度步长(度)"采用默认值"5"，单击"确定"按钮，导入中梁截面，如图 5.26 所示。

图 5.26　导入区域对话框

④切换到"截面计算"工具栏，鼠标左键单击"截面定义"🖱按钮，弹出"截面定义"对话框，在"截面定义"栏中，将"材料名称"修改为"C55"，"有效宽度模式"修改为"公路箱梁"，"有效宽度类型"修改为"上下缘"；在"截面总体"栏中，"构件轴线竖向位置"和"构件轴线水平位置"均修改为"0"、"截面拟合时自动排

序"修改为"X 优先排序";在"梯度温度"栏中,"梯度温度模式"项同时勾选"公路 15 混凝土桥升温模式"和"公路 15 混凝土桥降温模式","沥青铺装厚度(mm)"项填入"100"。修改后的"截面定义"对话框如图 5.27 所示。

图 5.27　截面定义对话框

⑤鼠标左键单击特征线"悬臂线" 按钮,然后在图形区依次单击箱梁左、右悬臂板的最外侧点,完成悬臂线的定义,如图 5.28 所示。然后,分别单击左、右悬臂板的"悬臂线"标记|,弹出各悬臂线对应的"对象属性"表格,将其中的"底缘横向位置 X"分别修改为"−3575"和"3575",如图 5.29 和图 5.30 所示。

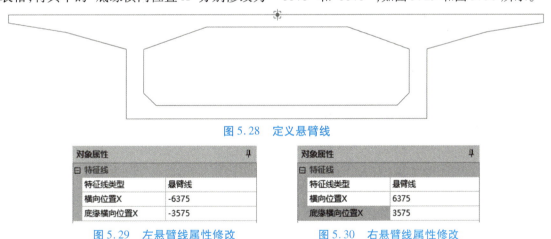

图 5.28　定义悬臂线

对象属性		县
□ 特征线		
特征线类型	悬臂线	
横向位置X	−6375	
底缘横向位置X	−3575	

图 5.29　左悬臂线属性修改

对象属性		县
□ 特征线		
特征线类型	悬臂线	
横向位置X	6375	
底缘横向位置X	3575	

图 5.30　右悬臂线属性修改

小 提示

根据《桥规》(2018)第 4.3.4 条,箱梁需要计算上、下缘的有效宽度,并且计算时需要确定上、下翼缘的实际宽度。桥梁博士软件采用"底缘横向位置 X"指定悬臂线根部的位置,与"横向位置 X"对应,即可确定悬臂线的实际宽度,此处输入值可由图 5.7 跨中截面图确定左、右腹板外侧的坐标值。

⑥鼠标左键单击特征线"腹板线" 按钮,然后分别单击箱梁左、右腹板外缘,完成腹板线的定义,如图 5.31 所示。然后,分别单击箱梁左、右"腹板线"标记|和||,弹出各腹板线对应的"对象属性"表格,按照图 5.32 和图 5.33 对左、右腹板线的参数进行修改。

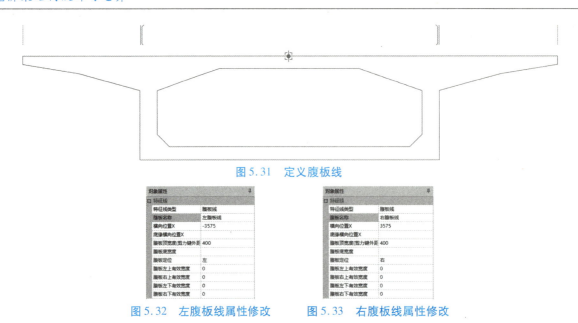

图 5.31　定义腹板线

对象属性			对象属性	
□ 特征线			□ 特征线	
特征线类型	腹板线		特征线类型	腹板线
腹板名称	左腹板线		腹板名称	右腹板线
横向位置X	-3575		横向位置X	3575
底缘横向位置X			底缘横向位置X	
腹板顶宽度(剪力键外沿)	400		腹板顶宽度(剪力键外沿)	400
腹板底宽度			腹板底宽度	
腹板定位	左		腹板定位	右
腹板左上有效宽度	0		腹板左上有效宽度	0
腹板右上有效宽度	0		腹板右上有效宽度	0
腹板左下有效宽度	0		腹板左下有效宽度	0
腹板右下有效宽度	0		腹板右下有效宽度	0

图 5.32　左腹板线属性修改　　　图 5.33　右腹板线属性修改

⑦鼠标左键单击特征线"分梁线" ▥ 按钮,然后单击箱梁顶板外缘线中点,完成分梁线的定义,如图 5.34 所示。

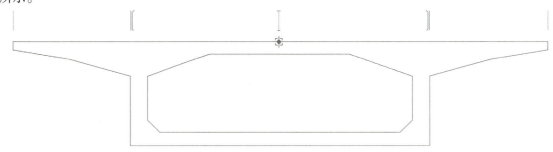

图 5.34　定义分梁线

⑧在截面定义工作界面中间条的"[1]主梁跨中截面"处单击鼠标右键,弹出下拉菜单,选择其中的"复制当前截面",生成"[2]主梁跨中截面_1"。然后,在"[2]主梁跨中截面_1"处单击鼠标右键,弹出下拉菜单,选择其中的"修改截面名称",弹出"截面改名"对话框,将对话框中默认的截面名称修改为"主梁变截面",并单击"确认"按钮,完成截面名称修改并建立主梁变截面,如图 5.35 所示。

截面改名　　　　　　　　　×

截面新名　主梁变截面

确定　　取消

图 5.35　截面改名对话框

⑨由箱梁一般构造图(图 5.7)可知,该桥箱梁高度、顶板厚度、腹板厚度、底板厚度和倒角尺寸均沿桥梁纵桥向发生变化。因此,本模型将按照变量法,切换到"截面几何"工具栏,分别采用编辑"水平标注" ▭ 命令和"竖直标注" ▯ 命令对截面尺寸进行标注,并定义变量名,以表示上述截面尺寸的变化。其中各变量名定义如下:箱梁高为 H1、顶板上缘至底板上缘距离为 H2、顶板厚度为 T、腹板厚度为 B、箱梁内轮廓上倒角长度和高度分别为 SDJx 和 SDJy、箱梁内轮廓下倒角长度和高度分别为 XDJx 和 XDJy,如图 5.36 所示。

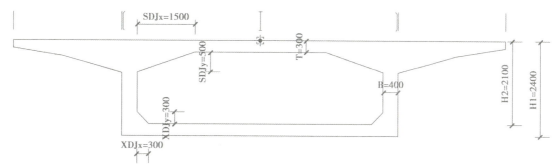

图 5.36　箱梁截面尺寸参数标注

小 提示

本模型通过箱梁高度变量 H1 和顶板上缘至底板上缘距离变量 H2 之差来表示底板厚度沿纵桥向的变化。除了这种方法,也可以将底板厚度尺寸设置为变量来表达底板厚度沿纵桥向的变化。具体采用哪种方法,可以根据具体情况和个人习惯确定。

⑩按住 Ctrl 键并双击图形区的变量参数 H1,进入参数编辑器窗口,鼠标左键双击图形中的线条,弹出"截面参数 H1 定义"表格,按照图 5.37 输入控制点 X 和 Y 的参数值,并选择相应的曲线类型,单击"确定"按钮,完成变量参数 H1 定义。采用上述方法,按照图 5.38—图 5.44 输入剩余变量参数 H2、T、B、SDJx、SDJy、XDJx 和 XDJy 的控制点 X 和 Y 的参数值,完成各变量参数的定义。

截面参数H1定义

编号	控制点X(m)	控制点Y(mm)	特征点名称	曲线类型	曲线参数值
1	0	2400		直线	
2	7.84	2400		直线	
3	51.74	6000		抛物线	0, 2
4	54.84	6000		直线	

图 5.37　截面参数 H1 定义表格

截面参数H2定义

编号	控制点X(m)	控制点Y(mm)	特征点名称	曲线类型	曲线参数值
1	0	1700		直线	
2	1.5	1700		直线	
3	3.5	2100		直线	
4	5.84	2100		直线	
5	50.24	5188		抛物线	0, 2
6	51.74	4688		直线	
7	52.94	4900		直线	
8	53.94	5400		直线	
9	54.84	5400		直线	

图 5.38　截面参数 H2 定义表格

截面参数T定义

编号	控制点X(m)	控制点Y(mm)	特征点名称	曲线类型	曲线参数值
1	0	700		直线	
2	1.5	700		直线	
3	3.5	300		直线	
4	50.24	300		直线	
5	51.74	800		直线	
6	52.94	800		直线	
7	53.94	300		直线	
8	54.84	300		直线	

图 5.39　截面参数 T 定义表格

图 5.40　截面参数 B 定义表格

图 5.41　截面参数 SDJx 定义表格

图 5.42　截面参数 SDJy 定义表格

图 5.43　截面参数 XDJx 定义表格

截面参数XDJy定义

编号	控制点X(m)	控制点Y(mm)	特征点名称	曲线类型	曲线参数值
1	0	0		直线	
2	1.5	0		直线	
3	3.5	300		直线	
4	50.24	300		直线	
5	51.74	0		直线	
6	52.94	0		直线	
7	53.94	300		直线	
8	54.84	300		直线	

确定　　取消

图 5.44　截面参数 XDJy 定义表格

⑪鼠标左键双击箱梁截面外轮廓线,弹出"截面区域属性"表格,将表格中 4 号和 5 号区域点 Y 坐标值均修改为"−H1",如图 5.45 所示。再双击箱梁截面内轮廓线,弹出"截面区域属性"表格,按照图 5.46 对表格中内轮廓线各区域点坐标进行修改。

截面区域属性

编号	TX(mm)	TY(mm)
1	−6375	−200
2	−5075	−400
3	−3575	−800
4	−3575	−H1
5	3575	−H1
6	3575	−800
7	5075	−400
8	6375	−200
9	6375	0
10	−6375	0

确定　　取消

图 5.45　截面外轮廓线区域属性表格

截面区域属性

编号	TX(mm)	TY(mm)
1	−3575+B	−H2+XDJy
2	−3575+B+XDJx	−H2
3	3575−B−XDJx	−H2
4	3575−B	−H2+XDJy
5	3575−B	−T−SDJy
6	3575−B−SDJx	−T
7	−3575+B+SDJx	−T
8	−3575+B	−T−SDJy

确定　　取消

图 5.46　截面内轮廓线区域属性表格

⑫在图形区分别单击箱梁左、右"腹板线"标记 ‖ 和 ‖，弹出各腹板线对应的"对象属性"表格，按照图 5.47 和图 5.48 对表格左、右腹板线的参数进行修改。

对象属性	⋴
□ 特征线	
特征线类型	腹板线
腹板名称	左腹板线
横向位置X	-3575
底缘横向位置X	
腹板顶宽度(剪力键外距)	B
腹板底宽度	
腹板定位	左
腹板左上有效宽度	0
腹板右上有效宽度	0
腹板左下有效宽度	0
腹板右下有效宽度	0

图 5.47　左腹板线属性修改

对象属性	⋴
□ 特征线	
特征线类型	腹板线
腹板名称	右腹板线
横向位置X	3575
底缘横向位置X	
腹板顶宽度(剪力键外距)	B
腹板底宽度	
腹板定位	右
腹板左上有效宽度	0
腹板右上有效宽度	0
腹板左下有效宽度	0
腹板右下有效宽度	0

图 5.48　右腹板线属性修改

⑬切换到"截面计算"工具栏，鼠标左键单击控制点"支座位" 🔲 按钮，然后在图形区单击箱梁底板下缘中点位置，完成支座位的定义，如图 5.49 所示。然后，单击支座位，弹出"支座位置点"表格，将表格中的 Y 坐标值修改为-H1，如图 5.50 所示。

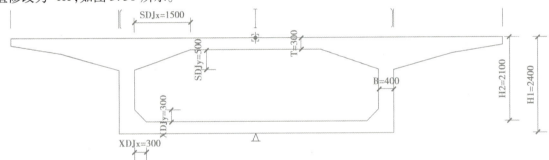

图 5.49　支座位

主梁截面定义完成后，在参数编辑器窗口显示主梁截面沿梁轴向的变化，如图 5.51 所示。

对象属性	⋴
□ 支座位置点	
支座位名称	支座位1
X	0
Y	-H1

图 5.50　支座位置点

图 5.51　主梁截面沿梁轴向变化

2)建立主梁结构模型

①鼠标左键单击结构建模界面右侧的"建模"标签页，进入结构建模工作界面。

②切换到"常规建模"工具栏，鼠标左键单击构件"梁" ▬▬ 按钮，按如下命令行提示输入数据：

命令：modeling. beambyspan

输入梁起点或中点<0,0>:{单击键盘"空格"键}

指定跨径方式[顺序跨径(K)/对称跨径(M)]<M>:K

输入跨径布置<末值为负按跨中对称>:54.84+100+54.84

指定支座到梁端距离<0,0>:0.6

主梁创建完成,如图 5.52 所示。

图 5.52　创建主梁

③鼠标左键单击截面"安装" ⬚ 按钮,选择主梁左起点(即 L 点)为安装点,在弹出的"选择截面"对话框中选择"主梁变截面",并单击"确定"按钮,完成截面安装。安装截面后的主梁模型如图 5.53 所示。

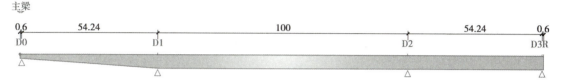

图 5.53　安装主梁截面

④鼠标左键单击节点"创建" ✳ 按钮,以主梁 D1 节点为参考点,根据图 5.7 推算左边跨(左起第一跨)各节点的位置,按如下命令行提示创建左边跨各节点:

命令:modeling. nj

指定参考节点或[左端(L)/中点(M)/右端(R)]<L>:{鼠标左键单击 D1 节点}

指定生成方向[左向右(L)/双向(S)/右向左(R)]<L>:R

指定间距:0.9+1+1.2+1.5+1.4+4＊4.0+6＊4.5+2+0.34+2.0

指定节点类型[一般节点(C)/特征节点(T)/施工缝(S)]<T>:{单击"空格"键}

⑤鼠标右键单击图 5.7 中的左边跨各施工节段对应的节点,弹出下拉菜单,并选择"设为施工缝节点"(图 5.54),将步骤④中新建的特征节点中对应各施工节段划分的节点修改为施工缝节点。然后,鼠标左键单击节点"改名" P1 P2 按钮,将特征节点名修改为 T1,T2,…,T6,施工缝节点名修改为 S1,S2,…,S12,如图 5.55 所示。

图 5.54　设为施工缝节点

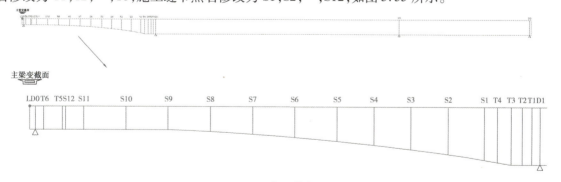

图 5.55　修改节点名称

⑥切换到"模型显示"工具栏,单击"施工段"单选框 ☑ 施工段。然后,切换到"施工信息"工具栏,鼠标左键单击施工段"施工段名" #1 按钮,按如下命令行提示重命名各施工段:

命令:modeling. xgsgd

选择起始节点:{鼠标左键单击 D1 节点}

选择终止节点:{鼠标左键单击 L 节点}

指定名称表达式(XXX[ ]XXX)<S[ ]>:{单击键盘"空格"键}

指定起始序号<1>:0

施工段重命名后如图 5.56 所示。

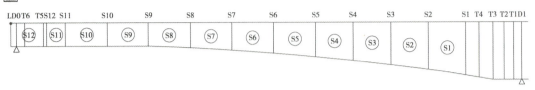

图 5.56　施工段重命名

⑦切换到"高级建模"工具栏,鼠标左键单击段"建段" 按钮,按如下命令行提示建立左边跨悬浇段:

命令:modeling. segment

选择左节点:{鼠标左键单击 D1 节点}

选择右节点:{鼠标左键单击 S11 节点}

输入段名:左边跨悬浇段

然后,鼠标左键双击默认段名修改为"左边跨现浇段",如图 5.57 所示。

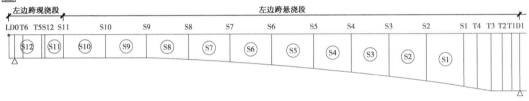

图 5.57　建立段

⑧鼠标左键单击块"建块" 按钮,按如下命令行提示建立左边跨悬浇块和左边跨现浇块:

命令:modeling. makeblock

选择段对象:{鼠标左键单击左边跨悬浇段}

指定基点节点:{鼠标左键单击 D1 节点}

指定块名:左边跨悬浇块

命令:modeling. makeblock

选择段对象:{鼠标左键单击左边跨现浇段}

指定基点节点:{鼠标左键单击 L 节点}

指定块名:左边跨现浇块

新建块模板如图 5.58 所示。

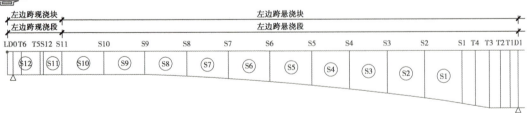

图 5.58　建立块模板

⑨鼠标左键单击块"插块" 按钮,指定 D1 节点为插入点节点,选择插入方式为"镜像(m)",并在弹出的"创建块实例"对话框中,"块模板名称"选择"左边跨悬浇块","块实例名称"输入"左主跨悬浇块"(图 5.59),并单击"确定"按钮,完成左主跨悬浇块模板建立,如图 5.60 所示。

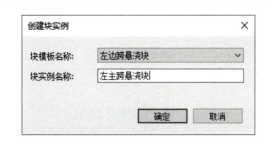

图 5.59　创建块实例对话框

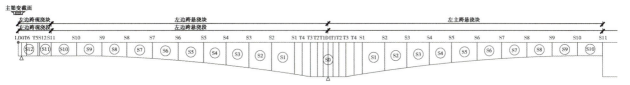

图 5.60　左主跨悬浇块

⑩重复步骤⑨,指定 D2 节点为插入点节点,分别选择插入方式为"复制(p)"和"镜像(m)",并以"左边跨悬浇块"为块模板,创建右主跨悬浇块和右边跨悬浇块。然后,指定 R 节点为插入点节点,选择插入方式为"镜像(m)",并以"左边跨现浇块"为块模板,创建右边跨现浇块,如图 5.61 所示。

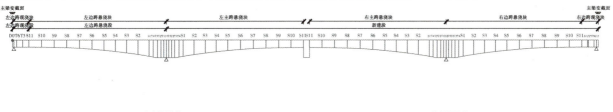

图 5.61　创建块实例

⑪鼠标左键双击主梁轮廓线,弹出"构件节点属性汇总"表格,将左主跨施工缝节点 S11 的"突变右截面"项修改为"主梁跨中截面",右主跨施工缝节点 S11 的"截面"项修改为"主梁跨中截面"(图 5.62),并单击"确定"按钮,完成主跨合龙段截面安装,如图 5.63 所示。

编号	节点类型	位置(m)	特征名称	输出标签	跨径分界线	悬臂	弯矩折减	支承宽度(mm)	支承宽度竖向位置	截面	子腹板	突变右截面	突变右截面子腹板	拟合方式	附加重力(kN)	坐标系	原点	X轴	Y轴
52	施工缝节点	5.84	S11	□	□	□	□		梁底					直线	随全局		0;0;0	1;0;0	0;1;0
53	施工缝节点	103.84	S11	□	□	□	□		梁底			主梁跨中截面		直线	随全局		0;0;0	1;0;0	0;1;0
54	施工缝节点	105.84	S11	□	□	□	□		梁底	主梁跨中截面				直线	随全局		0;0;0	1;0;0	0;1;0
55	施工缝节点	203.84	S11	□	□	□	□		梁底					直线	随全局		0;0;0	1;0;0	0;1;0
56	施工缝节点	3.84	S12	□	□	□	□		梁底					直线	随全局		0;0;0	1;0;0	0;1;0
57	施工缝节点	205.84	S12	□	□	□	□		梁底					直线	随全局		0;0;0	1;0;0	0;1;0
58	特征节点	53.94	T1	□	□	□	□		梁底					直线	随全局		0;0;0	1;0;0	0;1;0
59	特征节点	55.74	T1	□	□	□	□		梁底					直线	随全局		0;0;0	1;0;0	0;1;0

图 5.62　构件节点属性汇总对话框

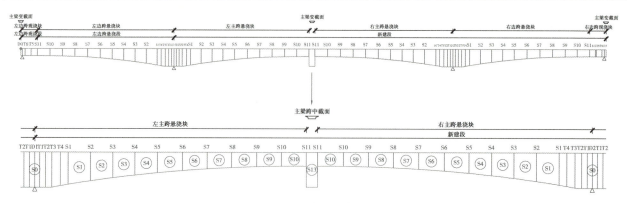

图 5.63　主跨合龙段截面安装

⑫切换到"常规建模"工具栏,鼠标左键单击节点"内插" 按钮,按如下命令行提示建立主跨跨中节点,并将跨中节点名称修改为 KZ1。

命令:modeling.ij

选择节点:{鼠标左键单击主跨合龙段左侧施工节点 S11}

选择节点:{鼠标左键单击主跨合龙段右侧施工节点 S11}

限定内插范围[奇数位(J)/偶数位(O)/全部(T)]<T>:{单击键盘"空格"键}

内插范围或内插位置解释方向[从左到右(L)/从中间到两侧(M)/从右到左(R)]<L>:{单击键盘"空格"键}

内插模式[均分个数(N)/内插比例(R)/绝对位置(P)/位置加比例(S)]<R>:N

指定均分个数:2

指定节点类型[一般节点(C)/特征节点(T)/施工缝(S)]<T>:{单击键盘"空格"键}

⑬鼠标左键单击主梁轮廓线,左侧树形菜单栏弹出"对象属性"表格,将其中的"构件验算类型"选择"现浇全预应力梁","构件模板"选择"常规空间砼主梁","自重系数"输入"1.04","加载龄期(天)"输入"7",其他参数采用默认值不做修改。修改后的"对象属性"表格如图 5.64 所示。

对象属性	
日 构件信息	
构件名称	梁1
构件验算类型	现浇全预应力梁
构件模板	常规空间砼主梁
自重系数	1.04
加载龄期(天)	7
计算长度(m)	
截面镜像	不镜像
竖直构件	☐
竖直截面	☐
构件截面β角(度)	0
截面β角参考系	整体坐标系
日 其他信息	
轴线	轴线1
起点位置	0
终点位置	L
显示加劲肋	☐

图 5.64　修改主梁属性

⑭鼠标左键双击主梁轮廓线,弹出"构件节点属性汇总"表格,勾选 1#墩和 2#墩墩顶位置的 D1 节点和 D2 节点的"弯矩折减"单选框,"支承宽度(mm)"均填"3100,3100",将主梁左、右端支点和 1#墩、2#墩处横隔板的重力值分别输入左、右 D0 节点和 D1 节点、D2 节点的"附加重力(kN)"项中。修改后的"构件节点属性汇总"表格如图 5.65 所示。

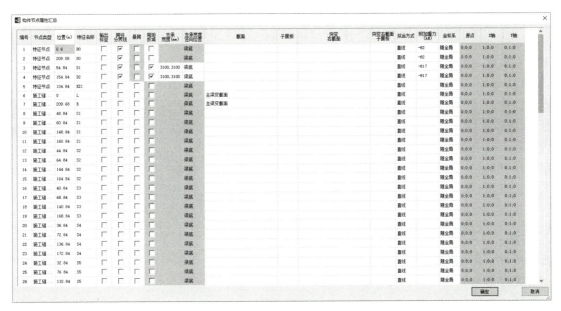

图 5.65　构件节点属性汇总对话框

小提示

a.除勾选"构件节点属性汇总"表格中的"弯矩折减"单选框,还应在总体信息中应勾选"计算设置"项的"是否考虑负弯矩折减"单选框。

b.本模型中"支承宽度(mm)"的输入值对应的是墩顶中线至一肢墩外侧的距离,可以根据图 5.7 确定,为 3 100 mm。

c."支承宽度竖向位置"为梁底时,在《桥规》第 4.3.5 条计算弯矩折减的公式中,a 为支承宽度按 45° 角向截面重心轴扩散后的宽度;当不是梁底时,则 a 为支承宽度值。

3)建立挂篮模板

①鼠标左键单击结构建模界面右侧的"截面"标签页,进入截面输入工作界面。

②在截面定义工作界面中间条"[2]主梁变截面"处点击鼠标右键,弹出下拉菜单,选择其中的"增加空白截面",弹出"新建截面"对话框,将对话框中默认的截面名称修改为"挂篮截面",如图 5.66 所示,并单击"确认"按钮。

③切换到"截面几何"工具栏,鼠标左键单击参数样式"矩形" 按钮,创建默认的 1 000 mm×1 000 mm 的矩形,如图 5.67 所示。

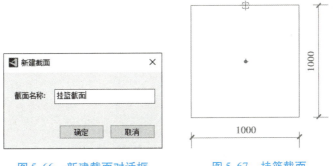

图 5.66　新建截面对话框　　　　图 5.67　挂篮截面

小提示

挂篮构件为非验算构件,其截面并不影响计算结果,只是起一个参考形式的作用,因此可以直接使用默认的尺寸建立挂篮截面。

④鼠标左键单击结构建模界面右侧的"建模"标签页,进入结构建模工作界面。

⑤切换到"常规建模"工具栏,鼠标左键单击构件"梁"  按钮,按如下命令行提示输入数据,在主梁上方建立挂篮构件。

命令:modeling. beambyspan

输入梁起点或中点<0,0>:{鼠标左键在主梁上部空白区域单击}

指定跨径方式[顺序跨径(K)/对称跨径(M)]<M>:{单击键盘"空格"键}

输入跨径布置<末值为负按跨中对称>:-9

指定支座到梁端距离<0,0>:{单击键盘"空格"键}

小提示

挂篮构件的长度通常取主梁最大悬浇节段长度的2倍。由图5.7可知,本连续刚构桥设计方案中,主梁最大节点长度为4.5 m,因此本模型中挂篮长度取9 m。

⑥鼠标左键单击截面"安装"  按钮,选择挂篮左端点(即 L 节点)为安装节点,在弹出的"选择截面"对话框中选择"挂篮截面"(图5.68),并单击"确定"按钮,完成挂篮安装。

图5.68 选择截面对话框

⑦鼠标左键单击节点"内插"  按钮,按如下命令行提示输入数据,建立挂篮中间节点,并修改节点名称为 M。

命令:modeling. ij

选择节点:{鼠标左键单击挂篮左端点(即 L 节点)}

选择节点:{鼠标左键单击挂篮右端点(即 R 节点)}

限定内插范围[奇数位(J)/偶数位(O)/全部(T)]<T>:{单击键盘"空格"键}

内插范围或内插位置解释方向[从左到右(L)/从中间到两侧(M)/从右到左(R)]<L>:{单击键盘"空格"键}

内插模式[均分个数(N)/内插比例(R)/绝对位置(P)/位置加比例(S)]<R>:N

指定均分个数:2

指定节点类型[一般节点(C)/特征节点(T)/施工缝(S)]<T>:{单击键盘"空格"键}

挂篮构件如图5.69所示。

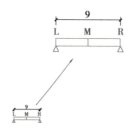

图5.69 挂篮构件

⑧鼠标左键单击挂篮构件轮廓线，左侧树形菜单栏弹出"对象属性"表格，将其中的"构件名称"修改为"挂篮构件"，"构件验算类型"选择"非验算构件"，"构件模板"选择"其他空间梁"，其他参数采用默认值不做修改。修改后的"对象属性"表格如图 5.70 所示。

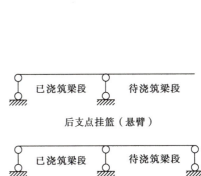

⑨切换到"施工信息"工具栏，鼠标左键单击挂篮"定义"按钮，按如下命令行提示输入数据，建立挂篮模板。

命令：modeling.gl

选择组成挂篮的梁：{鼠标左键单击挂篮构件}

指定前支点节点：{鼠标左键单击挂篮 M 节点}

指定后支点节点：{鼠标左键单击挂篮 L 节点}

指定前支点自重（KN）<−1000>：−700

指定后支点自重（KN）<500>：0

指定放置高度（m）<2>：{单击键盘"空格"键}

指定挂篮类型［后支点挂篮（H）/前支点挂篮（Q）］<H>：{单击键盘"空格"键}

图 5.70　修改挂篮构件属性

指定挂篮模板名称：挂篮

小 提示

a. 根据挂篮锚固方式的不同，挂篮可分为前支点挂篮和后支点挂篮，挂篮示意图如图 5.71 所示。其中，前支点挂篮常用于斜拉桥施工中，预应力混凝土连续梁/刚构桥常采用后支点挂篮。因此，本模型中挂篮模板设置为后支点挂篮，并且假定挂篮模板沿 X 轴正向移动，因此假定挂篮模板前支点为 M 节点、后支点为 L 节点。

b. 挂篮前支点自重通常取连续梁/刚构桥悬臂浇注施工最重节段重量的一半，可以按照如下方式确定各施工阶段的重量，并确定最重节段的重量：首先，双击工作界面树形菜单栏中的"施工分析"，进入施工分析信息输入界面；然后，切换到"施工阶段"工具栏，鼠标左键单击检查"节段重量"按钮，弹出"施工段重量"表格，如图 5.72 所示。

图 5.71　前支点和后支点挂篮示意图

编号	构件名称	施工段	重量(kN)
1	梁1	S1	1511.105745
2	梁1	S2	1402.4341
3	梁1	S3	1307.194629
4	梁1	S4	1225.385253
5	梁1	S5	1297.784171
6	梁1	S6	1212.181391
7	梁1	S7	1131.414402
8	梁1	S8	1075.172741
9	梁1	S9	1054.801619
10	梁1	S10	1063.642749
11	梁1	S11	475.8
12	梁1	S12	1249.017285

图 5.72　施工段重量表格

由图5.72可知,2号块的重量最重,为1 402.434 1 kN,取整后,挂篮前支点自重取-700 kN。此外,后支点锚固在已浇筑的节段上,因此后支点自重为0。

c.放置高度指挂篮节点与浇注节点间的竖向间距,该值是前支点挂篮计算时需要的参数,因此本模型直接采用默认值。

⑩鼠标左键单击挂篮"轨迹" 按钮,按如下命令行提示输入数据,建立左边跨悬浇轨迹。

命令:modeling. glo

选择挂篮卡位参考节点:{鼠标左键单击左边跨2号块S2节点}

指定挂篮前进方向[左侧(L)/右侧(R)]<R>:L

指定挂篮安装及移动位置<0,1>:0,3*4+6*4.5

指定挂篮浇筑比例<1>:{单击键盘"空格"键}

指定本挂篮轨迹名称:左边跨悬浇轨迹

小提示

创建挂篮轨迹的各参数意义如下:

a.选择挂篮卡位参考节点:指定挂篮行走时的支承梁及移动位置参考点,即挂篮初次安装时的参考点,与挂篮前支点对齐。根据该桥的施工流程,该桥的0号块和1号块混凝土在墩顶托架上立模一起现浇施工,该桥的悬臂浇筑是从2号块开始的。因此,本模型以左边跨2号块的S2节点作为挂篮卡位参考节点。

b.指定挂篮安装及移动位置<0,1>:第一个值表示挂篮首次安装时前支点与卡位参考点之间的距离,后续各值表示挂篮每次向前移动时的间距,一般为浇筑节段的长度。由图5.7中该桥节段的划分可知2号块及后续节点长度为3×4+6×4.5。

c.指定挂篮浇筑比例<1>:挂篮每次浇筑时计入节段湿重的比例,若节段分两次浇筑,每次浇筑50%混凝土,则此处应输入"0.5,0.5",节段湿重的总重由程序自动判别计算。本模型不考虑各节点混凝土的分次浇筑,假定一次浇筑完成,因此采用默认浇筑比例值1。

左边跨悬浇挂篮轨迹如图5.73所示。

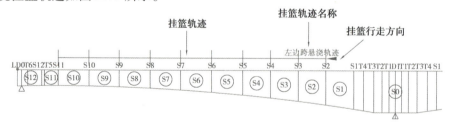

图5.73 左边跨挂篮轨迹

⑪鼠标左键单击挂篮"镜像" 按钮,按如下命令行提示输入数据,建立左主跨悬浇轨迹。

命令:modeling. mgl

选择挂篮轨迹对象:{鼠标左键单击左边跨悬浇轨迹}

指定新的卡位参考节点:{鼠标左键单击左主跨2号块S2节点}

鼠标左键单击新建挂篮轨迹线,左侧树形菜单栏弹出"对象属性"表格,将其中的"名称"修改为"左主跨悬浇轨迹",其他参数采用默认值不做修改。修改后的"对象属性"表格如图5.74所示。

对象属性	
挂篮信息	
名称	左主跨悬浇轨迹
挂篮模板名称	挂篮
挂篮卡位参考点	梁1.左主跨悬浇块.S2
前进方向	右侧
移动位置	-0,3*4+6*4.5
浇筑比例	1

图5.74 挂篮轨迹属性

⑫重复步骤⑩,分别以右主跨和右边跨2号块S2节点作为挂篮卡位参考节点,左主跨悬浇轨迹和左边

跨悬浇轨迹作为挂篮轨迹对象,建立右主跨悬浇轨迹和右边跨悬浇轨迹。本模型挂篮轨迹定义完成后如图 5.75 所示。

图 5.75　全桥挂篮轨迹

4)建立主墩结构模型

①鼠标左键单击结构建模界面右侧的"截面"标签页,进入截面输入工作界面。

②在截面定义工作界面中间条的"[3]挂篮截面"处单击鼠标右键,弹出下拉菜单,选择其中的"增加空白截面",弹出"新建截面"对话框,将对话框中默认的截面名称修改为"墩柱截面",如图 5.76 所示,并单击"确认"按钮。

③切换到"截面几何"工具栏,单击参数样式"矩形" ![矩形] 按钮,创建矩形截面。然后,再单击截面轮廓线,左侧树形菜单栏弹出"对象属性"表格,将其中的"对象名称"修改为"墩柱截面","宽"修改为"7150","高"修改为"1200",其他参数采用默认值不做修改(图 5.77),建立截面尺寸为 7 150 mm×1 200 mm 的墩柱截面,如图 5.78 所示。

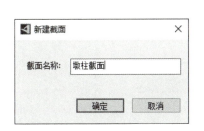

图 5.76　新建截面对话框

图 5.77　截面对象属性

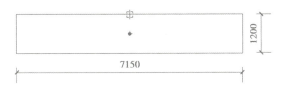

图 5.78　墩柱截面

④切换到"截面计算"工具栏,鼠标左键单击计算"截面定义" ![σmax] 按钮,弹出"截面定义"对话框,在"截面定义"栏中,将"材料名称"修改为"C50";在"截面总体"栏中,"构件轴线竖向位置"修改为"中点","截面拟合时自动排序"修改为"X 优先排序"。修改后的"截面定义"对话框如图 5.79 所示。

⑤在截面定义工作界面中间条的"[4]墩柱截面"处单击鼠标右键,弹出下拉菜单,选择其中的"增加空白截面",弹出"新建截面"对话框,将对话框中默认的截面名称修改为"承台截面"(图 5.80),并单击"确认"按钮。

图 5.79　截面定义对话框

⑥切换到"截面几何"工具栏,单击参数样式"矩形" ⬚ 按钮,创建矩形截面。然后,再单击截面轮廓线,左侧树形菜单栏弹出"对象属性"表格,将其中的"对象名称"修改为"承台截面","宽"修改为"12000","高"修改为"12000",其他参数采用默认值不做修改(图 5.81),建立截面尺寸为 12 000 mm×12 000 mm 的墩柱截面,如图 5.82 所示。

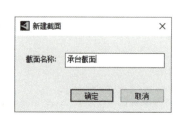

图 5.80　新建截面对话框

图 5.81　截面对象属性

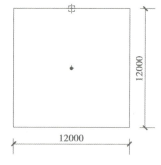

图 5.82　承台截面

⑦切换到"截面计算"工具栏,鼠标左键单击计算"截面定义" 🔲 按钮,弹出"截面定义"对话框,在"截面定义"栏中,将"材料名称"修改为"C30";在"截面总体"栏中,"构件轴线竖向位置"修改为"中点","截面拟合时自动排序"修改为"X 优先排序"。修改后的"截面定义"对话框如图 5.83 所示。

⑧鼠标左键单击结构建模界面右侧的"建模"标签页,进入结构建模工作界面。

⑨切换到"常规建模"工具栏,鼠标左键单击构件"梁" ▭ 按钮的下拉按钮,选择其中的"三维梁" 按钮,按如下命令行提示输入数据,建立 1 号墩的左肢墩。

命令:modeling. beam3d

输入梁起点<0,0,0>:52. 34,0,−6

指定下一个点:52. 34,0,−36

输入支座到梁端距离<0,0>:{单击键盘"空格"键}

图 5.83　截面定义对话框

小 提示

三维建梁通过指定空间上的两个三维点,建立一个梁构件。输入点的三维坐标时,可采用"x,y,z"的文本格式。默认情况下,输入的坐标值为在全局坐标系下的绝对值,若输入"@ x,y,z",则表示输入的值为相对当前一个点的偏移值。三维建梁命令各参数的意义如下:

a. 输入梁起点<0,0,0>:输入坐标值或在图形窗口中点击确认坐标。

b. 指定下一个点:输入坐标值或者图形窗口点击确认坐标。

⑩鼠标左键单击截面"安装"![A-A按钮]按钮,选择墩的顶点为安装节点,在弹出的"选择截面"对话框中选择"墩柱截面",并单击"确定"按钮,完成墩柱截面安装。

⑪鼠标左键单击构件编辑"复制"![按钮]按钮,按如下命令行提示输入数据,复制生产 1 号墩的右肢墩。

命令:modeling.co
选择对象:{鼠标左键单击选择新建的 1 号墩左肢墩}
指定基点:{鼠标左键单击 1 号墩左肢墩墩底节点}
指定第二个点或<指定位移>:5

⑫鼠标左键单击构件"梁"![按钮]按钮的下拉按钮,选择其中的"三维梁"![(x,y,z)按钮]按钮,按如下命令行提示输入数据,建立 1 号墩的墩底承台。

命令:modeling. beam3d
输入梁起点<0,0,0>:54. 84,0,-36
指定下一个点:@ 0,0,-4
输入支座到梁端距离<0,0>:{单击键盘"空格"键}

⑬鼠标左键单击截面"安装"![A-A按钮]按钮,选择承台的上节点为安装节点,在弹出的"选择截面"对话框中选择"承台截面",并单击"确定"按钮,完成承台截面安装。

⑭鼠标左键依次单击 1 号墩左肢墩、右肢墩和承台构件轮廓线,按图 5.84—图 5.86 修改其"对象属性"表格参数。

对象属性	
□ 构件信息	
构件名称	1号墩左肢墩
构件验算类型	非验算构件
计算应力和活载	□
构件模板	常规空间砼塔墩柱
自重系数	1
加载龄期(天)	28
计算长度(m)	
截面镜像	不镜像
竖直构件	☑
水平截面	☑
构件截面β角(度)	0
□ 其他信息	
轴线	轴线3
起点位置	0
终点位置	L
显示加劲肋	□

对象属性	
□ 构件信息	
构件名称	1号墩右肢墩
构件验算类型	非验算构件
计算应力和活载	□
构件模板	常规空间砼塔墩柱
自重系数	1
加载龄期(天)	28
计算长度(m)	
截面镜像	不镜像
竖直构件	☑
水平截面	☑
构件截面β角(度)	0
□ 其他信息	
轴线	轴线4
起点位置	0
终点位置	L
显示加劲肋	□

对象属性	
□ 构件信息	
构件名称	1号墩承台
构件验算类型	非验算构件
计算应力和活载	□
构件模板	常规空间砼塔墩柱
自重系数	1
加载龄期(天)	28
计算长度(m)	
截面镜像	不镜像
竖直构件	☑
水平截面	☑
构件截面β角(度)	0
□ 其他信息	
轴线	轴线5
起点位置	0
终点位置	L
显示加劲肋	□

图 5.84　1 号墩左肢墩对象属性　　图 5.85　1 号墩右肢墩对象属性　　图 5.86　1 号墩承台对象属性

小提示

本模型的中墩和承台均不进行验算,因此将其"构件验算类型"定义为"非验算构件"。

⑮重复步骤⑨—步骤⑭,建立 2 号墩左肢墩、右肢墩和承台。

⑯鼠标左键单击节点"加密" 按钮,将 1 号墩和 2 号墩按 2 m 的间距进行加密。

⑰鼠标左键单击构件"刚臂" 命令,按如下命令行提示输入数据,建立 1 号墩左肢墩和承台之间的刚臂连接。

命令:modeling. rigid
选择生成刚性连接模式[直接节点式(J)/构件相交式(M)/杆端连接式(E)]<J>:｛单击键盘"空格"键｝
选择节点(或者基础):｛鼠标左键单击承台顶节点｝
选择节点(或者基础):｛鼠标左键单击 1 号墩左肢墩墩底节点｝

⑱重复步骤⑰,将主梁与 1 号墩和 2 号墩的左、右肢墩,1 号墩和 2 号墩的左、右肢墩与承台通过刚臂连接成整体,如图 5.87 和图 5.88 所示。

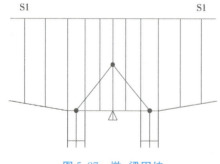

图 5.87　墩–梁固结

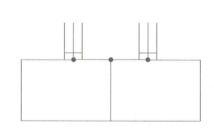

图 5.88　墩–承台固结

全桥模型如图 5.89 所示。

图 5.89　全桥模型

▶ 5.4.3　定义施工分析信息

本节建立的预应力混凝土连续刚构桥模型为估算模型,目的是估算主梁预应力钢束布置数量,因此定义估算模型的施工分析信息时没有预应力钢束输入。根据 5.3 节预应力混凝土连续刚构桥施工流程,估算模型各施工阶段施工信息定义见表 5.2。

表 5.2　估算模型各施工阶段划分

施工阶段	施工内容	施工阶段	施工内容
第一施工阶段	下部结构浇筑施工	第十九施工阶段	7 号块混凝土浇筑
第二施工阶段	0 号和 1 号块立模浇筑施工、养护	第二十施工阶段	7 号块挂篮转移锚固
第三施工阶段	2 号块挂篮安装	第二十一施工阶段	8 号块挂篮前移
第四施工阶段	2 号块混凝土浇筑	第二十二施工阶段	8 号块混凝土浇筑
第五施工阶段	2 号块挂篮转移锚固	第二十三施工阶段	8 号块挂篮转移锚固
第六施工阶段	3 号块挂篮前移	第二十四施工阶段	9 号块挂篮前移
第七施工阶段	3 号块混凝土浇筑	第二十五施工阶段	9 号块混凝土浇筑
第八施工阶段	3 号块挂篮转移锚固	第二十六施工阶段	9 号块挂篮转移锚固
第九施工阶段	4 号块挂篮前移	第二十七施工阶段	10 号块挂篮前移
第十施工阶段	4 号块混凝土浇筑	第二十八施工阶段	10 号块混凝土浇筑
第十一施工阶段	4 号块挂篮转移锚固	第二十九施工阶段	10 号块挂篮转移锚固、边跨现浇段混凝土浇筑养护
第十二施工阶段	5 号块挂篮前移	第三十施工阶段	边跨合龙配重
第十三施工阶段	5 号块混凝土浇筑	第三十一施工阶段	边跨合龙段施工
第十四施工阶段	5 号块挂篮转移锚固	第三十二施工阶段	中跨合龙配重
第十五施工阶段	6 号块挂篮前移	第三十三施工阶段	中跨合龙段施工
第十六施工阶段	6 号块混凝土浇筑	第三十四施工阶段	桥面铺装层施工
第十七施工阶段	6 号块挂篮转移锚固	第三十五施工阶段	桥梁运营
第十八施工阶段	7 号块挂篮前移		

1)定义第一施工阶段

①双击工作界面树形菜单栏中的"施工分析" 🏗️，进入施工分析信息输入界面。

②修改中间条的"当前阶段"名称为"下部结构施工"，并且鼠标左键单击信息表下部的"总体信息"选项卡，设定"施工持续天数（天）"为"40"，如图 5.90 所示。

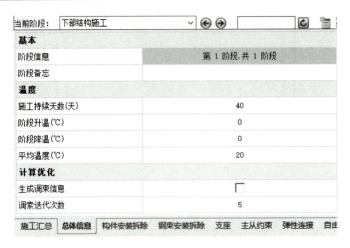

图 5.90　定义下部结构施工阶段总体信息

③鼠标左键单击信息表下部的"构件安装拆除"选项卡,对"构件安装拆除"表格按图 5.91 修改,完成 1 号墩和 2 号墩构件的安装。1 号墩和 2 号墩构件安装完成后,模型如图 5.92 所示。

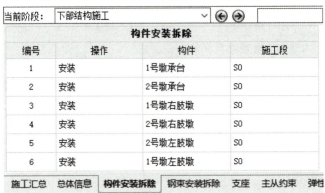

图 5.91　构件安装拆除表格

图 5.92　1 号墩和 2 号墩安装

④鼠标左键单击信息表下部的"支座"选项卡,按图 5.93 修改"支座"表格,定义 1 号墩和 2 号墩承台底节点的固结支座特性。其中,固结支座的边界条件如图 5.94 所示。

图 5.93　支座表格

2)定义第二施工阶段

①鼠标左键单击中间条的“新增施工阶段”按钮,修改中间条的“当前阶段”名称为“0 号块 1 号块施工”,再单击信息表下部的“总体信息”选项卡,设定“施工持续天数(天)”为“35”,如图 5.95 所示。

方向	刚性	正负向	弹性系数	顶推施工...
Dx	☑	双向		☐
Dy	☑	双向		☐
Dz	☑	双向		☐
Rx	☑	双向		☐
Ry	☑	双向		☐
Rz	☑	双向		☐
W	☐	双向		☐

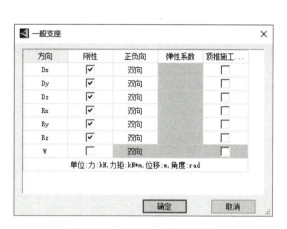

图 5.94　固结支座边界条件

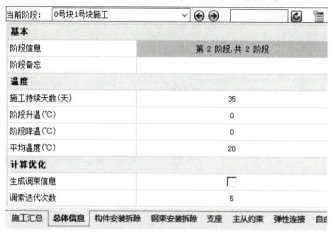

图 5.95　定义 0 号块 1 号块施工阶段总体信息

②鼠标左键单击信息表下部的“构件安装拆除”选项卡,按图 5.96 对“构件安装拆除”表格进行修改,完成 1 号墩和 2 号墩墩顶 0 号块和 1 号块现浇施工。

编号	操作	构件	施工段
1	安装	梁1	S1
2	安装	梁1	左主跨悬浇块.S0
3	安装	梁1	左主跨悬浇块.S1
4	安装	梁1	右主跨悬浇块.S1
5	安装	梁1	右边跨悬浇块.S0
6	安装	梁1	右边跨悬浇块.S1

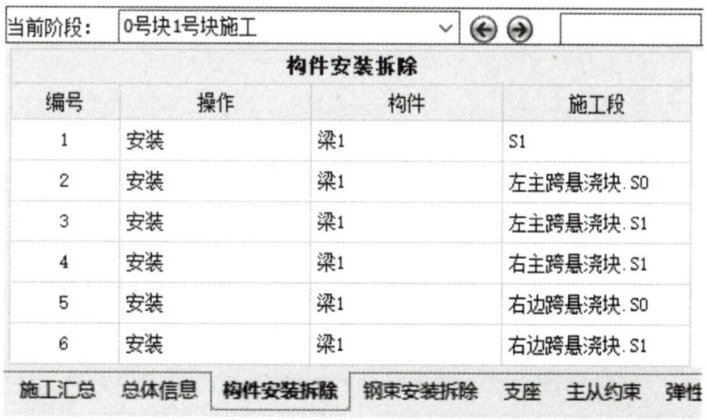

图 5.96　构件安装拆除表格

0 号块和 1 号块施工完成后,模型如图 5.97 所示。

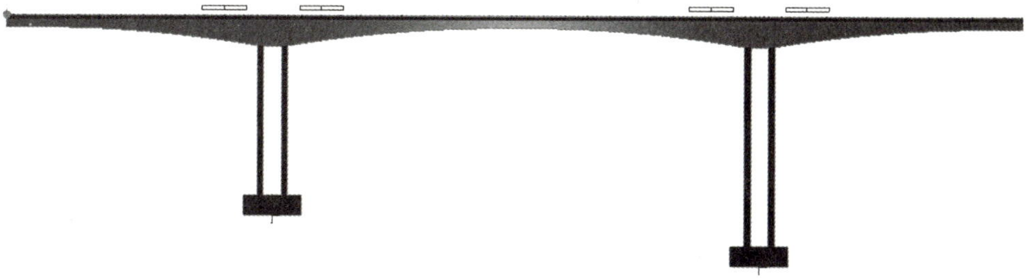

图 5.97　0 号块和 1 号块施工

3)定义第三施工阶段

①鼠标左键单击中间条的“新增施工阶段”按钮,修改中间条的“当前阶段”名称为“2 号块挂篮安装”,再单击信息表下部的“总体信息”选项卡,设定“施工持续天数(天)”为“3”,如图 5.98 所示。

②鼠标左键单击信息表下部的“挂篮操作”选项卡,按图 5.99 在“挂篮操作”表格中“安装”项激活左边跨悬浇轨迹、左主跨悬浇轨迹、右主跨悬浇轨迹和右边跨悬浇轨迹,完成主梁悬浇施工所需挂篮的安装操作。

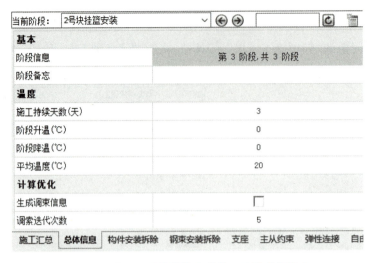

图5.98　定义2号块挂篮安装施工阶段总体信息

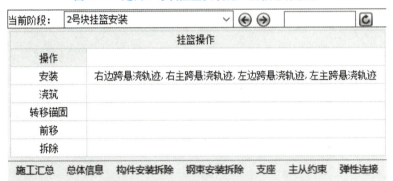

图5.99　挂篮操作表格

4)定义第四施工阶段

①鼠标左键单击中间条的"新增施工阶段" ![] 按钮,修改中间条的"当前阶段"名称为"2号块混凝土浇筑",再单击信息表下部的"总体信息"选项卡,设定"施工持续天数(天)"为"7",如图5.100所示。

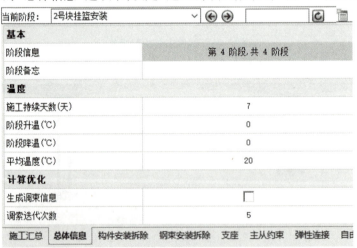

图5.100　定义2号块混凝土浇筑施工阶段总体信息

②鼠标左键单击信息表下部的"挂篮操作"选项卡,按图5.101在"挂篮操作"表格中"浇筑"项激活左边跨悬浇轨迹、左主跨悬浇轨迹、右主跨悬浇轨迹和右边跨悬浇轨迹,完成2号块混凝土浇筑施工操作。

当前阶段：2号块混凝土浇筑

挂篮操作	
操作	
安装	
浇筑	右边跨悬浇轨迹，右主跨悬浇轨迹，左边跨悬浇轨迹，左主跨悬浇轨迹
转移锚固	
前移	
拆除	

施工汇总　总体信息　构件安装拆除　钢束安装拆除　支座　主从约束　弹性连接

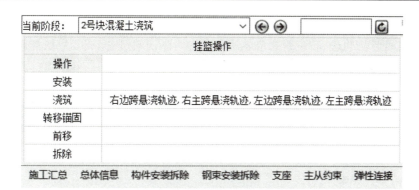

图 5.101　挂篮操作表格

2 号块混凝土浇筑施工完成后，模型如图 5.102 所示。

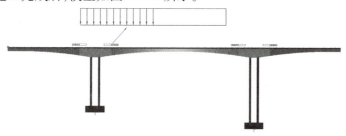

图 5.102　2 号块混凝土浇筑施工

5）定义第五施工阶段

①鼠标左键单击中间条的“新增施工阶段”按钮，修改中间条的“当前阶段”名称为“2 号块挂篮转移锚固”，再单击信息表下部的“总体信息”选项卡，设定“施工持续天数（天）”为“3”，如图 5.103 所示。

当前阶段：2号块挂篮转移锚固

基本	
阶段信息	第 5 阶段，共 5 阶段
阶段备忘	
温度	
施工持续天数(天)	3
阶段升温(℃)	0
阶段降温(℃)	0
平均温度(℃)	20
计算优化	
生成调束信息	□
调索迭代次数	5

施工汇总　总体信息　构件安装拆除　钢束安装拆除　支座　主从约束　弹性连接　自由

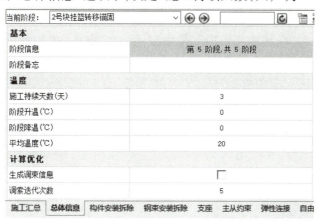

图 5.103　定义 2 号块挂篮转移锚固施工阶段总体信息

②鼠标左键单击信息表下部的“构件安装拆除”选项卡，按图 5.104 对“构件安装拆除”表格进行修改，完成 2 号块混凝土浇筑养护。

当前阶段：2号块挂篮转移锚固

构件安装拆除

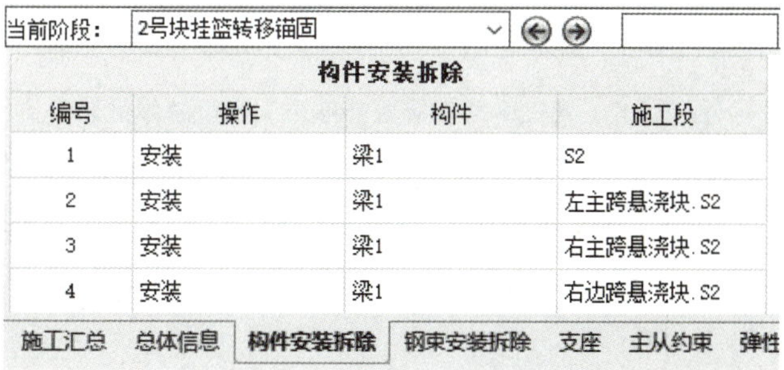

编号	操作	构件	施工段
1	安装	梁1	S2
2	安装	梁1	左主跨悬浇块. S2
3	安装	梁1	右主跨悬浇块. S2
4	安装	梁1	右边跨悬浇块. S2

施工汇总　总体信息　构件安装拆除　钢束安装拆除　支座　主从约束　弹性

图 5.104　构件安装拆除表格

③鼠标左键单击信息表下部的"挂篮操作"选项卡,按图5.105在"挂篮操作"表格中"转移锚固"项激活左边跨悬浇轨迹、左主跨悬浇轨迹、右主跨悬浇轨迹和右边跨悬浇轨迹,完成2号块挂篮转锚固操作。

图5.105　挂篮操作表格

2号块挂篮转移锚固操作完成后,模型如图5.106所示。

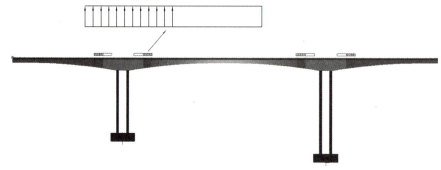

图5.106　2号块挂篮转移锚固

6)定义第六施工阶段

①鼠标左键单击中间条的"新增施工阶段"[image]按钮,修改中间条的"当前阶段"名称为"3号块挂篮前移",再单击信息表下部的"总体信息"选项卡,设定"施工持续天数(天)"为"3",如图5.107所示。

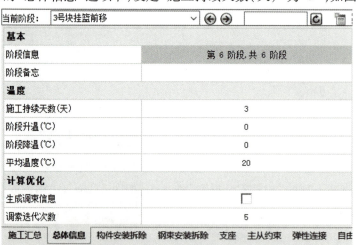

图5.107　定义3号块挂篮前移施工阶段总体信息

②鼠标左键单击信息表下部的"挂篮操作"选项卡,按图5.108在"挂篮操作"表格中"前移"项激活左边跨悬浇轨迹、左主跨悬浇轨迹、右主跨悬浇轨迹和右边跨悬浇轨迹,完成3号块挂篮前移操作。

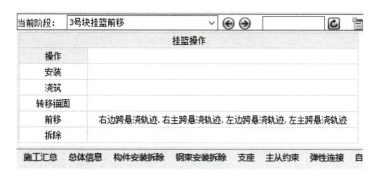

图 5.108　挂篮操作表格

7)定义第七~第二十八施工阶段

第七施工阶段"3 号块混凝土浇筑"~第二十八施工阶段"10 号块混凝土浇筑"的施工分析信息按照第四施工阶段"2 号块混凝土浇筑"~第六施工阶段"3 号块挂篮前移"的施工信息定义方法,循环定义对应梁段的挂篮操作和梁段混凝土激活等,限于篇幅,在此不一一列出。

8)定义第二十九施工阶段

①鼠标左键单击中间条的"新增施工阶段" 按钮,修改中间条的"当前阶段"名称为"10 号块挂篮转移锚固",再单击信息表下部的"总体信息"选项卡,设定"施工持续天数(天)"为"3",如图 5.109 所示。

②鼠标左键单击信息表下部的"构件安装拆除"选项卡,按图 5.110 对"构件安装拆除"表格进行修改,10 号块和边跨现浇段混凝土浇筑养护完成。

当前阶段: 10号块挂篮转移锚固

基本	
阶段信息	第 29 阶段,共 29 阶段
阶段备忘	
温度	
施工持续天数(天)	3
阶段升温(℃)	0
阶段降温(℃)	0
平均温度(℃)	20
计算优化	
生成调束信息	□
调索迭代次数	5

施工汇总　总体信息　构件安装拆除　钢束安装拆除　支座　主从约束　弹性连接　自由

图 5.109　定义 10 号块挂篮转移锚固施工阶段总体信息

当前阶段: 10号块挂篮转移锚固

编号	操作	构件	施工段
1	安装	梁1	S10
2	安装	梁1	左主跨悬块.S10
3	安装	梁1	右主跨悬块.S10
4	安装	梁1	右边跨悬块.S10
5	安装	梁1	S12
6	安装	梁1	右边跨现浇块.S12

施工汇总　总体信息　**构件安装拆除**　钢束安装拆除　支座　主从约束　弹性

图 5.110　构件安装拆除表格

③鼠标左键单击信息表下部的"支座"选项卡,按图5.111修改"支座"表格,定义左边跨现浇段和右边跨现浇段的边界条件,模拟边跨现浇段的满堂支架对现浇梁段的约束作用。其中,支座的边界条件如图5.112所示。

编号	名称	节点	支座位置	支座类型	一般支座	耦合弹性支座
1	1号墩墩底固结	1|1号墩承台|R|0	质心	一般支座	1|双向|0|0|1|双向|0|0|1|双向|0|0|1|双向|0|0|1|双向|0|0|1|双向|0|0|0|双向|0|0	
2	2号墩墩底固结	1|2号墩承台|R|0	质心	一般支座	1|双向|0|0|1|双向|0|0|1|双向|0|0|1|双向|0|0|1|双向|0|0|1|双向|0|0|0|双向|0|0	
3	左边跨现浇段1	1|梁1|L|0	支座位1	一般支座	1|双向|0|1|双向|0|1|双向|0|1|双向|0|1|双向|0|1|双向|0|0|双向|0	
4	左边跨现浇段2	1|梁1|D0|0	支座位1	一般支座	1|双向|0|1|双向|0|1|双向|0|1|双向|0|1|双向|0|1|双向|0|0|双向|0	
5	左边跨现浇段3	1|梁1|T6|0	支座位1	一般支座	1|双向|0|1|双向|0|1|双向|0|1|双向|0|1|双向|0|1|双向|0|0|双向|0	
6	左边跨现浇段4	1|梁1|T5|0	支座位1	一般支座	1|双向|0|1|双向|0|1|双向|0|1|双向|0|1|双向|0|1|双向|0|0|双向|0	
7	左边跨现浇段5	1|梁1|S12|0	支座位1	一般支座	1|双向|0|1|双向|0|1|双向|0|1|双向|0|1|双向|0|1|双向|0|0|双向|0	
8	右边跨现浇段1	1|梁1|R|0	支座位1	一般支座	1|双向|0|1|双向|0|1|双向|0|1|双向|0|1|双向|0|1|双向|0|0|双向|0	
9	右边跨现浇段2	1|梁1|右边现…	支座位1	一般支座	1|双向|0|1|双向|0|1|双向|0|1|双向|0|1|双向|0|1|双向|0|0|双向|0	
10	右边跨现浇段3	1|梁1|右边现…	支座位1	一般支座	1|双向|0|1|双向|0|1|双向|0|1|双向|0|1|双向|0|1|双向|0|0|双向|0	
11	右边跨现浇段4	1|梁1|右边现…	支座位1	一般支座	1|双向|0|1|双向|0|1|双向|0|1|双向|0|1|双向|0|1|双向|0|0|双向|0	
12	右边跨现浇段5	1|梁1|右边现…	支座位1	一般支座	1|双向|0|1|双向|0|1|双向|0|1|双向|0|1|双向|0|1|双向|0|0|双向|0	

施工汇总　总体信息　构件安装拆除　钢束安装拆除　支座　主从约束　弹性连接　自由度释放　集中荷载　线性荷载　强迫位移　梯度温度　挂篮操作　屈曲分析　抗倾覆　索力

图5.111　支座表格

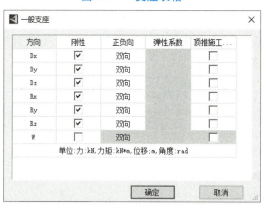

图5.112　一般支座

④鼠标左键单击信息表下部的"挂篮操作"选项卡,按图5.113在"挂篮"表格中"转移锚固"项激活左边跨悬浇轨迹、左主跨悬浇轨迹、右主跨悬浇轨迹和右边跨悬浇轨迹,完成10号块挂篮转锚固操作。

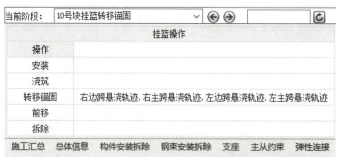

图5.113　挂篮操作表格

9)定义第三十施工阶段

①鼠标左键单击中间条的"新增施工阶段" 按钮,修改中间条的"当前阶段"名称为"边跨压重施加",再单击信息表下部的"总体信息"选项卡,设定"施工持续天数(天)"为"3"。

②鼠标左键单击信息表下部的"集中荷载"选项卡,按图5.114对"集中荷载"表格进行修改,在左、右边

跨合龙块的左、右节点施加吊架自重荷载和边跨压重。

编号	名称	类型	位置	Fx(kN)	Fy(kN)	Fz(kN)	Mx (kN*m)	My (kN*m)	Mz (kN*m)	坐标系
1	吊架自重1	施工措施荷载	1|梁1|S12|||	0	0	-59.475	0	0	0	整体坐标系
2	吊架自重2	施工措施荷载	1|梁1|S11|||	0	0	-59.475	0	0	0	整体坐标系
3	吊架自重3	施工措施荷载	1|梁1|右边跨悬浇块.S11|||	0	0	-59.475	0	0	0	整体坐标系
4	吊架自重4	施工措施荷载	1|梁1|右边跨现浇块.S12|||	0	0	-59.475	0	0	0	整体坐标系
5	边跨压重1	施工措施荷载	1|梁1|S12|||	0	0	-237.9	0	0	0	整体坐标系
6	边跨压重2	施工措施荷载	1|梁1|S11|||	0	0	-237.9	0	0	0	整体坐标系
7	边跨压重3	施工措施荷载	1|梁1|右边跨悬浇块.S11|||	0	0	-237.9	0	0	0	整体坐标系
8	边跨压重4	施工措施荷载	1|梁1|右边跨现浇块.S12|||	0	0	-237.9	0	0	0	整体坐标系

图 5.114 吊架自重和边跨压重施加

小 提示

a. 吊架自重和边跨压重荷载的类型应选择"施工措施荷载";

b. 吊架自重取合龙梁段自重的1/4;

c. 边跨压重取合龙梁段自重的1/2。

③鼠标左键单击信息表下部的"挂篮操作"选项卡,按图5.115在"挂篮"表格中"拆除"项激活左边跨悬浇轨迹、左主跨悬浇轨迹、右主跨悬浇轨迹和右边跨悬浇轨迹,完成挂篮拆除操作。

图 5.115 挂篮操作表格

10)定义第三十一施工阶段

①鼠标左键单击中间条的"新增施工阶段" 按钮,修改中间条的"当前阶段"名称为"边跨合龙",再单击信息表下部的"总体信息"选项卡,设定"施工持续天数(天)"为"7"。

②鼠标左键单击信息表下部的"构件安装拆除"选项卡,按图5.116对"构件安装拆除"表格进行修改,边跨合龙块混凝土浇筑养护完成。

编号	操作	构件	施工段
1	安装	梁1	S11
2	安装	梁1	右边跨现浇块.S11

图 5.116 构件安装拆除表格

③鼠标左键单击信息表下部的"支座"选项卡,按图5.117修改"支座"表格,删除第二十九施工阶段在左、右边跨现浇段定义的临时支座,并在左、右边跨D0节点施加连续刚构桥边跨永久支座。其中,支座的边

界条件如图 5.118 所示。

图 5.117　支座表格

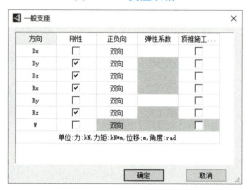

图 5.118　一般支座

11)定义第三十二施工阶段

①鼠标左键单击中间条的"新增施工阶段" 按钮,修改中间条的"当前阶段"名称为"主跨压重施加",再单击信息表下部的"总体信息"选项卡,设定"施工持续天数(天)"为"3"。

②鼠标左键单击信息表下部的"集中荷载"选项卡,按图 5.119 对"集中荷载"表格进行修改,在主跨合龙块左、右节点施加吊架自重荷载和主跨压重荷载。

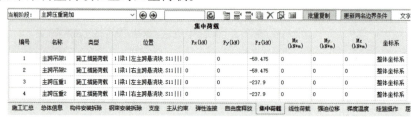

图 5.119　主跨合龙吊架自重和压重施加

12)定义第三十三施工阶段

①鼠标左键单击中间条的"新增施工阶段" 按钮,修改中间条的"当前阶段"名称为"主跨合龙",再单击信息表下部的"总体信息"选项卡,设定"施工持续天数(天)"为"7"。

②鼠标左键单击信息表下部的"构件安装拆除"选项卡,按图 5.120 对"构件安装拆除"表格进行修改,主跨合龙块混凝土浇筑养护完成。

图 5.120　构件安装拆除表格

13）定义第三十四施工阶段

①鼠标左键单击中间条的"新增施工阶段" ![icon]按钮,修改中间条的"当前阶段"名称为"二期恒载",再单击信息表下部的"总体信息"选项卡,设定"施工持续天数(天)"为"20"。

②鼠标左键单击信息表下部的"线性荷载"选项卡,按图 5.121 对"线性荷载"表格进行修改,对主梁施加桥面铺装和防撞墙自重荷载。

当前阶段: 二期恒载

线性荷载

编号	名称	类型	方向	起点位置	起点荷载 (kN/m, kN*m/m)	终点位置	终点荷载 (kN/m, kN*m/m)	坐标系
1	桥面铺装	结构重力及附加重力	Fz	1|梁1|L|||	-56.85	1|梁1|R|||	-56.85	整体坐标系
2	防撞墙	结构重力及附加重力	Fz	1|梁1|L|||	-23.30	1|梁1|R|||	-23.30	整体坐标系

施工汇总　总体信息　构件安装拆除　钢束安装拆除　支座　主从约束　弹性连接　自由度释放　集中荷载　线性荷载　强迫位移　梯度温度　挂篮操作　屈

图 5.121　线性荷载表格

14）定义第三十五施工阶段

鼠标左键单击中间条的"新增施工阶段" ![icon]按钮,修改中间条的"当前阶段"名称为"收缩徐变",再单击信息表下部的"总体信息"选项卡,设定"施工持续天数(天)"为"3650"。

▶ 5.4.4　定义运营分析信息

①鼠标左键双击项目管理树形菜单中的"运营分析" ![icon],进入运营分析信息输入界面。

②鼠标左键单击信息表下部的"总体信息"选项卡,设定"升温温差(℃)"和"降温温差(℃)"均为"20",如图 5.122 所示。

显示工况:	文字比例(%): 100
总体信息	
收缩徐变天数(天)	0
升温温差(℃)	20
降温温差(℃)	20
考虑正负向的荷载	
活载计算构件	
挠度验算位置	
穷举法验算截面	

总体信息　集中荷载　线性荷载　强迫位移　梯度温度　纵向加载

图 5.122　定义总体信息

③鼠标左键单击信息表下部的"强迫位移"选项卡,按照图 5.123 对"名称""支座"和"Dz(m)"等参数进行设置,完成该桥左、右边跨支座和主墩墩底基础变位作用的定义。

显示工况:		文字比例(%): 100		单位(m)				
强迫位移								
编号	名称	支座	Dx(m)	Dy(m)	Dz(m)	Rx(度)	Ry(度)	Rz(度)
1	CJ1	左边跨支座	0	0	-0.005	0	0	0
2	CJ2	1号墩墩底固结	0	0	-0.005	0	0	0
3	CJ3	2号墩墩底固结	0	0	-0.005	0	0	0
4	CJ4	右边跨支座	0	0	-0.005	0	0	0

总体信息　集中荷载　线性荷载　强迫位移　梯度温度　纵向加载　横向加载　行车线加载　影响面加载　并发反力　屈曲分析　自振分析

图 5.123　定义强迫位移

④鼠标左键单击信息表下部的"梯度温度"选项卡,按照图 5.124 对"名称""构件"和"温度模式"等参数进行设置,完成主梁梯度升温和梯度降温两种梯度温度荷载的定义。

图 5.124　定义梯度温度

⑤鼠标左键单击信息表下部的"纵向加载"选项卡,按照图 5.125 对"名称""桥面单元""计算跨径(m)""活载类型""活载系数""行车线""横向布置(m)"和"冲击系数"等参数进行设置,完成车道荷载的定义。其中,鼠标左键单击"活载系数"输入栏,并单击输入栏右侧的"┄"弹出"系数定义"表格,按图 5.126 输入节点位置及对应的活载系数值;单击"冲击系数"输入栏,单击输入栏右侧的"┄"弹出"冲击系数"对话框,按图 5.127 选择结构参数、计算跨径和结构特性代表节点等参数,并单击"计算"按钮,计算桥梁冲击系数。

图 5.125　纵向加载定义

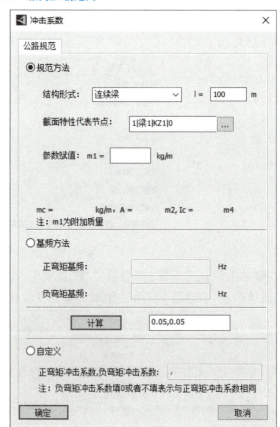

图 5.126　活载系数定义表格　　　　图 5.127　冲击系数对话框

小提示

第 2 章预制拼装预应力混凝土 T 梁桥中,活载系数是通过杠杆法和刚(铰)接板梁法等方法计算得到的荷载横向分布系数。对于本模型的整体箱梁桥还有整体板梁桥,其活载系数是其所布置的车道数,并考虑车道纵向和横向折减、偏载影响之后的修正值。本设计方案桥面宽度为 11.75 m(扣除防撞墙宽度)且单向行驶,根据《通规》(2015)第 4.3.1 条中的表 4.3.1-4,该桥设计车道数为 3 车道,则根据《通规》(2015)第 4.3.1 条中的表 4.3.1-5,车道横向折减系数为 0.78;该桥最大跨径为 100 m,因此根据《通规》(2015)第 4.3.1 条中的表 4.3.1-6,该桥纵向折减系数 1.0。因此,该桥活载系数=3(车道数)×0.78(横向折减系数)×1.0(纵向折减系数)×1.15(偏载系数)=2.691。

▶ 5.4.5　执行模型计算

①切换到“项目”工具栏,鼠标左键单击“诊断当前” 按钮,软件将对前处理的内容进行检查。

②系统诊断无误后,鼠标左键单击“计算当前” ▶ 按钮,执行计算。

5.5　主梁预应力钢束估算与布置

由 5.1.5 节可知,预应力混凝土箱梁通常采用三向预应力钢筋布置:纵向、横向和竖向预应力钢筋。其中,横向预应力钢筋根据单位宽度桥面板计算并布置,如计算配筋仅需设置普通钢筋,则可不设置横向预应力钢筋;竖向预应力钢筋根据主梁主应力计算与验算结果设置,如计算结果无须设置竖向预应力钢筋,则仅需按构造要求设置非预应力钢筋,但如果计算的普通箍筋间距过小或单肢截面过大,则应考虑设置竖向预应力钢筋;纵向预应力钢筋的布置,与第 2 章和第 4 章类似,以持久状况正常使用极限状态作用频域组合的内力设计值作为截面配筋估算的依据,并按持久状况正常使用极限状态的应力要求进行纵向预应力钢筋配筋。

采用悬臂现浇法的预应力混凝土连续刚构桥,其纵向预应力钢束布置可分为顶板束、腹板束和底板束,配筋形式较第 2 章预应力混凝土简支 T 梁桥和第 4 章简支转连续预应力混凝土连续 T 梁桥更复杂,如仍采用第 2 章和第 4 章推导的仅在截面下缘布置预应力钢束和仅在截面上缘布置预应力钢束的预应力钢束布置数量估算公式,将无法准确估算预应力混凝土连续刚构桥的预应力钢束布置数量。因此,本章将在第 2 章和第 4 章的基础上,推导截面上、下缘均布置预应力钢筋以抵抗正、负弯矩的估算公式。

截面上、下缘分别布置预应力钢筋以抵抗正、负弯矩时,根据截面上、下缘产生的应力计算公式(2.7)和式(2.8),可得截面最小预应力钢筋配筋量为

$$n_{u} \geqslant \frac{M_{\max}(e_{b} - K_{b}) - M_{\min}(K_{u} + e_{b})}{(K_{u} + K_{b})(e_{u} + e_{b})} \frac{1}{A_{pl}\sigma_{pe}} \tag{5.1}$$

$$n_{b} \geqslant \frac{M_{\max}(e_{u} + K_{b}) + M_{\min}(K_{u} - e_{u})}{(K_{u} + K_{b})(e_{u} + e_{b})} \frac{1}{A_{pl}\sigma_{pe}} \tag{5.2}$$

此外,各截面的最大配筋数为

$$n_{u} \leqslant \frac{-M_{\max}(K_{u} + e_{b}) - M_{\min}(K_{b} - e_{b}) + 0.5e_{b}(W_{u} + W_{b})f_{ck}}{(K_{u} + K_{b})(e_{u} + e_{b})} \frac{1}{A_{pl}\sigma_{pe}} \tag{5.3}$$

$$n_{b} \leqslant \frac{M_{\max}(K_{u} - e_{u}) + M_{\min}(e_{u} + K_{b}) + 0.5e_{u}(W_{u} + W_{b})f_{ck}}{(K_{u} + K_{b})(e_{u} + e_{b})} \frac{1}{A_{pl}\sigma_{pe}} \tag{5.4}$$

▶ 5.5.1　频遇荷载组合下主梁计算结果查询

①鼠标右键单击项目管理树形菜单中“连续刚构桥”项目下“估算模型”模型的“结果查询” ,在弹出

的下拉菜单中单击"新文件夹",弹出"新建查询文件夹"对话框,输入新建文件夹名称"01 频遇荷载组合"。

②鼠标右键单击新建的"01 频遇荷载组合"文件夹,在弹出的下拉菜单中单击"新建查询",弹出"新建查询"对话框,输入名称"频遇荷载组合","工况"项选择"运营阶段","内容"项选择"结构效应组合","组合"项选择"内力组合-03 频遇组合","效应"项选择"竖弯矩 My","图形"项选择"仅包络图","构件"项选择"梁 1",鼠标左键单击"确定"按钮,建立查询项,如图 5.128 所示。

图 5.128　新建查询对话框

③频遇荷载组合下,主梁弯矩包络图如图 5.129 所示。

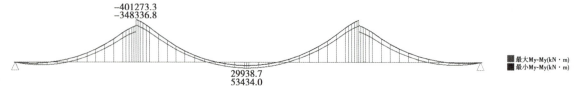

图 5.129　弯矩包络图

由图 5.129 可见,频遇荷载组合下,最大正弯矩出现在主跨跨中截面,并且正弯矩最大值 M_{max} 为 53 434.0 kN·m,最小值 M_{min} 为 29 938.7 kN·m;最大负弯矩出现在 1 号墩墩顶截面,负弯矩最大值 M_{max} 为 -348 336.8 kN·m,最小值 M_{min} 为 -401 273.3 kN·m。

5.5.2　主梁截面几何特性查询

①鼠标右键单击"结果查询"，在弹出的下拉菜单中单击"新文件夹",弹出"新建查询文件夹"对话框,输入新建文件夹名称"02 截面几何特性"。

②鼠标右键单击新建的"02 截面几何特性"文件夹,在弹出的下拉菜单中单击"新建查询",弹出"新建查询"对话框,输入名称"主梁截面几何特性","工况"项选择"运营阶段","内容"项选择"截面特性","类型"项选择"毛截面全截面特性","效应"项选择"全部","构件"项选择"梁 1","截面"项选择"主截面",鼠标左键单击"确定"按钮,建立查询项。主梁截面几何特性如图 5.130 所示。

图 5.130　主梁截面几何特性

▶ 5.5.3 主梁截面预应力钢束估算

本桥主梁采用 C55 混凝土,其轴心抗压强度标准值 f_{ck} 为 35.5 MPa;采用抗拉强度标准值 f_{pk} 为 1 860 MPa 的 $\Phi^s15.2(1\times7)$ 型的低松弛高强度钢绞线,每股预应力钢束的面积 A_{pl} 为 139.0 mm^2,预应力钢束的张拉控制应力 $\sigma_{con}=0.75f_{pk}=1\ 395$ MPa,预应力损失按张拉控制应力的 20% 估算,则可得预应力钢束的永存应力 $\sigma_{pe}=0.8\sigma_{con}=1\ 116$ MPa。

由图 5.7 可知,该桥主梁关于主跨跨中截面对称,因此取左半桥主梁结构(左边跨和左主跨)为对象,并按照 5.5.1 节和 5.5.2 节中的方法提取左半桥主梁各截面的频遇荷载组合的内力设计值和毛截面几何特性值,采用式(5.1)—式(5.4)估算各截面的预应力钢筋布置数量,结果见表 5.3。

表 5.3 截面预应力钢筋布置数量表

位置(节点号)		上缘预应力钢筋布置数量		下缘预应力钢筋布置数量		实际布筋数(束数)	
		下限	上限	下限	上限	上缘(顶板和腹板)	下缘(底板)
左边跨	D0	2	986	0	658	0	6
	T6	-4	969	16	666	0	6
	T5	-11	641	37	380	0	6
	S12	-12	637	40	382	0	6
	S11	-15	617	58	387	4	6
	S10	-7	594	80	366	8	6
	S9	19	600	76	334	12	6
	S8	58	650	51	314	16	4
	S7	104	723	10	302	20	2
	S6	153	816	-40	302	24	0
	S5	200	909	-101	299	28	0
	S4	245	985	-148	308	32	0
	S3	288	1 063	-193	329	36	0
	S2	332	1 141	-236	362	42	0
	S1	374	1 220	-276	408	42	0
	T4	387	1 248	-289	428	42	0
	T3	443	1 806	-329	1 082	42	0
	T2	452	1 826	-337	941	42	0
	T1	418	1 291	-316	435	42	0
1 号墩墩顶 D1		483	1 362	-387	370	42	0

续表

位置（节点号）		上缘预应力钢筋布置数量		下缘预应力钢筋布置数量		实际布筋数（束数）	
		下限	上限	下限	上限	上缘（顶板和腹板）	下缘（底板）
左主跨	T1	477	1 357	−382	376	42	0
	T2	516	1 897	−408	877	42	0
	T3	507	1 876	−400	1 019	42	0
	T4	444	1 310	−351	372	42	0
	S1	430	1 283	−338	352	42	0
	S2	385	1 201	−296	308	42	0
	S3	337	1 120	−249	279	36	0
	S4	285	1 037	−199	266	32	0
	S5	230	954	−145	269	28	0
	S6	163	861	−80	288	24	0
	S7	99	744	−7	304	20	0
	S8	35	645	59	335	16	2
	S9	−15	560	116	369	12	4
	S10	−51	511	159	415	8	6
	S11	−68	490	177	448	4	8
	KZ1	−69	489	178	449	0	8

▶ 5.5.4 主梁预应力钢束布置

1）纵向预应力钢束布置原则

预应力钢束的布置主要依据成桥和施工阶段的受力状态确定,同时考虑截面构造、施工工艺和方法等。对于采用悬臂施工法的预应力混凝土连续刚构桥,必须在每个施工节段端部锚固一定数量的预应力钢束,以承受本阶段的自重、吊篮重量、施工设备重量和下一节段自重等所产生的负弯矩,通常称为一期配筋或悬臂配筋。在桥梁合龙之后,一期配筋仍然有效,但在合龙段附近占跨长25%的区域内的负弯矩预应力钢筋处于受压区,因此在主跨跨中50%~60%和边跨端部50%~80%的跨长范围内,需要在截面的下缘配置预应力钢筋,称为二期配筋。纵向预应力钢束是主要受力钢筋,根据预应力混凝土连续刚构悬臂施工特点,有以下预应力钢束布置原则:

①预应力钢束布置孔道中心间距、锚孔中心最小距离、预应力钢束曲线半径和保护层厚度等取值,应满足《桥规》(2018)第9.4条预应力混凝土结构构造要求。

②预应力钢束平弯、竖弯通常单独设置,先平弯,经直线过渡后,在锚固前完成竖弯。对于悬臂施工,锚固点宜设置在距箱梁下缘1/3梁高处,以方便千斤顶张拉与拆装,并应注意竖弯段上、下层钢束不得冲突,同时满足孔道净距要求。

③顶板束和底板束应尽量靠近箱梁腹板分散布置集中锚固。这样处理的目的在于:使预应力钢束以较短的传力路线发挥作用,并满足箱梁截面剪力滞效应的要求;充分利用承托布束、锚固,使截面轻型化。

④顶板束和底板束应尽量以S形曲线关于箱梁腹板(或箱梁横截面中心线)对称平弯,以消除由于平弯引起的横向力对箱梁顶、底板的不利影响。

⑤钢束的线形种类应尽量减少,以便于计算模型的建立和现场施工。

⑥预应力钢束曲线半径应尽量增大,以便于穿束和压浆等操作,并减少预应力钢束的摩阻损失。

⑦当预应力钢束采用分层布置时,上下层预应力管道应对齐布置,不得采用梅花形布置,以便混凝土浇筑和振捣。

⑧顶板束应尽量靠截面上缘布置,以便最大限度地发挥力学效应。

⑨顶板束采用分层布置时,应使长束布置在上层、短束布置在下层。这样处理的好处有:先锚固短束、后锚固长束,可以使长短束布置不会发生相互干扰;长束通过的梁段多,放在顶层能充分发挥其力学效应;长束在施工过程中管道容易出现质量问题,放在顶层处理比较容易。

2)纵向预应力钢束布置

根据上述预应力混凝土连续刚构桥纵向预应力钢束布置原则,并参考现有实际预应力混凝土连续刚构桥预应力钢束布置图纸、预应力混凝土连续刚构桥受力特点和施工特点,以及5.5.3节计算确定的主梁各截面预应力钢筋布置数量,综合确定该桥各截面的顶板和底板预应力钢筋布置数量,结果见表5.3(预应力钢束采用 20 根ϕ^s15.2 预应力钢绞线组成 1 束)。

根据表5.3 中截面顶板和底板预应力钢筋布置数量,该桥纵向预应力钢束可分为腹板束、顶板束、底板束(边跨合龙段和主跨合龙段)3 类预应力钢束,其横截面布置、立面和平面布置要求如下:

(1)横截面布置

预应力钢束横截面布置应以配筋控制截面(即钢束最多的截面)为出发点,非控制截面的横截面构造均是在控制截面布置结果的基础上,结合立面和平面布置导出。配筋控制截面的预应力钢束横截面布置是预应力混凝土连续刚构桥设计的关键环节。因此,限于篇幅,本节仅给出主梁配筋控制截面的预应力钢束横截面布置方法。

对于悬臂施工的预应力混凝土连续刚构桥,预应力钢束横截面布置不仅应满足悬臂施工进程和结构承受负弯矩以及合龙后承受正弯矩的受力要求,同时还应充分考虑预应力钢束立面和平面布置的锚固和构造要求。

根据连续刚构桥的受力特性,墩顶截面承受的负弯矩值最大,因此墩顶截面布置的预应力钢束最多,以有效抵抗负弯矩。墩顶截面布置的预应力钢束分为顶板束和腹板束,且顶板束和腹板束的数目应满足悬臂节段锚固的需要,并且顶板束应尽量靠近腹板分散布置,并通过平弯集中锚固于上承托;腹板束的净距及混凝土保护层厚度应满足预应力钢束布置原则①的要求。墩顶截面负弯矩钢束的横截面布置如图 5.131 所示。

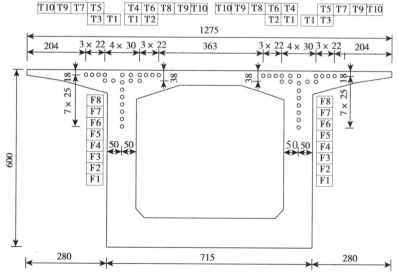

图 5.131　墩顶截面预应力钢束横截面布置图(单位:cm)

预应力混凝土连续刚构桥主跨跨中截面承受的正弯矩最大,因此主跨跨中截面布置的底板束最多,以有效抵抗截面正弯矩。考虑到悬臂施工的底板束只能通过齿板锚固,底板束应尽量靠近腹板分散布置,集中锚固于临近腹板的齿板。此外,底板束的净距及混凝土保护层的厚度应满足构造要求。跨中截面预应力钢束横截面布置如图5.132所示。

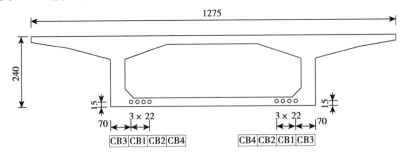

图5.132　跨中截面预应力钢束横截面布置图(单位:cm)

对于边跨,由5.5.1节可知,边跨S10节点对应截面正弯矩最大,因此布置的底板钢束最多,以有效抵抗正弯矩,布置方法与主跨类似,尽量靠近腹板布置。边跨S10节点对应截面预应力钢束横截面布置如图5.133所示。

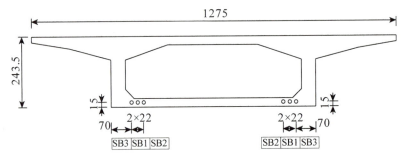

图5.133　边跨S10节点对应截面预应力钢束横截面布置图(单位:cm)

(2)预应力钢束立面和平面布置

预应力钢束的立面布置主要显示钢束的竖弯构造,平面布置主要明确钢束平弯构造。

立面布置时,墩顶截面布置的顶板束和腹板束均以墩中心线对称竖弯。其中,顶板束在锚固前需要一定角度的平弯,以便统一锚固于上承托;腹板束无须设置平弯,只设置竖弯,并且腹板束宜下弯至距箱梁下缘1/3梁高处,以提供较大的预剪力,提高箱梁的抗剪能力,且可以限制腹板中的主拉应力,防止腹板产生的斜裂缝。边跨底板束立面布置时,钢束均需竖向上弯一定角度,并且锚固于梁端截面的一端,可只设竖弯不设平弯,且竖弯角度应大一些,以抵抗边支座附件较大的剪力;底板束的另一端分批集中锚固于底板上的齿板,竖弯前应设置S形平弯,然后再设竖弯,并且竖弯角度应小些以满足齿板尺寸的限制。对于主跨跨中合龙段底板束,立面布置时,应关于全桥跨中截面对称上弯;平面布置时,在竖弯前应设置S形平弯,然后再设竖弯,分批集中锚固于底板上的齿板。此外,边跨和主跨底板束两侧竖向弯起点之间的钢束按平行于底板下缘布置。

预应力混凝土连续刚构桥初步设计时,可只考虑预应力钢束的竖弯不考虑平弯,因此本章只设计了主梁预应力钢束的竖弯布置,顶板预应力钢束、腹板预应力钢束和底板预应力钢束的立面布置分别如图5.134—图5.136所示。

图5.134　顶板预应力钢束立面布置图(单位:cm)

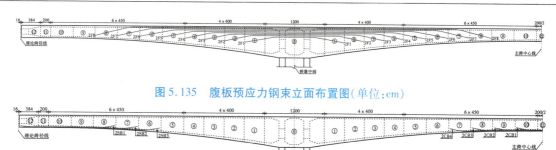

图 5.135　腹板预应力钢束立面布置图(单位:cm)

图 5.136　底板预应力钢束立面布置图(单位:cm)

根据2.5.1节,采用导线点法将预应力钢束竖弯线形输入桥梁博士软件中时,需要确定各根预应力钢束的4个导线点的几何参数。因此,为方便预应力钢束竖弯线形输入预应力混凝土连续刚构桥模型,本章确定并列出了腹板束、顶板束、主跨底板束和边跨底板束的几何参数,如图5.137—图5.140所示。

钢束编号	X参数				Y参数				半径	
	x_1	x_2	x_3	x_4	y_1	y_2	y_3	y_4	R1	R2
T1	0.0	219.7	1560.6	219.7	68.9	38.0	38.0	68.9	1000	1000
T2	0.0	219.7	2360.6	219.7	68.9	38.0	38.0	68.9	1000	1000
T3	0.0	219.7	3160.6	219.7	68.9	38.0	38.0	68.9	1000	1000
T4	0.0	240.1	3919.8	240.1	64.7	38.0	38.0	64.7	1000	1000
T5	0.0	240.1	4819.8	240.1	64.7	38.0	38.0	64.7	1000	1000
T6	0.0	219.7	5760.6	219.7	68.9	18.0	18.0	68.9	1000	1000
T7	0.0	219.7	6660.6	219.7	68.9	18.0	18.0	68.9	1000	1000
T8	0.0	240.1	7519.8	240.1	64.7	18.0	18.0	64.7	1000	1000
T9	0.0	240.1	8419.8	240.1	64.7	18.0	18.0	64.7	1000	1000
T10	0.0	240.1	9319.8	240.1	64.7	18.0	18.0	64.7	1000	1000

图 5.137　顶板预应力钢束竖弯曲线大样图(单位:cm)

钢束编号	X参数				Y参数				半径	
	x_1	x_2	x_3	x_4	y_1	y_2	y_3	y_4	R1	R2
F1	0.0	599.0	802.0	599.0	298.6	193.0	193.0	298.6	1000	1000
F2	0.0	511.4	1777.2	511.4	272.0	168.0	168.0	272.0	1000	1000
F3	0.0	523.7	2552.6	523.7	249.5	143.0	143.0	249.5	1000	1000
F4	0.0	532.1	3335.8	532.1	231.1	118.0	118.0	231.1	1000	1000
F5	0.0	626.4	4047.2	626.4	209.1	93.0	93.0	209.1	1000	1000
F6	0.0	678.9	4842.2	678.9	193.8	68.0	68.0	193.8	1000	1000
F7	0.0	669.4	5761.2	669.4	185.3	43.0	43.0	185.3	1000	1000
F8	0.0	689.2	6621.6	689.2	183.5	18.0	18.0	183.5	1000	1000

图 5.138　腹板预应力钢束竖弯曲线大样图(单位:cm)

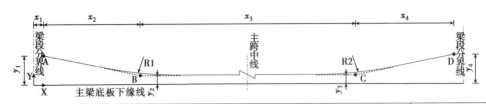

钢束编号	X参数				Y参数				半径	
	x_1	x_2	x_3	x_4	y_1	y_2	y_3	y_4	R1	R2
CB1	25.0	251.5	547	251.5	65.0	15.0	15.0	65.0	1000	1000
CB2	25.0	230.4	1489.2	230.4	65.0	15.0	15.0	65.0	1000	1000
CB3	25.0	259.7	2330.6	259.7	75.0	15.0	15.0	75.0	1000	1000
CB4	25.0	263.0	3224.0	263.0	80.0	15.0	15.0	80.0	1000	1000

图 5.139　主跨底板预应力钢束竖弯曲线大样图(单位:cm)

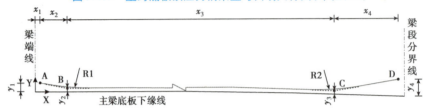

钢束编号	X坐标				Y坐标				半径	
	x_1	x_2	x_3	x_4	y_1	y_2	y_3	y_4	R1	R2
SB1	20.0	108.9	1524.7	255.4	35.0	15.0	15.0	65.0	1000	1000
SB2	20.0	108.9	1945.4	284.7	35.0	15.0	15.0	75.0	1000	1000
SB3	20.0	108.9	2392.1	288.0	35.0	15.0	15.0	80.0	1000	1000

图 5.140　边跨底板预应力钢束竖弯曲线大样图(单位:cm)

3)竖向预应力筋布置

根据 5.1.5 节对箱梁竖向预应力筋布置要求的介绍,竖向预应力筋纵向间距取 30～50 cm,并且每侧腹板布置 2 排。箱梁竖向预应力筋的纵向和横向布置分别如图 5.141 和图 5.142 所示。

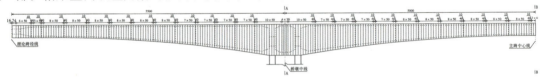

图 5.141　箱梁竖向预应力筋纵向布置图(单位:cm)

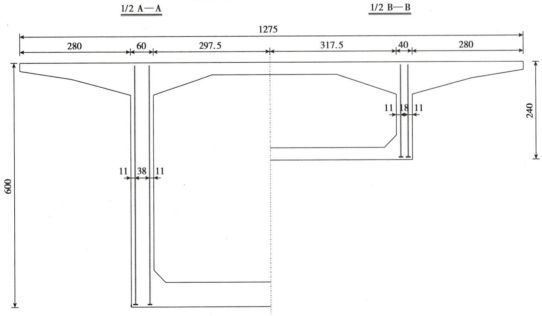

图 5.142　箱梁竖向预应力筋横向布置图(单位:cm)

▶ 5.5.5　主梁普通钢筋布置

虽然当前大跨径预应力混凝土连续刚构桥均按照全预应力设计,要求结构不出现拉应力,但是通过对实际桥梁调查发现一些预应力混凝土桥梁存在各种性质的裂缝。这些裂缝中除有设计和施工等各种因素导致的外,主要是温度应力和局部应力引起的,还有其他难以分析的因素。当前,防止裂缝损害的有效措施是在大跨度预应力混凝土桥梁中布置恰当数量的普通钢筋,这样不但可以提高桥梁结构的抗裂性,还可以提高桥梁结构的承载能力。此外,预应力混凝土主梁内同样也需要按构造要求布置架立钢筋和预应力钢束的定位钢筋,箱梁腹板两侧需要设置防缩钢筋,锚头和支座承压部位需要设置防裂钢筋等。考虑到桥梁博士软件仅能输入主梁的纵向普通钢筋和箍筋,因此本章对主梁纵向普通钢筋和箍筋进行布置,并且其布置应遵循下述原则:

①对于箱形截面预应力混凝土梁,在其底板内无预应力钢束的主梁区段,顺桥向可设含筋率不小于 0.25% ~ 0.3% 的构造钢筋,横桥向可设包括计算的钢筋在内不小于 0.25% ~ 0.3% 含筋率的横向钢筋。

②沿箱梁腹板高的两侧应设置直径为 6 ~ 10 mm 的纵向钢筋以防产生裂缝,整体浇筑时,其面积不应少于 $(0.000\ 5 \sim 0.001)bh$(b 为箱梁腹板宽度,h 为梁全高),并且当桥梁跨度较大、腹板较薄时,取大值。

③箱梁顶板除配置主要受力钢筋外,还应在垂直钢筋的方向布置分布钢筋,对于悬臂长度较长的情况,还应在悬臂板底板布置钢筋。

④预应力混凝土箱梁中的非预应力钢筋可以降低箱梁的纵向预压应力,避免出现纵向裂缝、减少反拱度,改善结构使用性能,并且经验表明,当箱梁顶、底板纵、横向分布受力钢筋的间距大于 15 cm 时,梁底会出现裂缝。

⑤箱梁内有必要充分布置箍筋,以满足箱梁抗剪和抗扭的需要,并保证箱梁具有足够的抗扭刚度。

根据以上普通钢筋布置原则,对本桥主梁纵向钢筋和箍筋等普通钢筋进行了初步布置,其中主梁墩顶截面和跨中截面的普通钢筋布置分别如图 5.143 和图 5.144 所示。此外,箍筋沿纵桥向布置间距取为 15 cm,并且每侧腹板布置 2 肢。

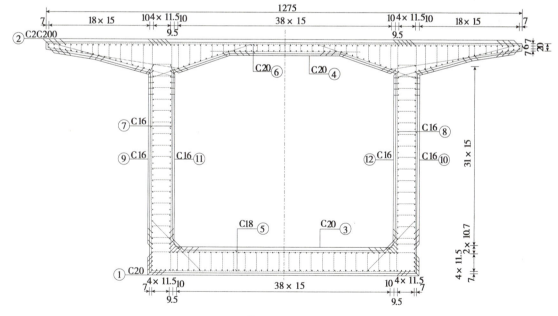

图 5.143　墩顶截面普通钢筋布置(单位:cm)

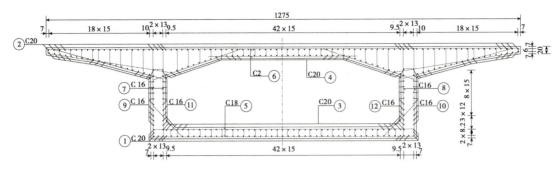

图 5.144 跨中截面普通钢筋布置(单位:cm)

5.6 验算模型建立及安全性验算

按照预应力混凝土桥梁设计步骤,需要将初步估算的桥梁预应力钢束和普通钢筋输入桥梁模型中,建立预应力混凝土连续刚构桥的验算模型,并按《桥规》(2018)中的相关条文进行承载能力和正常使用极限状态的验算,确定预应力混凝土刚构桥初步设计的截面尺寸、预应力钢束和普通钢筋布置等是否满足要求。如不能满足规范要求,需要根据验算结果对桥梁截面尺寸、预应力钢束和普通钢筋等进行调整,并重复验算,直到满足规范要求。下文将介绍本预应力混凝土连续刚构桥方案的验算模型的建立流程。

► 5.6.1 建立验算模型

1)定义总体信息

①鼠标右键单击项目管理树形菜单中"连续刚构桥"项目下"估算模型"模型,在弹出的下拉菜单中单击"副本",并在弹出的"输入新的模型名称"对话框中输入"验算模型",单击"确认"按钮,建立该桥验算模型。

②双击工作界面树形菜单栏"验算模型"模型下的"总体信息" [i] ,进入总体信息输入界面,勾选"计算内容"项中的"计算预应力"项和"进行验算"项,并在"材料定义"项中增加"钢绞线 d = 15.2_fpk = 1860""HRB400"和"螺纹钢筋 d = 32_fpk = 785"3 种预应力钢筋和普通钢筋材料(图 5.145),其余"总体信息"项设置与"估算模型"模型相同,不做修改。

材料定义

编号	名称	材料类型	材料索引	收缩调整系数	徐变调整系数	粉煤灰掺量(%)	说明
1	C55	混凝土	C55	1	1	0	
2	C50	混凝土	C50	1	1	0	
3	C30	混凝土	C30	1	1	0	
4	钢绞线d=15.2_fpk=1860	预应力	钢绞线d=15.2_fpk=1860				
5	HRB400	钢筋	HRB400				
6	螺纹钢筋d=32_fpk=785	预应力	螺纹钢筋d=32_fpk=785				

基本 | 地质 | 钻孔 | 墩台

图 5.145 验算模型材料定义

2)定义截面

直接利用 5.4.2 节中建立的主梁跨中截面、主梁变截面、挂篮截面、墩柱截面和承台截面,不需要重新建立截面。

3）建立全桥结构模型

直接利用 5.4.2 节中建立的全桥结构模型，不需要重新建立结构模型。

4）输入预应力钢束

①鼠标左键双击项目管理树形菜单中"连续刚构桥"项目下"验算模型"的"钢束设计" ，进入钢束设计界面。

②切换到"钢束"工具栏，鼠标左键单击常规"型号" 按钮，弹出"钢束材料型号定义"表格，在其中输入 5.5.4 节确定的主梁纵向预应力钢筋和竖向预应力钢筋材料型号，如图 5.146 所示。

型号名称	材料名称	编束根数	成孔面积(mm²)	张拉控制应力(MPa)	超张拉系数(%)	管道摩阻系数(u)	局部偏差系数(k)	一端锚具回缩(mm)	是否先张	台座温差(℃)	先张台座总长(m)	松弛率	体外束	体外束初锚应力(MPa)	注释信息
15-20(1860)	钢绞线d=15.2_fpk=1860	20	11689.9	1395	0	0.2	0.0015	6	□	0	0	0.035	□	0	
螺纹钢筋d=32_fpk=785	螺纹钢筋d=32_fpk=785	1	1963.5	667.25	0	0	0.001	1	□	0	0	0	□	0	

图 5.146　预应力钢筋型号定义表格

③鼠标左键单击常规"建钢束" 按钮，按照 2.5.1 节中的预应力钢束建立方法和 5.5.4 节中腹板束（F1 钢束 ~ F8 钢束）、顶板束（T1 钢束 ~ T10 钢束）和底板束（SB1 钢束 ~ SB3 钢束、CB1 钢束 ~ CB4 钢束）的预应力钢束布置参数，建立主梁腹板束、顶板束和底板束对应的预应力钢筋。限于篇幅，仅列出腹板束 F1 钢束、顶板束 T1 钢束、左边跨底板束 SB1 钢束和主跨合龙段底板束 CB1 钢束的预应力钢束属性，如图 5.147 所示。

(a)F1 钢束

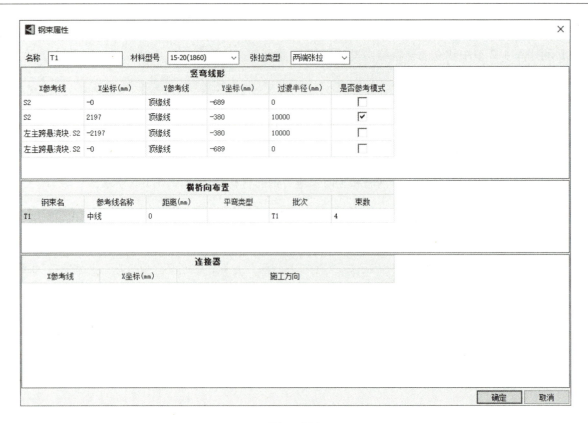

（b）T1 钢束

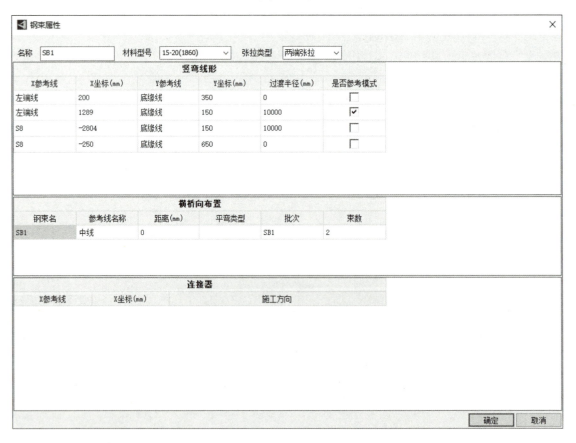

（c）SB1 钢束

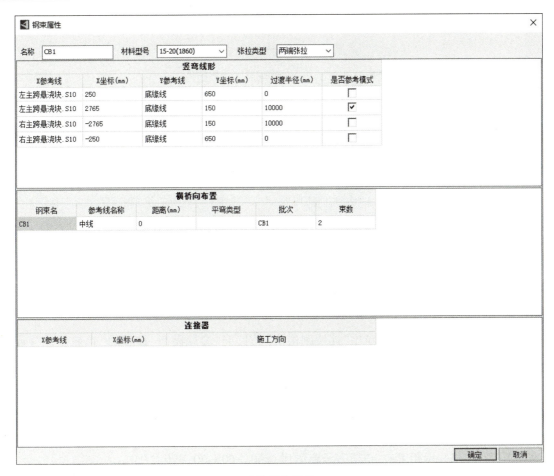

（d）CB1 钢束

图 5.147　预应力钢束属性定义

小提示

底板束一般平行于箱梁底板线，而箱梁底板是曲线，因此需要激活在底板束竖弯线形的第一个倒角坐标中的"是否参考线模式"，如图 5.147（c）、（d）所示。

④鼠标左键单击高级"块复制"或"块镜像"按钮，利用已建立的腹板束、顶板束和底板束，复制或镜像生成全桥预应力钢束。

⑤鼠标左键单击常规"竖向束"，按如下命令行提示操作，生成左边跨现浇块的竖向预应力筋。

命令：tendon. VT
请指定竖向预应力布置起点：{单击主梁左端点 L 节点}
指定首距和布置间距<100，100>：740，500
指定布置范围或［布置根数（C）］<1500>：{单击主梁左边跨现浇块 S12 施工缝节点}

⑥鼠标左键双击新建立的左边跨现浇块竖向预应力筋轮廓线，弹出"竖向预应力"对话框，对话框中"材料型号"项选择"螺纹钢筋 d＝32_fpk＝785"，"滞后张拉阶段"项输入"2"，"横向总根数"项输入"4"，"张拉类型"项选择"顶端张拉"，"距顶底缘距"项输入"60.00，60.00"，如图 5.148 所示。

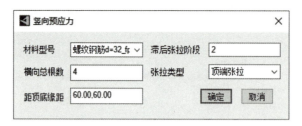

图 5.148　竖向预应力对话框

⑦按照步骤⑤和步骤⑥的方法,并根据 5.5.4 节中竖向预应力钢束纵向布置,建立主梁左边跨和左主跨的竖向预应力筋,如图 5.149 所示。

图 5.149　左边跨和左主跨竖向预应力筋布置

⑧鼠标左键单击高级"块镜像" 按钮,以主梁左边跨和左主跨的竖向预应力钢束为对象,并以主跨跨中 KZ1 节点为对称线,镜像生成右主跨和右边跨竖向预应力钢束。

5)输入普通钢筋

①鼠标左键双击项目管理树形菜单中"连续刚构桥"项目下"验算模型"模型的"钢筋设计" ,进入钢筋设计界面。

②切换到"钢筋"工具栏,鼠标左键单击常规"纵筋" ,按如下命令行提示操作,生成箱梁顶板和底板纵向筋轮廓线。

命令:steel. ZJ

指定偏移距离(正值表示距梁底、负值表示距梁顶)<60,-60>:70,-70

指定左右端距<0,0>:{单击键盘"空格"键}

③鼠标左键双击下缘纵筋轮廓线,弹出"钢筋编辑"对话框,按图 5.150 对纵筋轮廓线"钢筋编辑"对话框进行修改,并单击"确定"按钮,完成主梁下缘纵向普通钢筋布置。

名称	N1	钢种	HRB400
直径(mm)	20	并置根数	1
受力方向	My和Mz方向	是否为骨架	

圆形布置参数

| 是否圆形布置 | 按间距布置 | 布置间距(mm) | 0 |
| | | 布置根数 | 4 |

几何特征

编号	X参考线	X坐标(mm)	Y参考线	Y坐标(mm)	是否参考模式
1	左端线	0	底缘线	70	✓
2	右端线	0	底缘线	70	☐

横桥向布置

编号	参考线名称	距离(mm)
1	中线	-3505+4*115+95+100+38*150+100+95+4*115

图 5.150　下缘钢筋布置参数

④鼠标左键双击上缘纵筋轮廓线,弹出"钢筋编辑"对话框,按图 5.151 对纵筋轮廓线"钢筋编辑"对话框进行修改,并单击"确定"按钮,完成主梁上缘纵向普通钢筋布置。

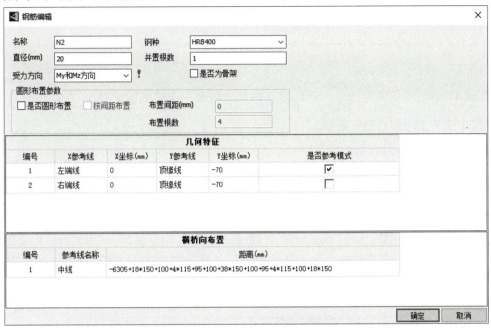

图 5.151　上缘钢筋布置参数

⑤鼠标左键单击视口"新建视口"按钮,弹出"新建视口"对话框,并在"名称"行输入"箍筋",单击"确定"按钮后,单击"重排"按钮,完成箍筋视口创建。

⑥鼠标左键单击常规"箍筋"按钮,按如下命令行提示操作,生成主梁左边跨现浇段和合龙段箍筋。

命令:steel. GJ

请指定布置起点:｛鼠标左键单击主梁左端线 L 节点｝

指定首距和布置间距<100,100>:70,150

指定布置范围或[最后一根边距控制值(D)]或[布置根数(C)]<1500>:C

输入布置根数<15>:25

命令:steel. GJ

请指定布置起点:｛鼠标左键单击新建最右端箍筋｝

指定首距和布置间距<70,150>:85,85

指定布置范围或[最后一根边距控制值(D)]或[布置根数(C)]<1500>:C

输入布置根数<15>:1

命令:steel. GJ

请指定布置起点:｛鼠标左键单击合龙段 S12 施工缝节点｝

指定首距和布置间距<85,85>:100,150

指定布置范围或[最后一根边距控制值(D)]或[布置根数(C)]<1500>:｛鼠标左键单击合龙段 S11 施工缝点｝

⑦鼠标左键分别双击步骤⑥中建立的各部分箍筋,弹出"箍筋属性"对话框,按图 5.152 修改箍筋属性,并单击

图 5.152　箍筋属性对话框

"确定"按钮,完成新建箍筋属性的修改。

⑧按照步骤⑥和步骤⑦的方法,建立主梁左边跨和左主跨箍筋,并修改箍筋属性,如图5.153所示。

图5.153　左边跨和左主跨箍筋布置

⑨鼠标左键单击高级"块镜像" 按钮,以主梁左边跨和左主跨箍筋为对象,并以主跨跨中KZ1节点为对称线,镜像生成右主跨和右边跨箍筋。

6)输入验算模型施工分析信息

根据5.3节中预应力混凝土连续刚构桥施工流程,在5.4.3节中建立的估算模型的对应施工步骤中补充腹板束、顶板束和底板束等的张拉、灌浆步骤,建立完整的预应力混凝土连续刚构桥施工过程,根据《桥规》(2018)验算该桥的截面和预应力钢束估算、布置是否合理。

①双击工作界面树形菜单栏中的"施工分析" 按钮,切换到"验算模型"的施工分析信息输入界面。

②修改中间条的"当前阶段"为"0号块1号块施工",并单击信息表下部的"钢束安装拆除"选项卡,然后双击图形编辑区腹板束(F1钢束)和顶板束(T1钢束),完成1号墩和2号墩墩顶0号块和1号块的腹板束、顶板束的张拉、灌浆操作。"钢束安装拆除"表格如图5.154所示。

当前阶段:　0号块1号块施工　▽　←　→

钢束安装拆除

编号	操作	构件名称	批次
1	张拉	梁1	F1
2	张拉	梁1	T1
3	灌浆	梁1	F1
4	灌浆	梁1	T1

施工汇总　总体信息　构件安装拆除　**钢束安装拆除**　支座　主从约束　弹性

图5.154　钢束安装拆除表格

③分别修改中间条的"当前阶段"为"2号块挂篮转移锚固"~"10号块挂篮转移锚固"、"边跨合龙"和"主跨合龙",按照步骤②的方法,完成各施工阶段对应的腹板束、顶板束和底板束的张拉、灌浆操作。

④"二期铺装"和"收缩徐变"施工阶段的施工信息同5.4.3节"定义第三十四施工阶段"和"定义第三十五施工阶段"中定义的施工信息一致,不做修改。

7)输入验算模型运营分析信息

验算模型运营分析阶段的整体升降温、梯度温度、强迫位移和移动荷载等与5.4.4节中的定义一致,不做修改。

8)执行验算模型计算

①切换到"项目"工具栏,鼠标左键单击"诊断当前" 按钮,软件将对前处理的内容进行检查。

②系统诊断无误后,鼠标左键单击"计算当前" 按钮,执行计算。

▶ 5.6.2　主梁验算结果

鼠标右键单击项目管理树形菜单中"连续刚构桥"项目下"验算模型"的"结果查询" 按钮,在弹出的下拉菜单中单击"快速查询",弹出"快速查询模板"对话框,其中的"模板文件"选择"2018公路01 全预应力混凝土梁","模板名称"输入"快速查询"(图5.155),鼠标左键单击"确定"按钮,建立主梁验算结果查询文件夹。

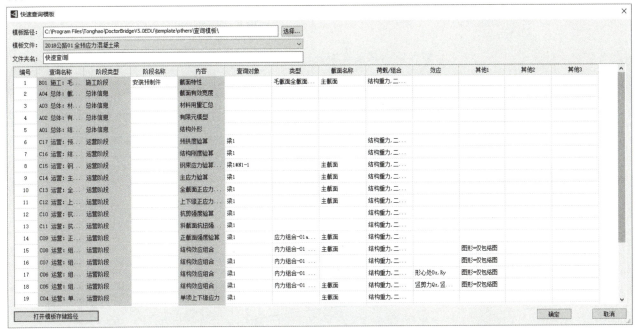

图5.155 快速查询模板

根据2.4.2节中梁验算内容和验算结果提取方法,下面将提取并列出主梁的各项验算结果,但限于篇幅,仅列出各项验算内容的验算结果包络图和相应验算结论。

1)正截面抗弯承载力验算结果

鼠标左键双击"快速查询"文件夹下的"C09运营:正截面强度验算",正截面抗弯承载能力验算结果将以图表的形式显示在图形输出区和表格输出区。其中,最大、最小弯矩设计值及对应截面承载力计算值包络图分别如图5.156和图5.157所示。

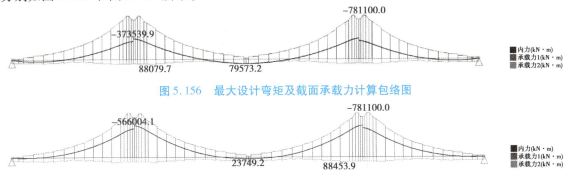

图5.156 最大设计弯矩及截面承载力计算包络图

图5.157 最小设计弯矩及截面承载力计算包络图

由图5.156和图5.157可见,主梁主跨跨中区域梁段部分截面的最大正弯矩设计值(79 573.2 kN·m)大于截面承载能力计算值(73 910.3 kN·m),不满足《桥规》(2018)的要求;主梁各截面的最小弯矩设计值均在截面承载力计算值包络范围之内,均满足《桥规》(2018)的要求。

2)斜截面抗剪承载力验算结果

鼠标左键双击"验算结果查询"文件夹下的"C10运营:抗剪强度验算",斜截面抗剪承载能力验算结果将以图表的形式显示在图形输出区和表格输出区。其中,剪力上、下限校核包络图和最大、最小剪力及对应截面承载力计算值包络图分别如图5.158—图5.161所示。

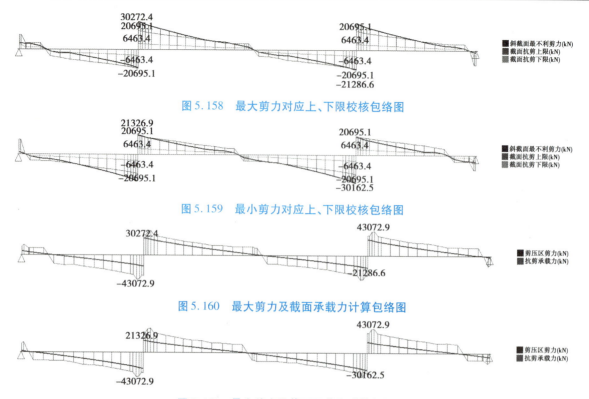

图5.158　最大剪力对应上、下限校核包络图

图5.159　最小剪力对应上、下限校核包络图

图5.160　最大剪力及截面承载力计算包络图

图5.161　最小剪力及截面承载力计算包络图

由图5.158可知,该连续刚构桥1号墩和2号墩墩顶区域截面最大剪力设计值大于截面抗剪承载力上限值,不满足《桥规》(2018)的要求,需对截面尺寸进行调整。由图5.159可知,主梁各截面剪力设计值均大于抗剪承载力下限值,满足《桥规》(2018)的要求。此外,由图5.160和图5.161可知,持久状况承载能力极限状态斜截面剪力设计值均小于截面承载力计算值,满足《桥规》(2018)的要求。

3)正截面抗裂验算结果

鼠标左键双击"验算结果查询"文件夹下的"C12运营:上下缘正应力验算",正截面混凝土法向应力验算结果将以图表的形式显示在图形输出区和表格输出区。其中,持久状况正常使用极限状态荷载频遇组合下主梁正截面混凝土法向应力包络图如图5.162所示。

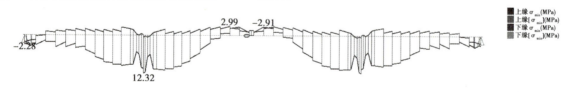

图5.162　截面混凝土法向应力包络图

由图5.162可知,主梁左、右边跨支点区域截面和1号墩、2号墩墩顶区域截面上缘出现拉应力,此外主跨跨中区域截面下缘也出现拉应力,这些区域持久状况正常使用极限状态主梁混凝土正截面抗裂验算均不满足《桥规》(2018)的要求。

4)斜截面抗裂验算结果

鼠标左键双击"验算结果查询"文件夹下的"C14运营:主应力验算",斜截面混凝土主应力验算结果将以图表的形式显示在图形输出区和表格输出区。其中,持久状况正常使用极限状态荷载频遇组合下主梁斜截面混凝土主拉应力验算结果如图5.163所示。

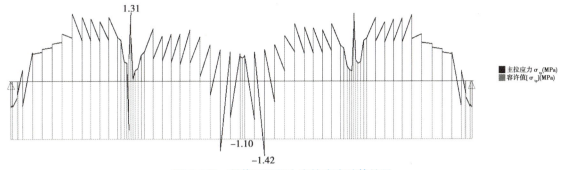

图 5.163　斜截面混凝土主拉应力验算结果

由图 5.163 可知,主梁最大主拉应力出现在主跨跨中区域,为−1.42 MPa,大于现浇全预应力混凝土主拉应力限值(−1.10 MPa),其他区域截面的主拉应力值均小于现浇全预应力混凝土主拉应力限值,满足《桥规》(2018)持久状况正常使用极限状态混凝土斜截面抗裂验算要求。

5)挠度验算

鼠标左键双击"验算结果查询"文件夹下的"C16 运营:结构刚度验算",挠度计算结果将以图表的形式显示在图形输出区和表格输出区。其中,持久状况正常使用极限状态中梁节点挠度计算结果如图 5.164 所示。

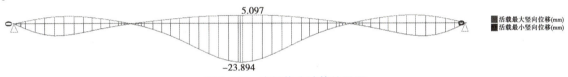

图 5.164　主梁挠度计算结果图

由图 5.164 可知,主梁的最大挠度出现在主跨跨中截面,为 23.894 mm,小于挠度限值 100 000/600 = 166.67 mm,主梁挠度验算满足《桥规》(2018)的要求。

6)正截面法向压应力验算

鼠标左键双击"验算结果查询"文件夹下的"C12 运营:上下缘正应力验算",正截面混凝土法向应力验算结果将以图表的形式显示在图形输出区和表格输出区。其中,使用阶段作用标准值组合下主梁正截面混凝土法向压应力包络图如图 5.165 所示。

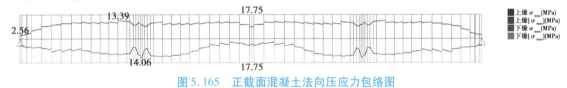

图 5.165　正截面混凝土法向压应力包络图

由图 5.165 可知,主梁截面上缘法向压应力最大值为 13.39 MPa、下缘法向压应力最大值为 14.06 MPa,均小于法向压应力限值 17.75 MPa。因此,使用阶段作用标准值组合下主梁正截面混凝土法向压应力均满足《桥规》(2018)的要求。

7)斜截面主压应力验算

鼠标左键双击"验算结果查询"文件夹下的"C14 运营:主应力验算",斜截面混凝土主应力验算结果将以图表的形式显示在图形输出区和表格输出区。其中,使用阶段作用标准值组合下主梁斜截面混凝土主压应力验算结果如图 5.166 所示。

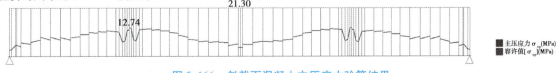

图 5.166　斜截面混凝土主压应力验算结果

由图 5.166 可知,使用阶段作用标准值组合下主梁斜截面混凝土主压应力最大值为 12.74 MPa,小于主压应力限值 21.30 MPa。因此,使用阶段作用标准值组合下主梁斜截面混凝土主压应力均满足《桥规》(2018)的要求。

8)预应力钢束最大拉应力验算

鼠标左键双击"验算结果查询"文件夹下的"C15 运营:钢束应力验算",钢束最大拉验算结果将以表格的形式显示在表格输出区。使用阶段主梁各根预应力钢束最大拉应力验算结果见表 5.4。

表 5.4 使用阶段预应力钢束最大拉应力验算

序号	钢束名称	最值应力/MPa	应力容许值/MPa	是否通过	序号	钢束名称	最值应力/MPa	应力容许值/MPa	是否通过
1	CB1	−1 074.14	−1 209	是	24	SB2_MI1−1	−1 161.26	−1 209	是
2	CB2	−1 157.25	−1 209	是	25	SB3	−1 166.57	−1 209	是
3	CB3	−1 197.56	−1 209	是	26	SB3_MI1−1	−1 166.17	−1 209	是
4	CB4	−1 213.64	−1 209	否	27	T1	−1 142.06	−1 209	是
5	F1	−1 159.64	−1 209	是	28	T10	−1 190.23	−1 209	是
6	F1_CO1	−1 159.34	−1 209	是	29	T10_CO1−1	−1 191.60	−1 209	是
7	F2	−1 181.12	−1 209	是	30	T1_CO1	−1 141.33	−1 209	是
8	F2_CO1−1	−1 180.75	−1 209	是	31	T2	−1 178.19	−1 209	是
9	F3	−1 197.50	−1 209	是	32	T2_CO1−1	−1 177.43	−1 209	是
10	F3_CO1−1	−1 197.06	−1 209	是	33	T3	−1 201.54	−1 209	是
11	F4	−1 203.35	−1 209	是	34	T3_CO1−1	−1 200.81	−1 209	是
12	F4_CO1−1	−1 202.88	−1 209	是	35	T4	−1 221.08	−1 209	否
13	F5	−1 205.77	−1 209	是	36	T4_CO1−1	−1 220.36	−1 209	否
14	F5_CO1−1	−1 205.24	−1 209	是	37	T5	−1 230.99	−1 209	否
15	F6	−1 201.67	−1 209	是	38	T5_CO1−1	−1 230.30	−1 209	否
16	F6_CO1−1	−1 201.07	−1 209	是	39	T6	−1 196.93	−1 209	是
17	F7	−1 192.98	−1 209	是	40	T6_CO1−1	−1 196.24	−1 209	是
18	F7_CO1−1	−1 192.32	−1 209	是	41	T7	−1 192.98	−1 209	是
19	F8	−1 182.03	−1 209	是	42	T7_CO1−1	−1 192.35	−1 209	是
20	F8_CO1−1	−1 181.34	−1 209	是	43	T8	−1 197.28	−1 209	是
21	SB1	−1 115.15	−1 209	是	44	T8_CO1−1	−1 196.60	−1 209	是
22	SB1_MI1−1	−1 114.59	−1 209	是	45	T9	−1 192.74	−1 209	是
23	SB2	−1 161.48	−1 209	是	46	T9_CO1−1	−1 191.99	−1 209	是

由表 5.4 可知,主梁配置的预应力钢束中,主跨合龙块底板束 CB4 钢束拉应力最大值为 1 213.64 MPa,大于预应力钢束最大拉应力限值(1 209 MPa);此外,顶板束 T4 钢束、T5 钢束、T4_CO1−1 钢束和 T5_CO1−1钢束的最大拉应力值均大于预应力钢束的最大拉应力限值。除上述预应力钢束外,其他预应力钢束最大拉应力均满足《桥规》(2018)的要求。

9) 短暂状况正截面法向应力验算

鼠标左键双击"验算结果查询"文件夹下的"B10 施工:上下缘正应力验算",施工阶段正截面混凝土法向应力验算结果将以图表的形式显示在图形输出区和表格输出区。由于本桥施工阶段划分较多,限于篇幅,仅列出边跨压重施加、边跨合龙、主跨压重施加、主跨合龙、二期恒载和收缩徐变等桥梁施工过程中最不利的 6 个施工阶段主梁正截面短暂状况法向应力验算结果包络图,如图 5.167—图 5.172 所示。

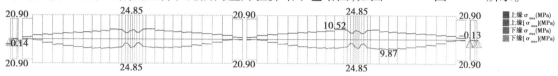

（a）上、下缘法向应力最大值

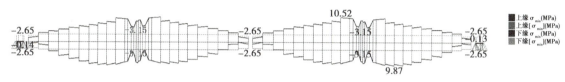

（b）上、下缘法向应力最小值

图 5.167　边跨压重施加施工阶段正截面混凝土法向应力验算

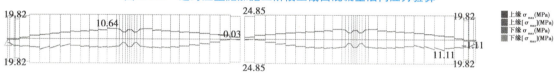

（a）上、下缘法向应力最大值

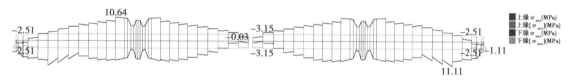

（b）上、下缘法向应力最小值

图 5.168　边跨合龙施工阶段正截面混凝土法向应力验算

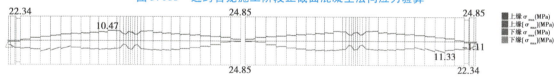

（a）上、下缘法向应力最大值

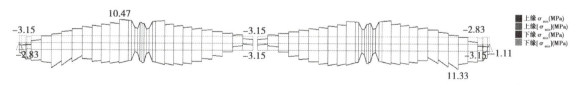

（b）上、下缘法向应力最小值

图 5.169　主跨压重施加施工阶段正截面混凝土法向应力验算

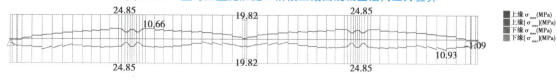

（a）上、下缘法向应力最大值

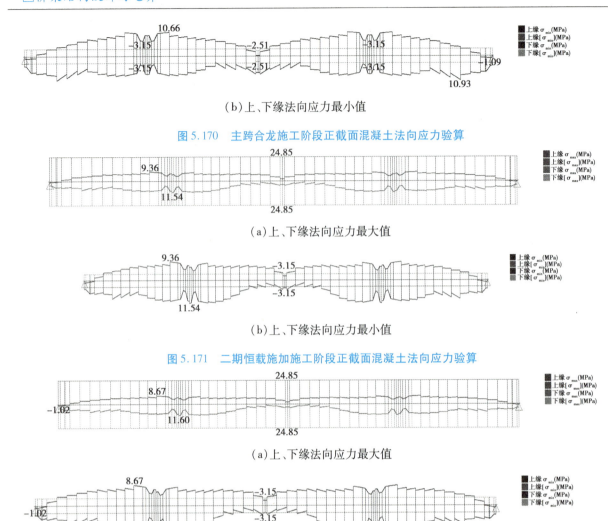

（b）上、下缘法向应力最小值

图 5.170　主跨合龙施工阶段正截面混凝土法向应力验算

（a）上、下缘法向应力最大值

（b）上、下缘法向应力最小值

图 5.171　二期恒载施加施工阶段正截面混凝土法向应力验算

（a）上、下缘法向应力最大值

（b）上、下缘法向应力最小值

图 5.172　收缩徐变施工阶段正截面混凝土法向应力验算

由图 5.167—图 5.172 可知,主梁施工过程中最不利的边跨压重施加、边跨合龙、主跨压重施加、主跨合龙、二期恒载和收缩徐变等 6 个施工阶段,主梁各截面上、下缘混凝土正截面法向应力均在混凝土法向压应力和拉应力限值范围之内。因此,短暂状况主梁正截面混凝土法向应力满足《桥规》(2018)的要求。

5.7　设计方案调整及重新验算

▶ 5.7.1　设计方案调整

由 5.6 节验算结果可知,本章预应力混凝土连续刚构桥方案的主跨跨中区域抗弯载能力不满足要求,1号墩和 2 号墩墩顶区域主梁截面尺寸不满足抗剪要求,主梁左、右边跨支点区域截面和 1 号墩、2 号墩墩顶区域截面上缘拉应力超标、主跨跨中区域截面下缘拉应力超标,主跨跨中区域主拉应力超过《桥规》(2018)中全预应力混凝土主拉应力限值。此外,主跨合龙块底板束 CB4 钢束、顶板束 T4 钢束、T5 钢束、T4_CO1-1 钢束和 T5_CO1-1 钢束的拉应力限值超过《桥规》(2018)预应力钢束最大拉应力限值。根据上述验算结果,可从主梁截面尺寸和预应力束布置两个方面对预应力混凝土连续刚构桥的设计方案进行调整,但是主梁截面尺寸和预应力钢束布置调整会相互影响,需要进行多次不断调整,以得到最终满足规范设计要求的桥梁方案。限于篇幅,仅列出主梁截面尺寸和预应力钢束布置的最终方案,具体如下:

1)主梁截面尺寸调整

根据 2.5.2 节主梁斜截面抗剪截面尺寸限制条件计算公式(2.29)可知,可通过增大箱梁腹板宽度和斜截面所在范围内截面有效高度值,增加截面尺寸上限值,使主梁截面尺寸满足抗剪要求。并且,0 号块底板、腹板、顶板厚度可较 1 号块或 2 号梁段底板、腹板、顶板厚度适当增加。但是,增大箱梁腹板宽度和截面高度,增加了主梁自重,会使得主梁承受的剪力增大。因此,通过不断试算最终确定了主梁截面尺寸,将墩顶截面高度增大至 6.5 m,墩顶截面底板厚度调整为 1.0 m;箱梁腹板厚度 0 号块 ~ 5 号块梁段腹板厚度调整为 1.0 m,6 号块 ~ 8 号块梁段腹板厚度采用斜直线由 1.0 m 渐变至 0.5 m,其余梁段腹板厚度调整为 0.5 m。最终预应力混凝土连续刚构桥设计方案的主梁一般构造图如图 5.173 所示。

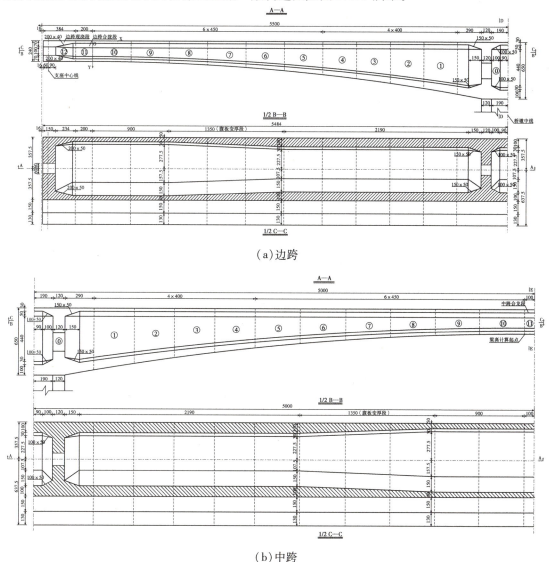

(a)边跨

(b)中跨

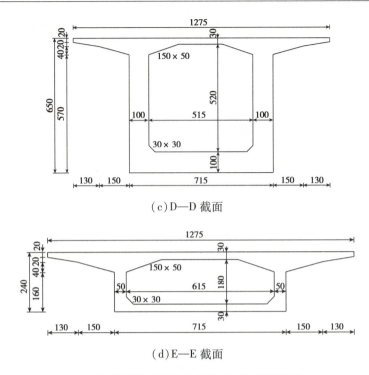

（c）D—D 截面

（d）E—E 截面

图 5.173　桥梁最终设计方案主梁一般构造图（单位：cm）

2）预应力钢束布置调整

根据桥梁验算结果，增设了主跨跨中合龙段底板束 CB5 钢束，提高主跨跨中区域的抗弯承载能力，并使主跨跨中区域底板不出现拉应力；边跨顶板增设了顶板预应力束 ST1 钢束、ST2 钢束和 ST3 钢束，同时去除了边跨底板预应力束 SB3 钢束，以消除边跨支点区域截面上缘拉应力，并对 SB1 钢束和 SB2 钢束的线形进行调整；将顶板束 T4 钢束和 T5 钢束与箱梁顶板上缘之间的竖向距离由 0.38 m 调整为 0.18 m。同时，将预应力钢束由 20 根钢绞线调整为 22 根钢绞线组成 1 束。但是，调束过程中发现，主跨跨中合龙段增设底板束 CB5 钢束后，主跨跨中合龙段区域截面上缘出现拉应力，因此在主跨跨中合龙段增设了 2 束顶板预应力钢束 CT1 钢束，以消除截面上缘拉应力。调整后最终的主梁顶板预应力束和底板预应力束的立面布置如图 5.174 和图 5.175 所示（腹板束未做调整，因此腹板预应力钢束的竖弯线形仍按图 5.135 布置）。最终的预应力钢束横截面布置如图 5.176 所示。主跨合龙段底板束、主跨合龙段顶板束、边跨合龙段顶板束和边跨合龙段底板束的几何参数如图 5.177—图 5.180 所示。

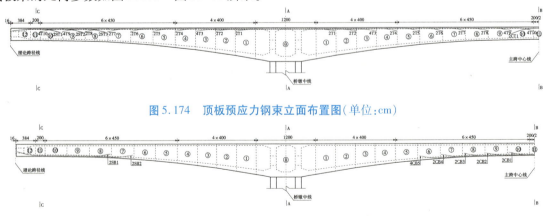

图 5.174　顶板预应力钢束立面布置图（单位：cm）

图 5.175　底板预应力钢束立面布置图（单位：cm）

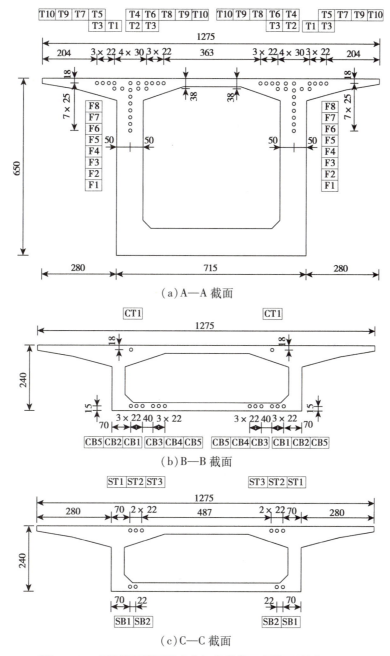

（a）A—A 截面

（b）B—B 截面

（c）C—C 截面

图 5.176　主梁控制截面预应力钢束横截面布置图（单位：cm）

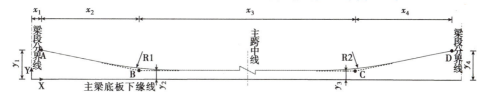

钢束编号	X参数				Y参数				半径	
	x_1	x_2	x_3	x_4	y_1	y_2	y_3	y_4	R1	R2
CB1	25.0	251.5	547	251.5	65.0	15.0	15.0	65.0	1000	1000
CB2	25.0	230.4	1489.2	230.4	65.0	15.0	15.0	65.0	1000	1000
CB3	25.0	259.7	2330.6	259.7	75.0	15.0	15.0	75.0	1000	1000
CB4	25.0	263.0	3224.0	263.0	80.0	15.0	15.0	80.0	1000	1000
CB5	25.0	265.9	4118.2	265.9	85.0	15.0	15.0	85.0	1000	1000

图 5.177　主跨合龙段底板束竖弯曲线大样图（单位：cm）

钢束编号	X坐标				Y坐标				半径	
	x_1	x_2	x_3	x_4	y_1	y_2	y_3	y_4	R1	R2
CT1	20.0	268.7	522.6	268.7	110.0	18.0	18.0	110.0	1000	1000

图5.178 主跨合龙段顶板束竖弯曲线大样图(单位:cm)

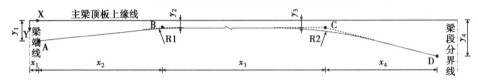

钢束编号	X坐标				Y坐标				半径	
	x_1	x_2	x_3	x_4	y_1	y_2	y_3	y_4	R1	R2
ST1	20.0	304.0	391.3	268.7	48.0	18.0	18.0	85.0	1000	1000
ST2	20.0	304.0	841.3	268.7	48.0	18.0	18.0	85.0	1000	1000
ST3	20.0	304.0	1291.3	268.7	48.0	18.0	18.0	85.0	1000	1000

图5.179 边跨合龙段顶板束竖弯曲线大样图(单位:cm)

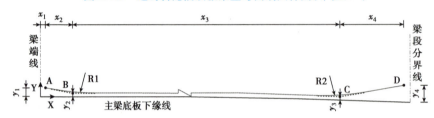

钢束编号	X坐标				Y坐标				半径	
	x_1	x_2	x_3	x_4	y_1	y_2	y_3	y_4	R1	R2
SB1	20.0	230.0	1403.6	255.4	92.0	15.0	15.0	65.0	1000	1000
SB2	20.0	230.0	1824.3	284.7	92.0	15.0	15.0	75.0	1000	1000

图5.180 边跨合龙段底板束竖弯曲线大样图(单位:cm)

　　除对纵向预应力束进行调整外,还将0号梁段每侧腹板布置的竖向预应力筋由2排增加至3排,但是竖向预应力筋的纵向布置间距不变。调整后箱梁竖向预应力筋的横向布置如图5.181所示。

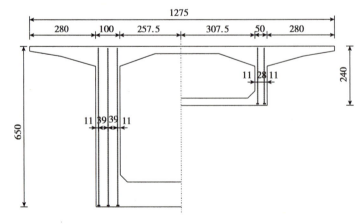

图5.181 箱梁竖向预应力筋横向布置图(单位:cm)

▶ 5.7.2　建立验算模型_调束模型

　　以5.6节建立的预应力混凝土连续刚构桥验算模型为基础,按照5.7.1节中的图5.173—图5.181调整验算模型的截面尺寸和预应力钢束布置,建立验算模型_调束模型,并进行计算分析,确定调整后预应力混凝土连续刚构桥是否符合《桥规》(2018)中的相关要求,确定桥梁最终设计方案。本预应力混凝土连续刚构桥方案的验算模型_调束模型建立流程如下:

①鼠标右键单击项目管理树形菜单中"连续刚构桥"项目,在弹出的下拉菜单中单击"副本",弹出"输入新的模型名称"对话框,输入"验算模型_调束"(图5.182),并单击"确认"按钮,建立验算模型_调束模型。

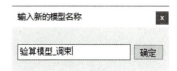

图 5.182　输入新的模型名称对话框

②双击工作界面树形菜单栏中的"结构建模"，进入结构建模界面,然后单击界面右侧的"截面"标签页,进入截面定义工作界面。

③鼠标左键单击工作界面中间条"[2]主梁变截面",切换到主梁变截面定义工作界面。

④按住 Ctrl 键并双击图形区的变量参数 H1,进入参数编辑器窗口,并双击图形中的线条,弹出"截面参数 H1 定义"表格,按照图 5.183 修改控制点 X 和 Y 的参数值,并选择相应的曲线类型,再单击"确定"按钮,完成变量参数 H1 定义。采用上述方法,按照图 5.184—图 5.186 修改变量参数 H2、T、B 的控制点 X 和 Y 的参数值,其余截面变量参数控制点 X 和 Y 参数值不做修改,完成各变量参数的定义。

编号	控制点X(m)	控制点Y(mm)	特征点名称	曲线类型	曲线参数值
1	0	2400		直线	
2	7.84	2400		直线	
3	51.74	6500		抛物线	0,2
4	54.84	6500		直线	

图 5.183　截面参数 H1 定义窗口

编号	控制点X(m)	控制点Y(mm)	特征点名称	曲线类型	曲线参数值
1	0	1700		直线	
2	1.5	1700		直线	
3	3.5	2100		直线	
4	5.84	2100		直线	
5	50.24	5282		抛物线	0,2
6	51.74	4782		直线	
7	52.94	5000		直线	
8	53.94	5500		直线	
9	54.84	5500		直线	

图 5.184　截面参数 H2 定义窗口

编号	控制点X(m)	控制点Y(mm)	特征点名称	曲线类型	曲线参数值
1	0	700		直线	
2	1.5	700		直线	
3	3.5	300		直线	
4	50.24	300		直线	
5	51.74	800		直线	
6	52.94	800		直线	
7	53.94	300		直线	
8	54.84	300		直线	

图 5.185　截面参数 T 定义窗口

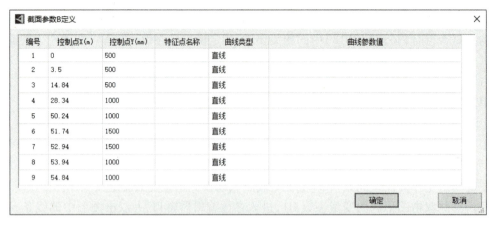

图 5.186　截面参数 B 定义窗口

⑤鼠标左键双击项目管理树形菜单中"连续刚构桥"项目下"验算模型_调束"的"钢束设计"  ，进入钢束设计界面。

⑥切换到"钢束"工具栏，鼠标左键单击常规"建钢束" 命令，采用2.5.1节中的预应力钢束建立方法按照图5.187的钢束属性，建立新增设的 CB5 钢束、CT1 钢束、ST1 钢束、ST2 钢束和 ST3 钢束，并调整 T4 钢束和 T5 钢束的位置。

（a）CB5 钢束

（b）ST1 钢束

（c）ST2 钢束

钢束属性 ✕

名称 ST3   材料型号 15-22(1860) ▽   张拉类型 两端张拉 ▽

竖弯线形

X参考线	X坐标(mm)	Y参考线	Y坐标(mm)	过渡半径(mm)	是否参考模式
左端线	200	顶缘线	-480	0	☐
左端线	3240	顶缘线	-180	10000	☑
S8	-3187	顶缘线	-180	10000	☐
S8	-500	顶缘线	-650	0	☐

横桥向布置

钢束名	参考线名称	距离(mm)	平弯类型	批次	束数
ST3	中线	0		ST3	2

连接器

X参考线	X坐标(mm)		施工方向

确定   取消

(d)ST3 钢束

钢束属性 ✕

名称 T4   材料型号 15-22(1860) ▽   张拉类型 两端张拉 ▽

竖弯线形

X参考线	X坐标(mm)	Y参考线	Y坐标(mm)	过渡半径(mm)	是否参考模式
S5	-0	顶缘线	-647	0	☐
S5	2401	顶缘线	-180	10000	☑
左主跨悬浇块.S5	-2401	顶缘线	-180	10000	☐
左主跨悬浇块.S5	-0	顶缘线	-647	0	☐

横桥向布置

钢束名	参考线名称	距离(mm)	平弯类型	批次	束数
T4	中线	0		T4	2

连接器

X参考线	X坐标(mm)		施工方向

确定   取消

(e)T4 钢束

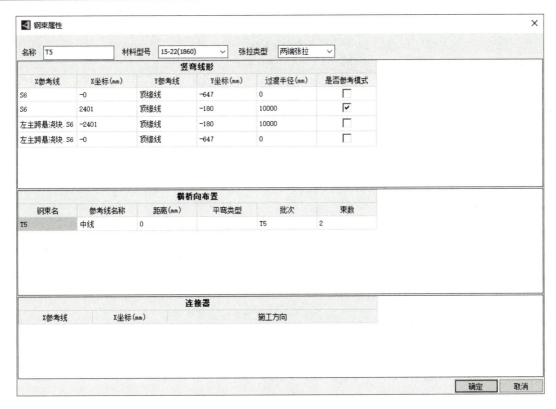

（f）T5 钢束

图 5.187　预应力钢束属性定义

⑦鼠标左键单击选择 SB3 钢束，按下 Del 键删除 SB3 钢束，然后再单击高级"块镜像" 命令，将新建立的左边跨合龙段顶板束 ST1 钢束、ST2 钢束和 ST3 钢束镜像生成右边跨合龙段顶板束。

⑧鼠标左键双击 0 号梁段竖向预应力筋轮廓线，弹出"竖向预应力"对话框，将对话框中"横向总根数"项修改为"6"，如图 5.188 所示。

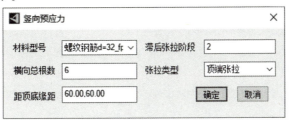

图 5.188　竖向预应力对话框

⑨双击工作界面树形菜单栏中的"施工分析" ，切换到"验算模型_调束"的施工分析信息输入界面。

⑩依次将中间条的"当前阶段"修改为"边跨合龙""主跨合龙"，按照 5.6.1 节中步骤②的方法完成左边跨和右边跨合龙段顶板束 ST1 钢束、ST2 钢束、ST3 钢束和主跨合龙段底板束 CB5 钢束和顶板束 CT1 钢束的张拉、灌浆操作，并删除"边跨合龙"施工阶段的边跨合龙段底板束 SB3 钢束的张拉、灌浆操作，分别如图 5.189 和图 5.190 所示。

⑪验算模型_调束模型运营分析阶段的整体升降温、梯度温度、强迫位移和移动荷载等与 5.4.4 节中的定义一致，不做修改。

		钢束安装拆除		
编号	操作	构件名称		批次
1	张拉	梁1		SB1
2	张拉	梁1		SB2
3	张拉	梁1		ST2
4	张拉	梁1		ST3
5	张拉	梁1		ST1
6	灌浆	梁1		SB1
7	灌浆	梁1		SB2
8	灌浆	梁1		ST2
9	灌浆	梁1		ST3
10	灌浆	梁1		ST1

当前阶段：边跨合龙

施工汇总　总体信息　构件安装拆除　**钢束安装拆除**　支座　主从约束　弹性

图5.189　边跨合龙施工阶段钢束安装拆除表格

		钢束安装拆除		
编号	操作	构件名称		批次
1	张拉	梁1		CB1
2	张拉	梁1		CB2
3	张拉	梁1		CB3
4	张拉	梁1		CB4
5	张拉	梁1		CT1
6	张拉	梁1		CB5
7	灌浆	梁1		CB1
8	灌浆	梁1		CB2
9	灌浆	梁1		CB3
10	灌浆	梁1		CB4
11	灌浆	梁1		CT1
12	灌浆	梁1		CB5

当前阶段：主跨合龙

施工汇总　总体信息　构件安装拆除　**钢束安装拆除**　支座　主从约束　弹性

图5.190　主跨合龙施工阶段钢束安装拆除表格

▶ 5.7.3　执行验算模型_调束模型计算

①切换到"项目"工具栏，鼠标左键单击"诊断当前"按钮，软件将对前处理的内容进行检查。

②系统诊断无误后，鼠标左键单击"计算当前"▶按钮，执行计算。

▶ 5.7.4　验算结果查询

1）正截面抗弯承载力验算结果

鼠标左键双击"验算模型_调束"模型"结果查询"中"快速查询"文件夹下的"C09运营：正截面强度验算"，正截面抗弯承载能力验算结果将以图表的形式显示在图形输出区和表格输出区。其中，最大、最小弯矩设计值及对应截面承载力计算值包络图分别如图5.191和图5.192所示。

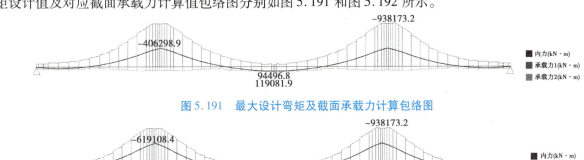

图5.191 最大设计弯矩及截面承载力计算包络图

图5.192 最小设计弯矩及截面承载力计算包络图

由图5.191和图5.192可见,持久状况承载能力极限状态主梁正截面最大正弯矩设计值出现在主跨跨中截面,为94 496.8 kN·m,小于相应截面的承载力计算值(119 081.9 kN·m);主梁弯矩最小设计值出现在主墩墩顶截面,为-619 108.4 kN·m,小于相应截面的承载力计算值(-923 722.6 kN·m)。并且,主梁各截面的最大、最小弯矩设计值均在截面承载力计算值包络范围之内。因此,预应力混凝土连续刚构桥最终设计方案的主梁正截面抗弯承载力满足《桥规》(2018)的要求。

2)斜截面抗剪承载力验算结果

鼠标左键双击"C10运营:抗剪强度验算",斜截面抗剪承载能力验算结果将以图表的形式显示在图形输出区和表格输出区。其中,上、下限校核包络图和最大、最小剪力及对应截面承载力计算值包络图分别如图5.193—图5.196所示。

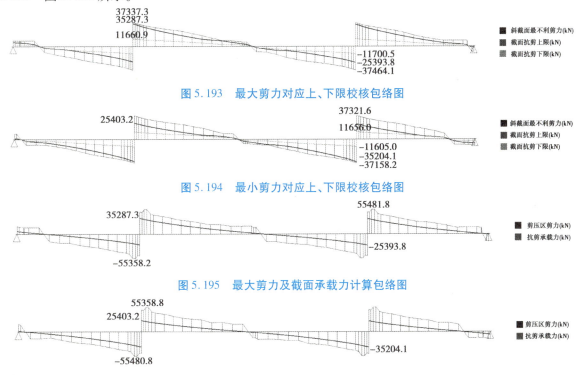

图5.193 最大剪力对应上、下限校核包络图

图5.194 最小剪力对应上、下限校核包络图

图5.195 最大剪力及截面承载力计算包络图

图5.196 最小剪力及截面承载力计算包络图

由图5.193和图5.194可知,斜截面最不利剪力设计值均小于截面抗剪上限,因此调整后主梁截面尺寸满足抗剪要求,但是部分截面的最不利剪力设计值小于截面抗剪下限值,需进行斜截面抗剪承载力验算。由图5.195和图5.196可知,主梁各截面的最大、最小剪力设计值均小于截面承载力计算值,满足斜截面抗剪承载力要求。因此,预应力混凝土连续刚构桥最终设计方案的主梁持久状况承载能力极限状态斜截面抗

剪承载力满足《桥规》(2018)的要求。

3)正截面抗裂验算结果

鼠标左键双击"C12 运营:上下缘正应力验算",正截面混凝土法向应力验算结果将以图表的形式显示在图形输出区和表格输出区。其中,持久状况正常使用极限状态荷载频遇组合下主梁正截面混凝土法向应力包络图如图 5.197 所示。

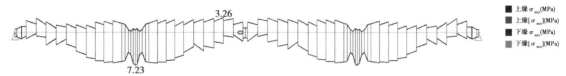

图 5.197　截面混凝土法向应力包络图

由图 5.197 可知,主梁各截面上缘和下缘均未出现拉应力,持久状况正常使用极限状态主梁混凝土正截面抗裂验算满足《桥规》(2018)的要求。

4)斜截面抗裂验算结果

鼠标左键双击"C14 运营:主应力验算",斜截面混凝土主应力验算结果将以图表的形式显示在图形输出区和表格输出区。其中,持久状况正常使用极限状态荷载频遇组合下主梁斜截面混凝土主拉应力验算结果如图 5.198 所示。

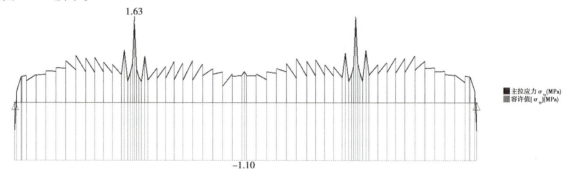

图 5.198　斜截面混凝土主拉应力验算结果

由图 5.198 可知,主梁部分截面出现主拉应力,但是均小于现浇全预应力混凝土主拉应力限值(-1.10 MPa),因此预应力混凝土连续刚构桥最终设计方案的主梁满足《桥规》(2018)持久状况正常使用极限状态混凝土斜截面抗裂验算要求。

5)挠度验算

鼠标左键双击"C16 运营:结构刚度验算",挠度计算结果将以图表的形式显示在图形输出区和表格输出区。其中,持久状况正常使用极限状态中梁节点挠度计算结果包络图如图 5.199 所示。

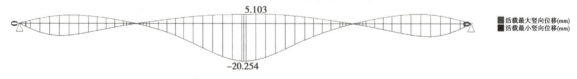

图 5.199　主梁挠度计算结果图

由图 5.199 可知,主梁最大挠度出现在主跨跨中截面,为 20.254 mm,小于挠度限值 100 000/600 = 166.67 mm,预应力混凝土连续刚构桥最终设计方案的主梁挠度验算满足《桥规》(2018)的要求。

6)预拱度设置

鼠标左键双击"C17 运营:预拱度计算",预拱度计算结果将以图表的形式显示在图形输出区和表格输出区。主梁各节点预拱度值计算结果如图 5.200 所示。

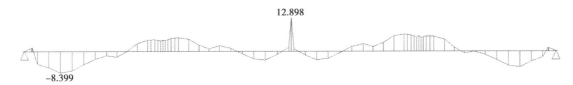

图 5.200　预拱度计算结果

由图 5.200 可见,左、右边跨除支座附近梁段有较小的正值预拱度值(最大值仅为 1.4 mm)外,其他梁段预拱度值均小于 0 mm,最大值达 -8.399 mm,左、右边跨可不设置预拱度;主跨跨中截面预拱度值大于 0 mm,且最大值为 12.898 mm,因此主跨应设置最大值为 12.898 mm 的预拱度,并将墩顶截面与主跨跨中截面一起拟合形成连续光滑的预拱度曲线。

7) 正截面法向压应力验算

鼠标左键双击"C12 运营:上下缘正应力验算",正截面混凝土法向应力验算结果将以图表的形式显示在图形输出区和表格输出区。其中,使用阶段作用标准值组合下主梁正截面混凝土法向压应力包络图如图 5.201 所示。

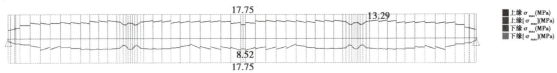

图 5.201　正截面混凝土法向压应力包络图

由图 5.201 可知,主梁截面上缘法向压应力最大值为 13.29 MPa、下缘法向压应力最大值为 8.52 MPa,均小于法向压应力限值(17.75 MPa)。因此,使用阶段作用标准值组合下主梁正截面混凝土法向压应力均满足《桥规》(2018)的要求。

8) 斜截面主压应力验算

鼠标左键双击"C14 运营:主应力验算",斜截面混凝土主应力验算结果将以图表的形式显示在图形输出区和表格输出区。其中,使用阶段作用标准值组合下主梁斜截面混凝土主压应力验算结果如图 5.202 所示。

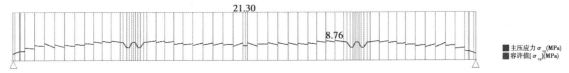

图 5.202　斜截面混凝土主压应力验算结果

由图 5.202 可知,使用阶段作用标准值组合下主梁斜截面混凝土主压应力最大值为 8.76 MPa,小于主压应力限值(21.30 MPa)。因此,使用阶段作用标准值组合下主梁斜截面混凝土主压应力均满足《桥规》(2018)的要求。

9) 预应力钢束最大拉应力验算

鼠标左键双击"C15 运营:钢束应力验算",钢束最大拉应力验算结果将以表格的形式显示在表格输出区。使用阶段主梁各根预应力钢束最大拉应力验算结果如表 5.5 所示。

表5.5　使用阶段预应力钢束最大拉应力验算

序号	钢束名称	最值应力/MPa	应力容许值/MPa	是否通过	序号	钢束名称	最值应力/MPa	应力容许值/MPa	是否通过
1	CB1	−1 029.36	−1 209.00	是	27	ST1_MI1−1	−1 059.67	−1 209.00	是
2	CB2	−1 108.66	−1 209.00	是	28	ST2	−1 104.99	−1 209.00	是
3	CB3	−1 150.04	−1 209.00	是	29	ST2_MI1	−1 105.26	−1 209.00	是
4	CB4	−1 168.41	−1 209.00	是	30	ST3	−1 149.26	−1 209.00	是
5	CB5	−1 182.42	−1 209.00	是	31	ST3_MI1	−1 149.56	−1 209.00	是
6	F1	−1 167.96	−1 209.00	是	32	T1	−1 139.56	−1 209.00	是
7	F1_CO1−1	−1 167.77	−1 209.00	是	33	T10	−1 201.23	−1 209.00	是
8	F2	−1 184.13	−1 209.00	是	34	T10_CO1	−1 201.86	−1 209.00	是
9	F2_CO1	−1 183.91	−1 209.00	是	35	T1_CO1	−1 139.19	−1 209.00	是
10	F3	−1 197.65	−1 209.00	是	36	T2	−1 175.08	−1 209.00	是
11	F3_CO1	−1 197.40	−1 209.00	是	37	T2_CO1	−1 174.72	−1 209.00	是
12	F4	−1 203.96	−1 209.00	是	38	T3	−1 198.41	−1 209.00	是
13	F4_CO1	−1 203.69	−1 209.00	是	39	T3_CO1−1	−1 198.04	−1 209.00	是
14	F5	−1 204.47	−1 209.00	是	40	T4	−1 202.22	−1 209.00	是
15	F5_CO1	−1 204.18	−1 209.00	是	41	T4_CO1	−1 202.34	−1 209.00	是
16	F6	−1 199.55	−1 209.00	是	42	T5	−1 206.94	−1 209.00	是
17	F6_CO1	−1 199.23	−1 209.00	是	43	T5_CO1−1	−1 207.06	−1 209.00	是
18	F7	−1 189.42	−1 209.00	是	44	T6	−1 193.48	−1 209.00	是
19	F7_CO1	−1 189.08	−1 209.00	是	45	T6_CO1−1	−1 193.60	−1 209.00	是
20	F8	−1 184.46	−1 209.00	是	46	T7	−1 189.40	−1 209.00	是
21	F8_CO1	−1 185.09	−1 209.00	是	47	T7_CO1	−1 189.52	−1 209.00	是
22	SB1	−1 151.44	−1 209.00	是	48	T8	−1 196.80	−1 209.00	是
23	SB1_MI1−1	−1 151.96	−1 209.00	是	49	T8_CO1	−1 197.33	−1 209.00	是
24	SB2	−1 169.02	−1 209.00	是	50	T9	−1 199.46	−1 209.00	是
25	SB2_MI1	−1 170.06	−1 209.00	是	51	T9_CO1	−1 200.04	−1 209.00	是
26	ST1	−1 059.59	−1 209.00	是	52	CT1	−1 064.17	−1 209.00	是

由表5.5可知,预应力混凝土连续刚构桥最终设计方案的主梁布置的各预应力钢束中最大拉应力值均小于预应力钢束最大拉应力限值(1 209 MPa),预应力钢束最大拉应力均满足《桥规》(2018)的要求。

10)短暂状况正截面法向应力验算

鼠标左键双击"B10 施工:上下缘正应力验算",施工阶段正截面混凝土法向应力验算结果将以图表的形式显示在图形输出区和表格输出区。由于本桥施工阶段划分较多,限于篇幅,仅列出边跨压重施加、边跨合龙、主跨压重施加、主跨合龙、二期恒载和收缩徐变等桥梁施工过程中最不利的6个施工阶段主梁正截面短暂状况法向应力验算结果,分别如图5.203—图5.208所示。

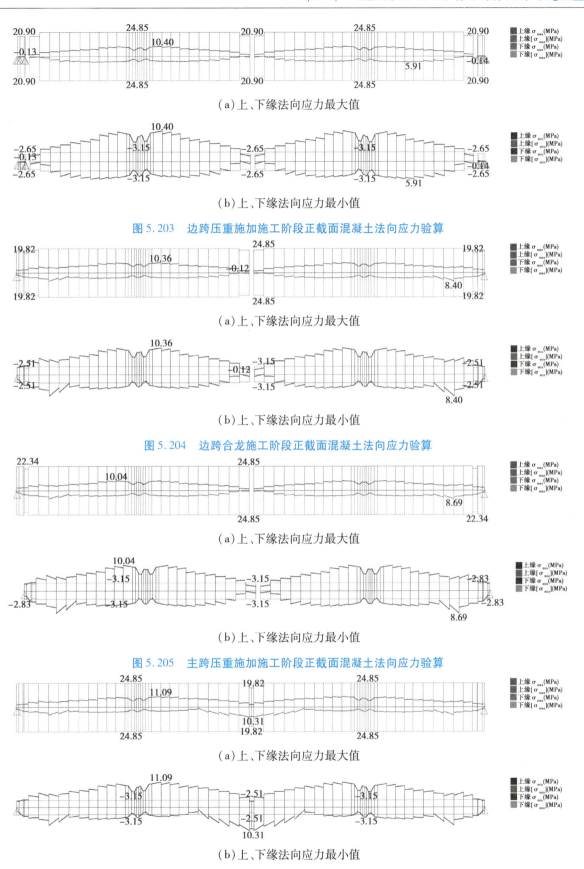

（a）上、下缘法向应力最大值

（b）上、下缘法向应力最小值

图 5.203　边跨压重施加施工阶段正截面混凝土法向应力验算

（a）上、下缘法向应力最大值

（b）上、下缘法向应力最小值

图 5.204　边跨合龙施工阶段正截面混凝土法向应力验算

（a）上、下缘法向应力最大值

（b）上、下缘法向应力最小值

图 5.205　主跨压重施加施工阶段正截面混凝土法向应力验算

（a）上、下缘法向应力最大值

（b）上、下缘法向应力最小值

图 5.206　主跨合龙施工阶段正截面混凝土法向应力验算

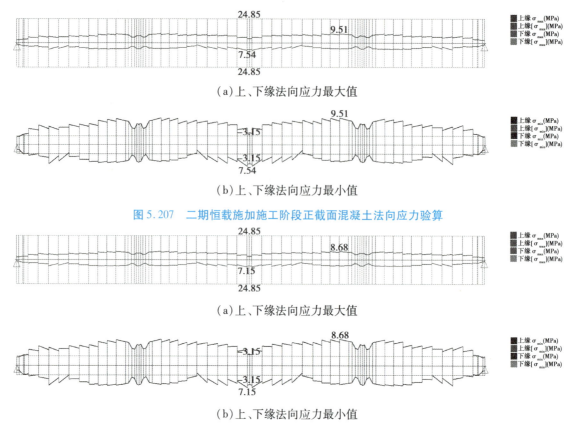

（a）上、下缘法向应力最大值

（b）上、下缘法向应力最小值

图5.207　二期恒载施加施工阶段正截面混凝土法向应力验算

（a）上、下缘法向应力最大值

（b）上、下缘法向应力最小值

图5.208　收缩徐变施工阶段正截面混凝土法向应力验算

由图5.203—图5.208可知，对于主梁施工过程中最不利的边跨压重施加、边跨合龙、主跨压重施加、主跨合龙、二期恒载和收缩徐变等6个施工阶段，主梁各截面上、下缘混凝土正截面法向应力均在混凝土法向压应力和拉应力限值范围之内。因此，短暂状况主梁正截面混凝土法向应力满足《桥规》（2018）的要求。

▶ 5.7.5　验算结论

由5.7.4节可知，预应力混凝土连续刚构桥的正截面抗弯承载能力、斜截面抗剪承载能力、正截面抗裂和斜截面抗裂性能、挠度、正截面混凝土法向应力、斜截面主压应力、预应力钢束拉应力和短暂状况正截面法向应力等均满足《桥规》（2018）的要求。通过5.7.1节对预应力混凝土连续刚构桥初步设计方案的钢束布置和截面尺寸进行调整后，预应力混凝土连续刚构桥的最终设计方案是可行的。

第6章
上承式钢筋混凝土拱桥设计与建模

　　拱桥是人类最早采用的桥型之一,也是我国公路、铁路和市政等桥梁中应用广泛的一种桥型。拱桥最早出现在公元前6000～公元前5000年,苏美尔人在两河流域采用泥土烧砖建造了叠涩拱;公元前30年～公元476年的罗马帝国,修建了大量的石拱桥,至今仍有60余座石拱桥留存于世。我国拱桥始建于东汉中晚期,虽然起步较晚,但是我国拱桥建造技术达到了古代世界的最高峰,其中最具代表性的是建成于公元605年的河北赵县安济桥(又名赵州桥),该桥采用敞肩圆弧拱,跨径达37.02 m。随着工业革命的到来,拱桥的设计理论、建造材料、施工方法都有了更大的发展,并且拱桥结构体系也更为丰富,陆续出现了中承式和下承式拱桥,特别是钢材在拱桥上的应用,使得拱桥跨径不断增大,如建成于1932年的澳大利亚悉尼港大桥,跨径达503 m。而这一时期,我国由于闭关锁国,拱桥修建技术并无较大发展,逐渐落后于西方国家。直到中华人民共和国成立后,特别是改革开放之后,随着我国经济的高速发展,我国的桥梁修建材料、设计理论、施工技术等不断突破,我国拱桥迎来迅速发展期,修建了一批具有世界影响力的大跨径拱桥,如2003年建成的上海卢浦大桥,采用中承式梁拱组合体系,跨径达550 m,是当时世界上跨径最大的拱桥,2009年建成的重庆朝天门长江大桥又将拱桥跨径纪录推进到552 m,而2020年建成通车的广西平南三桥跨径达575 m,再次刷新了世界拱桥最大跨径纪录。当前,世界上已建成跨径超过300 m的拱桥中,我国占比超过55%(统计时间至2020年)。

　　钢筋混凝土材料是法国园丁Joseph Monier于1849年发明,并用于花盆制作。钢筋混凝土以其取材容易、整体性好、可模性好、经济性好和耐久性好等优点,迅速被应用于土木工程领域。此外,在竖向荷载作用下,拱桥两端支承处除产生竖向反力外,还会产生水平推力,而水平推力又使拱内产生轴向压力并减小了跨中弯矩,使主拱圈截面材料强度得到充分发挥,增大了跨越能力。可见,拱桥是主要承受压力的结构,而钢筋混凝土材料可以在发挥混凝土抗压能力强的特点的同时,配置钢筋以承受截面的拉应力。因此,钢筋混凝土材料非常适用于修建拱桥结构,世界上最早的钢筋混凝土拱桥是1877年在法国修建的夏泽莱桥,跨径为16 m、宽4 m。此后,法国工程师Francois Hennebique于1899年设计建造了世界上第一座多跨钢筋混凝土拱桥——Camille de Hogues桥,该桥跨径布置为3×50 m。我国最早的钢筋混凝土拱桥是1900年开始修建的粤汉铁路上的碓硇冲桥、省界桥和燕塘桥,主跨跨径为40 m。中华人民共和国建立后,钢筋混凝土拱桥在我国公路、铁路和市政等桥梁中得到大量修建,并且跨径不断突破。例如,1997年建成了主跨跨径达420 m的重庆万州长江大桥,超过南斯拉夫克尔克桥(跨径390 m),成为当时最大跨径的钢筋混凝土拱桥;2015

年,我国又建成了跨径达 445 m 的沪昆高速铁路贵州北盘江特大桥,刷新了钢筋混凝土拱桥的最大跨径纪录;2024 年建成通车的广西天峨龙滩特大桥采用上承式劲性骨架钢筋混凝土拱桥方案,主跨跨径达到了 600 m,将钢筋混凝土拱桥的最大跨径世界纪录提高了 155 m,并且也是世界最大跨径的拱桥。可见,我国的拱桥建造技术已经达到世界先进水平。

此外,拱桥也是桥梁结构体系中变化形式最多的一种桥型。例如,根据拱轴线的不同,拱桥可以分为圆弧拱、抛物线拱、悬链线拱和折线拱等;根据桥面和拱肋相对位置的不同,可以分为上承式、中承式和下承式拱桥;根据拱肋截面形式的不同,可分为板拱、肋拱、双曲拱、箱拱、桁架拱和刚架拱等;根据受力,可分为有推力体系拱桥、无推力体系拱桥、简单体系拱桥和组合体系拱桥等。随着科技、经济的发展,新材料、新工艺不断涌现,桥梁设计理论和计算手段不断进步,拱桥结构体系的形式更为丰富、跨径不断增大。但是,由于篇幅有限,无法对不同体系的拱桥进行全面讲解。因此,本章选取本科生毕业设计中常选用的上承式拱桥,设计上承式钢筋混凝土拱桥方案,并讲解采用桥梁博士软件建立上承式拱桥模型的流程和验算方法。

6.1　上承式拱桥的设计与构造

▶ 6.1.1　设计高程和矢跨比的确定

拱桥的设计控制高程主要有 4 个:桥面高程、跨中结构底面高程、起拱线高程和基础底面高程。拱桥桥面高程通常由两岸线路的纵断面设计控制,同时也要保证桥下净空能满足泄洪、通航和行车的要求。拱桥跨中区段结构底面的最低高程取决于桥下设计水位或道路设计高程加上桥下净空高度要求。拱桥桥面高度与拱桥跨中区段结构底面的最低高程之间的差值,决定了拱桥跨中区域建筑高度的容许高度。起拱线高程由流冰水位、施工要求等决定,并考虑尽量减小桥墩(台)基础底面的弯矩、节省墩台工程量的需要,通常选取低拱脚的设计方案。

矢跨比 f/l 是拱桥设计的主要参数之一,矢跨比的取值会影响主拱内力的大小,也会影响拱桥的构造形式和施工方法的选择。当拱桥跨径拟定后,便可根据跨径和拱顶、拱脚高程,确定主拱的矢跨比。由结构力学知识可知,拱脚的水平推力与矢跨比取值呈反比关系,拱脚水平推力越大,拱圈的轴压力也越大,对拱圈受力是有利的,但对墩台基础受力不利。此外,矢跨比越小,弹性压缩、温度变化、混凝土收缩徐变和墩台位移等因素在拱圈内引起的附加力也越大。但是,矢跨比取较小值,可以增加桥下的有效净空,降低桥面高程,减小引桥长度。并且,矢跨比也与拱桥的外形美观性、与周围景观之间的协调性有极大关系。因此,拱圈的矢跨比应经综合比较后确定,但在设计高程、跨径限制较严的情况下,矢跨比是不能随意确定的。钢筋混凝土拱桥的矢跨比一般为 1/8 ~ 1/5。当矢跨比小于 1/5 时,称为坦拱;大于等于 1/5 时,称为陡拱。此外,《桥规》(2018)第 9.5.1 条指出,钢筋混凝土拱的矢跨比宜采用 1/8 ~ 1/4.5。

▶ 6.1.2　拱轴线的选择

拱轴线的形状直接影响拱圈的内力分布和大小(承载能力),还与拱桥的耐久性、经济性和施工方法等密切相关。因此,拱桥设计中,拱轴线线形的选择是需要解决的重要问题之一。拱轴线的选择原则就是尽可能降低由荷载产生的弯矩值。最理想的拱轴线是与拱上各种荷载产生的压力线相吻合,拱圈截面只有轴向力,而无弯矩和剪力作用,应力均匀,能充分利用材料强度和混凝土材料的良好抗压能力,这样的拱轴线称为合理拱轴线。但是,这样的拱轴线并不存在,因为除恒载外,拱桥还要受到活载、温度变化和材料徐变、收缩等因素的影响,当恒载压力线与拱轴线重合时,在活载作用下就不再重合。

公路拱桥的恒载占全部荷载的比重较大,并且随着跨径的增大,恒载所占的比重也将增大。因此,如以恒载压力线为设计拱轴线,也是合适的,并且恒载占比越大,越合理。但是,恒载作用下,拱轴线还将因材料的弹性压缩而变形,使其实际压力线与设计拱轴线发生偏离,因此选取一条能够使恒载作用下截面弯矩均

为零的拱轴线,实际上是不可能的。通常,拱桥设计时选取的拱轴线应满足以下要求:

①尽量减小主拱截面的弯矩,使其在计入弹性压缩、均匀降温、混凝土徐变收缩等影响下,各主要截面的应力相差不大,且最大限度地减小截面拉应力,最好不出现拉应力;

②对于无支架施工的拱桥,应能满足各施工阶段的受力要求,并尽可能少用或不用临时性施工措施;

③线形美观,且便于施工。

当前,拱桥常用的拱轴线有圆弧线、抛物线和悬链线。

1)圆弧线

圆弧线线形简单,全拱曲率相同,施工最方便,易于掌握。但是,圆弧形拱轴线与拱圈实际恒载压力线有偏离,使拱圈各截面受力不均匀,当矢跨比较小时两者偏离不大,随着矢跨比增大,偏离逐渐增大。因此,圆弧线常用于 15~20 m 以下的小跨径拱桥和空腹式拱桥的拱式腹拱中,少量的大跨径预制装配式钢筋混凝土拱桥也有采用圆弧线拱轴线的实例。圆弧形拱轴线如图 6.1 所示,并且圆弧线拱轴方程如式(6.1)所示。

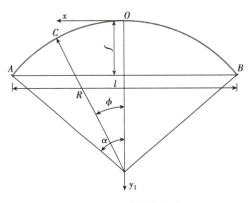

图 6.1 圆弧线拱轴线

$$\left. \begin{array}{l} y_1 = R(1 - \cos\varphi) \\ x = R\sin\varphi \end{array} \right\} \tag{6.1}$$

$$R = \frac{l}{2}\left(\frac{1}{4f/l} + \frac{f}{l}\right) \tag{6.2}$$

当拱桥矢高和跨径确定之后,便可根据式(6.1)和式(6.2)的几何关系计算得到各几何量。圆弧线拱任意截面的拱轴切线水平倾角 φ 为

$$\varphi = \arcsin\left(\frac{x}{R}\right) \tag{6.3}$$

2)抛物线

二次抛物线对应于竖向均匀荷载作用下拱的压力线。对于恒载强度比较接近均布的拱桥,拱轴线采用二次抛物线是适宜的,如中承式肋拱桥、矢跨比较小的空腹式钢筋混凝土拱桥、钢筋混凝土桁架拱桥和刚架拱等轻型拱上结构的拱桥。二次抛物线拱轴线如图 6.2 所示,并且二次抛物线拱轴方程如式(6.4)所示。

$$y_1 = \frac{4f}{l^2}x^2 \tag{6.4}$$

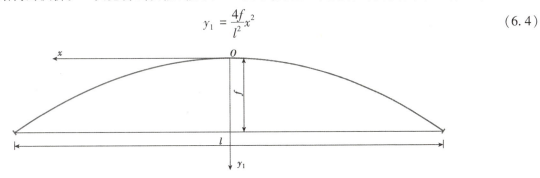

图 6.2 抛物线拱轴线

二次抛物线拱任意截面的拱轴切线水平倾角 φ 为

$$\varphi = \arctan\left(\frac{8f}{l^2}x\right) \tag{6.5}$$

在某些大跨径拱桥中,由于拱上建筑的特殊性(如腹孔跨径特别大等),为了尽量使拱轴线与恒载压力线相吻合,也可采用四次、六次等高次抛物线作为拱轴线。

3)悬链线

实腹式拱桥的恒载集度(单位长度上的重力)由拱顶向拱脚逐渐增加,其恒载压力线是一条悬链线。因此,实腹式拱桥通常采用悬链线作为拱轴线,在恒载作用下当不计拱桥弹性压缩的影响时,拱圈截面将只承受轴压力而无弯矩。

对于空腹式拱桥,由于拱上建筑形式发生了变化,恒载集度从拱顶到拱脚不再是连续的,既承受拱圈自重的分布荷载,又承受拱上立柱(或横墙)传来的集中荷载,其恒载压力线是一条有转折点的多段曲线。如仍采用悬链线作为拱轴线,则恒载压力线与拱轴线将有偏离。但是理论分析证明,这种偏离对拱圈控制截面的受力是有利的。此外,悬链线拱轴线对各种空腹式拱上建筑的适应性较强,并具有完整的计算图表来计算各项内力。因此,空腹式拱桥也广泛采用悬链线作为拱轴线,是我国大、中跨径拱桥中最常采用的拱轴线形。

悬链线拱轴线如图6.3所示,其方程如式(6.6)所示。

$$y_1 = \frac{f}{m-1}(\mathrm{ch}k\xi - 1) \tag{6.6}$$

式中　　m——拱轴系数,$m = g_j/g_d$,g_d为拱顶恒载集度,g_j为拱脚恒载集度,$g_j = g_d + \gamma_x f$,γ_x为拱上沿水平方向分布材料的单位体积重量;

k——与拱轴系数m有关的参数,$k = \ln(m + \sqrt{m^2-1})$;

ξ——横坐标参数,$\xi = x/L_1$。

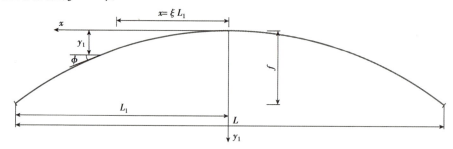

图6.3　悬链线拱轴线

悬链线拱任意截面的拱轴切线水平倾角φ为

$$\varphi = \arctan\left(\frac{2fk\,\mathrm{sh}k\xi}{l(m-1)}\right) \tag{6.7}$$

由式(6.6)可知,当拱的矢跨比确定之后,拱轴线各点的纵坐标将取决于拱轴系数m,而m则取决于拱脚与拱顶的恒载集度比值。各拱轴系数m值对应的拱轴线坐标可由《公路桥涵设计手册—拱桥》(上册)附录(Ⅲ)表Ⅲ-1查出。空腹式拱桥拱轴系数m通常采用"五点重合法"确定,即拱轴线在全拱五点(拱顶、两$l/4$截面和两拱脚截面)与其相应的三铰拱结构的恒载压力线重合。采用"五点重合法"确定拱轴系数m的详细过程可详见邵旭东主编的《桥梁工程》(第5版)。并且,《桥规》(2018)第9.5.1条指出,悬链线拱的拱轴系数宜采用1.167~2.814。

综上,一般情况下,上承式小跨径拱桥可采用实腹圆弧拱或实腹悬链线拱;大、中跨径上承式拱桥可采用空腹悬链线拱;轻型拱桥、矢跨比较小的大跨径上承式拱桥、中承式和下承式拱桥及各种组合式拱桥,可采用抛物线拱。

▶ 6.1.3 拱圈截面尺寸拟定

根据成桥时钢筋混凝土拱桥拱圈的截面形状,拱圈可以划分为板拱和肋拱两种。板拱是拱圈全宽为箱形或实体整体截面,其外轮廓围成矩形板,板拱可以采用等截面圆弧拱、等截面或变截面悬链线拱,拱圈可以采用石材、混凝土和钢筋混凝土,结构多数为无铰拱,也可用二铰拱和三铰拱。肋拱是拱圈全宽由分离的、平行的两个或多个箱形或实体截面构成,即拱圈由两条或多条肋构成,肋与肋之间用横隔板或横隔梁相互连接,拱圈可以采用混凝土和钢筋混凝土。肋拱相比板拱的主要优点在于:能较多地节省混凝土用量、减轻拱体自重、桥墩和桥台的工程量也能减少。随着恒载对拱肋内力影响的减小,活载影响相应增大,钢筋可以较好地承受拉应力,充分发挥钢材的作用,因此肋拱比板拱用钢量大,并且施工也较复杂。

除跨径较小的肋拱采用实体截面外,板拱与跨径较大的肋拱多采用箱形截面。因此,本节将重点介绍箱形拱桥截面尺寸的拟定。

1)拱圈截面尺寸拟定

(1)箱形板拱拱圈截面尺寸

拱圈高度是影响拱圈强度、刚度和稳定性的参数。拱桥结构设计时,可以先根据经验公式初步拟定拱圈高度,然后通过受力分析计算确定最终的拱圈高度取值。公路钢筋混凝土上承式箱形拱桥的拱圈高度,初步拟定时可以取跨径的 $1/75 \sim 1/55$,也可以按照下列经验公式估算:

$$h = \frac{l_0}{100} + \Delta \tag{6.8}$$

式中 h——拱圈高度(m);

l_0——拱桥净跨径(m);

Δ——常数,$\Delta = 0.6 \sim 0.8$ m,跨径大或箱室少选用上限。

严允中等编著的《上承式混凝土拱桥建造实例及评析》(以下简称《上承式拱桥》)一书中,通过对国内已建成的部分上承式箱形拱桥实例进行对比表明,式(6.8)适用于跨径100 m以下的拱桥,当跨径超过100 m较多时,式(6.8)的计算值偏小。因此,《上承式拱桥》对国内已建成的143座公路钢筋混凝土上承式箱形拱桥的拱圈高度 h 与净跨径 l_0 进行线性相关性分析,得出净跨径为 $40 \sim 200$ m 的上承式拱桥拱圈高度 h 的取值范围可通过式(6.9)—式(6.11)估算:

上限:

$$h = 0.50 + 0.015\ 2l_0 \tag{6.9}$$

中值:

$$h = 0.284 + 0.015\ 2l_0 \tag{6.10}$$

下限:

$$h = 0.10 + 0.015\ 2l_0 \tag{6.11}$$

箱形板拱拱圈宽度一般取桥面宽度的 $0.6 \sim 1.0$ 倍,桥面悬挑宽度可达 4.0 m,但为保证拱桥的横向稳定性,一般要求拱圈宽度不小于跨径的 $1/20$。对于特大跨径拱桥,其拱圈宽度通常难以达到上述条件,只要横向稳定性能满足要求即可。

(2)箱形肋拱拱圈截面尺寸

箱形肋拱拱圈截面高度的决定因素与箱形板拱一样,初步拟定时,拱圈截面高度可以取跨径的 $1/70 \sim 1/50$,也可以采用如下经验公式估算:

$$h = \frac{l_0}{100} + 700 \tag{6.12}$$

箱形肋拱单个箱室的宽度一般可取为肋高的 $0.5 \sim 1.0$ 倍,但也应满足施工过程中的受力与稳定性要求。

2)拱圈常用尺寸

《上承式拱桥》对上承式钢筋混凝土箱形板拱拱圈常用尺寸进行了汇总(表6.1)。箱形拱圈截面尺寸初步拟定时,除可按前述方法进行拟定外,也可参考表6.1进行取值。

表6.1　上承式钢筋混凝土箱形板拱拱圈常用尺寸

净跨径 l_0/m	拱圈高度 h/cm			顶、底板厚度 a/cm	腹板厚度 b/cm		腹孔车道板 B_0/cm	
	上限	中值	下限		三室箱	二室箱	跨径	板厚
40	120	100	80	20	20	25	400	27
50	130	120	100	20	20	25	500	30
60	140	130	120	20	20	25	500	30
70	150	140	130	20	20	25	600	32
80	160	150	140	20	20	25	600	32
90	180	170	160	20	25	33	800	42
100	190	180	170	25	25	33	800	42
110	200	190	180	25	25	33	1 000	50
120	210	200	190	25	25	33	1 000	50
130	230	210	200	25	25	33	1 000	50
140	240	230	220	25	25	33	1 300	70
150	250	240	230	25	30	40	1 300	70
160	260	250	240	25	30	40	1 300	70
170	280	270	260	25	35	47	1 600	80
180	310	290	280	30	35	47	1 600	80
190	320	310	290	30	35	47	2 000	95
200	330	320	300	30	40	53	2 000	95

表6.1中拱圈截面各参数如图6.4所示,并且拱圈常用尺寸适用于整体浇筑箱形板拱,拱圈高度上限值也可作为箱形肋拱截面高度。表6.1中拱圈高度 h 的上限值、中值和下限值,是在式(6.9)—式(6.11)的计算值基础上进行了调整,可用于方案设计和初步设计,必要时应通过结构计算确定拱圈高度。如果计算发现拱脚截面弯矩较大,则拱脚附近的拱桥顶、底板尺寸可以适当加厚。

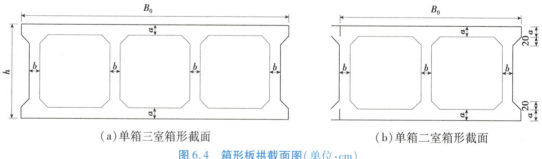

（a）单箱三室箱形截面　　　　　　　　　（b）单箱二室箱形截面

图6.4　箱形板拱截面图（单位:cm）

表6.1中腹孔车道板跨径可供拱上结构布置参考,可根据具体情况进行调整,并且车道板均为装配式简支板。跨径为4 m、5 m、6 m时采用矩形实体板;跨径为8～20 m时采用空心板。同时,当跨径≤8 m时,采用钢筋混凝土板;当跨径≥10 m时,采用预应力混凝土板。此外,当桥面宽度为9～13 m时,建议采用单箱三室截面;当桥面宽度为5.5～9 m时,可以采用单箱二室截面。

同时,拱圈内应布置横隔板,且应设置在拱上立柱或横墙的对应位置处,当拱上腹孔跨径大于6 m时,应在两立柱或横墙之间的相应位置加密一道横隔板。横隔板厚度可取30 cm,加密横隔板厚度可取20 cm,横隔板上应开孔,净高 50 cm,净空 100 cm,矩形孔四角应加腋,且横隔板平面方向一般与拱轴线正交。

▶ 6.1.4　箱形板拱拱圈主要配筋

箱形板拱的拱圈截面配筋应通过受力计算确定。但是,《上承式拱桥》通过对已建成的同类型拱圈配筋资料汇总、分析,得出了拱圈采用 C40、C45 或 C50 混凝土的上承式钢筋混凝土箱形板拱拱圈配筋汇总表(表6.2),可供初步拟定拱圈配筋时参考。

表6.2　上承式钢筋混凝土箱形板拱拱圈配筋

净跨径/m	拱圈顶底板钢筋						腹板钢筋	
	纵向外缘		纵向内缘		横向外缘	横向内缘	箍筋	纵向筋
40	C14		C12		C12	C12	2A10	A10
50	C14		C12		C12	C12	2A10	A10
60	C16		C12		C12	C12	2C12	A10
70	C16		C12		C14	C12	2C12	A10
80	C16		C12		C14	C12	2C12	C12
90	C18	C16	C14		C14	C12	2C12	C12
100	C18	C16	C14		C16	C14	2C12	C12
110	C20	C18	C14		C16	C14	2C12	C12
120	C20	C18	C14		C16	C14	2C12	C12
130	C22	C20	C16		C16	C14	2C12	C12
140	C22	C20	C16		C18	C16	2C12	C12
150	C25	C22	C18		C18	C16	2C14	C14
160	C25	C22	C18		C18	C16	2C14	C14
170	C25	C22	C20		C18	C16	2C16	C14
180	C28	C25	C20		C20	C18	2C16	C16
190	C28	C25	C22		C20	C18	2C20	C16
200	C29	C25	C22		C20	C18	2C20	C18

注:①C 表示 HRB400 钢筋,A 表示 HPB300 钢筋;
　　②拱圈顶底板钢筋中的"纵向外缘"一栏,净跨径大于 90 m 后有两列数据,左边表示拱脚区域的钢筋直径取值。

拱圈顶、底板纵向钢筋的间距可取 15 cm,并且可以根据受力分析结果进行适当的增大或减小,但应在10~20 cm 内。当外缘纵筋间距较小时,内缘纵筋的间距可取外缘钢筋的 2 倍,但不宜大于 25 cm。同时,顶底板横向钢筋的间距一般取 20 cm,并且可以根据拱圈宽度适当减小,但不应小于 10 cm。

表 6.2 中腹板箍筋为一道腹板的数量,一般按两肢布置,箍筋的纵向间距与顶、底板横向钢筋间距相同。并且,腹板上两侧的纵向钢筋间距,一般取为 15~20 cm。

▶ 6.1.5　拱上建筑

拱上建筑是上承式拱桥的桥面系与拱圈之间的传力(或填充)构造物,以使桥面道路达到行车要求。拱上建筑对拱圈受力、立面造型、施工难易和工程造价等均有较大影响,因此拱上建筑的布置是上承式拱桥设计的一项重要内容。按拱上建筑采用的构造方式不同,拱上建筑可以分为实腹式和空腹式两种。

1) 实腹式

拱圈以上至桥面板以下由侧墙及其间的填料构成。由于拱上恒载大,对拱圈及基础受力不利,立面景观差。因此,除了少数小跨径石拱桥或混凝土拱桥采用实腹式,较大跨径的钢筋混凝土拱桥基本已不再采用。

2) 空腹式

空腹式拱上建筑质量小、结构轻巧,因此大、中跨径拱桥,特别是矢高较大时,多采用空腹式拱上建筑。空腹式拱上建筑可分为立墙腹拱式、立柱板梁式、全透空式、桁架式、钢-混凝土组合桥面系、葵花式和斜立柱式等。本节主要对立墙腹拱式和立柱板梁式两种空腹式拱上建筑的特点进行介绍,其他类型的空腹式拱上建筑特点可参阅《上承式拱桥》一书。

(1) 立墙腹拱式

主拱圈之上配多跨小跨径腹拱,腹拱由立墙支承,其立面造型具有典型的中国特色,为传统的空腹式拱桥,如前文所述的赵州桥(图6.5)。为了降低拱上立墙的高度,节省材料,多在拱顶附近设置实腹段,腹孔对称布置在靠拱脚侧的一定区段内,其长度为跨径的1/4~1/3,并且腹孔跨数(或跨径)随桥跨大小不同而不同,对于中小跨径的拱桥,一般以3~6孔为宜。也可取消拱顶实腹段,将拱上腹拱沿全桥贯通布置,以提高景观效果,此时确定了腹拱跨径后即可确定其孔数,一般以奇数孔为宜。

图6.5　赵州桥

对于中小跨径的拱桥,腹拱跨径一般取2.5~5.5 m;对于大跨径拱桥,腹拱跨径一般取主拱跨径的1/15~1/8。腹拱圈一般采用矢跨比为1/5~1/2 的圆弧线板式结构,或矢跨比为1/12~1/10 的微弯板或扁壳结构。腹拱圈的厚度与构造形式有关,当跨径小于4 m时,石板拱取30 cm,混凝土板拱取15 cm,微弯板拱取14 cm(其中预制取6 cm、现浇取8 cm);当跨径大于4 m时,腹拱圈的厚度可按板拱厚度经验公式拟定或参考已建成桥梁资料确定。此外,腹拱构造宜统一,以便于施工和有利于腹拱墩的受力。

立墙腹拱式的拱上建筑由于拱上立墙与腹拱拱顶填料自重较大,对拱圈墩台基础受力不利。因此,为了减轻拱上恒载,也可将立墙改为立柱排架,腹拱改为板、梁等,并在上、下游两侧设置弧形装饰板,外观上维持拱上腹拱的型式。当为多跨连拱时,以往多在桥墩上设置立柱,各主拱之间的腹拱在墩顶处分开。为了全桥更好的景观,拱上腹拱在全桥连续布置,在桥墩上用腹拱跨越。

(2) 立柱板梁式

采用立柱板梁式拱上建筑,可使桥梁造型轻巧美观,减轻拱上重力和地基承压能力,降低拱轴系数(使拱上建筑的恒载分布接近于均布荷载),改善拱圈在施工过程中的受力状况,获得较好的经济效果,如沪昆高铁北盘江特大桥(图6.6)。立柱板梁式拱上建筑的拱上车道系由板或梁构成,一般采用桥面连续的简支板梁或分为几联的连续板梁。

图 6.6　沪昆高铁北盘江特大桥

简支板梁腹孔结构体系简单,基本上不存在拱与拱上结构的联合作用,受力明确,是大跨径拱桥上采用的主要形式,腹孔布置的范围及实腹段的构造与立墙腹拱式相同。但是,拱顶实腹段荷载与空腹段荷载差异较大,因此大跨径拱桥的立柱板梁式拱上建筑一般都取消拱顶实腹段,而采用全空腹式拱上建筑。与立墙腹拱式拱上建筑类似,全空腹式腹孔数宜采用奇数,以避免拱顶设置立柱,使拱顶受力不利。确定两拱脚处立柱位置后,将其间距除以某个奇数,即可确定各立柱位置和腹孔跨径,如果得出的腹孔跨径不恰当,可调整孔数以满足受力要求。当腹孔跨径小于 10 m 时,腹孔梁可以采用钢筋混凝土简支实心板或空心板;当跨径为 10 ~ 20 m 时,腹孔梁常采用预应力混凝土简支空心板;当跨径大于 20 m 时,可采用预应力混凝土简支 T 梁。

连续板梁腹孔拱上建筑,先在拱上立柱上设置连续纵梁,然后再在纵梁和拱顶段垫墙上铺设横向桥道板,形成拱上传力结构,这种形式主要用于肋拱桥上。其特点是:桥面板横置,拱顶只有一个板厚(含垫墙)及桥面铺装,建筑高度小,适合于建筑高度受限制的拱桥。其腹孔跨径确定与简支板梁腹孔相似,拱顶段垫墙位于拱肋中部,拱顶处高度一般为 10 ~ 15 cm,向两边随拱轴变化逐渐增厚至腹孔处,其宽度与立柱、纵梁相同。

立柱板梁式拱上建筑腹孔的跨径通常取主跨跨径的 1/14 ~ 1/10,对于较大跨径上承式钢筋混凝土箱拱,拱上腹孔跨径可达主跨跨径的 1/6.5。拱上排架立柱通常采用矩形截面,也可以采用圆形截面(应用较少)。为使拱上结构不参与主拱圈受力,可以在立柱的上、下端设铰,使立柱成为仅受轴向压力的受力构件,以改善立柱的受力。由力学知识可知,当立柱截面尺寸相同时,高度较大立柱的相对刚度要比较矮立柱小,附加内力的影响也较小。因此,为简化构造和施工方便,较高的立柱可采用固结形式,只将拱顶区域的 1 ~ 2根高度较小的立柱上、下端设铰。

6.2　上承式钢筋混凝土拱桥设计方案

▶ 6.2.1　合理拱轴系数值确定方法

悬链线拱的优点在于,拱桥跨径和矢跨比确定之后,可以通过调整拱轴系数 m 值,使拱轴线产生有规律的变化,更好地接近拱桥恒载压力线,因此本章将设计采用悬链线拱轴线的上承式钢筋混凝土拱桥方案。悬链线拱轴线拱轴系数 m 的取值,对恒载作用下拱桥拱圈截面弯矩值具有很大影响,并且截面弯矩对拱轴系数取值具有较高的灵敏度。《上承式拱桥》中以跨径为 120 m、矢跨比为 1/6 的上承式钢筋混凝土拱桥为例,研究表明,当拱轴系数值由 1.756 变化至 2.24 时,拱脚恒载弯矩由负弯矩转变为正弯矩,并且拱轴系数变化前后拱顶正弯矩比值达到 0.66。但是,拱轴系数取值对温度效应和汽车荷载效应的影响较小。拱轴系数 m 值变化对拱圈弯矩影响的一般规律为:拱轴系数 m 值增大,拱顶正弯矩增大、拱脚负弯矩减小;拱轴系数 m 值减小,拱顶正弯矩减小、拱脚负弯矩增大。因此,确定合理的悬链线拱轴线拱轴系数 m 值对于拱桥受力性能和安全性具有重要影响。

当前,通常采用"五点重合法"计算确定悬链线拱的合理拱轴线(拱轴系数 m)。"五点重合法"的理论推导过程可详见邵旭东主编的《桥梁工程》(第 5 版),并且书中也给出了拱轴线系数确定示例。此外,王国鼎主编的《桥梁计算示例集——拱桥》(第二版)一书中给出了手算确定多种不同类型拱桥的拱轴系数的详细计算过程。由上述示例可知,采用"五点重合法"手算拱轴系数的过程中,用到的拱轴坐标值、拱轴斜度、弹性中心位置等参数需要查找《公路桥涵设计手册—拱桥》(上册)中附表(Ⅲ)确定。但是,附表(Ⅲ)中仅给出了拱轴系数 m 分别取 $1.167,1.347,\cdots,4.324$ 等 12 个不同值时对应的各种参数,因此最终确定的拱轴系数仅能为上述 12 个数值中的某一个。该方法可以极大减少计算工作量,在计算机性能不高、计算手段有限的时期,是一种有效的悬链线拱轴系数确定方法。但是,随着计算机性能的不断提高和有限元计算软件的广泛应用,采用"五点重合法"手算确定拱轴系数 m 取值,却又增加了计算工作量,特别是拱桥跨径不断增大、结构体系形式不断增多,继续依靠《公路桥涵设计手册—拱桥》手算,将无法确定合理的拱轴系数值。因此,本章将介绍采用桥梁博士软件计算确定合理拱轴系数值的方法。即先根据现有悬链线拱桥工程经验初定一个拱轴系数 m 值,并根据初拟的悬链线拱桥拱轴线系数和 6.1 节中上承式拱桥布置的布置参数,设计上承式钢筋混凝土空腹式拱桥初步设计方案;然后,采用桥梁博士软件建立全桥模型(不考虑施工阶段),计算自重荷载作用下桥梁结构的内力,并提取拱圈控制截面(如拱顶截面、$L/4$ 截面和拱脚截面等)的内力值;最后,不断调整拱轴系数值,逐次试算,提取各拱轴系数值对应拱圈控制截面内力值,并分析拱圈拱轴系数值变化对控制截面弯矩偏离值之间的关系,确定合理拱轴系数取值。但是,要求拱圈各控制截面的弯矩均为零几乎是不可能的,只能做到各控制截面的偏离值($e=M/N$)尽可能小。因此,邵旭东等编著的《桥梁设计与计算》(第二版)中给了一个参照设计目标:拱圈四分之一跨径处截面的偏离值 e 最小($e\approx0$),拱顶截面可保留一定的负弯矩、拱脚截面可保留少量的正弯矩,这样处理可以将它们当作后期汽车荷载作用时的强度储备。当合理拱轴线确定后,需要对拱上建筑尺寸进行相应调整,并按照拱桥的最终设计方案调整有限元模型后,再计算一次以进行复核。

▶ 6.2.2 上承式钢筋混凝土拱桥设计方案

根据 1.3 节中给出的桥位处纵断面地形线,同时参考 6.1 节中给出的上承式钢筋混凝土拱桥构造设计参数,确定了净跨径 l_0 为 125 m、净矢高 f_0 为 20.83 m(矢跨比为 1/6)的上承式钢筋混凝土拱桥,并且根据现有悬链线拱桥工程经验初步选定拱轴系数 m 值为 1.756,桥梁立面布置如图 6.7 所示。该上承式拱桥桥孔布置为 2×16 m$+125$ m$+2\times16$ m,全长 202 m,桥面总宽 26.0 m,分为左、右两幅,单幅桥面宽 12.75 m。此外,本桥采用立柱板梁式空腹式拱上建筑,并且拱上立柱采用双柱排架柱。

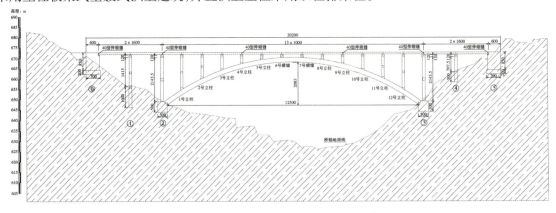

图 6.7 上承式钢筋混凝土拱桥立面布置图(单位:cm)

对于空腹式拱上建筑,《桥规》(2018)第 9.5.2 条指出,空腹式拱桥的拱上建筑应适应拱圈的变形,并符合下列要求:

①拱上建筑的板或梁宜采用简支结构,其支座可采用具有弹性约束的橡胶支座,桥跨两端应设置滑动支座和伸缩缝;

②拱上建筑的立柱,需要时可设置横系梁;

③立柱钢筋按结构受力要求配置,并应具有足够的锚固长度;

④板拱上的立柱底部应设置横向通长的底梁,其高度不宜小于立柱间净距的1/5,箱式板拱在拱上建筑的立柱下方应设置箱内横隔板。

综合6.1节中对拱圈截面尺寸拟定和立柱板梁式空腹式拱上建筑的介绍和《桥规》(2018)第9.5.2条中的相关规定,并结合上承式钢筋混凝土拱桥实例,确定了本桥的主拱和拱上建筑布置(其详细尺寸如图6.8—图6.11所示)。其中,拱上立柱采用宽度为120 cm、高墩为160 cm的矩形截面;主拱圈采用单箱三室

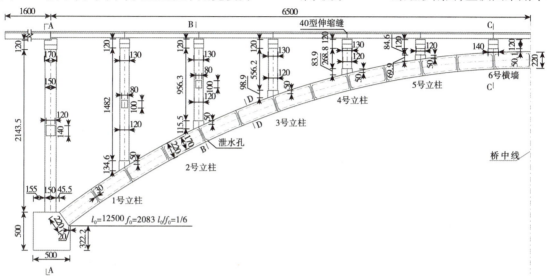

图6.8　拱上建筑布置图(单位:cm)

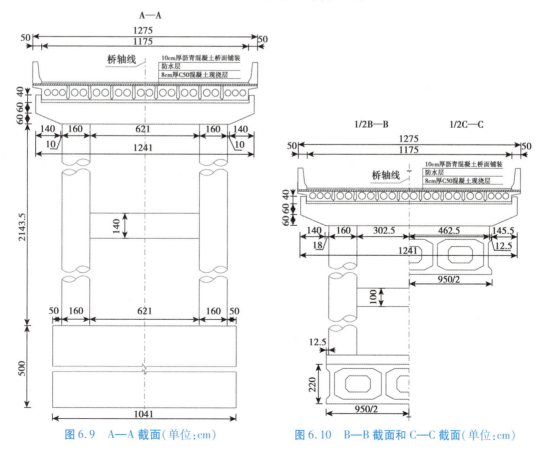

图6.9　A—A截面(单位:cm)　　　　图6.10　B—B截面和C—C截面(单位:cm)

断面,拱圈高度为220 cm、宽度为950 cm、顶底板厚度为25 cm、腹板厚度为25 cm。此外,主拱圈采用C50混凝土,拱上立柱(包括立柱底梁、立柱和盖梁等)、交界墩和垫墙等采用C35混凝土。拱上行车道板采用9片跨径为10 m的预制预应力混凝土空心板拼装组成,采用简支结构,并且车道板采用C40混凝土浇筑,行车道板中梁和边梁截面尺寸如图6.12所示。

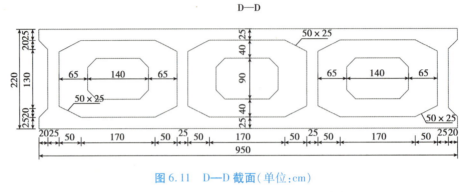

图6.11　D—D截面(单位:cm)

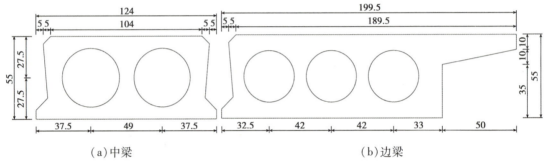

(a)中梁　　　　　　　　　　　(b)边梁

图6.12　行车道板中梁和边梁截面尺寸(单位:cm)

6.3　上承式拱桥拱轴线调整模型建立

▶ 6.3.1　定义总体信息

①双击电脑桌面上的桥梁博士图标，进入桥梁博士软件登录对话框,在对话框中输入用户名和密码后,进入启动界面并单击左上角的"新建" 按钮,建立"上承式拱桥"项目和"拱轴线调整模型"模型,如图6.13所示。

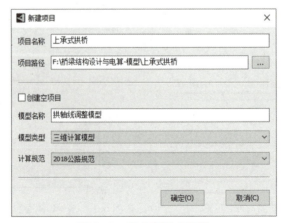

图6.13　新建项目对话框

②双击工作界面树形菜单栏中的"总体信息" [i]，进入总体信息输入界面，并按照图 6.14—图 6.18 设置"拱轴线调整模型"模型的"常规""计算内容""计算设置""非线性控制参数"和"材料定义"项的信息。

常规	
模型说明	
计算规范	2018公路规范
结构重要性系数	1.1
环境相对湿度	0.8
环境类别	Ⅰ类
模型类别	空间杆系

图 6.14　"常规"项

计算内容	
计算预应力	☐
计算收缩	☐
计算徐变	☐
计算活载	☐
活载布置	☐
计算柔性墩台水平力分配	☐
计算屈曲	☐
自振分析	☐
人致振动	☐
计算倾覆	☐
计算抗震	
计算抗撞	☐
进行验算	☐
计算应力	☐
调束	☐
调索	☐
最终计算阶段	运营阶段

图 6.15　"计算内容"项

计算设置	
考虑切线拼装	☐
考虑负弯矩折减	☐
阶段徐变天数细分原则	2|30,2;90,3;1000,6
考虑几何非线性	☐
活载计算并行数	4
刚性单元刚度调整系数	1
施工阶段分析考虑材料弹模变化	☐

图 6.16　"计算设置"项

非线性控制参数	
力容差(单位:kN或者kN*m)	10
位移容差(比例)	0.0001

图 6.17　"非线性控制参数"项

材料定义

编号	名称	材料类型	材料索引	收缩调整系数	徐变调整系数	粉煤灰掺量(%)	说明
1	C50	混凝土	C50	1	1	0	
2	C40	混凝土	C40	1	1	0	
3	C35	混凝土	C35	1	1	0	

图6.18 "材料定义"项

▶ 6.3.2 定义截面

1)定义主拱圈截面

①双击工作界面树形菜单栏中的"结构建模" ![img]，进入结构建模界面，工作界面中间条的"编辑内容"选择"结构模型"，最后单击界面右侧的"截面"标签页，进入截面输入工作界面。

②在截面定义工作界面中间条"[1]截面1"处单击鼠标右键，弹出下拉菜单，选择其中的"修改截面名称"，弹出"截面改名"对话框，将对话框中默认的截面名称修改为"主拱圈截面"，并单击"确认"按钮，完成截面名称修改。

③按照图6.11中的主拱圈截面尺寸，绘制跨中截面CAD图，并保存为"主拱圈截面.dwg"文件。然后，切换到"截面几何"工具栏，单击主菜单区域式中的"导入" ![img] 命令，弹出"导入区域"对话框。最后，单击"指定文件"项后的" ![img] "，指定CAD图保存路径，"图层名称"中选取主拱圈截面图形绘制的图层名称"主拱圈"，"CAD单位"选取CAD图绘制时取用的单位"cm"，"角度步长(度)"采用默认值"5"，单击"确定"按钮，导入主拱圈截面，如图6.19所示。

图6.19 导入区域对话框

④切换到"截面计算"工具栏，鼠标左键单击"截面定义" ![img] 按钮，弹出"截面定义"对话框，在"截面定义"栏中，将"材料名称"修改为"C50"，"有效宽度模式"修改为"全部有效"，"有效宽度类型"修改为"上下缘"；在"截面总体"栏中，"构件轴线竖向位置"和"构件轴线水平位置"均修改为"中点"，"截面拟合时自动排序"修改为"自动排序"；在"梯度温度"栏中，"梯度温度模式"项同时勾选"公路15混凝土桥升温模式"和"公路15混凝土桥降温模式"，"沥青铺装厚(mm)"项不填入数据。修改后的"截面定义"对话框如图6.20所示。

截面定义

截面定义

编号	子截面名称	材料名称	安装序号	有效宽度模式	有效宽度类型	默认应力点数	大气接触周长	加固截面
1	主截面	C50	1	全部有效	上下缘	5	0	不加固

截面总体		梯度温度	
三角形划分个数	0	梯度温度模式	公路15混凝土桥升温模式, 公路15...
构件轴线竖向位置	中点	沥青铺装厚(mm)	
构件轴线水平位置	中点		
截面形状力学类型	自动判断		
梁格法纵梁剖分	用户指定		
梁格法纵梁中性轴	全截面中性轴		
抗扭惯矩计算	汉勃利法		
截面拟合时自动排序	自动排序		

[截面定义批量修改] [截面总体批量修改] [梯度温度批量修改] [确定] [取消]

图6.20 主拱圈截面定义对话框

⑤鼠标左键单击控制点"应力点"  按钮,然后在图形区分别单击主拱圈截面顶板上缘和底板下缘中点位置,完成上缘应力点和下缘应力点的定义。最后,再分别单击上缘应力点和下缘应力点,弹出各应力点对应的"对象属性"表格,并按照图6.21和图6.22修改上缘应力点和下缘应力点属性。

对象属性	
□ 截面应力计算点	
应力点名称	应力点1
适用子截面	☑ 主截面
计算主应力	☑
剪应力计算腹板宽度	自动扫描
X	0
Y	1100

图6.21　上缘应力点属性修改

对象属性	
□ 截面应力计算点	
应力点名称	应力点2
适用子截面	☑ 主截面
计算主应力	☑
剪应力计算腹板宽度	自动扫描
X	0
Y	-1100

图6.22　下缘应力点属性修改

2)定义主梁截面

①在截面定义工作界面中间条单击鼠标右键,在弹出的下拉菜单中选择"增加空白截面",弹出"新建截面"对话框,将对话框中默认的截面名称修改为"主梁截面",并单击"确认"按钮,建立主梁截面,如图6.23所示。

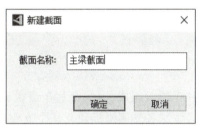

图6.23　新建截面对话框

②该桥的主梁并不是验算构件,且为了减少计算工作量,因此将主梁考虑成一个整体。首先,按照图6.9主梁布置和图6.12中梁、边梁截面尺寸,绘制主梁截面CAD图,并保存为"主梁截面.dwg"文件。然后,切换到"截面几何"工具栏,单击主菜单区域式中的"导入" 命令,弹出"导入区域"对话框。最后,单击"指定文件"项后的" ",指定CAD图保存路径,"图层名称"中选取主梁截面图形绘制的图层名称"主梁","CAD单位"选取CAD图绘制时取用的单位"cm","角度步长(度)"采用默认值"5",单击"确定"按钮,导入主梁截面,如图6.24所示。

图6.24　导入区域对话框

③切换到"截面计算"工具栏,鼠标左键单击"截面定义" 按钮,弹出"截面定义"对话框,在"截面定义"栏中,将"材料名称"修改为"C40","有效宽度模式"修改为"全部有效","有效宽度类型"修改为"上下

缘";在"截面总体"栏中,"构件轴线竖向位置"修改为"顶缘","截面拟合时自动排序"修改为"自动排序";在"梯度温度"栏中,"梯度温度模式"项同时勾选"公路15混凝土桥升温模式"和"公路15混凝土桥降温模式","沥青铺装厚(mm)"项输入"100"。修改后的"截面定义"对话框如图6.25所示。

图6.25　主梁截面定义对话框

④由图6.10可知,该桥主梁由9片车道板组成,因此每片车道板底缘均应设置一个支座位。鼠标左键单击"支座位" 按钮,然后在图形区按照各支座坐标建立9个支座位,如图6.26所示。

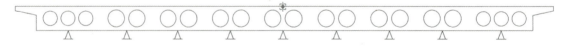

图6.26　主梁支座位布置

3)定义拱上立柱截面

①在截面定义工作界面中间条单击鼠标右键,在弹出的下拉菜单中选择"增加空白截面",弹出"新建截面"对话框,将对话框中默认的截面名称修改为"拱上立柱",并单击"确认"按钮,建立拱上立柱截面,如图6.27所示。

②切换到"截面几何"工具栏,单击主菜单参数式中的"矩形" 命令,然后鼠标左键单击工作界面,建立默认尺寸为1 000 mm×1 000 mm的矩形截面,如图6.28所示。

③鼠标左键分别双击激活矩形的高度和宽度标注,将截面高度和宽度分别修改为1 200 mm和1 600 mm,完成拱上立柱截面的建立,如图6.29所示。

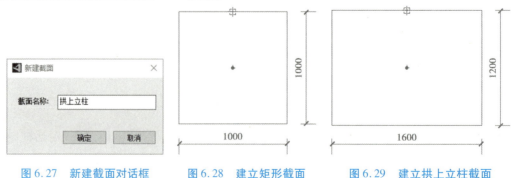

图6.27　新建截面对话框　　图6.28　建立矩形截面　　图6.29　建立拱上立柱截面

④切换到"截面计算"工具栏,鼠标左键单击"截面定义" 按钮,弹出"截面定义"对话框,在"截面定义"栏中,将"材料名称"修改为"C35","有效宽度模式"修改为"全部有效","有效宽度类型"修改为"上下缘";在"截面总体"栏中,"构件轴线竖向位置"和"构件轴线水平位置"均修改为"中点","截面拟合时自动排序"修改为"自动排序"。修改后的"截面定义"对话框如图6.30所示。

图6.30　拱上立柱截面定义对话框

4)定义拱上立柱系梁截面

①在截面定义工作界面中间条单击鼠标右键,在弹出的下拉菜单中选择"增加空白截面",弹出"新建截面"对话框,将对话框中默认的截面名称修改为"系梁",并单击"确认"按钮,建立拱上立柱系梁截面,如图6.31所示。

②切换到"截面几何"工具栏,单击主菜单参数式中的"矩形" 命令,然后鼠标左键单击工作界面,建立默认尺寸为1 000 mm×1 000 mm的矩形截面。

③鼠标左键双击激活矩形的高度标注,将截面宽度修改为800 mm,完成拱上立柱系梁截面的建立,如图6.32所示。

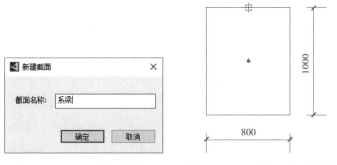

图6.31　新建截面对话框　　　图6.32　建立拱上立柱系梁截面

④切换到"截面计算"工具栏,鼠标左键单击"截面定义" 按钮,弹出"截面定义"对话框,在"截面定义"栏中,将"材料名称"修改为"C35","有效宽度模式"修改为"全部有效","有效宽度类型"修改为"上下缘";在"截面总体"栏中,"构件轴线竖向位置"和"构件轴线水平位置"均修改为"中点","截面拟合时自动

排序"修改为"自动排序"。修改后的"截面定义"对话框如图 6.33 所示。

图 6.33 拱上立柱系梁截面定义对话框

5)定义拱上立柱底梁截面

①在截面定义工作界面中间条单击鼠标右键,在弹出的下拉菜单中选择"增加空白截面",弹出"新建截面"对话框,将对话框中默认的截面名称修改为"1#立柱底梁",并单击"确认"按钮,建立拱上 1#立柱底梁截面,如图 6.34 所示。

②切换到"截面几何"工具栏,单击主菜单参数式中的"矩形" 命令,然后鼠标左键单击工作界面,建立默认尺寸为 1 000 mm×1 000 mm 的矩形截面。

③鼠标左键分别双击激活矩形的高度和宽度标注,将截面高度和宽度分别修改为 918 mm 和 1 400 mm,完成拱上 1#立柱底梁截面的建立,如图 6.35 所示。

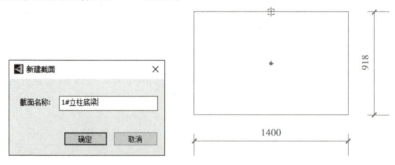

图 6.34 新建截面对话框   图 6.35 建立拱上立柱底梁截面

④切换到"截面计算"工具栏,鼠标左键单击"截面定义" 按钮,弹出"截面定义"对话框,在"截面定义"栏中,将"材料名称"修改为"C35","有效宽度模式"修改为"全部有效","有效宽度类型"修改为"上下缘";在"截面总体"栏中,"构件轴线竖向位置"修改为"顶缘","截面拟合时自动排序"修改为"自动排序"。修改后的"截面定义"对话框如图 6.36 所示。

⑤按照步骤①—步骤④的流程,建立 2#~5#立柱底梁截面。

图 6.36　1#立柱底梁截面定义对话框

小提示

a.由图 6.8 可知,该上承式拱桥关于拱顶截面对称,因此右半拱圈拱上 8#~12#立柱底梁截面与左半拱桥 1#~5#拱上立柱底梁截面一致,故 8#~12#立柱底梁使用 1#~5#拱上立柱底梁截面。

b.2#~5#立柱底梁截面宽度均为 1 400 mm,高度分别为 824 mm、743 mm、668 mm 和 597 mm。

6)定义拱上立柱盖梁截面

①在截面定义工作界面中间条单击鼠标右键,在弹出的下拉菜单中选择"增加空白截面",弹出"新建截面"对话框,将对话框中默认的截面名称修改为"盖梁",并单击"确认"按钮,建立拱上立柱盖梁截面,如图 6.37 所示。

②按照图 6.8—图 6.10 确定盖梁截面尺寸,绘制截面高度和宽度尺寸为 1 200 mm×1 300 mm 的矩形截面 CAD 图,并保存为"盖梁截面.dwg"文件。然后,切换到"截面几何"工具栏,单击主菜单区域式中的"导入"命令,弹出"导入区域"对话框。最后,单击"指定文件"项后的" "," 指定 CAD 图保存路径,"图层名称"中选取主拱圈截面图形绘制的图层名称"盖梁","CAD 单位"选取 CAD 图绘制时取用的单位"cm","角度步长(度)"采用默认值"5",单击"确定"按钮,导入盖梁截面,如图 6.38 所示。

图 6.37　拱上立柱盖梁新建截面对话框

图 6.38　导入区域对话框

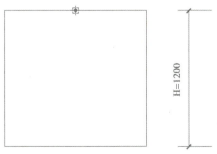

图 6.39　建立拱上立柱盖梁截面

③单击编辑"竖直标注" 命令,标注盖梁高度,并定义为参数 H(图 6.39),可按如下命令行提示

操作：

命令：section. createdxdim

指定第一个点位置：{鼠标左键单击矩形截面上缘点}

指定第二个点位置：{鼠标左键单击矩形截面下缘点}

指定标注位置：{鼠标左键在显示界面上任意点单击}

指定变量名称：H

指定变量值<1200>：{单击键盘"空格"键}

④在"截面计算"工具栏勾选"区域点号"，使图形区显示盖梁截面轮廓线各区域点的点号，鼠标左键双击盖梁截面轮廓线，弹出"截面区域属性"表格，将1号和2号区域点Y坐标值改为-H。修改后的"截面区域属性"如图6.40所示。

截面区域属性

编号	TX(mm)	TY(mm)
1	-650	-H
2	650	-H
3	650	0
4	-650	0

图 6.40　修改后盖梁截面区域点坐标

⑤按住 Ctrl 键并双击图形区的参数 H，进入参数编辑器窗口，并双击图形中的线条，弹出"截面参数 H 定义"表格，输入控制点 X 和 Y 的参数值，并选择相应的曲线类型，单击"确定"按钮，完成盖梁截面高度变化定义。截面参数 H 赋值如图 6.41 所示。

截面参数H定义

编号	控制点X(m)	控制点Y(mm)	特征点名称	曲线类型	曲线参数值
1	0	600		直线	
2	1.4	1200		直线	
3	10.85	1200		直线	
4	12.25	600		直线	

图 6.41　截面参数 H 定义窗口

⑥切换到"截面计算"工具栏，鼠标左键单击"截面定义" 按钮，弹出"截面定义"对话框，在"截面定义"栏中，将"材料名称"修改为"C35"，"有效宽度模式"修改为"全部有效"，"有效宽度类型"修改为"上下缘"；在"截面总体"栏中，"构件轴线竖向位置"修改为"顶缘"，"截面拟合时自动排序"修改为"自动排序"。修改后的"截面定义"对话框如图6.42所示。

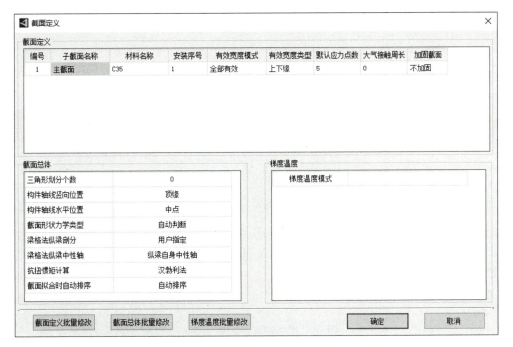

图 6.42　盖梁截面定义对话框

⑦鼠标左键单击控制点"支座位" 按钮,然后在图形区按照盖梁左、右支座坐标建立盖梁支座位,如图 6.43 所示,并且盖梁左、右支座位对象属性分别如图 6.44 和图 6.45 所示。

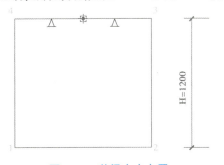

图 6.43　盖梁支座布置

对象属性	⊣
□ 支座位置点	
支座位名称	盖梁-支座位左
X	-300
Y	0

图 6.44　盖梁左支座位属性

对象属性	⊣
□ 支座位置点	
支座位名称	盖梁-支座位右
X	300
Y	0

图 6.45　盖梁右支座位属性

7)定义拱上垫墙截面

①在截面定义工作界面中间条单击鼠标右键,在弹出的下拉菜单中选择"增加空白截面",弹出"新建截面"对话框,将对话框中默认的截面名称修改为"垫墙",并单击"确认"按钮,建立拱上垫墙截面,如图 6.46 所示。

②切换到"截面几何"工具栏,单击主菜单参数式中的"矩形" 命令,然后鼠标左键单击工作界面,建立默认尺寸为 1 000 mm×1 000 mm 的矩形截面。

图 6.46　拱上垫墙新建截面对话框

③鼠标左键分别双击激活矩形的高度和宽度标注,将截面高度和宽度分别修改为 501 mm 和 1 400 mm,完成拱上垫墙截面的建立,如图 6.47 所示。

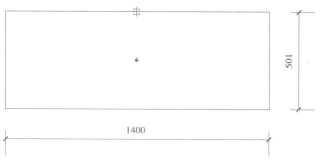

图 6.47　建立拱上垫墙截面

④切换到"截面计算"工具栏,鼠标左键单击"截面定义" σmax 按钮,弹出"截面定义"对话框,在"截面定义"栏中,将"材料名称"修改为"C35","有效宽度模式"修改为"全部有效","有效宽度类型"修改为"上下缘";在"截面总体"栏中,"构件轴线竖向位置"修改为"顶缘","截面拟合时自动排序"修改为"自动排序"。修改后的"截面定义"对话框如图 6.48 所示。

图 6.48　拱上垫墙截面定义对话框

8)定义交界墩截面

①在截面定义工作界面中间条单击鼠标右键,在弹出的下拉菜单中选择"增加空白截面",弹出"新建截面"对话框,将对话框中默认的截面名称修改为"交界墩",并单击"确认"按钮,建立交界墩截面,如图 6.49 所示。

②切换到"截面几何"工具栏,单击主菜单参数式中的"矩形" 命令,然后鼠标左键单击工作界面,建立默认尺寸为 1 000 mm×1 000 mm 的矩形截面。

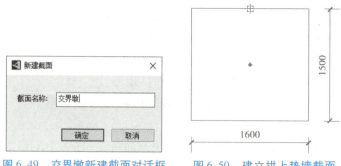

图 6.49　交界墩新建截面对话框　　图 6.50　建立拱上垫墙截面

③鼠标左键分别双击激活矩形的高度和宽度标注,将截面高度和宽度分别修改为 1 500 mm 和 1 600 mm,完成拱上立柱截面的建立,如图 6.50 所示。

④切换到"截面计算"工具栏,鼠标左键单击"截面定义"按钮,弹出"截面定义"对话框,在"截面定义"栏中,将"材料名称"修改为"C35","有效宽度模式"修改为"全部有效","有效宽度类型"修改为"上下缘";在"截面总体"栏中,"构件轴线竖向位置"和"构件轴线水平位置"均修改为"中点","截面拟合时自动排序"修改为"自动排序"。修改后的"截面定义"对话框如图 6.51 所示。

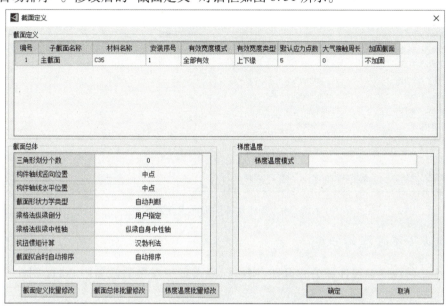

图 6.51　拱上垫墙截面定义对话框

9)定义交界墩系梁截面

①在截面定义工作界面中间条单击鼠标右键,在弹出的下拉菜单中选择"增加空白截面",弹出"新建截面"对话框,将对话框中默认的截面名称修改为"交界墩系梁",并单击"确认"按钮,建立交界墩系梁截面,如图 6.52 所示。

图 6.52　交界墩系梁新建截面对话框

②切换到"截面几何"工具栏,单击主菜单参数式中的"矩形"命令,然后鼠标左键单击工作界面,建立默认尺寸为 1 000 mm×1 000 mm 的矩形截面。

③鼠标左键分别双击激活矩形的高度和宽度标注,将截面高度和宽度分别修改为 1 400 mm 和 1 200 mm,完成交界墩系梁截面的建立,如图 6.53 所示。

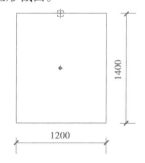

④切换到"截面计算"工具栏,鼠标左键单击"截面定义"按钮,弹出"截面定义"对话框,在"截面定义"栏中,将"材料名称"修改为"C35","有效宽度模式"修改为"全部有效","有效宽度类型"修改为"上下缘";在"截面总体"栏中,"构件轴线竖向位置"和"构件轴线水平位置"均修改为"中点","截面拟合时自动排序"修改为"自动排序"。修改后的"截面定义"对话框如图 6.54 所示。

图 6.53　建立交界墩系梁截面

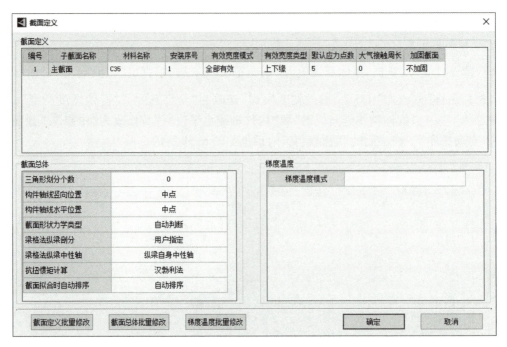

图 6.54　交界墩系梁截面定义对话框

▶ 6.3.3　建立上承式拱桥模型

由式(6.6)中悬链线拱轴线计算公式可知,当坐标原点置于左拱脚截面中心时(图 6.55),拱轴线上任意点纵坐标为

$$y_1 = f - \frac{f}{m-1}[\mathrm{ch}k(1-\xi_1)-1] \tag{6.13}$$

式中,$\xi_1 = x_1/L_1$,其他参数如式(6.6)和图 6.55 所示。

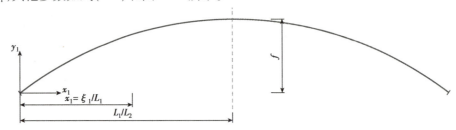

图 6.55　悬链线拱轴线坐标

此外,由 6.2.2 节可知,本章设计的上承式钢筋混凝土拱桥方案的净跨径 l_0 为 125 m、净矢高 f_0 为 20.83 m,则该桥的计算跨径为 126.296 m、计算矢高为 21.04 m。并且,该桥初步选定的拱轴系数值为 1.756。因此,可以采用 Excel 软件,按照式(6.13)编制计算悬链线拱轴线上各点的坐标的程序。同时根据图 6.8—图 6.10 确定拱上立柱、盖梁、底梁等构件的位置,按照如下流程建立该上承式拱桥的全桥模型:

①鼠标左键单击结构建模界面右侧的"建模"标签页,进入结构建模工作界面。

②切换到"高级建模"工具栏,鼠标左键单击轴线"三维" ↗ 按钮下方的下拉箭头,选择下拉菜单中的"表格" 按钮,弹出"轴线导入"对话框,在对话框中输入拱轴线各节点的坐标(图 6.56),并单击"确认"按钮,完成拱轴线的建立。

编号	X(m)	Y(m)	Z(m)
1	0	0	0
2	0.648	0	0.476
3	1.648	0	1.197
4	2.648	0	1.902
5	3.648	0	2.591
6	4.292	0	3.026
7	5.648	0	3.922
8	6.648	0	4.564
9	7.648	0	5.191
10	8.148	0	5.5
11	8.721	0	5.848
12	9.648	0	6.402
13	10.648	0	6.986
14	11.648	0	7.555
15	12.648	0	8.11
16	13.67	0	8.664

☑创建构件　　导入　　确定　　取消

图6.56　轴线导入

③切换到"常规建模"工具栏,鼠标左键单击截面"装截面"　[A-A]　按钮,选择主拱圈左起点(即 L 点)为安装点,在弹出的"选择截面"对话框中选择"主拱圈截面",并单击"确定"按钮,完成截面安装。安装截面后的主拱圈模型如图6.57所示。

④鼠标左键单击选中新建立的主拱圈构件,左侧树形菜单栏弹出"对象属性"表格,将其中的"构件名称"修改为"主拱圈","构件验算类型"修改为"钢筋砼梁","构件模板"修改为"常规空间砼主梁","自重系数"输入"1.04"。修改后的主拱圈构件属性如图6.58所示。

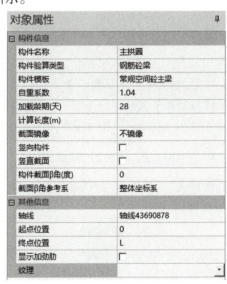

对象属性　　　　　　　　　　口

构件信息
构件名称	主拱圈
构件验算类型	钢筋砼梁
构件模板	常规空间砼主梁
自重系数	1.04
加载龄期(天)	28
计算长度(m)	
截面镜像	不镜像
竖向构件	□
竖直截面	□
构件截面β角(度)	0
截面β角参考系	整体坐标系

其他信息
轴线	轴线43690878
起点位置	0
终点位置	L
显示加劲肋	□
纹理	

图6.57　主拱圈模型　　　　　　　　　图6.58　主拱圈属性

⑤按照图6.8中拱圈中第一道横隔板(由左拱脚起算)的位置,鼠标左键单击选中拱圈中对应节点,左侧树形菜单栏弹出"对象属性"表格,将其中的"节点类型"选择"特征节点","名称"输入"HG1"(图6.59),将主拱圈第一道横隔板对应节点修改为特征节点并命名,修改完后如图6.60所示。

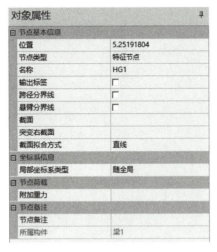

图 6.59　修改节点类型

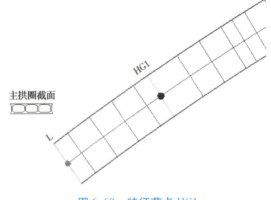

图 6.60　特征节点 HG1

⑥按照步骤⑤的方法,将主拱圈剩余横隔板对应节点修改为特征节点,并修改节点名称。横隔板特征节点修改完成后如图 6.61 所示。

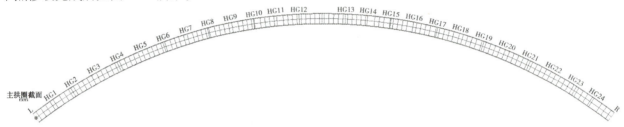

图 6.61　横隔板特征节点

⑦按照步骤⑤的方法,将与拱上立柱对应的主拱圈节点、拱圈拱顶节点和 $L/4$ 跨节点修改为特征节点,其中立柱对应拱圈节点名称修改为 LZ1,LZ2,…,LZ10,拱顶节点和 $L/4$ 跨节点名称修改为 GJ1 和 GJ2。

小 提示

由图 6.8 可见,拱上 6 号立柱和 7 号立柱对应拱圈节点与立柱下横隔板对应节点基本重合,因此 6 号立柱和 7 号立柱对应拱圈节点合为一个节点,并且在步骤⑤中修改了节点类型和命名。

⑧按照步骤②中的方法,切换到"高级建模"工具栏,选择轴线"三维" 下拉菜单中的"表格" 按钮,弹出"轴线导入"对话框,在对话框中输入 1#立柱底梁各节点的坐标(图 6.62),并单击"确认"按钮,完成 1#立柱底梁构件建立。

编号	X(m)	Y(m)	Z(m)
1	8.148	−4.75	7.704
2	8.148	−3.825	7.704
3	8.148	3.825	7.704
4	8.148	4.75	7.704

确定　　取消

图 6.62　底梁轴线导入

⑨切换到"常规建模"工具栏,鼠标左键单击截面"装截面" 按钮,选择底梁 L 节点为安装点,在弹

出的"选择截面"对话框中选择"1#立柱底梁",并单击"确定"按钮,完成截面安装。安装截面后的模型如图 6.63 所示。

⑩鼠标左键单击选中新建立的底梁构件,左侧树形菜单栏弹出"对象属性"表格,将其中的"构件名称"修改为"1#立柱底梁","构件验算类型"修改为"非验算构件","构件模板"修改为"常规空间砼主梁","自重系数"输入"1.04"。修改后的底梁构件属性如图 6.64 所示。

图 6.63　主拱圈模型

图 6.64　1#立柱底梁属性

⑪根据图 6.8 确定剩余各立柱底梁和垫墙的坐标,并按照步骤⑧—步骤⑩的方法,建立剩余各根底梁和垫墙构件,并修改底梁和垫墙构件属性。底梁和垫墙构件建立完成后如图 6.65 所示。

⑫切换到"高级建模"工具栏,选择轴线"三维" 下拉菜单中的"表格" 按钮,弹出"轴线导入"对话框,在对话框中输入 1#立柱左立柱各节点的坐标(图 6.66),并单击"确认"按钮,完成 1#立柱左立柱构件建立。按同样的方法,建立 1#立柱右立柱轴线,右立柱轴线导入表格如图 6.67 所示。

图 6.65　底梁和垫墙模型

图 6.66　1#立柱左立柱轴线导入　　　　图 6.67　1#立柱右立柱轴线导入

⑬切换到"常规建模"工具栏,鼠标左键单击截面"装截面" 按钮,分别选择 1#立柱左立柱和右立柱 L 节点为安装点,在弹出的"选择截面"对话框中选择"拱上立柱",并单击"确定"按钮,完成 1#立柱截面安装。

⑭鼠标左键单击构件"梁" 按钮下方的下拉箭头,选择下拉菜单中的"三维建梁" 按钮,按如下命令行提示输入数据,建立 1#立柱系梁构件。

命令:modeling. beam3d

输入梁起点<0,0,0>:{鼠标左键单击1#立柱左立柱中点}

指定下一个点:{鼠标左键单击1#立柱右立柱中点}

输入支座到梁端距离<0,0>:{单击键盘"空格"键}

⑮鼠标左键单击截面"装截面" $\overset{A-A}{\boxed{}}$ 按钮,选择1#立柱系梁L节点为安装点,在弹出的"选择截面"对话框中选择"系梁",并单击"确定"按钮,完成1#立柱系梁截面安装。1#立柱左立柱、右立柱和系梁截面安装后,模型如图6.68所示。

⑯鼠标左键分别单击选中1#立柱左立柱、右立柱和系梁构件,左侧树形菜单栏弹出"对象属性"表格,并按图6.69—图6.71修改1#立柱左立柱、右立柱和系梁构件属性。

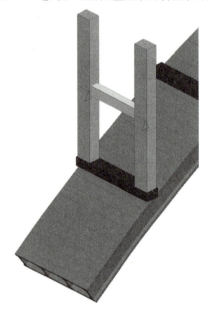

图6.68　1#立柱模型

对象属性

构件信息	
构件名称	1#立柱左立柱
构件验算类型	非验算构件
计算应力和活载	□
构件模板	常规空间砼塔墩柱
自重系数	1.04
加载龄期(天)	28
计算长度(m)	
截面镜像	不镜像
竖向构件	☑
水平截面	☑
构件截面β角(度)	0
其他信息	
轴线	轴线43695007
起点位置	0
终点位置	L
显示加劲肋	□
纹理	

图6.69　1#立柱左立柱对象属性

对象属性

构件信息	
构件名称	1#立柱右立柱
构件验算类型	非验算构件
计算应力和活载	□
构件模板	常规空间砼塔墩柱
自重系数	1.04
加载龄期(天)	28
计算长度(m)	
截面镜像	不镜像
竖向构件	☑
水平截面	☑
构件截面β角(度)	0
其他信息	
轴线	轴线43695018
起点位置	0
终点位置	L
显示加劲肋	□
纹理	

图6.70　1#立柱右立柱对象属性

对象属性

构件信息	
构件名称	1#立柱系梁
构件验算类型	非验算构件
计算应力和活载	□
构件模板	常规空间砼主梁
自重系数	1.04
加载龄期(天)	28
计算长度(m)	
截面镜像	不镜像
竖向构件	□
竖直截面	□
构件截面β角(度)	0
截面β角参考系	整体坐标系
其他信息	
轴线	轴线16
起点位置	0
终点位置	L
显示加劲肋	□
纹理	

图6.71　1#立柱系梁对象属性

⑰根据图 6.8 确定剩余各拱上立柱的坐标,并按照步骤⑫—步骤⑯的方法,建立剩余各根立柱和系梁构件,并修改立柱和系梁构件属性。立柱和系梁构件建立完成后模型如图 6.72 所示。

图 6.72　立柱和系梁模型

⑱切换到"高级建模"工具栏,选择轴线"三维"下拉菜单中的"表格"按钮,弹出"轴线导入"对话框,在对话框中输入左交界墩左立柱各节点的坐标(图 6.73),并单击"确认"按钮,完成左交界墩左立柱构件建立。按同样的方法,建立左交界墩右立柱轴线,右立柱轴线导入表格如图 6.74 所示。

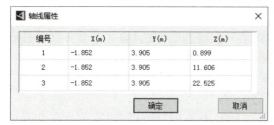

图 6.73　左交界墩左立柱轴线导入

图 6.74　左交界墩右立柱轴线导入

⑲切换到"常规建模"工具栏,鼠标左键单击截面"装截面"按钮,分别选择交界墩左立柱和右立柱 L 节点为安装点,在弹出的"选择截面"对话框中选择"交界墩",并单击"确定"按钮,完成左交界墩立柱截面安装。

⑳鼠标左键单击构件"梁"按钮下方的下拉箭头弹出下拉菜单,选择下拉菜单中的"三维建梁"(x,y,z)按钮,按如下命令行提示输入数据,建立左交界墩系梁构件。

命令:modeling. beam3d
输入梁起点<0,0,0>:{鼠标左键单击左交界墩左立柱中点}
指定下一个点:{鼠标左键单击左交界墩右立柱中点}
输入支座到梁端距离<0,0>:{单击键盘"空格"键}

㉑鼠标左键单击截面"装截面"按钮,选择左交界墩系梁 L 节点为安装点,在弹出的"选择截面"对话框中选择"交界墩系梁",并单击"确定"按钮,完成左交界墩系梁截面安装。左交界墩左立柱、右立柱和系梁截面安装后模型如图 6.75 所示。

图 6.75　左交界墩模型

㉒鼠标左键分别单击选中左交界墩左立柱、右立柱和系梁构件,左侧树形菜单栏弹出"对象属性"表格,并分别按图 6.76—图 6.78 修改左交界墩左立柱、右立柱和系梁构件属性。

对象属性	屮
构件信息	
构件名称	左交界墩左立柱
构件验算类型	非验算构件
计算应力和活载	□
构件模板	常规空间砼塔墩柱
自重系数	1.04
加载龄期(天)	28
计算长度(m)	
截面镜像	不镜像
竖向构件	☑
水平截面	☑
构件截面β角(度)	0
其他信息	
轴线	轴线43700908
起点位置	0
终点位置	L
显示加劲肋	□
纹理	

图 6.76　左交界墩左立柱对象属性

对象属性	屮
构件信息	
构件名称	左交界墩右立柱
构件验算类型	非验算构件
计算应力和活载	□
构件模板	常规空间砼塔墩柱
自重系数	1.04
加载龄期(天)	28
计算长度(m)	
截面镜像	不镜像
竖向构件	☑
水平截面	☑
构件截面β角(度)	0
其他信息	
轴线	轴线43700919
起点位置	0
终点位置	L
显示加劲肋	□
纹理	

图 6.77　左交界墩右立柱对象属性

㉓根据图 6.8 确定右交界墩立柱的坐标,并按照步骤⑱—步骤㉒的方法,建立右交界墩立柱和系梁构件,并修改立柱和系梁构件属性。右交界墩建立完成后模型如图 6.79 所示。

㉔切换到"高级建模"工具栏,选择轴线"三维" 下拉菜单中的"表格" 按钮,弹出"轴线导入"对话框,在对话框中输入左交界墩盖梁各节点的坐标(图 6.80),并单击"确认"按钮,完成左交界墩盖梁构件建立。

㉕切换到"常规建模"工具栏,鼠标左键单击截面"装截面" 按钮,选择交界墩盖梁 L 节点为安装点,在弹出的"选择截面"对话框中选择"交界墩盖梁",并单击"确定"按钮,完成左交界墩盖梁截面安装。安装截面后模型如图 6.81 所示。

对象属性	屮
构件信息	
构件名称	左交界墩系梁
构件验算类型	非验算构件
计算应力和活载	□
构件模板	常规空间砼主梁
自重系数	1.04
加载龄期(天)	28
计算长度(m)	
截面镜像	不镜像
竖向构件	□
竖直截面	□
构件截面β角(度)	0
截面β角参考系	整体坐标系
其他信息	
轴线	轴线40
起点位置	0
终点位置	L
显示加劲肋	□
纹理	

图 6.78　左交界墩系梁对象属性

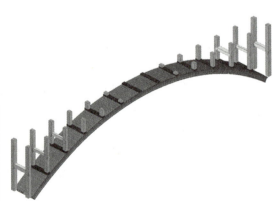

图 6.79　右交界墩模型

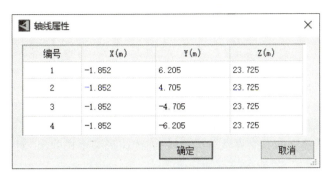

图 6.80　左交界墩盖梁轴线导入

㉖鼠标左键单击选中新建立的交界墩盖梁构件,左侧树形菜单栏弹出"对象属性"表格,将其中的"构件名称"修改为"左交界墩盖梁","构件验算类型"修改为"非验算构件","构件模板"修改为"常规空间砼主梁","自重系数"输入"1.04"。修改后的底梁构件属性如图 6.82 所示。

㉗根据图 6.9—图 6.10 确定盖梁支座对应节点坐标,鼠标左键单击节点"创建" 按钮,按如下命令行提示输入数据,建立交界墩盖梁支座节点。

命令:modeling. nj

选择构件:{鼠标左键单击选中盖梁构件}

指定参考节点或[左端(L)/中点(M)/右端(R)]<L>:{单击键盘"空格"键}

指定生成方向[左向右(L)/双向(S)/右向左(R)]<L>:{单击键盘"空格"键}

指定间距:1.08+1.375+6*1.25+1.375

指定节点类型[一般节点(C)/特征节点(T)/施工缝(S)]<T>:{单击键盘"空格"键}

图 6.81　左交界墩盖梁模型

㉘鼠标左键单击选中盖梁新建立左边第一个支座节点,左侧树形菜单栏弹出"对象属性"表格,将其中的"名称"修改为"支座位 1",修改后的节点属性如图 6.83 所示。按同样方法,将剩余节点名称分别修改为支座位 2、支座位 3、…、支座位 9。

对象属性	
□ 构件信息	
构件名称	左交界墩盖梁
构件验算类型	非验算构件
计算应力和活载	□
构件模板	常规空间砼主梁
自重系数	1.04
加载龄期(天)	28
计算长度(m)	
截面镜像	不镜像
竖向构件	□
竖直截面	□
构件截面β角(度)	0
截面β角参考系	整体坐标系
□ 其他信息	
轴线	轴线43703066
起点位置	0
终点位置	L
显示加劲肋	□
纹理	

图 6.82　左交界墩盖梁属性

对象属性	
□ 节点基本信息	
位置	1.08
节点类型	特征节点
名称	支座位1
输出标签	□
跨径分界线	□
悬臂分界线	□
截面	
突变右截面	
截面拟合方式	直线
□ 坐标系信息	
局部坐标系类型	随全局
□ 节点荷载	
附加重力	
□ 节点备注	
节点备注	
所属构件	左交界墩盖梁

图 6.83　盖梁支座节点属性

㉙鼠标左键单击构件编辑"复制" ⟳ 按钮,按如下命令行提示输入数据,复制建立右交界墩盖梁。

命令:modeling. co
选择对象:｛鼠标左键单击选中盖梁构件｝
指定基点:｛鼠标左键单击选中盖梁左节点(L节点)｝
指定第二个点或<指定位移>:130

㉚鼠标左键单击选中新建立的右交界墩盖梁构件,左侧树形菜单栏弹出"对象属性"表格,将其中的"构件名称"修改为"右交界墩盖梁",其他参数不做修改。

㉛切换到"高级建模"工具栏,选择轴线"三维" ⟋ 下拉菜单中的"表格" 按钮,弹出"轴线导入"对话框,在对话框中输入1#立柱盖梁各节点的坐标(图6.84),并单击"确认"按钮,完成1#立柱盖梁构件的建立。

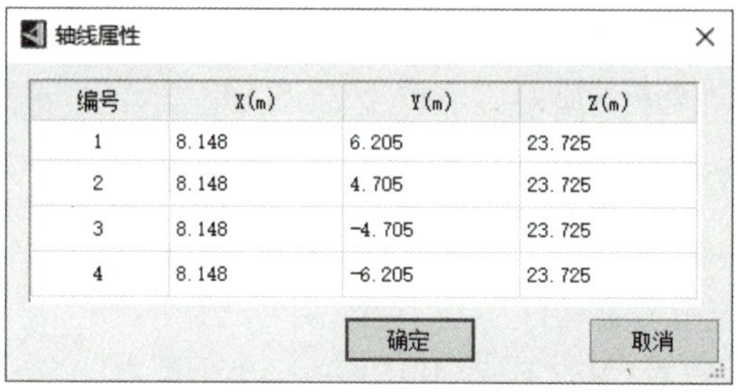

编号	X(m)	Y(m)	Z(m)
1	8.148	6.205	23.725
2	8.148	4.705	23.725
3	8.148	-4.705	23.725
4	8.148	-6.205	23.725

图6.84　1#立柱盖梁轴线导入

㉜切换到"常规建模"工具栏,鼠标左键单击截面"装截面" A-A 按钮,选择交界墩盖梁L节点为安装点,在弹出的"选择截面"对话框中选择"盖梁",并单击"确定"按钮,完成1#立柱盖梁截面安装。

㉝鼠标左键单击选中新建立的1#立柱盖梁构件,左侧树形菜单栏弹出"对象属性"表格,将其中的"构件名称"修改为"1#立柱盖梁","构件验算类型"修改为"非验算构件","构件模板"修改为"常规空间砼主梁","自重系数"输入"1.04",其他参数不做修改。

㉞按照步骤㉗—步骤㉘的方法,创建1#立柱盖梁支座节点,并修改各支座节点名称。

㉟鼠标左键单击构件编辑"复制" ⟳ 按钮,按如下命令行提示输入数据,复制建立2#立柱盖梁。

命令:modeling. co
选择对象:｛鼠标左键单击选中1#立柱盖梁构件｝
指定基点:｛鼠标左键单击选中1#立柱盖梁左节点(L节点)｝
指定第二个点或<指定位移>:10

㊱鼠标左键单击选中新建立的2#立柱盖梁构件,左侧树形菜单栏弹出"对象属性"表格,将其中的"构件名称"修改为"2#立柱盖梁",其他参数不做修改。

㊲按照步骤㉟—步骤㊱的方法,复制建立3#立柱盖梁~12#立柱盖梁、6#垫墙盖梁和7#垫墙盖梁构件,并修改新建盖梁属性。盖梁构件全部建立完成后,全桥模型如图6.85所示。

㊳切换到"高级建模"工具栏,选择轴线"三维" ⟋ 下拉菜单中的"表格" 按钮,弹出"轴线导入"对话框,在对话框中输入拱上主梁左右各节点的坐标(图6.86),并单击"确认"按钮,建立拱上主梁轴线。

图 6.85 盖梁构件建立后全桥模型

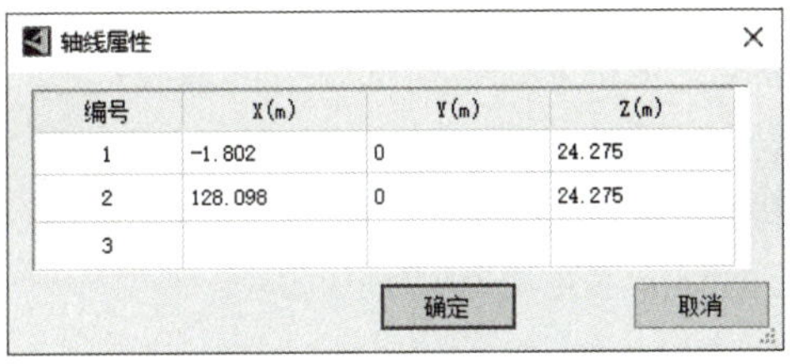

图 6.86 拱上主梁轴线导入

㊴鼠标左键单击选中新建立的拱上主梁轴线,左侧树形菜单栏弹出"对象属性"表格,将其中的"名称"修改为"主梁轴线",如图 6.87 所示。

㊵切换到"常规建模"工具栏,鼠标左键单击构件"梁" [图] 按钮下方的下拉箭头,选择下拉菜单中的"轴线梁" [图] 按钮,按如下命令行提示输入数据,建立各跨主梁构件。

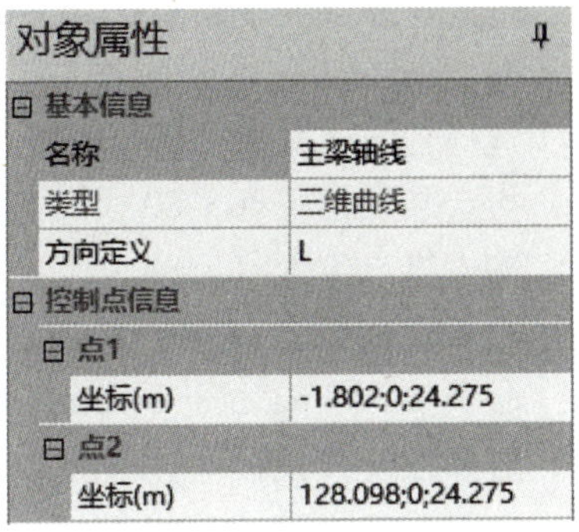

图 6.87 主梁轴线名称修改

命令:modeling. beambyline

选择轴线:{鼠标左键单击选中主梁轴线}

指定起点位置<0>:{鼠标左键单击选中主梁轴线左端节点}

输入终点位置<L>:9.9

输入支座到梁端距离<0,0>:0.3

命令:modeling. beambyline

选择轴线:{鼠标左键单击选中主梁轴线}

指定起点位置<0>:10

输入终点位置<L>:19.9

输入支座到梁端距离<0,0>:0.3

命令:modeling. beambyline

选择轴线:{鼠标左键单击选中主梁轴线}

指定起点位置<0>:20

输入终点位置<L>:29.9

输入支座到梁端距离<0,0>:0.3

命令:modeling. beambyline

选择轴线:{鼠标左键单击选中主梁轴线}

指定起点位置<0>:30

输入终点位置<L>:39.9

输入支座到梁端距离<0,0>:0.3

命令:modeling. beambyline

选择轴线:{鼠标左键单击选中主梁轴线}

指定起点位置<0>:40

输入终点位置<L>:49.9

输入支座到梁端距离<0,0>:0.3

命令:modeling. beambyline

选择轴线:{鼠标左键单击选中主梁轴线}

指定起点位置<0>:50

输入终点位置<L>:59.9

输入支座到梁端距离<0,0>:0.3

命令:modeling. beambyline

选择轴线:｛鼠标左键单击选中主梁轴线｝

指定起点位置<0>:60

输入终点位置<L>:69.9

输入支座到梁端距离<0,0>:0.3

命令:modeling. beambyline

选择轴线:｛鼠标左键单击选中主梁轴线｝

指定起点位置<0>:70

输入终点位置<L>:79.9

输入支座到梁端距离<0,0>:0.3

命令:modeling. beambyline

选择轴线:｛鼠标左键单击选中主梁轴线｝

指定起点位置<0>:80

输入终点位置<L>:89.9

输入支座到梁端距离<0,0>:0.3

命令:modeling. beambyline

选择轴线:｛鼠标左键单击选中主梁轴线｝

指定起点位置<0>:90

输入终点位置<L>:99.9

输入支座到梁端距离<0,0>:0.3

命令:modeling. beambyline

选择轴线:｛鼠标左键单击选中主梁轴线｝

指定起点位置<0>:100

输入终点位置<L>:109.9

输入支座到梁端距离<0,0>:0.3

命令:modeling. beambyline

选择轴线:｛鼠标左键单击选中主梁轴线｝

指定起点位置<0>:110

输入终点位置<L>:119.9

输入支座到梁端距离<0,0>:0.3

命令:modeling. beambyline

选择轴线:｛鼠标左键单击选中主梁轴线｝

指定起点位置<0>:120

输入终点位置<L>:｛单击键盘空格键｝

输入支座到梁端距离<0,0>:0.3

㊶鼠标左键单击截面"装截面" A-A 按钮,选择第一跨主梁 L 节点为安装点,在弹出的"选择截面"对话框中选择"主梁截面",并单击"确定"按钮,完成第一跨主梁截面安装。安装截面后模型如图 6.88 所示。

㊷鼠标左键单击选中新建立的第一跨主梁构件,左侧树形菜单栏弹出"对象属性"表格,将其中的"构件名称"修改为"第一跨主梁","构件验算类型"修改为"非验算构件","构件模板"修改为"常规空间混凝土主

梁","自重系数"输入"1.04"。修改后的第一跨主梁构件属性如图 6.89 所示。

图 6.88　第一跨主梁截面安装完成模型

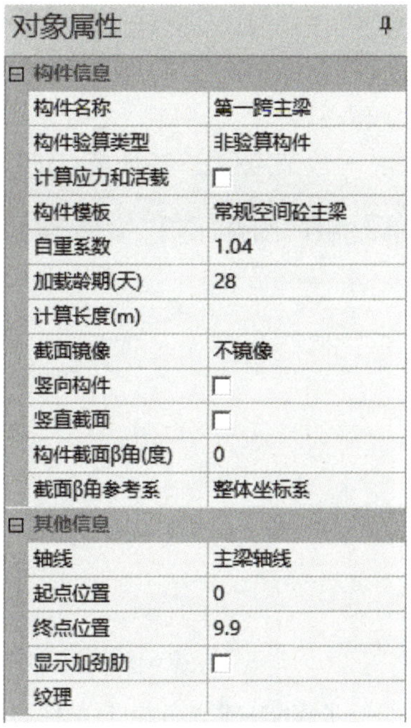

图 6.89　第一跨主梁构件属性

㊸按照步骤㊶—步骤㊷的方法,对第二跨～第十三跨主梁构件安装主梁截面,并修改各跨主梁构件属性。全部主梁截面安装完成后,全桥模型如图 6.90 所示。

㊹鼠标左键单击节点"加密"  命令,按照 2 m 间距对主梁、拱上立柱、拱上立柱系梁、拱上立柱底梁、垫墙、交界墩立柱和交界墩系梁等结构节点进行加密处理。

图 6.90　主梁构件建立后全桥模型

㊺鼠标左键单击构件"刚臂" 命令,按如下命令行提示输入数据,建立拱圈 LZ1 节点与 1 号立柱底梁节点之间的刚臂连接。

命令:modeling. rigid

选择生成刚性连接模式[直接节点式(J)/构件相交式(M)/杆端连接式(E)]<J>:｛单击键盘"空格"键｝

选择节点(或者基础):｛鼠标左键单击拱圈 LZ1 节点｝

选择节点(或者基础):｛鼠标左键单击 1 号立柱底梁节点｝

㊻按照步骤㊺建立拱圈与各拱上立柱底梁构件、各立柱底梁与立柱、各立柱与系梁构件之间的刚臂连接。其中拱圈与 1#立柱底梁、1#立柱底梁与 1#立柱左右立柱之间的刚臂连接如图 6.91 所示。

㊼根据图 6.9 确定盖梁与左交界墩左立柱和右立柱轴线对应节点坐标,鼠标左键单击节点"创建" 按钮,按如下命令行提示输入数据,在盖梁构件上建立与左交界墩左立柱和右立柱对应节点。

命令:modeling. nj

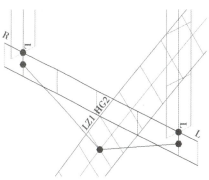

图 6.91　拱圈与 1#立柱底梁、1#立柱底梁与 1#立柱左右立柱之间的刚臂连接

选择构件:{鼠标左键单击选中交界墩盖梁构件}

指定参考节点或[左端(L)/中点(M)/右端(R)]<L>:{单击键盘"空格"键}

指定生成方向[左向右(L)/双向(S)/右向左(R)]<L>:{单击键盘"空格"键}

指定间距:2.3+7.81

指定节点类型[一般节点(C)/特征节点(T)/施工缝(S)]<T>:{单击键盘"空格"键}

⑱鼠标左键单击构件"刚臂" 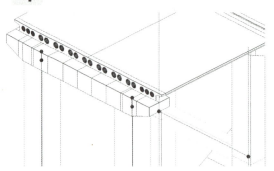 命令,建立左交界墩左、右立柱与盖梁之间的刚臂连接,如图6.92所示。

图6.92 左交界墩立柱与盖梁之间的刚臂连接

⑲按照步骤⑰—步骤⑱,建立各拱上立柱、垫墙、右交界墩等构件与盖梁之间的刚臂连接。

小提示

立柱和垫墙盖梁新建节点间距为2.38+7.65。

㊿鼠标左键双击拱圈轮廓线,弹出"构件节点属性汇总"表格,将其中拱圈横隔板对应节点HG1节点~HG24节点的"附加重力(kN)"项均输入"−73.944"(图6.93),以模拟拱圈横隔板的重量。

编号	节点类型	位置(m)	特征名称	输出标签	跨径分界线	是臂	弯矩折减	支承宽度(mm)	支承宽度竖向位置	截面	子腹板	突变右截面	突变右截面子腹板	拟合方式	附加重力(kN)	坐标系	原点	X轴	Y轴
104	特征节点	35.6...	GJ1	□	□	□	□		梁底					直线		随全局	0;0;0	1;0;0	0;1;0
105	特征节点	67.7...	GJ2	□	□	□	□		梁底					直线		随全局	0;0;0	1;0;0	0;1;0
106	特征节点	5.25...	HG1	□	□	□	□		梁底					直线	−73.944	随全局	0;0;0	1;0;0	0;1;0
107	特征节点	10.5...	HG2	□	□	□	□		梁底					直线	−73.944	随全局	0;0;0	1;0;0	0;1;0
108	特征节点	16.1...	HG3	□	□	□	□		梁底					直线	−73.944	随全局	0;0;0	1;0;0	0;1;0
109	特征节点	21.7...	HG4	□	□	□	□		梁底					直线	−73.944	随全局	0;0;0	1;0;0	0;1;0
110	特征节点	27.1...	HG5	□	□	□	□		梁底					直线	−73.944	随全局	0;0;0	1;0;0	0;1;0
111	特征节点	32.4...	HG6	□	□	□	□		梁底					直线	−73.944	随全局	0;0;0	1;0;0	0;1;0
112	特征节点	37.6...	HG7	□	□	□	□		梁底					直线	−73.944	随全局	0;0;0	1;0;0	0;1;0
113	特征节点	42.7...	HG8	□	□	□	□		梁底					直线	−73.944	随全局	0;0;0	1;0;0	0;1;0
114	特征节点	47.8...	HG9	□	□	□	□		梁底					直线	−73.944	随全局	0;0;0	1;0;0	0;1;0
115	特征节点	52.8...	HG10	□	□	□	□		梁底					直线	−73.944	随全局	0;0;0	1;0;0	0;1;0
116	特征节点	57.8...	HG11	□	□	□	□		梁底					直线	−73.944	随全局	0;0;0	1;0;0	0;1;0
117	特征节点	62.7...	HG12	□	□	□	□		梁底					直线	−73.944	随全局	0;0;0	1;0;0	0;1;0
118	特征节点	72.7...	HG13	□	□	□	□		梁底					直线	−73.944	随全局	0;0;0	1;0;0	0;1;0
119	特征节点	77.6...	HG14	□	□	□	□		梁底					直线	−73.944	随全局	0;0;0	1;0;0	0;1;0
120	特征节点	82.6...	HG15	□	□	□	□		梁底					直线	−73.944	随全局	0;0;0	1;0;0	0;1;0
121	特征节点	87.6...	HG16	□	□	□	□		梁底					直线	−73.944	随全局	0;0;0	1;0;0	0;1;0
122	特征节点	92.6...	HG17	□	□	□	□		梁底					直线	−73.944	随全局	0;0;0	1;0;0	0;1;0
123	特征节点	97.8...	HG18	□	□	□	□		梁底					直线	−73.944	随全局	0;0;0	1;0;0	0;1;0
124	特征节点	103...	HG19	□	□	□	□		梁底					直线	−73.944	随全局	0;0;0	1;0;0	0;1;0
125	特征节点	108...	HG20	□	□	□	□		梁底					直线	−73.944	随全局	0;0;0	1;0;0	0;1;0
126	特征节点	113...	HG21	□	□	□	□		梁底					直线	−73.944	随全局	0;0;0	1;0;0	0;1;0
127	特征节点	119...	HG22	□	□	□	□		梁底					直线	−73.944	随全局	0;0;0	1;0;0	0;1;0
128	特征节点	124...	HG23	□	□	□	□		梁底					直线	−73.944	随全局	0;0;0	1;0;0	0;1;0
129	特征节点	130...	HG24	□	□	□	□		梁底					直线	−73.944	随全局	0;0;0	1;0;0	0;1;0

确定　取消

图6.93 横隔板重量施加

▶ **6.3.4　定义施工分析信息**

由前文可知,本节所建模型为拱轴线调整模型,因此桥梁施工分析信息按照一次成桥定义,不考虑桥梁施工过程对桥梁内力的影响。拱轴线调整模型施工分析信息定义流程如下:

①双击工作界面树形菜单栏中的"施工分析" ,进入施工分析信息输入界面。

②修改中间条的"当前阶段"名称为"一次成桥",单击信息表下部的"总体信息"选项卡,总体信息所有参数不做修改,如图6.94 所示。

图 6.94　总体信息

③切换到"施工阶段"工具栏,鼠标左键单击装拆"安装施工段" 按钮,然后鼠标左键框选模型所有构件,将上承式拱桥所有构件一次性安装完成。

④鼠标左键单击信息表下部的"支座"选项卡,按图 6.95 修改"支座"表格,定义左、右交界墩墩底节点以及左、右拱脚节点的固结支座特性。其中,固结支座的边界条件如图 6.96 所示。

图 6.95　支座表格

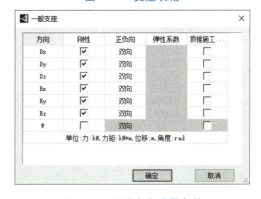

图 6.96　固结支座边界条件

⑤鼠标左键单击信息表下部的"弹性连接"选项卡,输入"弹性连接"表格中各项参数,建立主梁与交界墩盖梁和拱上立柱盖梁之间的连接,模拟主梁支座。限于篇幅,图6.97中仅列出了第一跨主梁与左交界墩盖梁和1#立柱盖梁之间的弹性连接表格参数,其他各跨主梁支座信息可参考输入。

编号	名称	节点1	位置1	节点2	位置2	连接点相对位置	方向角(度)	Dx(kN/m)	Dy(kN/m)	Dz(kN/m)	Rx(kN*m/rad)	Ry(kN*m/rad)	Rz(kN*m/rad)
1	第一跨左1支座	1|第一跨主梁|D0|0	支座位1	1|左交界墩盖梁|支座位1|0	盖梁-支座位左	0	0	10000000	10000000	10000000	10000000	0	10000000
2	第一跨左2支座	1|第一跨主梁|D0|0	支座位2	1|左交界墩盖梁|支座位2|0	盖梁-支座位左	0	0	10000000	10000000	10000000	10000000	0	10000000
3	第一跨左3支座	1|第一跨主梁|D0|0	支座位3	1|左交界墩盖梁|支座位3|0	盖梁-支座位左	0	0	10000000	10000000	10000000	10000000	0	10000000
4	第一跨左4支座	1|第一跨主梁|D0|0	支座位4	1|左交界墩盖梁|支座位4|0	盖梁-支座位左	0	0	10000000	10000000	10000000	10000000	0	10000000
5	第一跨左5支座	1|第一跨主梁|D0|0	支座位5	1|左交界墩盖梁|支座位5|0	盖梁-支座位左	0	0	10000000	10000000	10000000	10000000	0	10000000
6	第一跨左6支座	1|第一跨主梁|D0|0	支座位6	1|左交界墩盖梁|支座位6|0	盖梁-支座位左	0	0	10000000	10000000	10000000	10000000	0	10000000
7	第一跨左7支座	1|第一跨主梁|D0|0	支座位7	1|左交界墩盖梁|支座位7|0	盖梁-支座位左	0	0	10000000	10000000	10000000	10000000	0	10000000
8	第一跨左8支座	1|第一跨主梁|D0|0	支座位8	1|左交界墩盖梁|支座位8|0	盖梁-支座位左	0	0	10000000	10000000	10000000	10000000	0	10000000
9	第一跨左9支座	1|第一跨主梁|D0|0	支座位9	1|左交界墩盖梁|支座位9|0	盖梁-支座位左	0	0	10000000	10000000	10000000	10000000	0	10000000
10	第一跨右1支座	1|第一跨主梁|D1|0	支座位1	1|1#立柱盖梁|支座位1|0	盖梁-支座位右	0	0	0	0	10000000	0	0	10000000
11	第一跨右2支座	1|第一跨主梁|D1|0	支座位2	1|1#立柱盖梁|支座位2|0	盖梁-支座位右	0	0	0	0	10000000	0	0	10000000
12	第一跨右3支座	1|第一跨主梁|D1|0	支座位3	1|1#立柱盖梁|支座位3|0	盖梁-支座位右	0	0	0	0	10000000	0	0	10000000
13	第一跨右4支座	1|第一跨主梁|D1|0	支座位4	1|1#立柱盖梁|支座位4|0	盖梁-支座位右	0	0	0	0	10000000	0	0	10000000
14	第一跨右5支座	1|第一跨主梁|D1|0	支座位5	1|1#立柱盖梁|支座位5|0	盖梁-支座位右	0	0	0	0	10000000	0	0	10000000
15	第一跨右6支座	1|第一跨主梁|D1|0	支座位6	1|1#立柱盖梁|支座位6|0	盖梁-支座位右	0	0	0	0	10000000	0	0	10000000
16	第一跨右7支座	1|第一跨主梁|D1|0	支座位7	1|1#立柱盖梁|支座位7|0	盖梁-支座位右	0	0	0	0	10000000	0	0	10000000
17	第一跨右8支座	1|第一跨主梁|D1|0	支座位8	1|1#立柱盖梁|支座位8|0	盖梁-支座位右	0	0	0	0	10000000	0	0	10000000
18	第一跨右9支座	1|第一跨主梁|D1|0	支座位9	1|1#立柱盖梁|支座位9|0	盖梁-支座位右	0	0	0	0	10000000	0	0	10000000

图6.97 第一跨主梁与盖梁之间的弹性连接

第一跨主梁支座边界条件如图6.98所示。

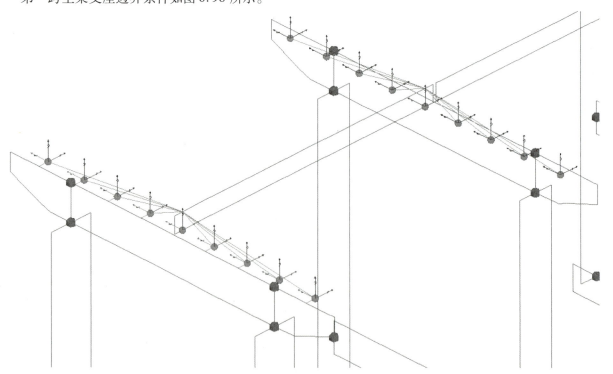

图6.98 第一跨主梁支座边界条件

⑥鼠标左键单击信息表下部的"线性荷载"选项卡,按图6.99和图6.100对"线性荷载"表格进行修改,对主梁施加桥面铺装和防撞墙自重荷载。

当前阶段： 一次成桥　　　　　批量复制　更新同名边界条件

编号	名称	类型	方向	起点位置	起点荷载 (kN/m, kN*m/m)	终点位置	终点荷载 (kN/m, kN*m/m)	坐标系
1	桥面铺装	结构重力及附加重力	Fz	1|第一跨主梁|L|||	-56.85	1|第一跨主梁|R|||	-56.85	整体坐标系
2	桥面铺装	结构重力及附加重力	Fz	1|第二跨主梁|L|||	-56.85	1|第二跨主梁|R|||	-56.85	整体坐标系
3	桥面铺装	结构重力及附加重力	Fz	1|第三跨主梁|L|||	-56.85	1|第三跨主梁|R|||	-56.85	整体坐标系
4	桥面铺装	结构重力及附加重力	Fz	1|第四跨主梁|L|||	-56.85	1|第四跨主梁|R|||	-56.85	整体坐标系
5	桥面铺装	结构重力及附加重力	Fz	1|第五跨主梁|L|||	-56.85	1|第五跨主梁|R|||	-56.85	整体坐标系
6	桥面铺装	结构重力及附加重力	Fz	1|第六跨主梁|L|||	-56.85	1|第六跨主梁|R|||	-56.85	整体坐标系
7	桥面铺装	结构重力及附加重力	Fz	1|第七跨主梁|L|||	-56.85	1|第七跨主梁|R|||	-56.85	整体坐标系
8	桥面铺装	结构重力及附加重力	Fz	1|第八跨主梁|L|||	-56.85	1|第八跨主梁|R|||	-56.85	整体坐标系
9	桥面铺装	结构重力及附加重力	Fz	1|第九跨主梁|L|||	-56.85	1|第九跨主梁|R|||	-56.85	整体坐标系
10	桥面铺装	结构重力及附加重力	Fz	1|第十跨主梁|L|||	-56.85	1|第十跨主梁|R|||	-56.85	整体坐标系
11	桥面铺装	结构重力及附加重力	Fz	1|第十一跨主梁|L|||	-56.85	1|第十一跨主梁|R|||	-56.85	整体坐标系
12	桥面铺装	结构重力及附加重力	Fz	1|第十二跨主梁|L|||	-56.85	1|第十二跨主梁|R|||	-56.85	整体坐标系
13	桥面铺装	结构重力及附加重力	Fz	1|第十三跨主梁|L|||	-56.85	1|第十三跨主梁|R|||	-56.85	整体坐标系

施工汇总　总体信息　构件安装拆除　钢束安装拆除　支座　主从约束　弹性连接　自由度释放　集中荷载　**线性荷载**　强迫位移　梯度温度　挂篮操作

图 6.99　桥面铺装线性荷载

当前阶段： 一次成桥　　　　　批量复制　更新同名边界条件

编号	名称	类型	方向	起点位置	起点荷载 (kN/m, kN*m/m)	终点位置	终点荷载 (kN/m, kN*m/m)	坐标系
14	防撞墙	结构重力及附加重力	Fz	1|第一跨主梁|L|||	-23.3	1|第一跨主梁|R|||	-23.3	整体坐标系
15	防撞墙	结构重力及附加重力	Fz	1|第二跨主梁|L|||	-23.3	1|第二跨主梁|R|||	-23.3	整体坐标系
16	防撞墙	结构重力及附加重力	Fz	1|第三跨主梁|L|||	-23.3	1|第三跨主梁|R|||	-23.3	整体坐标系
17	防撞墙	结构重力及附加重力	Fz	1|第四跨主梁|L|||	-23.3	1|第四跨主梁|R|||	-23.3	整体坐标系
18	防撞墙	结构重力及附加重力	Fz	1|第五跨主梁|L|||	-23.3	1|第五跨主梁|R|||	-23.3	整体坐标系
19	防撞墙	结构重力及附加重力	Fz	1|第六跨主梁|L|||	-23.3	1|第六跨主梁|R|||	-23.3	整体坐标系
20	防撞墙	结构重力及附加重力	Fz	1|第七跨主梁|L|||	-23.3	1|第七跨主梁|R|||	-23.3	整体坐标系
21	防撞墙	结构重力及附加重力	Fz	1|第八跨主梁|L|||	-23.3	1|第八跨主梁|R|||	-23.3	整体坐标系
22	防撞墙	结构重力及附加重力	Fz	1|第九跨主梁|L|||	-23.3	1|第九跨主梁|R|||	-23.3	整体坐标系
23	防撞墙	结构重力及附加重力	Fz	1|第十跨主梁|L|||	-23.3	1|第十跨主梁|R|||	-23.3	整体坐标系
24	防撞墙	结构重力及附加重力	Fz	1|第十一跨主梁|L|||	-23.3	1|第十一跨主梁|R|||	-23.3	整体坐标系
25	防撞墙	结构重力及附加重力	Fz	1|第十二跨主梁|L|||	-23.3	1|第十二跨主梁|R|||	-23.3	整体坐标系
26	防撞墙	结构重力及附加重力	Fz	1|第十三跨主梁|L|||	-23.3	1|第十三跨主梁|R|||	-23.3	整体坐标系

施工汇总　总体信息　构件安装拆除　钢束安装拆除　支座　主从约束　弹性连接　自由度释放　集中荷载　**线性荷载**　强迫位移　梯度温度　挂篮操作

图 6.100　防撞墙线性荷载

6.3.5　执行模型计算

①在工具条"项目"标签下单击"诊断当前"按钮，软件将对前处理的内容进行检查。

②系统诊断无误后，在主菜单"项目"标签下单击"计算当前"按钮，执行计算。

6.4   上承式拱桥拱轴系数取值确定

▶ 6.4.1   拱圈内力计算结果查询

①鼠标右键单击项目管理树形菜单中"上承式拱桥"项目下"拱轴线调整模型"模型的"结果查询" ，在弹出的下拉菜单中单击"新文件夹"，弹出"新建查询文件夹"对话框，输入新建文件夹名称"拱圈内力"。

②鼠标右键单击新建的"拱圈内力"文件夹，在弹出的下拉菜单中单击"新建查询"，弹出"新建查询"对话框，输入名称"拱圈内力"，"工况"项选择"施工阶段"，"阶段"项选择"一次成桥"，"内容"项选择"截面效应汇总"，"效应"项选择"内力"，"位置"项选择"主拱圈.L.R"，"类型"项选择"全量"，鼠标左键单击"确定"按钮，建立拱圈内力查询项，如图6.101所示。

③自重、桥面铺装和防撞墙荷载作用下，主拱圈拱脚位置内力如图6.102所示。

图6.101   新建查询对话框

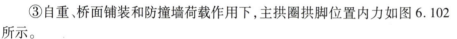

荷载工况	N (kN)	Qy (kN)	Qz (kN)	Mx (kN·m)	My (kN·m)	Mz (kN·m)
	[一次成桥]阶段[主拱圈.L.R]截面内力汇总					
结构重力	47144.8	0.0	-400.2	22.7	-9358.7	-87.7
桥面铺装	6276.8	-0.0	-420.7	0.0	1327.1	0.0
防撞墙	2572.5	-0.0	-172.4	0.0	543.9	0.0
阶段累计	55994.1	0.0	-993.3	22.7	-7487.7	-87.7

图6.102   主拱圈拱脚截面内力

由图6.102可知，新建结构内力查重结果给出了结构自重、桥面铺装和防撞墙恒荷载各分项荷载作用下拱脚截面的内力，也给出了各类型荷载累计作用的截面内力值。此外，还可以通过中间条的"位置"项，修改读取不同截面的内力值，如可以将"位置"项分别修改为"主拱圈.GJ1.R"和"主拱圈.GJ2.R"读取主拱圈$L/4$截面和拱顶截面的内力值，分别如图6.103和图6.104所示。

荷载工况	N (kN)	Qy (kN)	Qz (kN)	Mx (kN·m)	My (kN·m)	Mz (kN·m)
	[一次成桥]阶段[主拱圈.GJ1.R]截面内力汇总					
结构重力	40029.4	0.0	38.8	16.8	716.7	-63.5
桥面铺装	5569.6	-0.0	45.6	0.0	-710.1	0.0
防撞墙	2282.7	-0.0	18.7	0.0	-291.1	0.0
阶段累计	47881.7	0.0	103.0	16.8	-284.5	-63.4

图6.103   主拱圈$L/4$截面内力

荷载工况	N (kN)	Qy (kN)	Qz (kN)	Mx (kN·m)	My (kN·m)	Mz (kN·m)
	[一次成桥]阶段[主拱圈.GJ2.R]截面内力汇总					
结构重力	38232.3	0.0	89.6	0.0	3674.7	-46.3
桥面铺装	5307.7	-0.0	10.6	-0.0	1590.0	0.0
防撞墙	2175.4	-0.0	4.3	-0.0	651.7	0.0
阶段累计	45715.3	0.0	104.6	0.0	5916.4	-46.2

图6.104   主拱圈拱顶截面内力

▶ 6.4.2　合理拱轴系数确定

由6.2.1节可知,为确定合理的拱轴系数取值,需要计算不同拱圈拱轴系数取值下,拱圈关键截面的内力值。因此,本章将拱轴系数分别取《公路桥涵设计手册——拱桥》(上册)中附表(Ⅲ)中的1.543、1.756、1.988和按0.01的步距在1.50~2.00内取值,计算各拱轴系数值对应的拱轴系数坐标值(拱圈矢高和跨径等参数不变),并修改6.3节中建立的上承式拱桥模型的拱圈拱轴线坐标,计算、提取不同拱轴系数取值时拱圈关键截面的内力值,并按照6.2.1节中的参照设计目标确定合理拱轴系数取值。具体处理过程如下:

①采用Excel软件计算拱轴系数分别取1.50、1.51、1.52、…、2.00时的主拱圈坐标值。

②鼠标左键双击工作界面树形菜单栏中的"结构建模" ，并单击界面右侧的"建模"标签页,进入结构建模工作界面。

③鼠标左键双击拱圈拱轴线,弹出"轴线导入"对话框,输入不同拱轴系数取值下的拱轴线坐标,并单击"确认"按钮,完成拱轴线坐标修改。拱轴系数取1.50时,拱轴线部分节点坐标如图6.105所示。

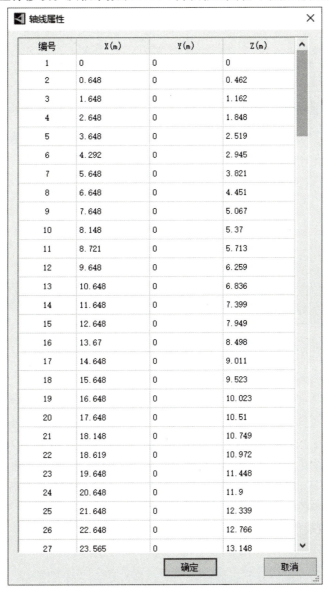

编号	X(m)	Y(m)	Z(m)
1	0	0	0
2	0.648	0	0.462
3	1.648	0	1.162
4	2.648	0	1.848
5	3.648	0	2.519
6	4.292	0	2.945
7	5.648	0	3.821
8	6.648	0	4.451
9	7.648	0	5.067
10	8.148	0	5.37
11	8.721	0	5.713
12	9.648	0	6.259
13	10.648	0	6.836
14	11.648	0	7.399
15	12.648	0	7.949
16	13.67	0	8.498
17	14.648	0	9.011
18	15.648	0	9.523
19	16.648	0	10.023
20	17.648	0	10.51
21	18.148	0	10.749
22	18.619	0	10.972
23	19.648	0	11.448
24	20.648	0	11.9
25	21.648	0	12.339
26	22.648	0	12.766
27	23.565	0	13.148

图6.105　拱轴系数取1.50时拱轴线部分节点坐标

④鼠标左键单击"项目"标签下的"计算当前"（▶）按钮，执行计算。

⑤鼠标左键双击"拱圈内力"文件夹下的"拱圈内力" 🔳**拱圈内力**，提取拱圈拱脚截面、$L/4$ 跨截面和拱顶截面内力值。

按照步骤①—步骤⑤计算并提取各拱轴系数对应模型的拱圈拱脚截面、$L/4$ 跨截面和拱顶截面的内力值，并计算 $L/4$ 跨截面偏心距值。拱脚截面和拱顶截面的弯矩和拱轴系数之间的关系分别如图 6.106 和图 6.107 所示，$L/4$ 跨截面偏心距值与拱轴系数之间的关系如图 6.108 所示。

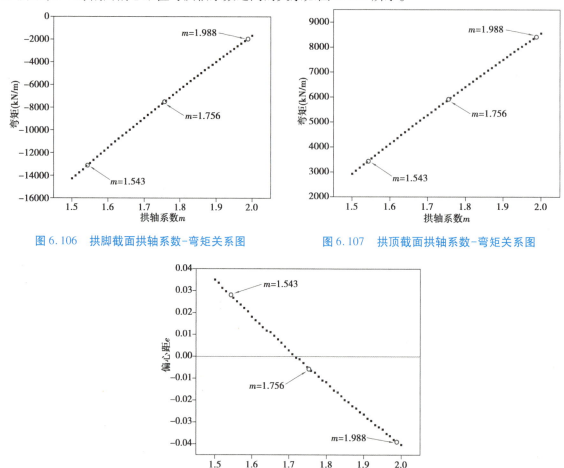

图 6.106　拱脚截面拱轴系数-弯矩关系图　　　　　图 6.107　拱顶截面拱轴系数-弯矩关系图

图 6.108　$L/4$ 跨截面拱轴系数-偏心距关系图

由图 6.106—图 6.108 可知，在拱轴系数由 1.5 增大至 2.0 的过程中，拱脚均承受负弯矩，并且负弯矩绝对值不断减小；$L/4$ 跨截面偏心距值由负值逐渐变为正值，并且当拱轴系数为 1.71 ~ 1.72 时，截面偏心距值可达 0；拱顶截面均承受正弯矩，并且随着拱轴系数值的增大而增大。此外，拱轴系数值取 1.756 时，$L/4$ 跨截面偏心距值为 -0.006，约等于 0，并且拱脚截面弯矩值和拱顶截面弯矩值处于各拱轴系数取值对应的弯矩值的中间值。同时，考虑到本桥初步设计时初选拱轴系数值为 1.756。因此，最终确定 1.756 为本上承式拱桥设计方案的合理拱轴系数取值，以减少重新设计的工作量。

6.5　上承式拱桥验算模型建立

6.4.2 节中确定本上承式拱桥合理拱轴系数值为 1.756，与拱轴线初步拟选的拱轴系数值一致。拱圈、拱上建筑等结构的截面尺寸可以直接采用6.2.2节中上承式拱桥初步设计方案中的截面尺寸,并在此基础上对拱圈结构进行普通钢筋布置,按照《桥规》(2018)中的相关规定进行验算,确定拱圈结构的安全性,最终确定上承式钢筋混凝土拱桥设计方案。因此,本节将以6.4节中建立的上承式拱桥拱轴线调整模型为基础,进行修改,并完善钢筋设计、施工分析信息和运营分析信息等,建立上承式拱桥验算模型,并进行验算,确定上承式钢筋混凝土拱桥设计方案的合理性。

▶ 6.5.1　总体信息和结构建模信息修改

1)总体信息修改

①鼠标右键单击项目管理树形菜单中"上承式拱桥"项目下"拱轴线调整模型"模型,在弹出的下拉菜单中单击"副本",并在弹出的"输入新的模型名称"对话框中输入"验算模型",单击"确认"按钮,建立该桥验算模型。

②双击工作界面树形菜单栏"验算模型"模型下的"总体信息" ⓘ,进入总体信息输入界面,勾选"计算内容"项中的"计算收缩""计算徐变""计算活载""计算屈曲"和"进行验算"等项(图6.109),并在"材料定义"项中增加"HRB400"普通钢筋材料(图6.110),其余"总体信息"项设置与"拱轴线调整模型"模型相同,不做修改。

计算内容	
计算预应力	☐
计算收缩	☑
计算徐变	☑
计算活载	☑
活载布置	☐
计算柔性墩台水平力分配	☐
计算屈曲	☑
自振分析	☐
人致振动	☐
计算倾覆	☐
计算抗震	
计算抗撞	☐
进行验算	☑
调束	☐
调索	☐
最终计算阶段	运营阶段

图6.109　验算模型计算内容

编号	名称	材料类型	材料索引	收缩调整系数	徐变调整系数	粉煤灰掺量(%)	说明
1	C50	混凝土	C50	1	1	0	
2	C40	混凝土	C40	1	1	0	
3	C35	混凝土	C35	1	1	0	
4	HRB400	钢筋	HRB400				

基本　地质　钻孔　墩台

图6.110　验算模型材料定义

2)结构建模信息修改

①双击工作界面树形菜单栏中的"结构建模" 🚃,进入结构建模界面。
②拱圈截面、拱上建筑(立柱、底梁、盖梁、主梁等)截面和交界墩截面等不需要重新建立截面。
③鼠标左键单击结构建模界面右侧的"建模"标签页,进入结构建模工作界面。

④鼠标左键单击选中主拱圈构件,左侧树形菜单栏弹出"对象属性"表格,将其中的"构件验算类型"修改为"钢筋砼柱","构件模板"修改为"常规空间砼拱","计算长度(m)"输入"-0.36"。修改后的主拱圈构件属性如图 6.111 所示。

图 6.111　主拱圈属性

小提示

《桥规》(2018)第4.4.7条中规定,拱圈应验算拱的平面内纵向稳定性,并且计算平面内纵向稳定时,拱圈的计算长度可按下列规定采用:三铰拱取 $0.58L_a$、双铰拱取 $0.54L_a$、无铰拱取 $0.36L_a$(L_a 为拱轴线长度)。本桥应按无铰拱计算拱圈计算长度,即拱圈属性中的"计算长度(m)"项应按 $0.36L_a$ 计算。当输入负值时,表示输入的是系数值,如此处应输入"-0.36";输入正值,则表示计算长度值。

▶ 6.5.2　输入拱圈布置钢筋

上承式钢筋混凝土拱桥是桥梁工程中应用较为广泛的一种桥型,有较多的工程实例。因此,参考上承式钢筋混凝土拱桥实例的主拱圈钢筋布置情况,确定了本上承式拱桥设计方案的主拱圈钢筋布置。其中,拱圈箍筋布置如图 6.112 所示,拱圈横截面 A—A 截面钢筋如图 6.113 所示,主拱圈布置钢筋的直径见表6.3。

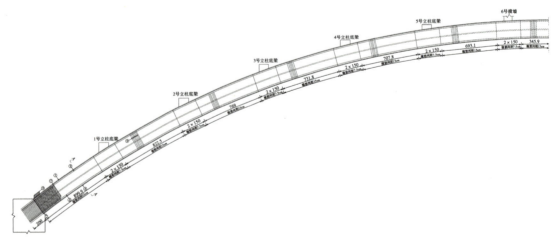

图 6.112　拱圈截面钢筋布置图(单位:cm)

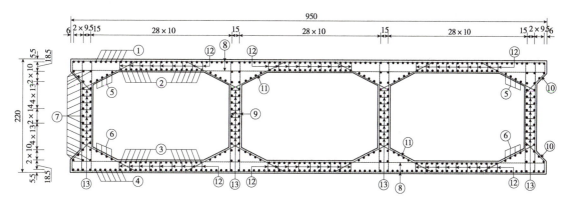

图6.113 A—A 截面钢筋布置图(单位:cm)

表6.3 主拱圈布置钢筋型号表

钢筋编号	钢筋种类	钢筋直径/mm	钢筋编号	钢筋种类	钢筋直径/mm
1	HRB400	28	8	HRB400	16
2	HRB400	28	9	HRB400	12
3	HRB400	28	10	HRB400	12
4	HRB400	28	11	HRB400	12
5	HRB400	12	12	HRB400	10
6	HRB400	12	13	HRB400	10
7	HRB400	12			

小提示

主拱圈钢筋布置应首先参考6.1.4节中的拱圈配筋类型和直径进行初步布置,然后通过多次试算和调整,确定最终的拱圈配筋方案。但是,由于篇幅有限,本书省略了具体拱圈钢筋布置试算过程,仅列出最终的主拱圈钢筋布置方案。

根据图6.112和图6.113,在桥梁博士V5软件中输入拱圈纵向钢筋和箍筋设计信息,具体步骤如下:

①鼠标左键双击项目管理树形菜单中"上承式拱桥"项目下"验算模型"模型的"钢筋设计",进入钢筋设计界面。

②鼠标左键单击工具条"钢筋"标签下的"纵筋",按如下命令行提示操作,生成主拱圈顶底板的两层纵向钢筋轮廓线。

命令:steel.ZJ

指定偏移距离(正值表示距梁底、负值表示距梁顶)<60,−60>:55,−55

指定左右端距<0,0>:{单击键盘"空格"键}

命令:steel.ZJ

指定偏移距离(正值表示距梁底、负值表示距梁顶)<60,−60>:200,−200

指定左右端距<0,0>:{单击键盘"空格"键}

③鼠标左键分别双击拱圈截面底板上缘和下缘纵筋轮廓线,弹出"钢筋编辑"对话框,分别按图6.114和图6.115对底板上缘和下缘纵筋轮廓线"钢筋编辑"对话框进行修改,并单击"确定"按钮,完成拱圈底板上缘和下缘纵向普通钢筋布置。

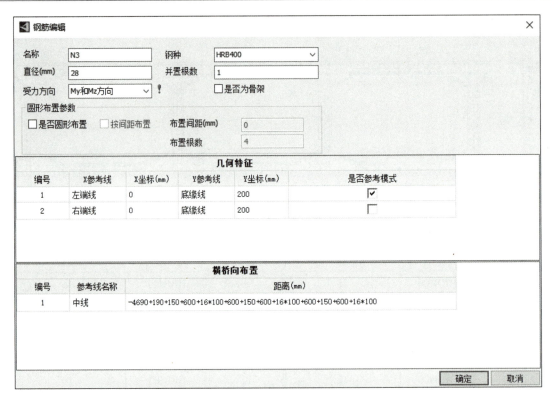

图 6.114　主拱圈底板上缘纵筋布置参数

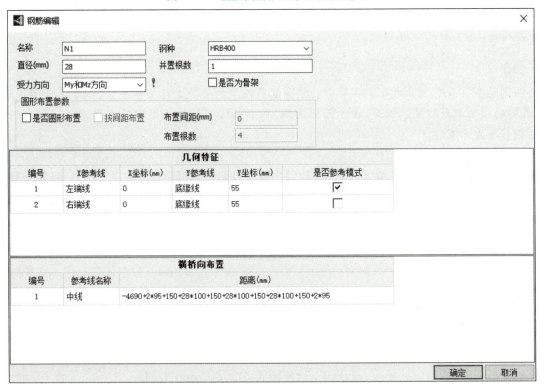

图 6.115　主拱圈底板下缘纵筋布置参数

④鼠标左键分别双击拱圈顶板上缘和下缘纵筋轮廓线,弹出"钢筋编辑"对话框,分别按图 6.116 和图 6.117 对拱圈顶板上缘和下缘纵筋轮廓线"钢筋编辑"对话框进行修改,并单击"确定"按钮,完成主拱圈顶板上缘和下缘纵向普通钢筋布置。

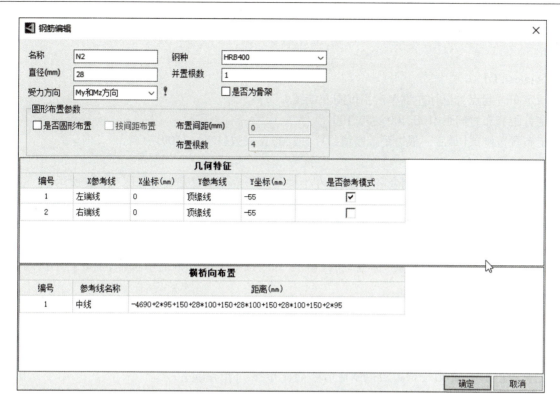

图6.116　主拱圈顶板上缘纵筋布置参数

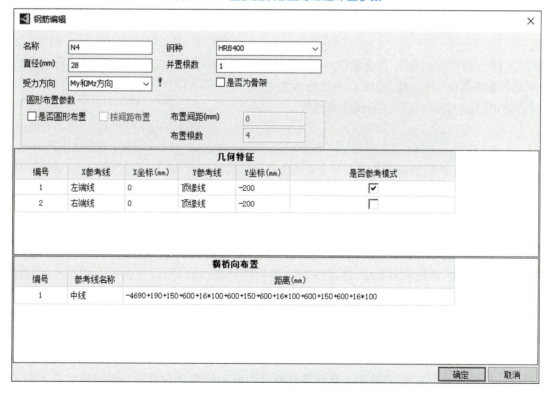

图6.117　主拱圈顶板下缘纵筋布置参数

⑤鼠标左键单击工具条"钢筋"标签下的"建视口" ，弹出"新建视口"对话框,并在"名称"行输入"箍筋",单击"确定"按钮后,单击"重排" ,完成箍筋视口创建。

⑥鼠标左键单击工具条"钢筋"标签下的"箍筋" ，按如下命令行提示操作,生成左半拱圈拱脚区域箍筋。

命令:steel. GJ

请指定布置起点:|鼠标左键单击主拱圈左端线 L 节点|

指定首距和布置间距<100,100>:50,100

指定布置范围或[最后一根边距控制值(D)]或[布置根数(C)]<1500>:C

输入布置根数<15>:90

按上述方法生成左半拱圈剩余区域箍筋,左半拱圈箍筋全部布置完成后如图 6.118 所示。

图 6.118　左半拱圈箍筋布置

⑦鼠标左键单击工具条"钢筋"标签下的"箍筋" ，按如下命令行提示操作,生成右半拱圈拱脚区域箍筋:

命令:steel. GJ

请指定布置起点:|鼠标左键单击主拱圈右端线 R 节点|

指定首距和布置间距<100,150>:-50,100

指定布置范围或[最后一根边距控制值(D)]或[布置根数(C)]<1500>:C

输入布置根数<23>:90

按上述方法生成右半拱圈剩余区域箍筋,完成主拱圈箍筋的建立。

⑧鼠标左键分别双击步骤⑥和步骤⑦中建立的各部分箍筋,弹出"箍筋属性"对话框,按图 6.119 修改箍筋属性,并单击"确定"按钮,完成新建箍筋属性的修改。

图 6.119　箍筋属性对话框

▶ 6.5.3　输入验算模型施工分析信息

上承式钢筋混凝土拱桥的施工方式与桥梁的建造材料、结构形式、跨径大小和所处位置的不同而不同。此外,拱圈的结构设计与施工方法密切相关,施工过程和运营阶段结构的应力应变也受施工方法的影响,并且施工方法的进步又可以推动拱桥跨径的不断增大。因此,应根据具体情况,选择合理的拱桥施工方法,有时可能因施工需要而调整跨径和桥型结构。当前,上承式混凝土拱桥常用的施工方法有落地支架现浇法、钢拱架现浇(拼装)法、转体施工法、劲性骨架施工法、悬臂施工法和组合施工法等。

①落地支架现浇法:首先采用木材、钢材(构件)等搭建形成拱架,然后在拱架上砌筑或浇筑主拱圈,最后落架并施工完成桥梁剩余结构的施工。

②钢拱架现浇(拼装)法:当拱圈离地面较高或需要跨越河流、山谷时,以两岸拱座前方为拱架的拱脚,安装与拱圈跨径接近的钢拱架(拱架跨径小于拱圈跨径),最后在拱架上现浇或拼装混凝土拱圈。

③转体施工法:将拱圈或整个上部的两个半跨分别置于两岸,利用地形或简单支架进行现浇或预制拼装,然后利用千斤顶等动力装置,将这两个半跨结构转动至桥轴位置合龙成拱。根据转动方式的不同,转体施工法可分为竖向转体、平面转体和平竖结合转体 3 种。

④劲性骨架施工法:用劲性钢材(角钢、槽钢等型钢或钢管)作为混凝土拱桥的配筋,在施工过程中,先完成拱圈内的劲性钢骨拱,作为拱圈混凝土施工的拱架,然后在钢骨架拱上现浇混凝土,将钢骨架拱埋入拱圈混凝土中,最终形成钢筋混凝土拱圈。

⑤悬臂施工法:悬臂施工法包括悬臂浇筑法和悬臂拼装法两种。悬臂浇筑法是借助于专用挂篮,结合

使用斜吊钢筋的斜吊式悬臂浇筑施工方法,悬臂浇筑施工过程中,除第一段拱肋用斜吊支架现浇混凝土,其余各段均用挂篮现浇施工。悬臂拼装法是将拱圈的各个组成部分事先预制,然后将整孔桥跨的拱肋、立柱通过临时斜压杆或斜拉杆和上弦拉杆组成桁架拱片,沿桥跨分作几段,再用横系梁和临时风构将两个桁架拱片组装成框构,每节框构整体运至桥孔,由两端向跨中逐段悬臂拼装合龙。

⑥组合施工法:组合施工法是在一座上承式钢筋混凝土拱桥施工中,采用上述施工方法中的两种或两种以上的施工方法。

根据上述各种施工方法的特点,并结合本上承式钢筋混凝土拱桥方案的特点,最终决定采用钢拱架现浇施工法。具体施工流程如下:

①引桥和拱上桥面板预制、交界墩施工,拱座基坑开挖及防护,浇筑拱座,安装钢拱架(图 6.120),按拱圈底板、腹板及施工临时荷载总重的 110% 对钢拱架进行对称预压。

图 6.120　钢拱架搭设

②现浇主拱圈,按沿拱轴线方向分段、沿拱圈高度方向分环,采用纵、横向两岸对称、均衡的原则进行浇筑。分段按先拱脚、后拱顶、再 1/4 的原则划分;分环按底板、腹板及横隔板、顶板及拱上立柱底梁分为三环,第一环合龙并达到 85% 的设计强度后方可浇筑腹板及横隔板,腹板及横隔板达到 80% 设计强度后方可浇筑顶板及立柱底梁,如图 6.121 所示。

图 6.121　主拱圈浇筑

③两岸对称同步拆除钢拱架,如图 6.122 所示。

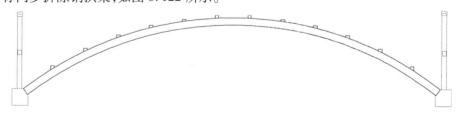

图 6.122　钢拱架拆除

④按照 1、12 号立柱→2、11 号立柱→5、8 号立柱和 6、7 号垫墙→3、10 号立柱和 4、9 号立柱的顺序两岸对称浇筑拱上立柱,如图 6.123 所示。

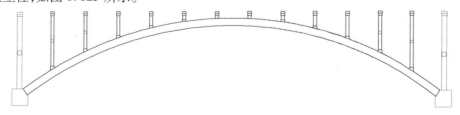

图 6.123　浇筑拱上立柱

⑤从拱脚向拱顶依次两岸对称吊装第 1 跨~第 15 跨拱上腹孔预制空心板,如图 6.124 所示。

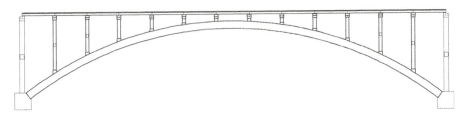

图 6.124　吊装拱上桥面板

⑥从两拱脚至拱顶同步、对称、均衡浇筑桥面铺装、防撞墙等,完成全桥施工,并开通运营。

根据上述上承式钢筋混凝土拱桥施工流程,并考虑软件建模的需要,将上承式拱桥的施工流程简化为下部结构施工、上部结构施工、桥面铺装和收缩徐变 4 个施工阶段。按照上述 4 个施工阶段,对拱轴线调整模型中建立的桥梁施工分析信息进行修改,建立完整的上承式钢筋混凝土拱桥施工过程。

1)下部结构施工阶段定义

①双击工作界面树形菜单栏中的"施工分析"🔧,切换到"验算模型"的施工分析信息输入界面。

②修改中间条的"当前阶段"名称为"下部结构施工",并鼠标左键单击信息表下部的"总体信息"选项卡,设定"施工持续天数(天)"为"120"。

③切换到"施工阶段"工具栏,鼠标左键单击装拆"安装施工段"🔲 按钮,然后再点击选取主拱圈、交界墩、拱上立柱和底梁、盖梁等结构,完成下部结构安装。下部结构安装完成后,模型如图 6.125 所示。

图 6.125　下部结构安装

④鼠标左键单击信息表下部的"支座"选项卡,按图 6.126 修改"支座"表格,定义交界墩底节点和主拱圈左、右拱脚节点的固结支座特性。其中,固结支座的边界条件如图 6.127 所示。

编号	名称	节点	支座位置	支座类型	一般支座	耦合弹性支座
1	左交界墩左立柱	1 左交界墩左立柱 |L|0	对齐点	一般支座	1 |双向 |0 |0 |1 |双向 |0 |0 |1 |双向 |0 |0 |1 |双向 |0 |0 |1 |双向 |0 |0 |1 |双向 |0 |0 |1 |双向 |0 |0	|0
2	左交界墩右立柱	1 左交界墩右立柱 |L|0	对齐点	一般支座	1 |双向 |0 |0 |1 |双向 |0 |0 |1 |双向 |0 |0 |1 |双向 |0 |0 |1 |双向 |0 |0 |1 |双向 |0 |0 |1 |双向 |0 |0	|0
3	左拱脚	1 主拱圈 |L|0	对齐点	一般支座	1 |双向 |0 |0 |1 |双向 |0 |0 |1 |双向 |0 |0 |1 |双向 |0 |0 |1 |双向 |0 |0 |1 |双向 |0 |0 |1 |双向 |0 |0	|0
4	右拱脚	1 主拱圈 |R|0	对齐点	一般支座	1 |双向 |0 |0 |1 |双向 |0 |0 |1 |双向 |0 |0 |1 |双向 |0 |0 |1 |双向 |0 |0 |1 |双向 |0 |0 |1 |双向 |0 |0	|0
5	右交界墩左立柱	1 右交界墩左立柱 |L|0	对齐点	一般支座	1 |双向 |0 |0 |1 |双向 |0 |0 |1 |双向 |0 |0 |1 |双向 |0 |0 |1 |双向 |0 |0 |1 |双向 |0 |0 |1 |双向 |0 |0	|0
6	右交界墩右立柱	1 右交界墩右立柱 |L|0	对齐点	一般支座	1 |双向 |0 |0 |1 |双向 |0 |0 |1 |双向 |0 |0 |1 |双向 |0 |0 |1 |双向 |0 |0 |1 |双向 |0 |0 |1 |双向 |0 |0	|0

施工汇总　总体信息　构件安装拆除　钢束安装拆除　支座　主从约束　弹性连接　自由度释放　集中荷载　线性荷载　强迫位移　梯度温度　挂篮操作　屈曲分析　抗倾覆　索力调

图 6.126　支座表格

2)上部结构施工阶段定义

①鼠标左键单击中间条的"新增施工阶段"📄按钮,修改中间条的"当前阶段"名称为"上部结构施工",再单击信息表下部的"总体信息"选项卡,设定"施工持续天数(天)"为"30"。

②切换到"施工阶段"工具栏,鼠标左键单击装拆"安装施工段"🔲 按钮,然后再点击选取各跨主梁结构,完成上部结构安装。上部结构安装完成后,模型如图 6.128 所示。

③鼠标左键单击信息表下部的"弹性连接"选项卡,按照 6.3.4 节步骤⑤的方法输入"弹性连接"表格中各项参数,建立主梁与交界墩盖梁和拱上立柱盖梁之间的连接,模拟主梁支座。

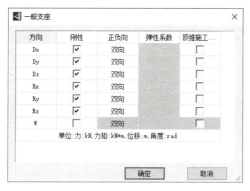

图 6.127　固结支座边界条件

图 6.128　上部结构安装

3) 桥面铺装施工阶段定义

①鼠标左键单击中间条的"新增施工阶段" 按钮,修改中间条的"当前阶段"名称为"桥面铺装",再单击信息表下部的"总体信息"选项卡,设定"施工持续天数(天)"为"30"。

②鼠标左键单击信息表下部的"线性荷载"选项卡,按照 6.3.4 节步骤⑥的方法输入"线性荷载"表格中的各项参数,对主梁施加桥面铺装和防撞墙自重荷载。

4) 收缩徐变施工阶段定义

鼠标左键单击中间条的"新增施工阶段" 按钮,修改中间条的"当前阶段"名称为"收缩徐变",再单击信息表下部的"总体信息"选项卡,设定"施工持续天数(天)"为"3650"。

▶ 6.5.4　定义运营分析信息

①鼠标左键双击项目管理树形菜单中的"运营分析" ,进入运营分析信息输入界面。

②鼠标左键单击信息表下部的"总体信息"选项卡,设定"升温温差(℃)"和"降温温差(℃)"均为"20",如图 6.129 所示。

显示工况:		文字比例(%):	100
总体信息			
收缩徐变天数(天)		0	
升温温差(℃)		20	
降温温差(℃)		20	
考虑正负向的荷载			
活载计算构件			
列车空车均载加载		规范最不利加载	
挠度验算位置			
穷举法验算截面			

总体信息　集中荷载　线性荷载　强迫位移　梯度温度　纵向加

图 6.129　定义总体信息

③鼠标左键单击信息表下部的"强迫位移"选项卡,按照图 6.130 对"名称""支座"和"Dz(m)"等参数进行设置,完成该桥左、右交界墩墩底支座和左、右拱脚支座变位的定义,模拟桥梁的不均匀沉降。

显示工况:		文字比例(%):	100	单位(m)				
				强迫位移				
编号	名称	支座	Dx(m)	Dy(m)	Dz(m)	Rx(度)	Ry(度)	Rz(度)
1	左交界墩-1	左交界墩左立柱	0	0	-0.005	0	0	0
2	左交界墩-2	左交界墩右立柱	0	0	-0.005	0	0	0
3	左拱脚	左拱脚	0	0	-0.005	0	0	0
4	右拱脚	右拱脚	0	0	-0.005	0	0	0
5	右交界墩-1	右交界墩左立柱	0	0	-0.005	0	0	0
6	右交界墩-2	右交界墩右立柱	0	0	-0.005	0	0	0

总体信息　集中荷载　线性荷载　强迫位移　梯度温度　纵向加载　横向加载　行车线加载　影响面加载　并发反力　屈曲分析　自振分析

图 6.130　定义强迫位移

④鼠标左键单击信息表下部的"梯度温度"选项卡,按照图 6.131 对"名称""构件"和"温度模式"等参数进行设置,完成主拱圈和第一跨主梁~第十三跨主梁梯度升温和梯度降温两种梯度温度荷载的定义。

梯度温度			
编号	名称	构件	温度模式
1	梯度升温	主拱圈,第一跨主梁,第二跨主梁,第三跨主梁,第四跨主梁,第五跨主梁,第六跨主梁,第七…	公路15混凝土桥升温模式
2	梯度降温	主拱圈,第一跨主梁,第二跨主梁,第三跨主梁,第四跨主梁,第五跨主梁,第六跨主梁,第七…	公路15混凝土桥降温模式

总体信息　集中荷载　线性荷载　强迫位移　**梯度温度**　纵向加载　横向加载　行车线加载　影响面加载　并发反力　屈曲分析　自振

图 6.131　定义梯度温度

⑤鼠标左键单击信息表下部的"纵向加载"选项卡,按照图 6.132 对"名称""桥面单元""计算跨径(m)""活载类型""活载系数""行车线""横向布置(m)"和"冲击系数"等参数进行设置,完成车道荷载的定义。其中,"桥面单元"项选择第一跨主梁~第十三跨主梁单元;"计算跨径"项输入 129.296;"活载类型"项选择"公路-Ⅰ级车道荷载";"活载系数"项按图 6.133 输入节点位置及对应的活载系数值;"行车线"项选择"主梁轴线";"冲击系数"项按图 6.134 选择结构参数、计算跨径和结构特性代表节点等参数,并单击"计算"按钮,计算桥梁冲击系数。

显示工况: 活载　　　文字比例(%): 100　　单位(m)

					纵向加载定义			
编号	名称	桥面单元	计算跨径(m)	活载类型	活载系数	行车线	横向布置(m)	冲击系数
1	活载	第一跨主梁,第二跨主梁,第…	126.296	公路-Ⅰ级车道荷载	1|第一跨主梁|L|0||~2.691`1|第一跨…	主梁轴线	0	0~0;等截面拱桥,1|主拱圈|L|0;126.296,,0`0;0.05,0.05
2								

总体信息　集中荷载　线性荷载　强迫位移　梯度温度　**纵向加载**　横向加载　行车线加载　影响面加载　并发反力　屈曲分析　自振分析　人致振动　抗频要

图 6.132　纵向加载定义

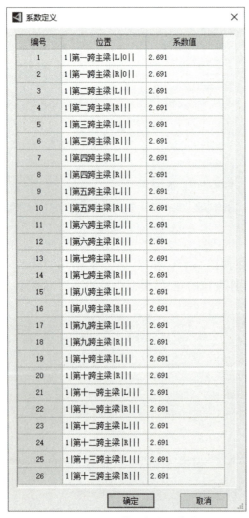

图 6.133　活载系数定义表格

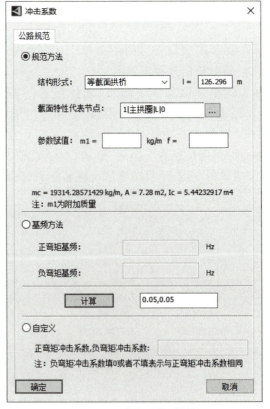

图 6.134　冲击系数对话框

⑥鼠标左键单击信息表下部的"屈曲分析"选项卡,按照图6.135对"模态数量"项输入"20",计算桥梁前20阶屈曲特性。

显示工况：		文字比例(%)：	100	单位(m)		
屈曲分析						
模态数量		20				
整体温度						
梯度温度						
屈曲荷载						
编号	名称	荷载				
1						
2						
3						
4						

总体信息　集中荷载　线性荷载　强迫位移　梯度温度　纵向加载　横向加载　行车线加载　影响面加载　并发反力　**屈曲分析**

图6.135　定义屈曲分析

▶ 6.5.5　执行模型计算

①在工具条"项目"标签下单击"诊断当前" 按钮,软件将对前处理的内容进行检查。

②系统诊断无误后,在主菜单"项目"标签下单击"计算当前" ▶ 按钮,执行计算。

6.6　上承式拱桥验算结果查询

▶ 6.6.1　持久状态承载能力极限状态正截面承载能力验算

主拱圈为偏心受压构件,验算荷载应考虑轴力及弯矩,因此其正截面承载能力验算结果应为主拱圈属性设为"钢筋混凝土柱"条件下进行验算。其持久状态承载能力极限状态正截面承载能力验算结果提取流程如下:

①鼠标右键单击项目管理树形菜单中"上承式拱桥"项目下"验算模型"模型的"结果查询" ,在弹出的下拉菜单中单击"新文件夹"(图6.136),弹出"新建查询文件夹"对话框,输入新建文件夹名称"验算结果查询",如图6.137所示。

②鼠标右键单击新建的"验算结果查询"文件夹,在弹出的下拉菜单中单击"新建查询",弹出"新建查询"对话框,输入名称"正截面强度验算","工况"项选择"运营阶段","内容"项选择"正截面强度验算","效应"项选择"全部","构件"项选择"主拱圈",鼠标左键单击"确定"按钮,建立查询项,如图6.138所示。

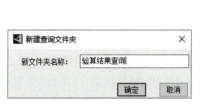

图6.136　选择"新文件夹"　　　图6.137　新建查询文件夹　　　图6.138　新建查询对话框

③持久状态承载能力极限状态正截面承载能力验算结果将以图表的形式显示在图形输出区和表格输出区。其中,最大和最小弯矩偏心抗压验算包络图分别如图 6.139 和图 6.140 所示,轴力最大和最小时偏心抗压验算包络图分别如图 6.141 和图 6.142 所示。

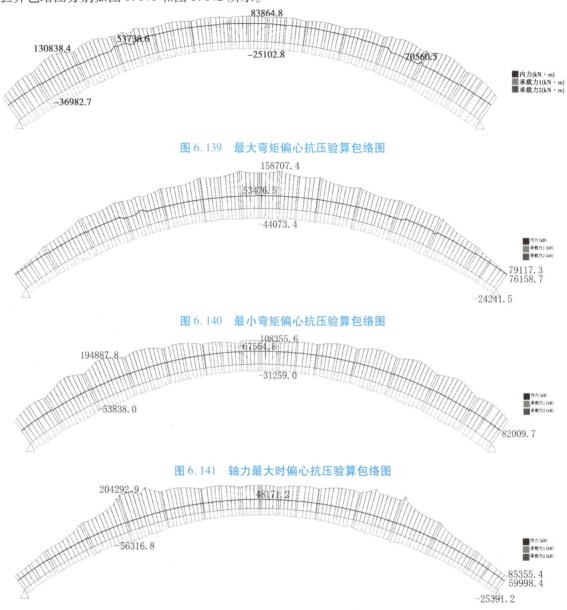

图 6.139　最大弯矩偏心抗压验算包络图

图 6.140　最小弯矩偏心抗压验算包络图

图 6.141　轴力最大时偏心抗压验算包络图

图 6.142　轴力最小时偏心抗压验算包络图

由图 6.139 和图 6.140 可见,主拱圈最大弯矩对应的最大压力出现在拱上 9 号立柱位置处,为 70 560.3 kN,主拱圈正截面承载力计算值最小值出现在拱顶区域,为 83 864.8 kN,主拱圈各截面抗压承载力计算值均大于设计值,因此主拱圈最大弯矩偏心抗压验算满足要求;主拱圈最小弯矩时偏心抗压验算最不利截面为拱脚截面,轴向力设计值和计算值分别为 76 158.7 kN、79 117.3 kN,强度系数仅为 1.04,但是主拱圈中并未输入腹板侧纵筋,拱圈正截面承载能力仍有一定的安全储备,因此主拱圈最小弯矩偏心抗压验算满足要求。由图 6.141 和图 6.142 可见,轴力最大时,主拱圈各截面正截面承载力计算值均大于设计值,轴力最大时主拱圈偏心抗压验算满足要求;轴力最小时,偏心抗压验算最不利截面也出现在拱脚截面,轴向力设计值和计算值分别为 59 998.4 kN、85 355.4 kN,强度系数为 1.42,可见轴力最小时主拱圈正截面承载力满意要求,并有较大的安全储备。因此,持久状态承载能力极限状态主拱圈正截面承载力满足《桥规》(2018)的要求。

小提示

桥梁博士 V5 中，主拱圈的正截面强度验算项共提供了 maxMy、minMy、maxMz、minMz、maxN-My、minN-My、maxN-Mz 和 minN-Mz 等 8 项验算结果，上述最大和最小弯矩偏心抗压验算结果分别取 maxMy 和 minMy，轴力最大和最小时偏心抗压验算结果分别取 maxN-My 和 minN-My。

6.6.2　持久状态正常使用极限状态裂缝宽度验算

按照《桥规》(2018)第 6.4.1 条规定，对于钢筋混凝土构件和 B 类预应力混凝土构件，其在正常使用极限状态下的裂缝宽度应按作用短期效应组合并考虑长期效应影响进行计算。桥梁博士 V5 软件中，可按如下流程提取主拱圈裂缝宽度验算结果：

①鼠标右键单击新建的“验算结果查询”文件夹，在弹出的下拉菜单中单击“新建查询”，弹出“新建查询”对话框，输入名称“裂缝宽度验算”，“工况”项选择“运营阶段”，“内容”项选择“裂缝宽度验算”，“构件”项选择“主拱圈”，鼠标左键单击“确定”按钮，建立查询项，如图 6.143 所示。

图 6.143　新建查询对话框

②持久状态正常使用极限状态主拱圈裂缝宽度验算结果将以图表的形式显示在图形输出区和表格输出区。其中，裂缝宽度验算包络图如图 6.144 所示。

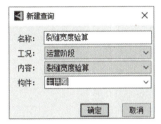

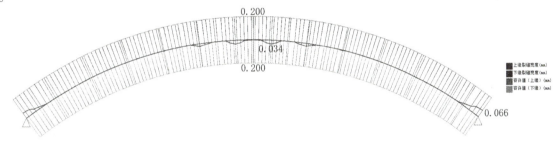

图 6.144　裂缝宽度验算包络图

由图 6.144 可见，主拱圈各截面下缘裂缝宽度最大值为 0.034 mm，主拱圈截面上缘除左右拱脚区域截面外，裂缝宽度均为 0 mm，并且拱脚区域截面上缘最大裂缝宽度值为 0.066 mm，均小于裂缝宽度限值 0.2 mm。因此，持久状态正常使用极限状态主拱圈裂缝宽度满足《桥规》(2018)的要求。

6.6.3　持久状况承载能力极限状态斜截面抗剪承载能力验算

主拱圈斜截面抗剪承载力验算应将主拱圈属性设为“钢筋混凝土梁”条件下进行验算，其持久状态承载能力极限状态斜截面抗剪承载能力验算及结果提取流程如下：

①双击工作界面树形菜单栏中的“结构建模”，进入结构建模界面。

②鼠标左键单击选中新建立的主拱圈构件，左侧树形菜单栏弹出“对象属性”表格，将其中的“构件验算类型”修改为“钢筋砼梁”，“构件模板”修改为“常规空间砼主梁”。修改后的主拱圈构件属性如图 6.145 所示。

对象属性

构件信息	
构件名称	主拱圈
构件验算类型	钢筋砼梁
构件模板	常规空间砼主梁
自重系数	1.04
加载龄期(天)	28
计算长度(m)	
截面镜像	不镜像
竖向构件	□
竖直截面	□
构件截面β角(度)	0
截面β角参考系	整体坐标系
其他信息	
轴线	拱圈轴线
起点位置	0
终点位置	L
显示加劲肋	□
纹理	

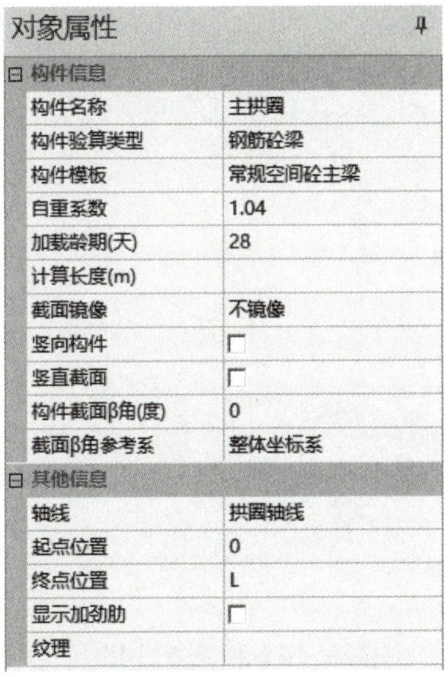

图 6.145　主拱圈属性

③在主菜单“项目”标签下单击“计算当前”按钮，执行计算。

④鼠标右键单击新建的"验算结果查询"文件夹,在弹出的下拉菜单中单击"新建查询",弹出"新建查询"对话框,输入名称"抗剪强度验算","工况"项选择"运营阶段","内容"项选择"抗剪强度验算","效应"项选择"全部","构件"项选择"主拱圈",鼠标左键单击"确定"按钮,建立查询项,如图6.146所示。

图6.146 新建查询对话框

⑤持久状态承载能力极限状态斜截面抗剪承载能力验算结果将以图表的形式显示在图形输出区和表格输出区。其中,最大、最小剪力对应的上、下限校核包络图及截面承载力计算值包络图分别如图6.147—图6.150所示。

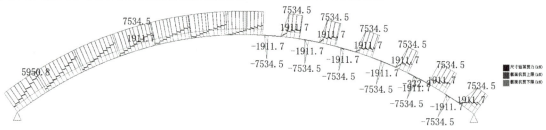

图6.147 最大剪力对应的上、下限校核包络图

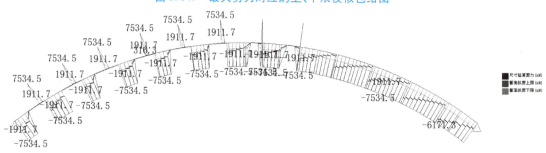

图6.148 最小剪力对应上、下限校核包络图

图6.149 最大剪力及截面承载力计算包络图

图6.150 最小剪力及截面承载力计算包络图

由图6.147和图6.148可知,斜截面最不利剪力设计值均小于截面抗剪上限,因此主拱圈截面尺寸满足抗剪要求,但是部分截面的最不利剪力设计值小于截面抗剪下限值,需进行斜截面抗剪承载力验算。由图6.149和图6.150的斜截面抗剪承载力计算包络图可知,主拱圈各截面的最大、最小剪力设计值均小于截面承载力计算值,满足斜截面抗剪承载力要求。因此,持久状态承载能力极限状态主拱圈斜截面抗剪承载力满足《桥规》(2018)的要求。

▶ 6.6.4　持久状况正常使用极限状态挠度验算

持久状态正常使用极限状态主拱圈的挠度和预拱度验算结果按如下流程提取：

①鼠标右键单击新建的"验算结果查询"文件夹，在弹出的下拉菜单中单击"新建查询"，弹出"新建查询"对话框，输入名称"挠度验算结果"，"工况"项选择"运营阶段"，"内容"项选择"结构刚度验算"，"构件"项选择"主拱圈"，鼠标左键单击"确定"按钮，建立查询项，如图 6.151 所示。

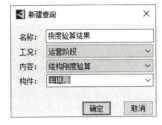

图 6.151　新建查询对话框

②持久状态正常使用极限状态挠度验算结果将以图表的形式显示在图形输出区和表格输出区。其中，移动荷载作用下，主拱圈挠度值如图 6.152 所示。

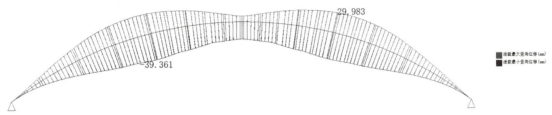

图 6.152　主拱圈挠度计算结果图

由图 6.152 可见，移动荷载作用下主拱圈最大下挠变形值为 −39.361 mm、上拱变形值为 29.983 mm，均小于挠度限值 125 000/600 = 208.333 mm，主拱圈挠度验算满足《桥规》（2018）的要求。

▶ 6.6.5　短暂状况受压区混凝土边缘压应力验算

《桥规》（2018）第 7.2.4 条规定，短暂状况钢筋混凝土受弯构件正截面受压区混凝土边缘压应力应满足式（6.14）的要求：

$$\alpha_{cc}^{t} = \frac{M_k^t x_0}{I_{cr}} \leqslant 0.80 f_{ck}' \tag{6.14}$$

式中　M_k^t——由临时施工荷载标准值产生的弯矩值；

x_0——换算截面的受压区高度，按换算截面受压区和受拉区对中性轴面积矩相等的原则求得；

I_{cr}——开裂截面换算截面的惯性矩，根据已求得的受压区高度 x_0，按开裂换算截面对中性轴惯性矩之和求得；

f_{ck}'——施工阶段相应于混凝土立方体抗压强度 f_{cu}' 的混凝土轴心抗压强度标准值，按《桥规》（2018）中的表 3.1.3 以直线内插取用。

本上承式钢筋混凝土拱桥方案短暂状况受压区边缘混凝土压应力验算结果按如下流程提取：

①鼠标右键单击新建的"验算结果查询"文件夹，在弹出的下拉菜单中单击"新建查询"，弹出"新建查询"对话框，输入名称"混凝土压应力验算结果"，"工况"项选择"施工阶段"，"阶段"项选择"下部结构施工"，"内容"项选择"上下缘正应力验算"，"构件"项选择"主拱圈"，"截面"项选择"主截面"，鼠标左键单击"确定"按钮，建立查询项，如图 6.153 所示。

图 6.153　新建查询对话框

②短暂状况受压区边缘混凝土压应力验算结果将以图表的形式显示在图形输出区和表格输出区。下部结构施工、上部结构施工、桥面铺装和收缩徐变等桥梁施工阶段主拱圈受压区边缘混凝土压应力验算结果包络图分别如图 6.154—图 6.157 所示。

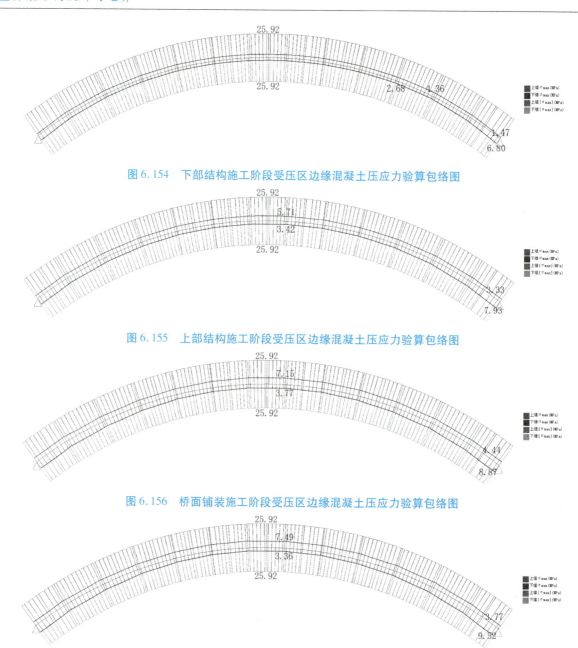

图 6.154　下部结构施工阶段受压区边缘混凝土压应力验算包络图

图 6.155　上部结构施工阶段受压区边缘混凝土压应力验算包络图

图 6.156　桥面铺装施工阶段受压区边缘混凝土压应力验算包络图

图 6.157　收缩徐变施工阶段受压区边缘混凝土压应力验算包络图

由图 6.154—图 6.157 可知,下部结构施工、上部结构施工、桥面铺装和收缩徐变等施工阶段,主拱圈各截面受压区边缘混凝土压应力均在限值范围之内,短暂状况受压区边缘混凝土压应力满足《桥规》(2018)的要求。

▶ 6.6.6　短暂状况受拉钢筋应力验算

《桥规》(2018)第 7.2.4 条规定,短暂状况钢筋混凝土受弯构件受拉钢筋的应力应满足式(6.15)的要求:

$$\alpha_{si}^t = \alpha_{ES}\frac{M_k^t(h_{0i}-x_0)}{I_{cr}} \leqslant 0.75f_{sk} \tag{6.15}$$

式中　α_{ES}——普通钢筋弹性模量与混凝土弹性模量的比值;

　　　h_{0i}——受压区边缘至受拉区第 i 层钢筋截面重心的距离;

f_{sk}——普通钢筋抗拉强度标准值,按《桥规》(2018)中的表 3.2.2-1 取值。

本上承式钢筋混凝土拱桥方案短暂状况主拱圈受拉钢筋应力验算结果按如下流程提取:

①鼠标右键单击新建的"验算结果查询"文件夹,在弹出的下拉菜单中单击"新建查询",弹出"新建查询"对话框,输入名称"钢筋拉应力验算结果","工况"项选择"施工阶段","阶段"项选择"下部结构施工","内容"项选择"上下缘钢筋应力验算","构件"项选择"主拱圈","截面"项选择"主截面",鼠标左键单击"确定"按钮,建立查询项,如图 6.158 所示。

②短暂状况受拉钢筋拉应力验算结果将以图表的形式显示在图形输出区和表格输出区。下部结构施工、上部结构施工、桥面铺装和收缩徐变等桥梁施工阶段主拱圈受拉钢筋拉应力验算结果包络图分别如图 6.159—图 6.162 所示。

图 6.158　新建查询对话框

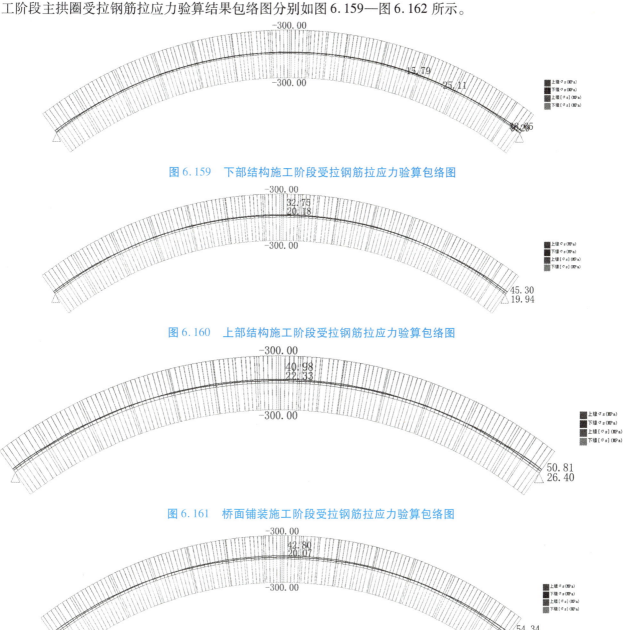

图 6.159　下部结构施工阶段受拉钢筋拉应力验算包络图

图 6.160　上部结构施工阶段受拉钢筋拉应力验算包络图

图 6.161　桥面铺装施工阶段受拉钢筋拉应力验算包络图

图 6.162　收缩徐变施工阶段受拉钢筋拉应力验算包络图

由图 6.159—图 6.162 可知,下部结构施工、上部结构施工、桥面铺装和收缩徐变等施工阶段,主拱圈上缘和下缘受拉钢筋拉应力均在限值范围之内,短暂状况受拉钢筋拉应力满足《桥规》(2018)的要求。

▶ 6.6.7　短暂状况中心轴处的主拉应力(剪应力)验算

《桥规》(2018)第7.2.5条规定,钢筋混凝土受弯构件中性轴处的主拉应力(剪应力)应符合式(6.16)的规定:

$$\alpha_{tp}^{t} = \frac{V_{k}^{t}}{bz_{0}} \leqslant f_{tk}' \tag{6.16}$$

式中　V_{k}^{t}——由施工荷载标准值产生的剪力值;

　　　b——矩形截面宽度、T形或I形截面的腹板宽度;

　　　z_{0}——受压区合力点至受拉钢筋合力点的距离,按受压区应力图形为三角形计算确定;

　　　f_{tk}'——施工阶段混凝土轴心抗拉强度标准值。

本上承式钢筋混凝土拱桥方案短暂状况主拱圈中心轴处的主拉应力(剪应力)验算结果按如下流程提取:

①鼠标右键单击新建的"验算结果查询"文件夹,在弹出的下拉菜单中单击"新建查询",弹出"新建查询"对话框,输入名称"中心轴处剪应力验算结果","工况"项选择"施工阶段","阶段"项选择"下部结构施工","内容"项选择"剪应力验算","构件"项选择"主拱圈","截面"项选择"主截面",鼠标左键单击"确定"按钮,建立查询项,如图6.163所示。

②短暂状况中心轴处剪应力验算结果将以图表的形式显示在图形输出区和表格输出区。下部结构施工、上部结构施工、桥面铺装和收缩徐变等桥梁施工阶段主拱圈中心轴处剪应力验算结果包络图分别如图6.164—图6.167所示。

图 6.163　新建查询对话框

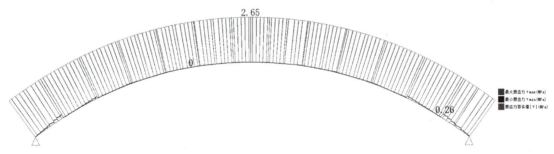

图 6.164　下部结构施工阶段中心轴处剪应力验算包络图

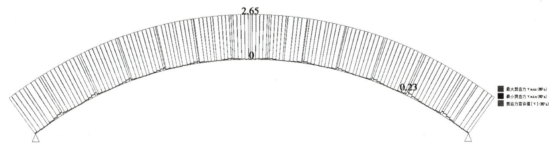

图 6.165　上部结构施工阶段中心轴处剪应力验算包络图

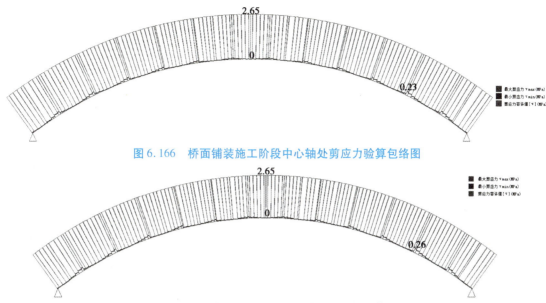

图6.166 桥面铺装施工阶段中心轴处剪应力验算包络图

图6.167 收缩徐变施工阶段中心轴处剪应力验算包络图

由图6.164—图6.167可知,下部结构施工、上部结构施工、桥面铺装和收缩徐变等各施工阶段剪应力最大值分别为0.26 MPa、0.23 MPa、0.23 MPa和0.26 MPa,均小于剪应力容许值(2.65 MPa),短暂状况中心轴处剪应力满足《桥规》(2018)的要求。

▶ 6.6.8 稳定性验算

拱桥的稳定性分为拱平面内稳定性(也称纵向稳定性)和拱平面外稳定性(也称横向稳定性)两类。对于小跨径上承式实腹拱桥,可以不验算拱的稳定性;对于拱上建筑合龙后再卸落拱架的大、中跨径拱桥,由于拱上建筑与拱存在共同作用,也无须验算拱的稳定性;对于采用无支架施工或拱上建筑合龙前就脱架的上承式拱桥,应验算拱的平面内和平面外稳定性。此外,对于拱的宽度小于跨径1/20的上承式拱桥,也应验算拱平面外稳定性。6.5.4节步骤⑥中已定义计算分析该上承式拱桥的前20阶屈曲特性,可按如下流程提取桥梁各阶屈曲系数值:

①鼠标右键单击新建的"验算结果查询"文件夹,在弹出的下拉菜单中单击"新建查询",弹出"新建查询"对话框,输入名称"稳定性验算结果","工况"项选择"运营阶段","内容"项选择"结构稳定验算","阶号"项选择"汇总",鼠标左键单击"确定"按钮,建立查询项,如图6.168所示。

②桥梁各阶稳定系数计算结果和失稳变形将以图表的形式显示在图形输出区和表格输出区。该桥前10阶稳定系数如表6.4所示,第1阶拱平面内失稳变形(第1阶失稳模态)如图6.169所示,第1阶拱平面外失稳变形(第9阶失稳模态)如图6.170所示。

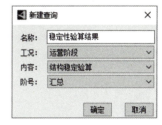

图6.168 新建查询对话框

表6.4 前10阶稳定系数

模态	稳定系数	模态	稳定系数
1	19.33	6	60.45
2	30.62	7	60.49
3	47.95	8	71.56
4	54.48	9	94.19
5	60.39	10	96.53

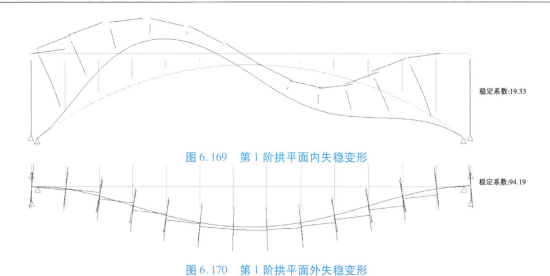

稳定系数:19.33

图 6.169　第 1 阶拱平面内失稳变形

稳定系数:94.19

图 6.170　第 1 阶拱平面外失稳变形

由表 6.4 和图 6.169、图 6.170 可见,第 1 阶拱平面内失稳变形的稳定系数为 19.33,第 1 阶拱平面外失稳变形的稳定系数为 94.19。通常拱桥的平面内和平面外稳定系数均要求大于 4～5,因此,本上承式拱桥方案的拱平面内和拱平面外稳定系数均满足要求,并且稳定系数较大,特别是该桥发生拱平面外失稳破坏的概率较低。

参考文献

[1] 中华人民共和国交通运输部.公路桥涵设计通用规范(JTG D60—2015)[S].北京:人民交通出版社,2015.

[2] 中华人民共和国交通运输部.公路钢筋混凝土及预应力混凝土桥涵设计规范(JTG 3362—2018)[S].北京:人民交通出版社,2018.

[3] 中华人民共和国交通运输部.公路钢结构桥梁设计规范(JTG D64—2015)[S].北京:人民交通出版社,2015.

[4] 中华人民共和国交通运输部.公路桥涵施工技术规范(JTJ 041—2000)[S].北京:人民交通出版社,2000.

[5] 中华人民共和国住房和城乡建设部.建筑施工扣件式钢管脚手架安全技术规范(JGJ 130—2011)[S].北京:中国建筑工业出版社,2011.

[6] 李乔.桥梁纵论——力与结构及其他[M].北京:人民交通出版社,2023.

[7] 邵旭东.桥梁工程[M].5版.北京:人民交通出版社,2020.

[8] 徐岳,申成岳,邵国涛,等.连续梁桥[M].3版.北京:人民交通出版社,2022.

[9] 叶见曙.结构设计原理[M].5版.北京:人民交通出版社,2022.

[10] 刘来君,孙昊,孙胜江,等.桥梁施工[M].北京:人民交通出版社,2022.

[11] 姚玲森.桥梁工程[M].3版.北京:人民交通出版社,2022.

[12] 邵旭东.桥梁工程[M].6版.北京:人民交通出版社,2023.

[13] 邵旭东.桥梁设计百问[M].3版.北京:人民交通出版社,2018.

[14] 刘效尧,徐岳.梁桥[M].2版.北京:人民交通出版社,2011.

[15] 交通部专家委员会.中华人民共和国交通行业公路桥梁通用图[M].北京:人民交通出版社,2008.

[16] 强士中.桥梁工程(上册)[M].2版.北京:高等教育出版社,2011.

[17] 强士中.桥梁工程(下册)[M].2版.北京:高等教育出版社,2011.

[18] 范立础.桥梁工程(上册)[M].北京:人民交通出版社,2005.

[19] 顾安邦.桥梁工程(下册)[M].北京:人民交通出版社,2005.

[20] 贾金青,陈凤山.桥梁工程设计计算方法及应用[M].2版.北京:中国建筑工业出版社,2010.

[21] 邵旭东,程翔云,李立峰.桥梁设计与计算[M].2版.北京:人民交通出版社,2012.

[22] 彭卫,陈闯.桥梁结构电算原理与软件应用[M].2版.杭州:浙江大学出版社,2020.

[23] 上海同豪土木工程咨询有限公司.桥梁博士V4.3用户使用手册——第一分册基础应用[M/OL].[2023-08-21].

[24] E.C.汉勃利.桥梁上部构造性能[M].郭文辉,译.北京:人民交通出版社,1982.

［25］邹毅松,王银辉. 连续梁桥［M］. 北京：人民交通出版社,2009.

［26］王俊. 中国古代桥梁［M］. 北京：中国商业出版社,2015.

［27］唐寰澄,唐浩. 中国桥梁技术史——古代篇［M］. 北京：北京交通大学出版社,2017.

［28］项海帆,潘洪萱,张圣城,等. 中国桥梁史纲［M］. 上海：同济大学出版社,2009.

［29］周水兴,王小松,田维峰,等. 桥梁结构电算——有限元分析方法及其在 MIDAS/Civil 中的应用［M］. 北京：人民交通出版社,2014.

［30］杨三强,阎红霞,李猛. Dr. Bridge 桥梁工程应用精解［M］. 北京：中国铁道出版社,2023.

［31］肖汝诚. 桥梁结构体系［M］. 北京：人民交通出版社,2013.

［32］严允中,杨虎根,许伟,等. 上承式混凝土拱桥建造实例及评析［M］. 北京：人民交通出版社,2015.

［33］顾懋清,石绍甫. 公路桥涵设计手册——拱桥（上册）［M］. 北京：人民交通出版社,1994.

［34］顾安邦,孙国柱. 公路桥涵设计手册——拱桥（下册）［M］. 北京：人民交通出版社,1994.

［35］王国鼎,钟圣斌. 桥梁计算示例集——拱桥［M］.2 版. 北京：人民交通出版社,2000.

［36］戴公连,李德建. 桥梁结构空间分析设计方法与应用［M］. 北京：人民交通出版社,2001.

［37］彭元诚,汪金育,廖朝华,等. 山区大跨度连续刚构桥［M］. 北京：人民交通出版社,2015.